普通高等学校"十四五"规划物流
管理与工程类专业数字化精品教材

编 委 会

主 任
刘志学 教育部高等学校物流管理与工程类专业教学指导委员会副主任委员
华中科技大学教授

编 委 （按姓氏汉语拼音排序）
冯 春 西南交通大学教授
黄福华 教育部高等学校物流管理与工程类专业教学指导委员会委员
湖南商学院教授
李文锋 教育部高等学校物流管理与工程类专业教学指导委员会委员
武汉理工大学教授
李 燕 江汉大学副教授
李严峰 教育部高等学校物流管理与工程类专业教学指导委员会委员
云南财经大学教授
刘 丹 教育部高等学校物流管理与工程类专业教学指导委员会委员
福州大学教授
马 璐 广西民族大学教授
庞 燕 教育部高等学校物流管理与工程类专业教学指导委员会委员
中南林业科技大学教授
冉文学 云南财经大学教授
王忠伟 教育部高等学校物流管理与工程类专业教学指导委员会委员
中南林业科技大学教授
谢如鹤 教育部高等学校物流管理与工程类专业教学指导委员会委员
广州大学教授
徐贤浩 华中科技大学教授
张得志 中南大学副教授
张 锦 教育部高等学校物流管理与工程类专业教学指导委员会副主任委员
西南交通大学教授
邹安全 佛山科学技术学院教授

普通高等学校"十四五"规划物流
管理与工程类专业数字化精品教材

总主编◎刘志学

电子商务物流

E-COMMERCE LOGISTIC

刘 丹 郑宇婷◎主 编
王 莹 陈民伟 杨淑惠◎副主编

华中科技大学出版社
http://www.hustp.com
中国·武汉

内 容 提 要

　　本书密切结合我国电子商务理论和物流体系构建的现实需要,借鉴和吸收国内外相关研究与实践经验,从电子商务和物流的基本概念开始,系统介绍电子商务物流模式、电子商务采购、电子商务仓储与库存管理、电子商务包装与流通加工、电子商务运输与派送管理、跨境电商物流与关境、海外仓建设运营、O2O模式物流体系、电子商务物流质量管理等方面的基本概念、模式和方法、基本技术和管理原则。本书选择一些实用的管理工具和方法,并配有相应的案例分析题和各章思考题,便于读者掌握理论知识和方法。本书另配有多媒体教学课件、各章思考题参考答案、相关视频等供教师使用。

　　本书的特点是具有新颖性、实践性和完整性,可作为高等院校和高职高专院校电子商务、物流相关专业的选用教材,也可供电子商务物流相关行业、企业从业人员和政府部门管理人员参考。

图书在版编目(CIP)数据

电子商务物流/刘丹,郑宇婷主编. —武汉:华中科技大学出版社,2022.1
ISBN 978-7-5680-7856-6

Ⅰ.①电…　Ⅱ.①刘…　②郑…　Ⅲ.①电子商务-物流管理-高等学校-教材　Ⅳ.①F713.365.1

中国版本图书馆 CIP 数据核字(2021)第 267706 号

电子商务物流
Dianzi Shangwu Wuliu

刘　丹　郑宇婷　主编

策划编辑:陈培斌　周晓方
责任编辑:张汇娟　陈培斌
封面设计:原色设计
责任校对:张汇娟
责任监印:周治超
出版发行:华中科技大学出版社(中国·武汉)　　电话:(027)81321913
　　　　　武汉市东湖新技术开发区华工科技园　　邮编:430223
录　　排:华中科技大学惠友文印中心
印　　刷:武汉市籍缘印刷厂
开　　本:787mm×1092mm　1/16
印　　张:20.25　插页:2
字　　数:509千字
版　　次:2022年1月第1版第1次印刷
定　　价:58.00元

总　序

　　物流业是国民经济和社会发展的基础性、战略性产业。加快发展现代物流业对于促进产业结构调整和提高企业市场竞争力都具有非常重要的作用。进入 21 世纪以来，随着经济全球化的加速推进和信息技术的强力驱动，我国现代物流业发展迅速并呈现出强劲的发展潜力，企业物流管理水平不断提高，物流企业服务能力显著增强，迫切需要大批高素质的物流管理与物流工程专业人才。2014 年国务院发布《物流业发展中长期规划》，指出，"要着力完善物流学科体系和专业人才培养体系，以提高实践能力为重点"，对培养既有理论创新思维又有实践应用能力的应用型本科物流专业人才提出了明确要求。

　　在教育部《普通高等学校本科专业目录(2012 年)》中，物流管理与工程类专业已上升为管理学学科的一级大类本科专业，不仅为全国高校物流管理与物流工程专业的发展带来了崭新的发展机遇，而且对加速培养社会和企业需要的物流本科专业人才提供了重要的发展平台。据最新统计，我国开办物流管理与工程类本科专业的高等学校已达到 524 所，专业布点数有 570 个，其中物流管理专业点 456 个，物流工程专业点 109 个，在校本科生约 10 万人。可见，我国物流高等教育已进入全方位发展新阶段，亟须全面创新物流管理与工程类本科专业人才培养体系，切实提升物流专业人才培养质量，以更好地满足日益增长的现代物流业发展对物流专业人才的需求。

　　在本科专业人才培养体系中，教材建设是极其重要的基础工程。在教育部高等学校物流管理与工程类专业教学指导委员会的大力支持下，华中科技大学出版社 2015 年 7 月召开"全国高等院校物流管理与工程类应用型人才培养'十三五'规划精品教材"建设研讨会，来自国内二十多所大学的物流专业资深教授和中青年学科带头人就课程体系、教材定位、教学内容、编著团队、编写体例等进行认真研讨，并达成共识，成立由多位物流管理与工程类专业教学指导委员会委员领衔组成的编委会，组织物流领域的专家学者共同编写定位于应用型人才培养的精品教材。

　　经多次研讨，编委会力求本套规划教材凸显以下特色。

一是充分反映现代物流业发展对应用型物流专业人才的培养要求。在考虑本套教材整体结构时,既注重物流管理学、供应链管理、企业物流管理等核心课程,更强调当今电商物流、冷链物流、物流服务质量等实践趋势;既注重知识结构的完整性,更强调知识内容的实践性,力求实现先进物流管理理论与当代物流管理实践的充分融合。

二是遵循《物流管理与工程类专业教学质量国家标准》规范要求。2015年,教育部高等学校物流管理与工程类专业教学指导委员会颁布了《物流管理与工程类专业教学质量国家标准》,对物流管理与工程类本科专业人才的培养目标、培养规格、课程体系、教学条件等提出了明确要求。因此,本套教材从选题到内容组织都力求以《物流管理与工程类专业教学质量国家标准》为指南。

三是强化案例分析教学。应用型本科物流专业人才特别注重实践动手能力的培养,尤其是培养其独立发现问题、分析问题和解决问题的能力,而案例分析教学是实现学生能力提升的有效途径。因此,本套教材的每章都以案例导入,并配备了大量的同步案例和综合案例,力求通过案例教学增强学生独立思考和综合分析能力,学以致用,知行合一。

本套教材由多年从事物流管理与工程类本科专业教学、在本学科领域具有丰富教学经验的专家学者担任各教材的主编。首批教材涵盖《物流管理学》《供应链管理》《企业物流管理》《国际物流学》《物流信息技术与应用》《第三方物流》《运输管理》《仓储管理》《物流系统建模与仿真》《物流成本管理》《采购与供应管理》《物流系统规划与管理》《物流自动化系统》《物流工程》《物流项目管理》《冷链物流》《物流服务质量管理》《电子商务物流》《物流决策与优化》等书目。同时,编委会将依据我国物流业发展变化趋势及其对应用型本科物流专业人才培养的新要求及时更新教材书目,不断丰富和完善教学内容。

为了充分反映国内外最新研究和实践成果,在本套教材的编写过程中参考了大量的专著、教材和论文资料,其作者已尽可能在参考文献中列出,在此对这些研究者和实践者表示诚挚的谢意。如果有疏漏之处,我们表示非常抱歉,一旦获知具体信息将及时予以纠正。

应该指出的是,编撰一套高质量的教材是一项十分艰巨的任务。尽管作者们认真尽责,但由于理论水平和实践能力所限,本套教材中难免存在一些疏忽与缺失,真诚希望广大读者批评指正,不吝赐教,以期在教材修订再版时补充完善。

2016 年 5 月 20 日

前　言

　　2020 年是实施"十三五"规划的收官之年,也是供给侧结构性改革的深化之年,更是《物流业发展中长期规划(2014－2020 年)》的决胜之年。近年来,我国电子商务物流快速增长,企业主体多元发展,经营模式不断创新,服务能力显著提升,已成为现代物流业的重要组成部分和推动国民经济发展的新动力。随着国民经济全面转型升级和互联网、物联网发展,以及基础设施的进一步完善,电商物流需求不断上升,服务质量和创新能力进一步提升,渠道下沉和"走出去"趋势凸显,将进入全面服务社会生产和人民生活的新阶段。基于此,加快电商物流发展,对于提升电子商务水平,降低物流成本,提高流通效率,引导生产,满足消费,促进供给侧结构性改革都具有重要意义。

　　本书从电子商务和物流的基本概念开始,结合电子商务物流典型案例,以电子商务物流运作为主线,主要阐述电子商务物流模式、电子商务采购、电子商务仓储与库存管理、电子商务包装与流通加工、电子商务运输与派送管理、跨境电商物流与关境、海外仓建设运营、O2O模式物流体系、电子商务物流质量管理等方面的基本概念、模式和方法、基本技术和管理原则。同时配有案例分析、各章思考题及其参考答案、相关视频等,供教师教学和学生学习使用。

　　本教材的主要特色如下:

　　(1)具有新颖性。本教材紧跟行业发展趋势,从理论上尽量反映学科的前沿内容,从案例上尽量收入最新的国内外电子商务物流的管理经验,内容新颖。

　　(2)具有实践性。本教材每章都以案例导入,并配备大量的典型案例、综合案例及章后思考题,力求通过案例教学培养学生实践动手能力,重点培养其独立发现问题、分析问题和解决问题能力,实践性强。

　　(3)具有完整性。本教材不仅涵盖国内电子商务物流系统的基本模式、基本技术和管理原则,而且也包含跨境电商进出口物流渠道、境外清关及配送、海外仓建设运营等跨境电商基本内容,体系较为完整。

　　本书在编写的过程中,借鉴了国内外许多专家的研究成果,在此谨向他们表示深深的谢意。非常感谢福州大学经济与管理学院的同事、硕士研究生及家人给予的支持和帮助。特别感谢华中科技大学刘志学教授提出的宝贵意见,以及华中科技大学出版社编辑老师及有关部门的大力支持和帮助。

由于作者水平有限,书中不足之处在所难免,恳请读者不吝指正,以便在今后修订中改正!

作　者

2021 年 10 月

目 录

第一章 导论 / 1

第一节 电子商务概述 / 2

第二节 物流概述 / 14

第三节 电子商务与物流的关系 / 20

第四节 电子商务物流概念与特征 / 24

第二章 电子商务物流模式 / 32

第一节 电子商务物流系统概述 / 33

第二节 电子商务物流运作模式 / 36

第三节 电子商务物流运作模式的选择 / 49

第三章 电子商务采购 / 54

第一节 采购概述 / 55

第二节 电子商务采购概述 / 64

第三节 电子商务采购模式 / 68

第四节 供应商管理 / 73

第四章 电子商务仓储与库存管理 / 80

第一节 电子商务仓储管理概述 / 81

第二节　电子商务仓储规划　　/ 92

第三节　电子商务商品储位管理　　/ 99

第四节　电子商务商品入库及盘点管理　　/ 105

第五节　电子商务商品订单及出货管理　　/ 113

第六节　电子商务商品库存管理　　/ 121

第五章　电子商务包装与流通加工　　/ 133

第一节　电子商务包装　　/ 134

第二节　电子商务流通加工　　/ 146

第六章　电子商务运输与派送管理　　/ 155

第一节　电子商务快递物流作业流程　　/ 156

第二节　电子商务快递运输　　/ 164

第三节　电子商务快递派送管理　　/ 182

第四节　电子商务逆向物流　　/ 203

第七章　跨境电商物流与关境　　/ 216

第一节　跨境进口物流渠道　　/ 217

第二节　跨境出口物流渠道　　/ 222

第三节　境外清关及配送　　/ 229

第八章　海外仓建设运营　　/ 237

第一节　海外仓"用户画像"　　/ 238

第二节　建设海外运营中心　　/ 243

第三节　海外仓储管理　　/ 247

第四节　海外仓发展趋势　　/ 254

第九章　O2O 模式物流体系　　/ 256

第一节　O2O 模式　　/ 257

第二节　O2O 模式物流体系　　/ 262

第三节　O2O 模式物流体系规划与设计　　/ 269

第十章　电子商务物流质量管理　　　　　　　　　　　　　/ 279

第一节　电子商务物流质量管理概述　　　　　　　/ 280
第二节　电子商务物流质量管理的基本方法　　　　/ 285
第三节　ISO9000 标准在电子商务物流管理中的应用　/ 300

参考文献　　　　　　　　　　　　　　　　　　　　　　　/ 311

第一章 导论

本 章 导 读

　　了解电子商务的基本概念、电子商务参与主体及基本流程,掌握电子商务业务模式;理解物流的基本概念和现代物流的运作机理,重点掌握物流的主体功能和辅助功能;了解电子商务与物流的关系;理解物流在电子商务中的作用;理解电子商务与物流之间的相互关系;掌握电子商务物流概念与特征,了解电子商务物流的一般流程及主要商业模式。

引言案例

　　11月11日,2020年天猫双11正在如火如荼地进行中。据悉,2020年天猫双11,超过25万个品牌和500万个商家参与,吸引超过8亿消费者,是史上覆盖面最广、参与度最高的一届。今日凌晨,天猫就实时公布了今年双11狂欢季取得的最新成绩——11月1日0时至11月11日0点30分,2020年天猫双11全球狂欢季的实时成交额突破3723亿元。

1-1 聚焦2020
"双十一"天
猫"双十一"
总成交额再
创新增长(视
频)

　　2020年天猫双11的成交量再次超过了去年。11月11日零点刚过26秒,天猫双11就迎来了流量新峰值,订单创建峰值达58.3万笔/秒,这一新纪录是2009年第一次双11的1457倍。而从2009年的5200万到2019年的2684亿再到今天的3723亿,飞一般增长的交易额背后,是我国全体居民消费水平的大幅度提高和消费习惯的逐渐转变。

　　2020年是天猫"双11"的第12年,而今年天猫"双11"最大的变化,当属购物周期的延长。今年几乎各大电商都提前开启了双11的活动,以天猫为首,首次设置11月1日—3日和11月11日两拨售卖期,增加了人们"买买买"的机会。

　　你以为平台改了规则会有很多人不适应或者旁观不下单吗?并非如此!11月1日"双11"开卖第一天,111分钟就有100个品牌成交过亿;11月1日当天,357个新品牌在细分品类实现排名第一。在疫情对经济的大幅度消极影响下,人们的购物欲望好像终于找到了发泄之处。

除了购物周期延长外,今年参与双11的品类和品牌较以往更多了。据数据显示,今年有5万个新品牌首次参与天猫"双11",3000个楼盘、80万套特价房上线;11日0点一过,买车族便开抢49999元的购车补贴;宜家天猫旗舰店今年首次参加"双11",不仅推出了爆款5折的优惠,还有限时包邮。

线上促销加大马力,线下物流也步履匆匆不敢懈怠。前几天有位网友晒出了自己的物流信息截图:11月1日0时30分支付完尾款,0时31分货就被就送到了菜鸟驿站。这史无前例的送货速度让网友调侃"怀疑是邻居发的货"。

为什么今年双11送货如此之快?上海店宝宝电子商务有限公司电商研究院负责人张总表示,消费者端的微小变化,其实都要归功于背后的物流数字化。以菜鸟裹裹为例,通过智能预测,菜鸟把预售订单提前下沉到配送网点和社区,这样就不必累积到用户付款后再配送了,节约了大量时间。

今年的双11是全链路、全要素的数字化。张总希望双11在未来能够持续发展,达成真正气势磅礴的全民狂欢,为我国经济和全体国民创造更广泛的价值。

(资料来源:腾讯网,有改动。)

【思考与分析】
1. 请结合案例思考电商蓬勃发展的原因。
2. 请结合案例思考电商带给人们的变化。

第一节　电子商务概述

一、电子商务的基本概念

电子商务是指以信息网络技术为手段、以商品交换为中心的商务活动。它是在因特网开放的网络环境下,基于浏览器/服务器应用方式。买卖双方不见面地进行各种商贸活动,实现消费者的网上购物、商户之间的网上交易和在线电子支付以及各种商务活动、交易活动、金融活动和相关的综合服务活动的一种新型的商业运营模式。

电子商务有狭义和广义之分。狭义的电子商务(E-Commerce)是指利用互联网进行的商务交易;广义的电子商务(E-Business)是指基于互联网等计算机网络之上的、在企业业务流程上用于执行与支持价值链增值的一切活动,包括市场、销售、采购、供应链管理等各类环节。广义的电子商务是一种以计算机网络为载体的商业流程,不仅包括企业内部的流程,也包括企业与企业之间、企业与个人、企业与政府或其他社会组织之间的业务流程。

电子商务的内容包含两个方面,一是电子方式,二是商贸活动。电子商务以数据(包括文本、声音和图像)的电子处理和传输为基础,包含了许多不同的活动(如商品服务的电子贸易、数字内容的在线传输、电子转账、商品拍卖、协作、在线资源利用、消费品营销和售后服务)。它涉及产品(消费品和工业品)和服务(信息服务、财务与法律服务)、传统活动与新活动(虚拟商场)。

电子商务是信息技术飞跃的一个重要结果,其影响不仅限于交易手段和贸易方式上的变化,还将在缩短供应链、降低企业管理成本等方面带来更多的改变,甚至还包括企业业务流程的重组。

从贸易活动的角度分析,电子商务可以在多个环节实现,由此也可以将电子商务分为两个层次:较低层次的电子商务包括电子商情、电子贸易、电子合同等;较高层次的电子商务是指利用互联网能够进行的全部贸易活动,即在网上将信息流、商流、资金流和部分物流完整地实现。也就是说,公司可以从寻找客户开始,一直到洽谈、订货、在线支付、开具电子发票直至电子报关、电子纳税等均通过互联网完成。

二、电子商务参与主体及基本流程

简单说,电子商务就是运用现代信息技术从事的各种商务活动。如果把"现代信息技术"看作一个集合,"商务"看作另一个集合,电子商务所覆盖的范围应当是这两个集合所形成的交集,如图 1-1 所示。之所以有不同的定义,主要在于对"电子"手段和"商务"内容的不同理解,以及如何将两者有机地结合在一起。

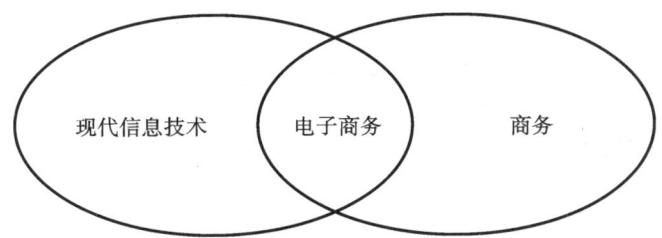

图 1-1 电子商务是"现代信息技术"和"商务"两个集合的交集

狭义的电子商务(Electronic Commerce,EC)是在开放的网络环境下,基于 Browser/Server 的应用方式,实现消费者的网上购物(B2C)、企业之间的网上交易(B2B)和在线电子支付的一种新型的交易方式。而广义的电子商务(Electronic Business,EB)不但包括电子交易,也不仅仅是企业前台的商务电子化,还包括企业内部利用电子手段进行的管理活动。尽管广义的电子商务更全面,但从研究物流的角度出发,本书所涉及的"电子商务"主要指狭义的电子商务,其基本参与主体和流程如图 1-2 和图 1-3 所示。

三、电子商务业务模式

目前,较为一致的电子商务模式是按照电子商务市场交易主体进行分类,亦即 B2C、B2B、C2C、B2G、C2G 电子商务等。本节重点对 B2B、B2C、C2C 进行分析和介绍。

(一) B2B

企业间电子商务(Business to Business,B2B)是指"企业与其上下游企业之间从事的网络商务活动",即企业之间利用网络和电子化手段进行询价/报价、拟价、谈判、签订合同、订货/接受订货、付款/收款等商务活动的完整过程,如图 1-4 所示。

B2B 电子商务的重要意义在于,可以通过网络将自身的企业内部网与其供应商、客户及合作伙伴都紧密结合在一起。利用网络信息传播的快捷性,降低整个供应链的交易成本,提高效率。实际上,B2B 电子商务无论在交易额和交易领域上,都比 B2C 更加广泛。

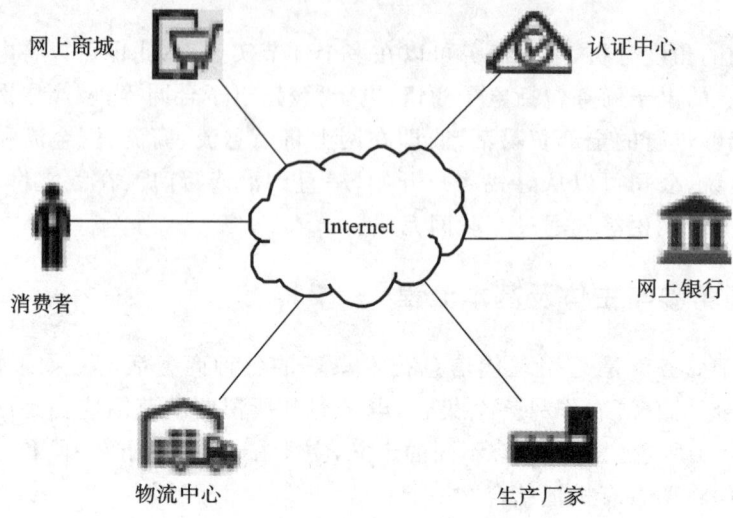

图 1-2　电子商务基本参与主体

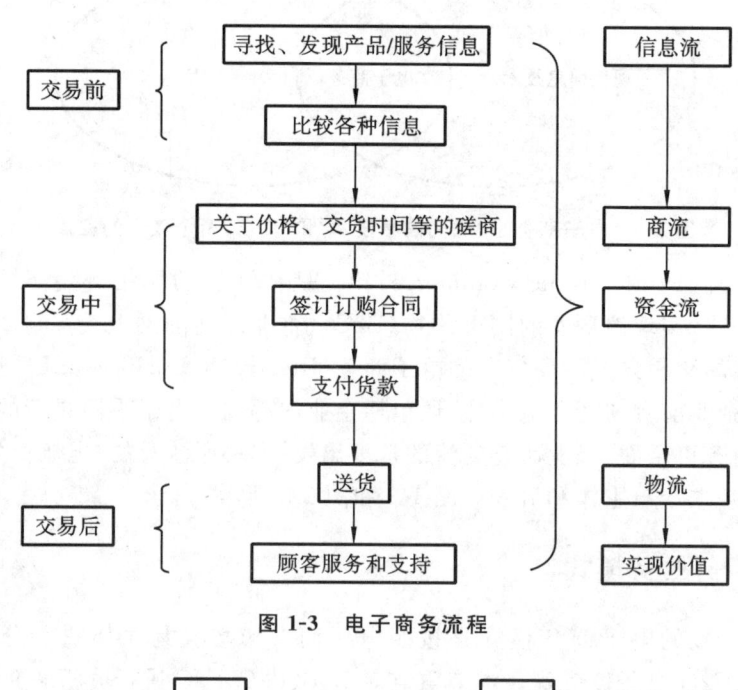

图 1-3　电子商务流程

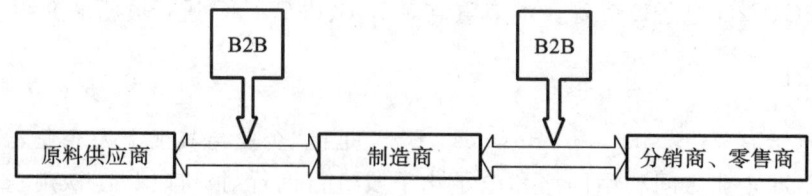

图 1-4　B2B 电子商务定义模型

对于企业来说,完整的 B2B 流程既包括上游供应商,也包括下游的分销商(零售商)。其目的主要是利用电子信息技术实现企业供应链的一体化管理,最终实现拉动式生产。但由于 B2B 模式相对需要集成的系统较多,信息化建设对企业要求投入较高,因此许多企业会根据自身实际情况仅选择部分实现 B2B 业务,如电子采购或者在线销售。其业务构成模型如图 1-5 所示。

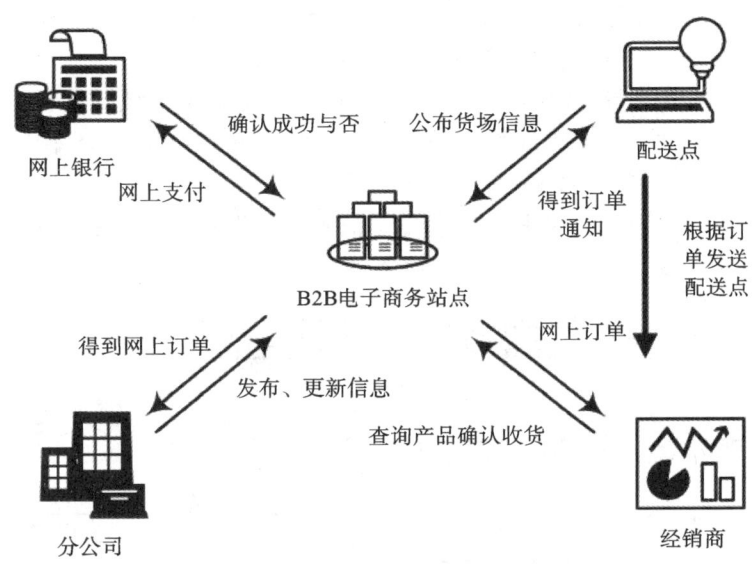

图 1-5　B2B 电子商务业务构成模型

1. 实现形式

与 B2C 相比,B2B 电子商务具有交易额大、交易过程复杂的特点,且一般需要与企业的内部信息管理系统(如 ERP、CRM、SCM)相结合或实现集成,其流程也比较复杂。根据应用企业属性的不同,B2B 电子商务可以分为如下两大类。

1) 以核心企业为中心的供应链整合模式

核心企业利用电子信息技术将自身供应链的上下游企业整合到网上,形成通过网络完成业务流的电子商务模式,这也是 B2B 电子商务的基本模式。随着供应链信息化水平的提高,使企业可以逐渐简化原有供应链上的一些多余的中间环节,以降低供应链交易成本,提高业务运作的效率,从而最终降低整个供应链的总成本。其结构如图 1-6 所示。

这种模式一般需要结合企业内部的信息管理系统,包括 ERP、CRM、SCM 等;因为系统集合复杂程度高,投资相对较大,要求企业的信息化建设程度高,因此一般是大中型企业实施比较多,是基于自身信息管理系统的互联网化,所构建的平台通常称为第二方平台。

以通用汽车为例,其建立了电子商务网站 TradeXchange,并将每年高达 870 亿美元的采购业务完全放到该网站上。现在该网站不仅能满足通用自身的采购业务,其 30000 多家供应商之间也在利用该系统进行交易,专家估计 1% 的交易手续费将为通用汽车带来每年 50 亿美元的额外收入。

2) 以第三方交易平台为中心的产业整合模式

由专业的电子商务企业根据行业特性和市场情况构建起专业的 B2B 电子商务平台。该平台同样提供包括商品目录、动态定价/在线拍卖、在线支付、物流配送等系列的系统功能，为企业间的采购或销售牵线搭桥，使之成为企业间可以进行便捷交易的大型电子市场。此类第三方 B2B 平台又可根据其用户属性分为两种类型。

（1）面向同一行业的垂直 B2B 市场（行业型 B2B）。这种平台可分为上游和下游两个方向，利用该类平台，位于上下游的企业之间就能形成贸易关系。如戴尔电脑公司与上游的芯片和主板制造商就是通过这种方式进行合作的；Cisco 与其分销商之间也是通过类似平台进行交易的。我国的上海钢联、中化网等都属于这类平台。

（2）面向某一区域的 B2B（区域型 B2B）。这种平台将某一区域中各行业的交易集中到一个平台，为区域内的所有企业，或面向该区域的供应商提供交易机会，阿里巴巴、生意宝、中国供应商、慧聪网等平台均属于这一类型。

第三方交易平台是为企业间提供 B2B 电子商务交易服务的平台提供商，其主要的收入来源包括交易费、服务费、会员费、广告费、佣金等。

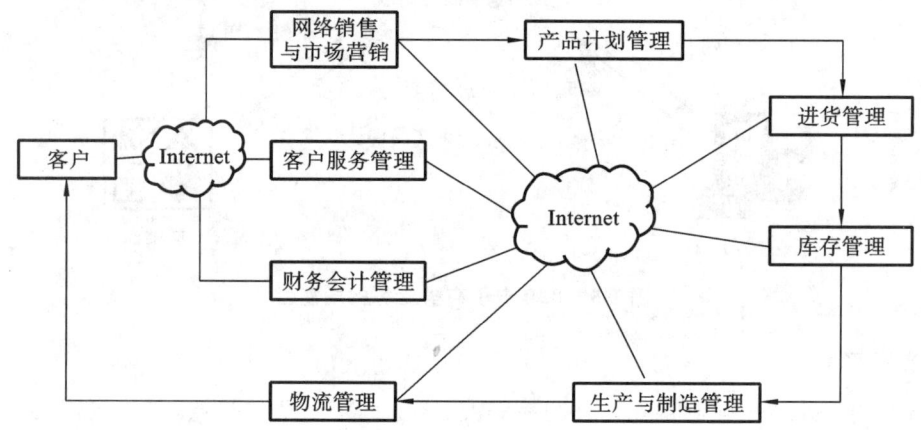

图 1-6　B2B 电子商务供应链整合模式

2. B2B 电子商务的优势

与传统商务活动相比，B2B 电子商务在采购成本、库存成本、周转环节和扩大市场机会四个方面都具有较大优势。

1）节约采购成本

建立企业间电子商务，需求企业可以通过实施网上自动采购，减少为搜集商品信息、商业谈判、交易管理等业务活动投入的人力、物力和财力；同时，也可以利用 B2B 交易系统整合企业内部需求，实现统一采购，增强议价权，降低采购成本。如沃尔玛将美国的 3000 多家超市通过网络连接在一起，实现集中采购及统一配送，从而取得巨大的成本优势。

2）降低库存成本

企业通过与上、下游企业建立起 B2B 电子商务系统，从而实现拉动式生产，最大限度地降低库存。如戴尔公司的客户定制模式，使企业可以按订单装配，实现了企业业务流程的高效运转，大大降低了库存成本。

3）减少周转环节

B2B 电子商务系统的建立，还可以帮助企业实现与合作伙伴的直接交流及交易，减少不必要的周转环节。如波音公司的零配件是从供应商采购的,而这些零配件很大部分是满足它的顾客航空公司维修飞机时使用。为减少中间的周转环节,波音公司通过建立电子商务网站实现波音公司的供应商与客户之间的直接交流,大大减少了零配件的周转时间。

4）扩大市场机会

利用电子商务平台,可以帮助企业的潜在客户便捷地了解产品信息及直接交流,最终建立商务关系。可以拓展原来难以通过传统渠道覆盖的市场,增加企业的市场机会。如戴尔公司通过网上直销,有20%的新客户来自中小企业,通过与这些企业建立企业间电子商务往来,大大降低了双方的交易费用,增加了中小企业客户网上采购的利益动力。

1-2 典型案例

（二）B2C

企业消费者电子商务（Business to Consumer,B2C）形式一般以网络零售为主。企业依托互联网展开在线销售活动,即企业通过互联网为消费者提供一个新型的购物环境网上商店,消费者通过网络进行购物、支付并通过物流配送体系最终实现整个交易过程。

B2C电子商务在实际应用中可分为如下两类:

（1）企业自建电子商务平台向消费者提供自己的商品和服务,这类平台可称为第二方平台,一般如各大航空公司、酒店等的专属交易网站。品牌企业通常也会建立自己的电子商务网站进行在线销售和技术支持等。企业自建电子商务平台一般都与自身内部的信息管理系统紧密结合,具有较强的个性化特性,平台之间有一定的差异性。代表企业包括京东商城、亚马逊、当当网、聚美优品等。

（2）由电子商务企业建立的电子商务网站,为各类销售企业提供平台服务。该类电商网站一般提供在线销售、支付、物流等一系列的配套功能,通常称为第三方平台。一般情况下,电子商务平台企业并不介入商品的交易过程,而是提供相应服务,相当于在销售商与消费者之间建立电子交易市场。代表企业有天猫商城、淘宝网、拍拍网等;京东商场也有部分商品为非自营属性,所以也具有第三方电子商务平台属性;提供服务的诸如去哪儿网等在线旅游网站。

下面以第三方平台为例对B2C电子商务交易流程进行介绍。

1. 业务流程

B2C电子商务一般的业务流程如图1-7所示,整个流程涉及的主要参与者包括网络交易平台、零售商、消费者、银行（第三方支付平台）和物流服务商等。

1）网络交易平台

电子商务企业为买卖双方提供平台及交易配套服务,在互联网上建立起电子商务交易环境。网络交易平台负责创建整个业务流程的规则,并严格管理,只有取得各方信任才能确保电子商务交易的顺畅运行。

2）网络零售商

网络零售商依照交易平台规则向消费者提供相关商品信息,并且根据市场需求动态调整价格,有时还需要与平台商合作推出具有竞争力的产品。

3）银行/第三方支付平台

一个完整的电子商务交易流程必须包括资金的支付、结算过程，这样才能有效地实现支付手段的电子化和网络化，也才能体现出区别于传统交易模式的快捷性、方便性。在网上商品订单结束后，消费者可以利用网上银行或者第三方支付平台，依照所提供的业务单位完成相关资金的网上支付、清算。网络支付安全是消费者最为看重的一环，这一阶段不仅运行机制复杂，而且对技术、标准、法律、安全等方面都提出了较高要求。

第三方支付是指与银行（通常是多家银行）签约，并具备一定实力和信誉保障的第三方独立机构负责的电子支付流程。由于第三方支付必须获得由央行颁发的资质许可证才能开展业务，并且是在银行监管下保障交易双方利益的独立机构，因此具有较强的公信力。第三方支付平台是买卖双方在交易过程中资金的"中间平台"，在通过第三方支付平台的交易中，买方选购商品后，使用第三方平台提供的账户进行货款支付。

现在网上支付手段已经出现了多样化的趋势，消费者进行在线支付，既可以选择自己开户的网上银行进行在线支付，也可以选择信用卡支付；目前国内消费者更愿意选择通过第三方支付平台进行在线支付。作为网络交易的监督人和主要支付渠道，第三方支付平台提供了更丰富的支付手段和可靠的服务保证，这也是互联网金融产生的基础。目前国内代表性的第三方平台包括支付宝、微信钱包等。

4）物流服务提供商

在 B2C 电子商务模式中，除了少数电子商务企业为了提高客户体验、解决"最后一公里"问题，增强自己核心竞争力，采用自建物流以外，大部分 B2C 电子商务企业更多是与第三方物流公司合作。B2C 电子商务企业与物流公司合作，需要建立起自身的自动订货处理和发货流程管理系统，并与物流公司的内部信息管理系统连接起来，物流公司内容信息系统生成的配送信息能自动传送到电子商务平台，从而实现消费者仅需要通过使用平台即可获取详细的商品状态信息，跟踪商品的整个运送过程。

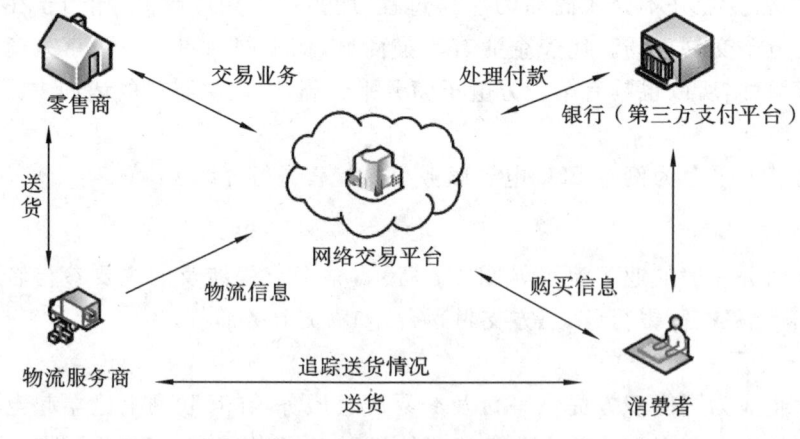

图 1-7 B2C 电子商务业务流程

2. 比较优势

B2C 电子商务是依托互联网进行的网上零售模式，也是多种电子商务模式里与普通消费者关联度最高的一种模式。与传统零售相比，具有更方便、快捷、经济等优势。网上商店与传统商店的比较如表 1-1 所示。

表 1-1　网上商店与传统商店的比较

比 较 项 目	网 上 商 店	传 统 商 店
商店名称	域名	店名
店面空间	虚拟空间（网站、网页）	物理空间（店铺）
商品展示	虚拟商品（图片、文本）	物理商品（实物）
营销方式	网络营销	传统市场营销
支付方式	货到付款、银行电汇、网上支付等	购买时直接现金支付或刷卡支付
购物时间	7×24（小时）	规定时间

网上零售的优势主要体现在以下几个方面。

（1）有助于提升零售商的品牌价值。B2C网上零售商借助于网站,在互联网上向消费者介绍自己的品牌,进行商品宣传和广告促销,能够使消费者迅速了解零售商的经营理念,并树立良好的品牌形象。

（2）有助于零售商进行市场信息的收集。利用因特网可以十分方便地访问遍布世界各地的网站,因此网上零售商可以轻松获得具有价值的市场信息,做到知己知彼,在市场竞争中处于有利的位置。

（3）改善客户服务措施。B2C网上零售通过互联网的信息反馈系统,可以更有效地与顾客建立互动联系,及时、直接地进行信息交换,从而提高对顾客的服务水平。

（4）能够快速实施国际市场战略。克服传统零售的地理和时间障碍,使网上零售商可以直接建立国际分销渠道和销售商品,使本土公司快速地变为全球公司。

（5）有助于降低零售商的经营成本。在电子商务过程中,由于消费者的所有行为模式都是可以记录、可量化的,因此零售商通过对消费者数据的分析,就能更准确地分析出客户偏好,预测其需求,就可以实现精准营销。零售商还可以实现订单式销售,通过减少库存,提高库存和资金周转率,来降低经营成本。

3. 成功要素

根据B2C电子商务商业模式的特点,采取合适的发展策略,是促进B2C电子商务可持续发展的关键所在。一个B2C电子商务企业取得成功的要素应该包括以下几点。

1）品牌

在虚拟的网络世界里,顾客可以不受任何时间和空间限制地从一个商店转到另一个商店。因此,对网络零售商来说,建立客户关系的重要途径就是向客户传达一种基于品牌的可信任感。所以,在虚拟世界中品牌一旦树立就更容易取得成功。例如,亚马逊网站于1995年7月正式上线。为了和线下图书巨头Barnes&Noble、Borders竞争,亚马逊采取大规模扩张策略,经过快跑,亚马逊从网站上线到公司上市仅用了不到两年时间。1997年5月Barnes&Noble开展线上购物时,亚马逊已经在图书网络零售上获得了巨大优势,确立了自己的品牌地位。

2）网站形象

网上商店的感官效果是网上销售品牌塑造的关键因素。在线购物主要靠视觉感受、优美的页面可以得到顾客的青睐,促进商品的销售。网站的设计要确保页面友好、布局合理、

文字清楚易读、按键使用快捷和方便是基本要求;网上商店的设计还必须考虑使购物过程更简便,如在顾客为选购商品而犹豫不决时向他们提供更为丰富的商品信息,优化搜索工具和购物车等的功能。美国最好的网上杂货店之一 Peapod 商店就主动为顾客提供其每周或每月经常购买的商品清单,顾客只要点击一下,清单上的所有商品就会立刻被放入购物车中,既节省了时间又可促进顾客重复订购。

(三) C2C

消费者间电子商务模式(Consumer to Consumer,C2C)是指通过电子商务网站为消费者提供在线交易的方式。卖方可以自由地在上面以个人名义发布待售物品信息,而买方则从中选择合适的物品进行交易。平台方为买卖双方提供便于交易所需的一系列配套服务,如市场信息、信用评价机制、在线支付等。

淘宝网(见图 1-8)是国内 C2C 模式的典型代表。由于该平台提供了较为完善的信用、支付和物流等配套服务,深得中国消费者的喜爱,大量企业卖家也通过该平台进行商品销售。淘宝网每年组织的"双十一"促销活动已经成为网上零售最成功营销案例之一,也成为中国网民的一项年度购物嘉年华,当日销售额从 2010 年的 9.36 亿元,到 2015 年快速增长至 571 亿元人民币,到 2020 年成交了 3723 亿人民币,可以看到中国 C2C 电子商务的飞跃发展。

图 1-8 淘宝网首页示例

C2C 电子商务的业务流程与 B2C 并没有太大差别,同样需要包含系列的交易流程,平台方提供包括从产品展示、在线支付、信用评价、物流配送体系一系列的功能。由于交易双方均以个人名义,在中国个人信用体系还不完善的环境下,信用认证体系及交易纠纷处理的完善就显得尤为重要,这是与其他模式最大的差别。

1. C2C 电子商务的特征

(1) 由第三方的电子商务企业为供需双方提供交易平台是 C2C 电子商务模式的前提条件。第三方电子商务交易平台的出现,改变了供需信息交流的方式,扩大了信息交流范围,这正是 C2C 电子商务模式的本质特征。它与传统商务交易中的中介者最大的不同在于,平台仅是提供交易场所与交易规则,平台方并不介入交易本身。

（2）商务活动最基本的四个要素是：商流、物流、信息流和资金流。C2C 电子商务平台除了向买卖双方提供信息交流的渠道外,还需要满足买卖双方资金和货品的交换。因此,C2C 电子商务平台需要为买卖双方提供相应的支付平台和物流系统。而且除了提供相应的工具外,C2C 电子商务平台还需要在买卖双方出现交易纠纷时提供相应的解决机制,并为买卖双方的交易行为在互联网上做信用记录等。

（3）C2C 电子商务平台面向所有人开放,且大多是免费,进入门槛较低。而买卖双方又都是以个人身份参与,这就造成其参与者鱼龙混杂。不少用户还同时具有买家和卖家的双重身份。所以,能否建立一套可靠、完善的信用机制就成为 C2C 平台成败的关键因素。

（4）C2C 市场体量大,产品品类齐全,在满足网购用户差异化及个性化需求方面具有很强的优势。但由于商品品类众多,种类繁杂,使假货很容易混迹其中,商品质量也良莠不齐。因此,建立有效的消费者保障及维权机制将成为 C2C 平台,乃至此商业模式能否持续健康发展的决定因素。

（5）C2C 电子商务面向的是消费者个体,交易规模一般来说都较小,电子商务便利的瞬间比价功能又决定了卖家也只能依靠微薄差价或追求差异化服务来赚取利润。这就决定了对于平台方来说,只有"薄利多销"以及提供丰富的服务支持才能实现其赢利的目标。

根据易观分析发布的《中国网络零售 B2C 市场季度监测报告 2020 年第 3 季度》数据显示,2020 年第 3 季度,中国网络零售 B2C 市场交易规模为 18692.4 亿元人民币,同比增长 20.1%,B2C 市场将继续成为网络购物行业的主要推动力。

2. C2C 电子商务的议价方式

C2C 电子商务模式中,一般有竞价和一口价两种议价方式。

（1）竞价。即拍卖式销售,其价格不固定,由买家出价进行竞拍,卖家可以设定最低成交价,在商品发布时间结束时,出价最高者得到商品。国外 C2C 平台,如 eBay 及 Yahoo auction 大都采用这种方式。

（2）一口价。指卖家标明确切的商品价格,买家支付相应的金额即可获得商品,国内淘宝、拍拍等平台一般使用此方式。

1-4 典型案例

（四）其他

1. M2C 模式

M2C 即 Manufacturers to Consumer（生产厂家对消费者）,是生产厂家直接为消费者提供自己生产的产品或服务的一种商业模式,特点是流通环节减少至一对一,销售成本降低,从而保障了产品品质和售后服务质量。

ToBox 是一家以"M2C＋ODM"为模式的出口电商公司,总部位于俄罗斯。有自主研发能力的中国厂商可以通过 ToBox 土豹科技平台直接将商品销售给海外消费者,ToBox 则在美国、俄罗斯两个主力市场为厂商提供物流、清关、仓储及二次配送全套服务。

2. M2B 模式

M2B 即 Manufacturers to Business（生产商直接面对经销商）,是一种以节省生产商销售成本和帮助下游经销商采购链资源整合的运作模式。M2B 模式的优势主要体现在三个方面：

（1）有效：流通环节减少，生产商面对经销商，提高效率节省资金。

（2）简单：交易过程简单，无须销售人员各地奔波，通过网络简单操作即可完成。

（3）快捷：经销商收货快，生产商回款快。

近几年，中国外贸形势不容乐观，但跨境电商逆势增长，成为中国外贸出口的一匹"黑马"。商务部预测，2020 年中国跨境电商交易规模将达 12 万亿元，约占中国进出口总额的 37.6％。M2B 模式将成为跨境电商的主流模式。

全国首家 M2B 跨境电商平台——名客来网具有"3B 定位""线上平台＋线下服务""买全球、卖全球"的三大特点，开创了跨境电商发展的新时代。不同关境的交易主体，通过电子商务平台达成交易、进行支付结算，对跨境电商的"诚信"提出了严苛要求。某种程度上来说，信誉就是跨境电商的生命。名客来网限定成立三年以上的规模工厂入驻，严控产品质量，拒绝售假欺诈，从根本上保证了平台的可靠与可信赖性。

3. G2B 模式

G2B 即 Government to Business（政府对企业），是指政府与企业之间的电子政务，是政府通过电子网络系统进行电子采购与招标的一种商业模式。在 G2B 模式中，政府主要通过电子化网络系统为企业提供公共服务。G2B 模式旨在打破各政府部门的界限，实现业务相关部门在资源共享的基础上迅速快捷地为企业提供各种信息服务，精简管理业务流程，简化审批手续，提高办事效率，减轻企业负担，为企业的正常运营提供良好的环境，促进企业发展。G2B 模式目前主要运用于电子采购与招标、电子化报税、电子证照办理与审批、相关政策发布、提供咨询服务等。

徐行经济城为注册企业产业发展提供贴身服务，正式推出 G2B 在线服务平台。据了解，G2B 系统具备政府助力企业发展的核心功能，是一个优质高效的综合服务系统，涵盖了政府、企业、员工、外部服务商等多方社会资源，使其促成有效的沟通和互动，并在系统内实现信息、订单、政策、服务等各类资讯的高效流转。G2B 系统的架构体系中，包括了升级型"企业信息发布管理系统"（CMS）、政府助力"企业—企业"的电子商务系统（G＋B2B）、政府认证的升级型"企业—客户"的电子商务系统（G＋B2C）、"企业家高峰论坛"系统（BBS）及基于"企业—政府—企业"模式的新型网络体系模型（B2G2B），由此，政府得以真正成为企业与市场之间的纽带，推动资讯高效流转，深度助力企业发展。

4. C2B 模式

C2B 即 Customer to Business（消费者对企业），最先在美国流行起来。C2B 模式的核心是通过聚合分散分布但数量庞大的用户，形成一个强大的采购集团，以此来改变 B2C 模式中用户一对一出价的弱势地位，使之享受到以大批发商的价格买单件商品的利益。目前国内常见的 C2B 形式有五种：一是聚合需求形式，如反向团购、预售；二是要约形式，如逆向拍卖，客户出价，商家选择是否接受；三是服务认领形式，如企业发布所需服务，个人认领，类似威客；四是商家认购形式，如个人提供作品、服务，等待企业认领；五是植入形式，如软文等。总的来看，电商的 C2B 模式主要是聚合需求形式和要约形式，同时个性化定制也是一个重要的模式。

京东众筹是典型的 C2B 例子,在新消费升级时代下,它不仅是一个为用户提供"与众、不同"的趋势性产品体验的品质生活平台,更是一个为创新创业企业发展提速的筹资与孵化平台。据统计,2015 年,京东众筹达到 4.5 亿元,占整个行业的 56.3%;2017 年 7 月,京东众筹共创造了 47 个千万级项目,500 余个百万级项目,项目量共达 5000 多个,总筹资已超 24 亿元。

5. C2G 模式

C2G 即 Consumer to Government(消费者对政府机构),是指政府对个人的电子商务和业务活动。这种商务活动包括社会福利费的发放、自我估税及个人税收的征收等。这类的电子商务活动目前还不多,但应用前景广阔。随着我国社会保障体制的逐步完善和税制改革,政府和个人之间的直接经济往来将会增加,这方面业务的电子化、网络化处理可以提高政府部门的办事效率,增加国民福利。

6. O2O 模式

O2O 即 Online To Offline,是指将线下的商务机会与互联网结合,让互联网成为线下交易的前台。O2O 的概念非常广泛,既可涉及线上,又可涉及线下。O2O 的优势在于把线上和线下的优势完美结合。线上导购把互联网与地面店完美对接,实现互联网落地,让消费者在享受线上优惠价格的同时,又可享受线下贴身的服务。同时,O2O 模式还可实现不同商家的联盟。O2O 可分为四种运营模式:Online to Offline 是线上交易到线下消费体验,Offline to Online 是线下营销到线上交易,Offline to Online to Offline,是线下营销到线上交易再到线下消费体验,Online to Offline to Online 是线上交易或营销到线下消费体验再到线上消费体验。

美团是国内最大的在线综合服务平台。作为"执牛耳"者,美团发展历程就是一部中国 O2O 服务电商的发展史。2003 年,大众点评成立,是全球最早的独立第三方消费点评网站,早期通过"电子优惠券、关键词推广"等网络广告业务盈利,最早 O2O 雏形以分类信息网站出现。2010 年,美团网成立,是国内最早的团购网站,"千团大战"唯三幸存者(点评、美团、糯米),以团购为代表的 O2O 呈现爆发式增长。2015 年,美团网与大众点评两大生活服务综合平台合并,涉及团购、外卖、酒店预订、旅行票务、打车、共享单车等生活服务全场景,O2O 正式步入寡头时代。至 2020 年第二季度美团交易金额达到 1088 亿元,日均单量多达 2450 万笔,成为全中国乃至全球最大的外卖平台,充分推动了餐饮行业供给侧结构性改革。

O2O 的核心就是通过打折、提供信息、服务等方式,把线下商店的消息推送给互联网用户。O2O 模式通过线上来揽客,消费者可以在线上来筛选服务,并完成在线交易及结算。移动电子商务的便携性和可定位性十分有助于 O2O 模式的发展。

典型案例 1-1

福建葫芦文化产业发展有限公司,自 2017 年第一家"葫芦弟弟阅读体验馆"开业,葫芦文化正式开启了由传统电商商业,向图书商业全产业链发展的增长模式,建立起线上线下联动优势。在"全民阅读"大趋势下,葫芦文化结合自身的图书出版、供应链开发、销售渠道等自身优势,建立了供应链优势壁垒。

葫芦弟弟是葫芦文化公司旗下的童书销售品牌,借助线上超过 6000 万客户群体的渠道优势,打造线上线下结合的童书阅读平台,以少儿益智类图书为主体核心、社科类图书和学习考试类及外语类图书为增长推动,形成多类并举的出版发行方向。通过线上平台销售、线下阅读体验馆、自动借阅机、图书直营店等多种方式,为客户提供多场景的图书阅读及购买体验。

截至 2019 年底,葫芦文化公司在自有平台、第三方平台及新媒体渠道,共拥有图书销售线上门店近 100 家,线上累计客户数超过 6000 万,2019 年累计线上销售超过 2 亿本图书,连续 5 年线上童书销售第一。

自公司成立以来,保持年均超过 100% 的销售额增长,2019 年已实现集团销售超 10 亿元。2016 年自有平台上线,平台注册用户每年保持百万级别的增长,2017 年注册用户突破百万,2019 年年末已经超过 500 万注册用户。

2019 年"双 11",当天实现销售码洋 1.2 亿元、图书 500 万册的佳绩,连续 5 年蝉联"天猫童书销售冠军",同时包揽天猫平台童书店铺冠、亚军。

同时,公司在 2017 年开始布局线下阅读体验馆、自动借阅机,目前在福州市区,已开设 3 家阅读体验馆并铺设了 200 多台自动借阅机,其中位于仓山区江心公园内的"葫芦弟弟阅读体验馆",已成为福州童书的地标性书店,至今为限制人流,仍采用"会员制"管理模式。

在电商营销及运营做法上,公司首先整合了葫芦文化旗下的公众号和会员资源,在公司内部已经打通公众号的关注者手机号信息,实现全渠道图书购买及借阅,形成了线上渠道的广域覆盖。

图书产业,起于创作。葫芦文化公司于 2016 年成立出版部门,后改组成独立公司——福州青葫芦出版有限公司,专注于青少年图书出版工作。

通过大数据了解童书市场需求,针对性出版图书,同时为了让消费者在公司销售的书上"停留",公司相继组建了上百人的运营团队,注重在网页设计、内容编辑等方面精细化运作,做好销售前、中、后期的管理服务,让青少年读者和家长既折服于书籍的内容,又享受到优质高效的服务。

公司还通过合作、并购、参股等多形式并举的方式,收购了北京学士文化、北京登亚文化等出版公司,与福州教育出版社、福建科技出版社、福建少儿出版社等多家出版社建立合作关系,并与今年与青岛出版社在福州设立合资公司"福州城市传媒文化发展有限公司",强势出击民营出版业。

2016 年至今,累计出版图书多达 1000 种,3000 余册,今年年内有望完成 5000 册图书的出版工作。

(资料来源:福建葫芦文化产业发展有限公司提供,有改动。)

【思考与分析】
1. 请结合案例思考葫芦弟弟属于哪一类电子商务业务模式。
2. 请结合案例分析该电子商务业务模式的优势。

第二节　物流概述

物流(logistics)概念的形成经历了较为漫长的道路。从历史的发展来看,20 世纪之前的很长一段时间存在的只是一些物流意识,还没有明确的物流概念。20 世纪初,随着工业化进程的加快,以及大批量生产和销售的实现,出现了直接进入流通领域的制造商,开始涉及物资配送或实物配送(physical distribution,PD)。阿奇·萧在 1915 年哈佛大学出版社出版的《市场流通中的若干问题》(*Some Problems in Marketing Distribution*)一书中研究了市场流通中存在的一些问题,明确将企业活动分为创造需求的活动和物流活动,并指出:"创造需求与实物供给的各种活动之间的关系……说明(这些活动之间)存在平衡性和互相依赖两个原则","物流(the physical distribution of goods)是与创造需求不同的一个问题……流通活动中的重大失误都是因为创造需求与物流之间缺乏协调造成的"。自从阿奇·萧的物流概念提出后,又经过了 70 年左右的时间才对物流管理有了明确的定义。

从实践发展的角度来看,第二次世界大战期间,美国及其盟军的军事后勤活动的组织为人们对物流的认识提供了实证依据。这期间积累的大量军事后勤保障理论和经验在战后被很多国家运用到了民用领域,促进了 20 世纪六七十年代世界经济的发展,也促使现代物流学理论的形成和发展。

一、物流的基本概念

随着社会经济的发展和科技的进步,物流的理论和概念及范围不断地变化与发展。物流的定义在各个经济发展阶段,适应不同的经济活动目的,不断地进化、调整和完善;即使在同一历史时期同一经济发展阶段,也因不同的学派、不同的学术团体、不同的机构和不同的国家,出自不同的角度和观点,而有所差别。不过,物流定义的演变过程恰恰反映了不同时期物流理论、物流管理及物流技术的进步轨迹。

1. 美国的定义

美国的定义较有影响力。1963 年成立的美国物流管理协会(National Council of Physical Distribution Management)对物流管理(physical distribution management)进行了多次定义,1976 年修订为:"物流管理是为了计划、执行和控制原材料、半成品及产成品从起源地到消费地的有效率的流动而进行的两种或多种活动的集成。这些活动可能包括但不仅限于顾客服务、需求预测、交通、库存控制、物料搬运、订货处理、零件及服务支持、工厂及仓库选址、采购、包装、退货处理、废弃物回收、运输、仓储管理。"这个定义中的物流范围从销售物流扩大到采购物流,不仅包括产品从生产商的生产组装流水线起,经过批发、零售,最终到消费者手里的终点移动,还包括原材料和零部件等从供应商到生产商生产组装流水线的始点流动。

1985 年,美国物流管理协会的英文名称改为 Council of Logistics Management,简称 CLM,用 logistics 代替了 physical distribution。它对物流的定义为:"物流是为了满足顾客需求而对商品、服务和相关信息从起源地到消费地的有效率、有效益的流动和储存而进行的计划、执行与控制的过程。"

从以上两个定义来看,前者定义了具体的物流活动,后者采用了更为灵活的表述,所适应的领域更为广泛;前者强调"有效率"的流动,后者强调"有效率、有效益"的流动;前者的目的是"有效率的流动",后者的目的是"满足顾客需求"。这些区别体现了现代物流的核心价值,反映了美国物流界对物流活动认识的深入及物流内涵和外延的变化。

21世纪后,物流的发展进入了供应链管理(supply chain management,SCM)阶段,物流理论也逐渐向更宽阔的领域发展。2001年,美国物流管理协会对物流的定义是:"物流是供应链流程的一部分,是为了满足客户需求而对商品、服务及相关信息从原产地到消费地的高效率、高效益的正向和反向流动及储存进行的计划、实施与控制过程。"在该定义中,不仅把物流纳入了企业间互动协作关系的管理范畴,而且要求企业在更广阔的背景下来考虑自身的物流运作;不仅要考虑自己的客户,而且要考虑自己的供应商;不仅要致力于降低某项具体物流作业的成本,而且要考虑使供应链运作的总成本最低。总之,该定义反映了随着供应链管理思想的出现,美国物流界对物流的认识更加深入,强调"物流是供应链的一部分",并从"反向物流"的角度进一步拓展了物流的内涵与外延(见图1-9)。

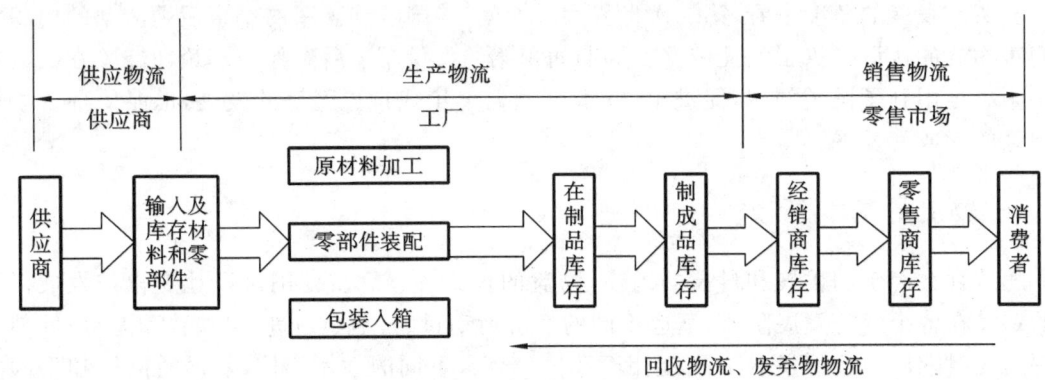

图1-9　物流过程示意图

2. 欧洲的定义

欧洲物流协会(European Logistics Association,ELA)于1994年发表的《物流术语》中将物流定义为:物流是在一个系统内对人员及/或商品的运输、安排及与此相关的支持活动的计划、执行与控制,以达到特定的目的。

3. 日本的定义

2002年日本标准学会以日本工业标准(Japanese Industrial Standards,JIS)的形式,对与物流相关的词汇做出了明确的定义。

第一个词汇对应于美国的physical distribution,工业标准的定义为:"物资资料从供应者到需求者进行时间的、空间的移动过程的活动。一般认为是将包装、输送、保管、装卸搬运、流通加工及与此相关的情报等各项功能进行综合管理的活动。在不同的对象领域有特定的不同称呼:供应物流、生产物流、销售物流、回收物流等。"

第二个词汇对应于美国的logistics,工业标准的定义为:"将物流活动的目标定位于充分满足最终需要,同时要解决保护环境等方面的社会问题,在此前提下追求高水平、综合地完成包装、输送、保管、装卸搬运、流通加工及相关的情报等各项工作,以谋求使供应、生产、销售、回收等各个领域实现一体化、一元化的经营活动。"

4. 中国的定义

在我国,物流是一个外来词,是于20世纪70年代末从日本引进的。1979年6月,中国物资经济学会派代表团参加在日本举行的第三届国际物流会议,代表团回国后把物流的概念介绍到了国内。此后,有关部门及专家学者展开了对物流的研究。

1987年,王嘉霖、张蕾丽两位教授在《物流系统工程》一书中指出:物流泛指物资实体的场所(或位置)转移和时间占用,即物资实体的物理移动过程(有形的与无形的)。从狭义来讲,物流包括从生产企业内部原材料、协作件的采购开始,经过生产制造过程中的半成品的存放、装卸、搬运和成品包装,到流通部门或直达客户后的入库验收、分类、储存、保管、配送,最后送达顾客手中的全过程,以及贯穿于物流全过程的信息传递和顾客服务工作的各种机能的整合。

2001年4月,由原中国物资流通协会物流技术经济委员会牵头组织,中国物资流通技术开发协会、北京工商大学、北京物资学院、北京交通大学、华中科技大学、原国内贸易局物流技术研究所等单位专家学者编写的中华人民共和国国家标准《物流术语》正式颁布。根据该标准,将"物流"定义为:物品从供应地向接收地的实体流动过程;根据实际需要,将运输、储存、装卸、搬运、包装、流通加工、配送、信息处理等基本功能实施有机结合。定义的前半部分指出了物品的流动方向,起点是"供应地",终点是"接收地"。定义的后半部分指出了物流所包含的功能要素,这些功能要素不是相互独立的,在物流过程中,应对其"实施有机结合",以充分发挥其整合作用。在国家标准中单独对"物流管理"这一词条进行了界定,将"物流管理"定义为:为了以最低的物流成本达到客户所满意的服务水平,对物流活动进行的计划、组织、协调与控制。2006年对《物流术语》(GB/T 18354-2006)标准进行了修订,"物流"的定义没有改变,"物流管理"的定义修改为"为达到既定的目标,对物流的全过程进行计划、组织、协调与控制"。

二、现代物流的运作机理

现代物流的运作机理可以从不同的角度来理解。从技术手段上来看,现代物流运作机理为信息化,包括电子商务、快速反应等。运用更新、更快和更低成本的计算机软硬件及电子通信技术,使企业用较低成本的信息资产去替换昂贵的库存、运输和其他传统的物流成本。从现代物流运作的主体来看,反映在"第三方物流企业",还包括供应链的核心企业、供应链集成商等专业机构。它强调企业应当从事核心业务,将非核心业务外包,从而实现"重心聚焦战略",提升企业的核心竞争力。从现代物流的运作对象上看,是企业内部和企业外部的物流整合,包括社会物流和宏观物流资源的整合等。但就其本质而言,现代物流的运作机理是通过现代化技术的运用和不断优化的管理模式,在一个不断变化的社会经济系统中实现人类劳动对象在时间和空间上更便捷、在成本上更低廉地转移。

现代物流这种追求"更便捷、更低廉"的运作机理,从局部的准时制生产和广泛的国际贸易中都能表现出来。从准时生产来看,它的出发点是不断消除浪费,追求无库存生产,即将合适的原材料和零部件,以合适的数量,送往合适的地点。从国际贸易来看,为了保持和增加市场份额,一个企业必须以有竞争力的价格在合适的时间和地点提供合适的产品。这表明必须正确地履行四个基本功能——商品的供应、储存、运输和市场营销,才能实现"更便捷、更低廉"的最终目标。

三、物流的功能

物流功能按其在物流系统中的地位不同,通常分为主体功能和辅助功能。

（一）主体功能

如果将物流这个系统比作一座桥梁，那么构成其筋与梁的就是运输、储存与配送三个功能。

1. 运输

物流的运输功能是负责为客户选择满足需求的运输方式，具体组织网络内部的运输作业，在规定的时间内将客户的商品运抵目的地。它包括供应和销售物流中的车、船、飞机等方式的运输，以及生产物流中的管道、传送带等方式的运输。对运输活动的管理要求是选择经济便捷的运输方式和运输路线，以实现安全、迅速、准时和经济的要求。

运输在物流管理中处于重要地位。一方面，运输可以创造"场所效用"。所谓场所效用是指同一种"物"由于空间场所不同，其使用价值的实现程度也不同，其效益的实现也不同。由于改变场所而最大限度地发挥了使用价值，最大限度地提高了产出投入比，就称为"场所效用"。通过运输，将"物"运到场所效用更高的地方，发挥"物"的潜力，实现资源的优化配置。从这个意义来讲，也相当于通过运输提高了物的使用价值。另一方面，运输是"第三利润源"的主要来源。仅从运输费用来看，运输费用在全部物流费用中所占的比例最高，一般综合分析计算社会物流费用，运输费用在全部物流费用中约占50%，有许多产品运输费用高于产品的生产成本，节约意义重大。

2. 储存

储存功能包括堆存、保管、保养、维护等活动。物流系统需要有仓储设施，但客户需要的不是在物流中心储存商品，而是要通过仓储环节保证市场分销活动的开展，同时尽可能降低库存占压的资金，减少储存成本。因此，专业物流中心需要配备高效率的分拣、传送、储存和拣选设备。对储存活动的管理，要求正确确定库存数量，制订保管制度和流程，对库存物品分别采取有效的管理方式，力求提高保管效率，降低损耗，加速物资和资金的周转。

3. 配送

配送功能是物流进入最终阶段，以配货、送发形式最终完成社会物流，并最终实现资源配置的活动。配送活动一直被看作运输活动中的一个组成部分或运输形式，所以过去未将其独立作为物流系统实现的功能，而是将其作为运输中的末端运输对待。但是，配送作为一种现代流通方式，在电子商务物流中的作用非常突出，它集经营、服务、社会集中库存、分拣和装卸搬运于一身，已不是简单的送货运输，所以在本教材中将其作为独立功能。

（二）辅助功能

就整个物流体系而言，除了以上三个主体功能外，还存在以下四个辅助功能。这些辅助功能同样存在于每次物流活动中。

1. 包装

包装功能包括产品的出厂包装，生产过程中制成品和半成品的包装以及在物流过程中换装、分装和再包装等活动。物流的包装作业的目的不是要改变商品的销售包装，而在于通过对销售包装进行组合、拼配和加固，形成适于物流和配送的组合包装单元。对包装活动的管理应根据物流方式和销售要求来确定,要全面考虑包装对产品的保护作用,促销作用,提高装运率的作用,包拆装的便利性及废包装的回收与处理等因素。包装管理还要根据物流全过程的经济效果来具体决定包装材料及其强度、尺寸及包装方式等。

2. 装卸搬运

装卸搬运是随输送和保管而产生的必要物流活动,它是对运输、保管、包装、流通加工等物流活动进行衔接的中间环节,包括装车(船)、卸车(船)、堆垛、入库、出库,以及连接以上各项动作的短程搬运。在物流活动的全过程中,装卸搬运活动是频繁发生的,因而是产品损坏的重要原因之一。对装卸搬运活动的管理,主要是确定最恰当的装卸方式,力求减少装卸次数,合理配置及使用装卸机具,以做到节能、省力、减少损失、加快速度,获得较好的经济效果。

3. 流通加工

流通加工是流通过程的辅助加工活动,物流企业为了弥补生产过程中加工程度的不足或市场不确定性的影响,更有效地满足用户需求,更好地衔接产需,往往需要进行一定的加工活动。流通加工的主要目的是方便生产或销售。例如,专业物流中心常与固定的制造商或分销商长期合作,为制造商或分销商完成一定的加工作业,如贴商品标签,制作并贴条形码等。流通加工环节地位和作用特殊,同时具有生产特征和流通特征,既可以看作流通过程中的生产活动,也可以看作生产过程中的流通活动,对衔接生产和流通具有重要意义。

4. 信息功能

物流信息功能包括进行与上述各项活动有关的计划和预测,以及对物流动态信息(运量,收、发、存数)及其有关的费用、生产、市场信息的收集、加工、整理和提炼等活动。对物流信息活动的管理,要求建立信息系统和信息渠道,正确地选定信息点和内容,以及信息的收集、汇总、统计和使用方式,以确保信息的可靠性和及时性。

典型案例 1-2

2018 年 7 月 2 日,德邦董事长崔维星在北京宣布:德邦物流即日起更名为德邦快递。同时,德邦快递宣布推出行业内第一款真正意义的大件快递产品——大件快递 3 kg～60 kg,并承诺在未来三年,每年投入 35 亿元,搭建大件快递的运营体系,完善大件快递触角。

从"德邦物流"改为"德邦快递",不是德邦的包裹在变轻,而是电商的包裹在变重。2017年,中国快递服务企业业务量累计完成 400.6 亿件,但竞争集中于轻货快递市场,0～3 kg、3 kg～20 kg、20 kg～50 kg 公斤段的票件占比分别为 70%、20%、10%。

近年来,随着以大家电、家具、建材、运动器材和卫浴等为代表的大件商品网购需求兴起,5 kg～100 kg 公斤段产品正成为物流增长的新焦点。德邦董事长崔维星坦言,自己创办德邦 22 年,感触最深的是"电子商务"带来的机遇,同时大件快递服务却一直有所缺失,尤其是商家"承诺力"的不足。比如,能不能把大件货物送到家里? 能不能把大件货物送到楼上? "承诺力"的不足,影响了消费者"买"还是"不买",大件快递成了很多商家的痛点。

崔维星还提出了"大件歧视"这个新名词——"寄大件物品的时候,快递公司有时候没大件服务,有时候不给走快递,有时候找各种理由推脱不接收大件,更别说送大件上楼了,我们可以称之为"大件歧视"。所以,对于大件物品,很多商家只敢承诺免费送货到楼下,最后的100米,成了整个大件快递的痛点。"

痛点即机遇,崔维星认为大件快递是个"千亿级"市场,"他坚信,在电商飞速发展的催化下,中国的运输市场很快就会迎来沙漏状,将有很大一部分零担市场变成大件快递市场。"

韩永彦表示,为了充分实践大件快递的服务愿景,德邦很早便开始布局大件快递运营的各个环节。未来三年,德邦每年将投入35亿元来积极构建与大件快递市场需求相匹配的"大件体系"。

除了重金打造"大件体系",德邦的另一张王牌是服务。韩永彦表示,德邦围绕3 kg~60 kg的大件快递推出两项核心服务——"上至40 kg,100％免费上楼"和"上至60 kg,包接包送",以此来真正消除"大件歧视"。

德邦董事长崔维星先生也呼应了马云主张的"让天下没有难做的生意",向中国所有电商创业者承诺:德邦快递将以专业、优质的"大件快递"服务,消除大件歧视,为电商的"承诺力"赋能,助力更多行业走上电商化之路,迎来更大的发展空间,"让天下没有难送的快递"。

(资料来源:搜狐网,有改动。)

【思考与分析】

1. 请结合案例思考物流的未来发展趋势。
2. 请结合案例分析第三方物流带给电子商务的优势。

第三节　电子商务与物流的关系

一、物流在电子商务中的作用

电子商务与现代物流业的关系是种互为条件、互为动力、相互制约的关系。若关系处理得当,措施采取得力,两者可以相互促进,共同加快发展;反之,也可能互相牵制。

1. 物流是实施电子商务的根本保证

电子商务的任何一笔完整交易,都包含着四种基本的"流",即信息流、商流、资金流和物流。信息流是指商品信息的提供、商业单证的转移、技术支持等内容。商流是指商品交易和商品所有权转移的运动过程。资金流是指付款、转账等资金的转移支付过程。物流则是指物质实体(商品或服务)的流动过程,如商品的储存、保管、运输、配送、信息管理等活动。电子商务的基本流程如图1-10所示。

2. 现代物流技术为电子商务快速推广创造条件

每笔电子商务交易一般需要具备物流、信息流和资金流三项基本要素,其中,物流是基础,信息是桥梁,资金是目的。每一笔商业交易的背后往往伴随着物流和信息流,贸易伙伴

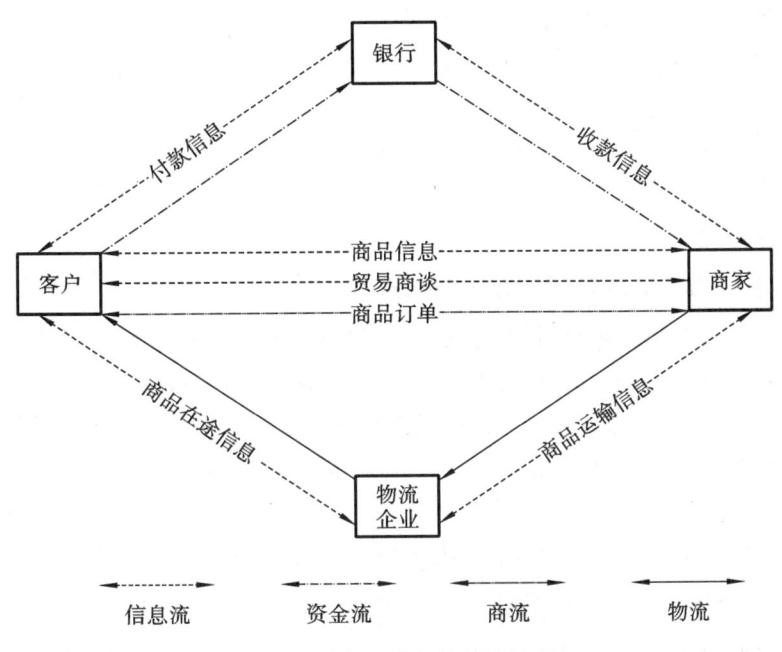

图 1-10　电子商务的基本流程

1-5　现代物流技术解析

需要这些信息以便对产品进行发送跟踪、分拣接收、存贮、提货以及包装等。在信息化的电子商务时代，物流与信息流的配合也变得更重要，必须借助现代物流技术。随着计算机网络技术的应用普及，物流技术中综合了许多现代信息技术，如地理信息系统（Geographic Information System，GIS）、全球定位系统（Global Positioning System，GPS）、电子数据交换（Electronic Data Interchange，EDI）、条形码（Barcode）技术等。物流业加快应用现代信息技术，为电子商务的推广铺平了道路。

3. 物流配送体系是电子商务的支持系统

现代物流配送可以为电子商务的客户提供服务，根据电子商务的特点，对整个物流配送体系实行统一的信息管理和调度，按照用户要求在物流基地完成理货，并将配好的货物送交收货人。这现代物流方式对物流企业提高服务质量、降低物流成本、提高企业经济效益及社会效益具有重要意义。

4. 物流配送系统提高了社会经济运行效率

物流配送企业采用网络化的计算机技术和现代化的硬件设备、软件系统及先进的管理手段，严格按用户的订货要求进行分类、编配、整理、分工、配货等系列理货工作，定时、定点、定量地交给各类用户，满足其对商品的需求。新型物流配送比传统物流方式更容易实现信息化、自动化、现代化、社会化、智能化、简单化，使货畅其流，物尽其用，既减少生产企业库存，加速资金周转，提高物流效率，降低物流成本，又刺激了社会需求，促进经济的健康发展。

二、电子商务对物流的影响

物流系统中货物的快速移动完全依赖信息，物流信息系统缺乏精确性是当今物流渠道集成的最大障碍。目前,多数公司仍把主要精力集中在交易系统上,虽然交易系统对公司的日常操作也十分重要,但它们不能解决快速反应和战略决策问题,而快速反应能力是物流企业高水平管理和高效率运作的重要标志。电子商务的兴起,为物流产业带来了更为广阔的增值空间,网络技术为物流企业建立高效、节省的物流信息网提供了最佳手段。当然,目前物流业因不能适应电子商务快速发展而暴露出种种不尽人意之处,但这恰恰是现代物流服务产业无限商机的源泉。

1. 电子商务为物流功能集成创造了有利条件

电子商务的发展必将加剧物流业的竞争,竞争的主要方面不是硬件而是软件,是高新技术支持下的服务。电子商务可以表现为很多技术的应用,但只有通过技术和业务的相互促进,才能实现形式与内容的统一。电子商务公司希望物流企业提供的配送不仅仅是送货,而是最终成为电子商务公司的客户服务商,协助电子商务公司完成售后服务,提供更多增值服务内容,如跟踪产品订单,提供销售统计,代买卖双方结算货款,进行市场调查与预测,提供采购信息及咨询服务等系列化服务,增加电子商务公司的核心服务价值。

2. 电子商务为物流企业实现规模化经营创造了有利条件

电子商务为物流企业实施网络化与规模化经营搭建了理想的业务平台,便于物流企业建立自己的营销网、信息网、配送网。当然网络化经营的运作方式不一定全部要由物流企业自己来完成,第三方物流企业更多的应是集成商,通过对现有资源的整合来完善自己的网络,实现物流功能的集成化。现在越来越多的企业认识到物流是获得竞争优势的重要手段,把"价值链"的概念引入物流管理,形成了"供应链"的概念,把物流称为一体化供应链,物流系统的竞争优势主要取决于它的一体化即功能整合与集成的程度。

3. 电子商务的虚拟技术为物流企业提高管理水平提供了工具

虚拟化与全球化发展趋势促使物流企业必须加强自身网络组织建设,电子商务的发展要求物流配送企业具备在短时间内完成广阔区域物流任务的能力,同时保持合理的物流成本。物流企业应该通过互联网整合现有的物流手段,加强与其他物流服务商的联系,加快海陆空一体化物流平台的建设,发展物流网上交易市场,从而提高物流资源综合利用率和服务水平。

4. 电子商务环境要求物流企业创新客户服务模式

电子商务的即时性要求物流企业创新其客户响应模式,建立良好的信息处理系统和传输系统,以便对客户要求在第一时间作出反应。在电子商务条件下,速度已上升为物流企业最主要的竞争手段,所以在物流系统内采用 EDI 技术成为一种重要趋势。

5. 电子商务改变传统物流观念

传统的物流和配送企业需要置备大面积的仓库,而电子商务系统网络化的虚拟企业将散置在各地的、分属不同所有者的仓库通过网络连接起来,使之成为"虚拟仓库",从而进行统一管理和调配,其服务半径和货物集散空间都被放大了。这样的企业在组织资源的速度、规模、效率和资源的合理配置方面都是传统的物流和配送所无法比拟的,相应的物流观念也必须是全新的。

电子商务作为一种新兴的商务活动,为物流创造了虚拟的运动空间。可以通过各种组合方式,寻求物流的合理化,使商品实体在实际的运动过程中,达到效率最高、费用最省、距离最短、时间最少的目标。

6. 电子商务改变物流的运作方式

传统的物流和配送过程是由多个业务流程组成的,受人为因素和时间影响很大。网络的应用可以实现整个过程的实时监控和实时决策,而且这种物流的实时控制是以整体物流来进行的。新型的物流和配送的业务流程都由网络系统连接。当系统的任何一个环节收到一个需求信息时,该系统都可以在极短的时间内做出反应,并拟定详细的配送计划,通知各相关环节开始工作。这一切工作都是由计算机根据人们事先设计好的程序自动完成的。

物流和配送的持续时间在电子商务环境下会大大缩短,对物流和配送速度提出了更高的要求。传统物流和配送的环节极为烦琐,在网络化的新型物流配送中心里可以大大简化这一过程。

7. 电子商务改变物流企业的经营

其一,电子商务将改变物流企业对物流的组织和管理。在传统经济条件下,物流往往是从某一企业的角度来进行组织和管理,为企业自身服务。而电子商务则要求物流从社会的角度来实行系统的组织和管理,以打破传统物流分散的状态。这就要求企业在组织物流的过程中,不仅要考虑本企业的物流组织和管理,更重要的是要考虑全社会的整体系统。

其二,电子商务将改变物流企业的竞争状态。在传统经济活动中,物流企业之间存在激烈的竞争,这种竞争往往要求企业通过提供优质服务、降低物流费用等方式来获得胜利。在电子商务时代,这些竞争内容虽然依然存在,但有效性却大大降低了,原因在于电子商务需要一个全球性的物流系统来保证商品实体的合理流动。对于一家企业来说,即使它的规模再大,也是难以达到这一要求的。这就要求物流企业应联合起来,在竞争中形成一种协同竞争的状态,以实现物流高效化、合理化和系统化。

8. 电子商务促进物流设施改善和物流水平提高

首先,电子商务将促进物流基础设施的改善。电子商务高效率和全球性的特点,要求物流也必须达到这一目标。而物流要达到这一目标,良好的交通运输网络、通信网络等基础设施是最基本的保证。

其次,电子商务将促进物流技术的进步。物流技术主要包括物流硬技术和物流软技术。物流硬技术是指在组织物流过程中所需的各种材料、机械、设施等;物流软技术是指组织高效率的物流所需的计划、管理、评价等方面的技术和管理方法。物流技术水平的高低是影响物流效率高低的一个重要因素。

最后,电子商务将促进物流管理水平的提高。物流管理水平的高低直接决定和影响着物流效率的高低,也影响着电子商务高效率的优势能否被发挥。只有建立科学、合理的管理制度,将科学的管理手段和方法应用于物流管理当中,才能确保物流的畅通,实现物流的合理化和高效化,促进电子商务的发展。

1-6　典型案例

第四节　电子商务物流概念与特征

一、电子商务物流的概念

1-7　2020电商物流齐发力　助力经济提质升级（视频）

进入21世纪，互联网渗透到商业活动的始终，网络购物不仅改变了人们的消费习惯，还方便了人们的生活，人们足不出户就可以买到自己需要的商品。但是，人们在购物过程中也遇到了诸多问题，如发货不及时、运费过高、物流服务不到位等。这说明传统物流业务活动已经滞后于电子商务的发展，电子商务物流（简称电商物流）尚不能完全满足人们对物流服务的要求。同时我们看到，电子商务的快速发展也为物流业的发展带来了机遇，但挑战也伴随其中。

从应用层面上看，电子商务物流是整套的电子物流解决方案，也就是企业资源计划（enterprise resource planning，ERP）系统，而电子商务物流行业的运作及相关操作，仍需借助设备和人力，所以我们认为电子商务物流运作的起点依旧是传统物流。配送活动是物流的浓缩，目前国内的各种物流配送虽然超越了简单的送货上门阶段，但在层次上，以配送为例大多数仍是传统意义上的物流配送，因此，从物流系统的配送来看，电子商务物流急需在传统物流配送的基础上实现系统化、信息化、现代化、社会化，需要转换为新型物流系统，使得传统物流功能与现代电子商务手段更紧密地契合。

电子商务物流产生的渊源在于电子商务技术的不断渗透和推进。美国经济学家、麻省理工学院的托马斯·马龙教授最早提出电子商务的概念，他把电子商务分为狭义的电子商务和广义的电子商务。前者指的是在运用电子化的买卖过程中，卖方找到潜在客户并了解其需求，而买方找到潜在卖主并了解其产品的销售条件等。后者指的是在商业活动中所有方面都得到了信息技术的支持，这些活动不仅包括买和卖，还有设计、制造和管理等。显然，这里强调的是电子商务的信息技术和经济运行环境，其中已经涉及物流管理的元素。因此可以说，最初的电子商务系统中已经涉及物流管理内容。

1-8　《全国电子商务物流发展专项规划（2016—2020年）》主要内容

电子商务是指人们利用电子手段进行以商品交换为中心的各种商务活动。物流则是供应链活动的一部分，是为了满足客户需要而对商品、服务以及相关信息从产地到消费地的高效、低成本流动和储存进行的规划、实施与控制的过程。电子商务物流正是与电子商务这一新兴商务模式相配套的物流，是实现商品从生产者到消费者转移的重要保障。

所以，电子商务物流是融合了电子商务和物流，在传统物流概念的基础上，结合电子商务中商流、信息流、资金流的特点而提出的，是电子商务环境下物流新的表现方式。因此，电子商务物流的内涵可以表述为"基于商流、信息流、资金流网络化的物资或服务的物流配送活动，包括软体商品（或服务）的网络传送和实体商品（或服务）的物理传送"。

2016年3月23日，商务部等六部门发布了《全国电子商务物流发展专项规划（2016—2020年）》明确指出："电子商务物流是主要服务于电子商务的各类物流活动，具有时效性强、服务空间广、供应链条长等特点。"这是国内首次对电子商务物流概念进行权威界定,这个定义视野开阔,对电子商务物流特点的总结也相对科学准确。

二、电子商务物流的特征

电子商务时代的来临,给物流带来了新变化,也使电子商务物流具备了区别于以往传统物流的一系列新特点(见图1-11)。

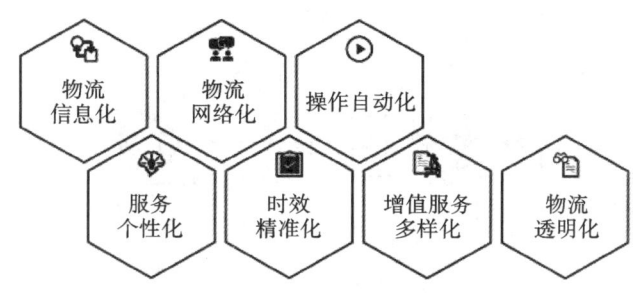

图1-11　电子商务物流的特点

1. 物流信息化

信息的传递、信息的商品化和整个作业流程的信息化,是电子商务物流必须具备的基本特征。物流信息化表现为物流信息的商品化、物流信息的代码化和数据库化、物流信息处理的电子化和计算机化、物流信息传递的实时化和标准化等。电子商务物流的信息化是先进技术设备应用于物流领域的基本前提。电子商务时代,物流信息化是电子商务发展的必然要求。因此,条码技术(bar code)、数据库(database)技术、电子订货系统(electronic ordering system,EOS)、电子数据交换(electronic data interchange,EDI)、快速反应(quick response,QR)及有效的客户反映(effective customer response,ECR)、企业资源计划等技术与观念在电子商务物流中将会得到普遍应用。信息化是电子商务物流的基础,没有物流的信息化,任何先进的技术设备都不可能应用于物流领域,信息技术及计算机技术在物流中的应用将会彻底改变传统物流的面貌。

2. 物流网络化

物流领域网络化的基础是信息化,网络化是电子商务物流活动的主要特征之一。这里的网络化有两层含义:一是物流配送系统的计算机通信网络,包括物流配送中心与供应商或制造商的联系要通过计算机网络,另外与下游顾客之间的联系也要通过计算机网络通信,比如物流配送中心向供应商提供订单的过程,就可以使用计算机通信方式,借助于增值网(value added network,VAN)上的电子订货系统和电子数据交换来自动实现,物流配送中心通过计算机网络收集下游客户的订货过程也可以自动完成;二是组织的网络化,即所谓的企业内部网(intranet),企业内部网通常建立在一个企业或组织的内部并为其成员提供信息共享和交流等服务,如文件传输、电子邮件等。

3. 操作自动化

互联网、信息技术、物联网三大技术是电子商务物流发展的基础,也是物流进入智能化和智慧化的前提。视频识别、标签、编码技术的广泛应用,使得操作自动化成为一种可能,通过操作的自动化能够提升物流系统效率,从而更好地满足大规模电子商务物流的需求。电子商务物流的自动化能够增强物流的作业能力,减少物流作业中出现的差错,提高生产效率等。物流自动化的设施非常多,如条码/语音/射频自动识别系统、自动分拣系统、自动存取系统、自动导向车、货物自动跟踪系统等,目前这些技术正逐步被运用在物流作业流程中,图1-12是电子商务物流自动化流程示意图。

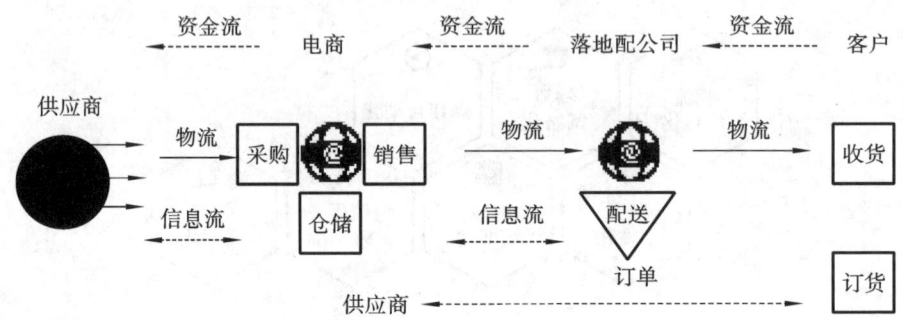

图 1-12　电子商务物流自动化流程

4. 服务人性化

电子商务营销活动具有件量小、频次高、退换货比较频繁的特性,面向一个个具体的个体买家,体验式、场景化,需要商家根据不断出现的服务需求去完善服务机制和模式,提供更加人性化的服务,满足不断升级的消费需求。人性化与柔性化的电子商务物流就是为了适应生产、流通和消费的需求而发展起来的一种新型物流模式。它要求物流系统根据消费者"多品种、多批次、小批量、短周期"的需求特点,灵活组织和实施物流作业。特别是物流集散中心已成为城市功能的有机组成部分,选址为市区边缘和交通枢纽的物流中心,通过电子商务信息平台实现物流人性化服务的特征。

5. 时效精准化

时效精准化就是按照合同的约定和委托方的要求,按时去完成物流服务,时效精准。在未来的电子商务环境下,物流管理以时间为基础,货物流转更快,制造业逐步实现"零库存",仓库又为第三方物流企业所经营,这些都决定了"保管仓库"进步减少,而"流通仓库"将发展成为配送中心,以保证物流时效的精准化。

6. 增值服务多样化

在电商物流服务过程中,除了基本服务外,电商物流还能够提供多样的增值服务。主要的增值服务包括以下几个方面:拓宽价值链,使得行业更具有竞争力;运输路径的选择与规划,帮助企业完成物流作业中大量的决策和运筹;提供高层次的决策支持,尤其是对库存水平的确定、物流配送中心经营管理的问题;提供智能化技术支持,智能化是增值服务的基础,比如协助企业使用计算机通信方式,借助增值网上的电子订货系统和电子数据交换,实现物流配送中心与供应商订单自动交换,提高企业的物流现代化水平。

7. 物流透明化

由于信息技术、互联网技术、物联网技术的使用,不同的利益主体能够跟踪整个物流活动的全过程,这使整个物流过程更加透明化。物流客户可以通过电子商务信息平台随时了解对方物流服务的情况,保证全面掌控服务过程。

三、电子商务物流的一般流程

电子商务的优势之处是能优化业务流程,降低企业运作成本。而电子商务下企业成本优势的建立和保持必须以可靠的、高效的物流作为保证,这也是现代企业在竞争中取胜的关键。

1. 普通商务物流流程

在普通商务物流流程中,物流作业流程与商流、信息流和资金流的作业流程综合在一起,更多地围绕企业的价值链,从实现价值增值的目的安排每一个配送环节,如图 1-13 所示。

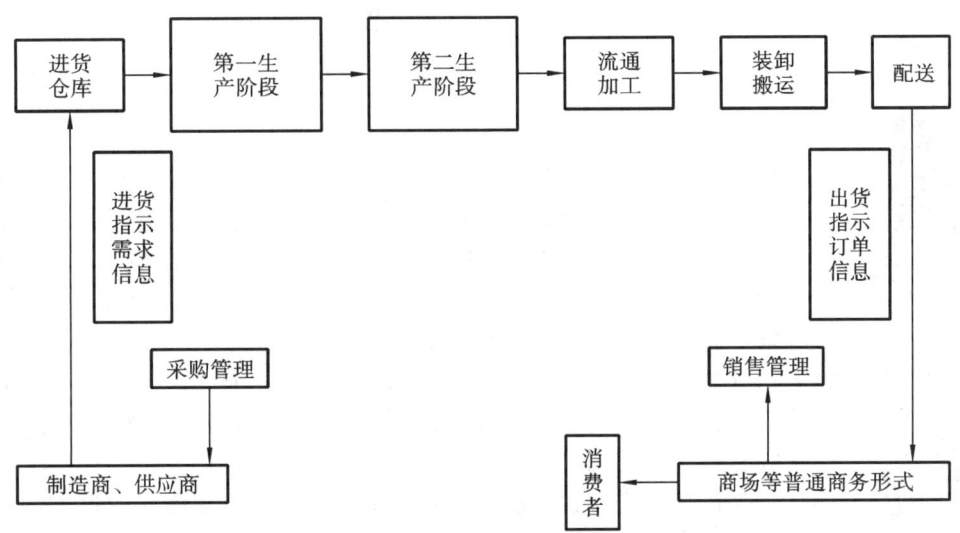

图 1-13　普通商务物流业务流程

2. 电子商务物流流程

电子商务的发展及其对配送服务体系的配套要求,极大地推动了物流的发展。与普通商务物流流程相比,电子商务物流流程在企业内部的微观物流流程上是相同的,都具有从进货到配送的物流体系。然而,在电子商务环境下,借助电子商务信息平台(包括会员管理、订单管理、产品信息和网站管理),有利于企业提高采购效率,合理地规划配送路线,实现电子商务物流流程和配送体系的优化,如图 1-14 所示。

四、电子商务物流的主要商业模式

电子商务行业竞争的白热化,促使物流打破电子商务中的瓶颈环节,用科学的电子商务物流运作打造企业新的核心竞争力。商业模式为盈利模式服务,从资产结构和价值实现方面可以将电子商务物流分为以下几种模式。

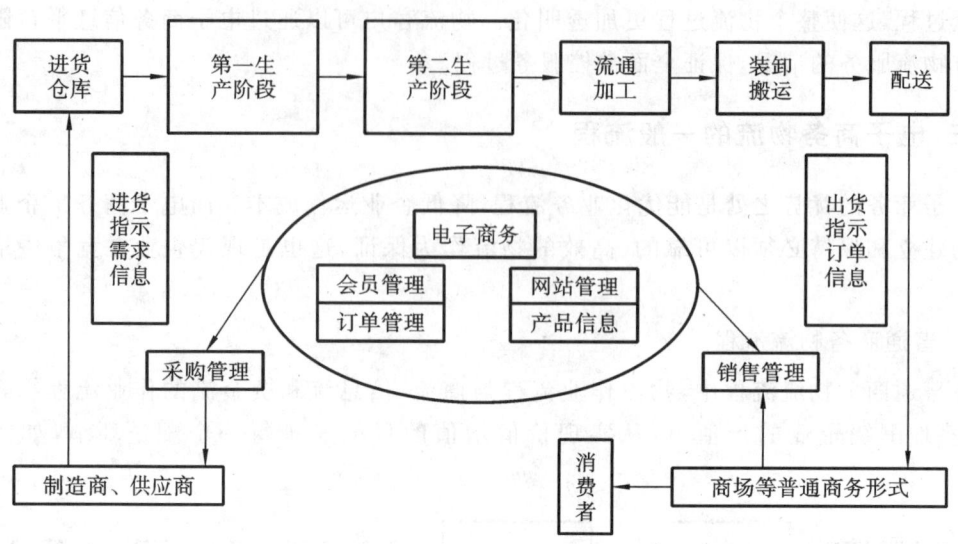

图 1-14 电子商务物流业务流程

1. 轻公司轻资产模式

1-9 PPG公司介绍

轻公司,国内最早的代表企业是 PPG。轻公司轻资产模式是指电子商务企业(简称电商企业)做自己最擅长的(如信息平台、大数据),而把其他业务(如生产、物流)都外包给第三方专业企业去做,最终把公司资产规模做小,把客户群体做大。

电子商务物流中的轻公司轻资产模式,着重在于管理好业务数据,提高物流信息的价值,租赁物流中心的资源,并把配送环节全部外包。这是早期电子商务企业的传统运作模式,这种模式可以使电子商务企业真正实现"归核化"和"服务外包"。

1-10 典型案例

轻公司轻资产模式,减轻了电子商务企业在物流体系建设方面的资金压力,但对与其合作的第三方依赖度很高,如果第三方的服务出现问题,势必牵连电商企业。据有关统计数据显示,第三方物流的投诉率是电商企业自建物流的 12 倍。显然,这种运作合作模式需要具备较高的合作风险管控能力。

2. 垂直一体化模式

垂直一体化,也被称为纵向一体化,即从物流配送中心到运输、仓储、包装等活动,全部由电商企业整体建设完成,这是完全不同于轻公司轻资产模式的物流模式,它将大量的资金用于物流管理队伍、运输车队、仓储体系建设,典型的企业有京东物流、苏宁易购等。

1-11 典型案例

垂直一体化模式,改变了传统电子商务企业过于注重平台运营而轻视物流功能的状况,将较多的资金和精力转投物流体系建设,通过增加物流企业固定资产获取的优势提高在电子商务业务上的核心竞争力。

3. 半外包模式

相对于垂直一体化模式的电子商务物流资本投入过于复杂和庞大,半外包模式是比较经济且相对可控的模式,它也被称为半一体化模式,即电商企业自建物流中心和掌控核心区域物流队伍,而将非核心区物流业务进行外包。

这种半外包模式,仍然需要电商企业投入大量资金进行物流体系建设。垂直一体化模式或半外包模式,绝大多数都是由电商企业将业务扩展到了物流业领域所致,这种跨界经营无论是被动扩张还是主动扩张,其目的都是提升电子商务的物流服务水平。但是,需要电商企业投入较多的资金和精力,并且需要电商企业具备较多的物流管理经验,因为在运作中存在较高的经营风险。

1-12 典型案例

4. 云物流模式

该模式借助云计算、云制造等信息技术概念。云物流模式就是指充分利用分散、不均的物流资源,通过某种商业体系、标准和平台进行资源整合,使社会资源为企业所用,节约企业自身资源,相关概念还有云快递、云仓储。

1-13 典型案例

从理论上讲,云物流实现了"三化"。一是社会化,如快递公司、派送点、代送点等成千上万的终端都可以成为企业整合的资源,菜鸟驿站模式就是典型的云物流模式,将"四通一达"的物流资源进行整合。二是集约化,众多社会资源集中共享一个云物流平台,实现规模效应,如菜鸟驿站模式。三是标准化,通过搭建统一的管理平台,改变物流行业经营的散、乱局面,实现各个环节的规范服务。

云物流模式利用订单聚合的能力来推动物流体系的整合,包括信息整合、能力整合。目前,大多数云物流只是提供了一个信息交换的平台,解决了供给能力的调配问题,但不能从根本上改变行业配送能力的整合问题、服务质量问题、物流成本及物流效率的控制问题(见图1-15)。如何整合和管理好云资源,这也是云计算、云制造面临的共同问题。在电子商务时代,物流发展到集约化阶段,一体化的物流配送中心的功能就不是简单地提供仓储和运输服务,必须开展配货、配送和各种提高附加值的流通加工服务项目,也可按客户的需要提供其他服务。现代供应链管理,即通过从供应者到消费者供应链的综合运作,使物流达到最优化。企业应该追求全面、系统的综合效果,而不能坚持单一、孤立的片面观点。

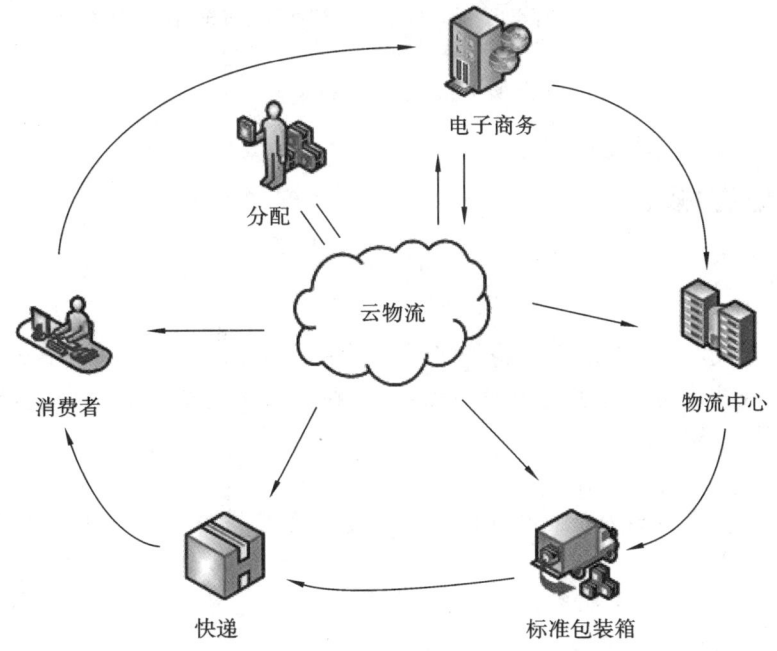

图 1-15 云物流模式

1-14 综合案例

1-15 典型案例

5. 增值物流模式

互联网时代,供应链不再仅仅是作为一种战略观念存在,而且还是一种可视化的产品,并且是可增值的产品。物流供应链构建的目的不仅是降低整体成本,更重要的是提供用户期望以外的增值服务,以产生和保持行业竞争优势。从某种意义上讲,供应链是物流系统功能的充分延伸,是产品与信息从原料到最终消费者之间的增值服务。在经营形式上,增值物流模式构建的是契约型关系(见图1-16)。这种电子商务物流中心与公用物流中心不同,它是通过签订合同,定向为一家或数家企业(客户)提供长期服务,而不是为所有客户提供服务。这种物流中心可以由公用物流中心来进行管理,也可以自行管理,但主要是提供物流服务;也有可能所有权属于生产厂家,交由专业的物流公司进行管理。目前,供应链系统物流完全适应了流通业经营理念的全面更新,从而缩短将以往商品经由制造、批发、仓储、零售各环节间的多层复杂途径,最终到达消费者的整个供应链长度,实现由制造商经配送中心直接送达各零售点甚至客户。供应链增值物流使未来的产业分工更加精细,产销分工日趋专业化,大大提高了社会的整体生产力和经济效益。

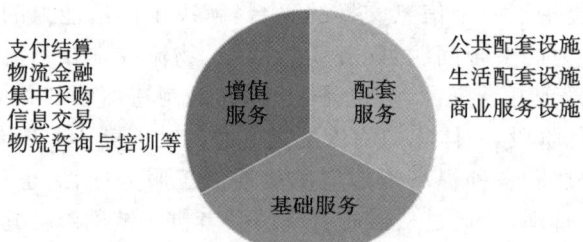

支付结算
物流金融
集中采购
信息交易
物流咨询与培训等

增值服务

配套服务

公共配套设施
生活配套设施
商业服务设施

基础服务

仓库、分拨场地等物流设施出租
停车场、加油、检修、配件供应等车辆辅助服务
仓储、配送、装卸、包装、加工信息等

图1-16　增值物流模式

 本章思考题

一、选择题

1. B2B 的优势有(　　　)。

A. 降低库存成本　　B. 减少采购时间　　C. 增加国民福利　　D. 提高政府效率

2. 电子商务物流是融合了电子商务和物流,在传统物流概念的基础上,结合电子商务中(　　　)的特点而提出的。

A. 商流　　　　　　B. 信息流　　　　　C. 资金流　　　　　D. 物流

3. 第三方交易平台是为企业间提供 B2B 电子商务交易服务的平台提供商,其主要的收入来源包括(　　　)。

A. 交易费　　　　　B. 服务费　　　　　C. 会员费　　　　　D. 广告费

二、判断题

1. 垂直一体化,也被称为纵向一体化,即从物流配送中心运输的活动。(　　　)

2．如果将物流这个系统比作一座桥梁，那么构成其筋与梁的就是运输、包装与配送三个功能。（　　　）

3．电子商务是指以信息网络技术为手段、以商品交换为中心的商务活动。（　　　）

4．G2B 是指政府对个人的电子商务和业务活动。（　　　）

5．M2B 是一种以节省生产商销售成本和帮助下游经销商采购链资源整合的运作模式。（　　　）

三、思考题

1．简述电子商务的定义。

2．简述物流的功能。

3．物流在电子商务的作用是什么？

4．电子商务业务模式有哪几种类型？并简述各自优势。

5．电子商务物流的特征有哪些？

第二章
电子商务物流模式

本章导读

　　了解电子商务物流系统的概念、构成以及特点；了解采用自营物流的企业，掌握自营物流的优缺点；掌握第三方物流的含义、变化和特征，理解电子商务与第三方物流的关系；了解电子商务企业利用第三方物流的利弊、主要类型及实施步骤；了解物流联盟的概念，掌握物流联盟的特征"8I"；掌握物流联盟的三种建立方式，了解物流联盟选择的步骤；掌握物流联盟的优势，理解自营物流、第三方物流、物流联盟三者之间的区别；理解虚拟物流的概念，了解虚拟物流所面临的问题和风险；掌握电子商务物流运作模式的选择因素。

引言案例

2-1　百世宣
传片(视频)

　　欧普照明是一家创新型快速发展的公司，成立于 1996 年 8 月，是一家集研发、生产和销售于一体的全球化照明企业。现有员工 5000 多人。产品涵盖家居、商照、电工、光源等领域，主要的产品有节能灯、吸顶灯、支架、筒射灯、LED 照明等，均在国内市场占有率排名领先，同时欧普自主品牌产品的海外业绩也相当喜人。

　　欧普照明摒弃借电子表格处理订单的历史，利用电子商务物流系统可实现多平台多店铺订单的统一管理，自动下载，审核、合并、拆分、智能分配、自动同步平台状态，提升了欧普电商团队整体的工作效率。2016 年双 11 订单量高达 60 万，仅 8 个小时所有的订单处理完毕，智能科学的仓储和物流匹配，流畅对接商品发货，以系统的严谨完全杜绝了手工入单可能出现的错误，带给每位消费者满意的购物体验。2018 年双 11 欧普照明再续辉煌，以 3.67 亿连续 5 年蝉联电商双 11 照明家居行业冠军。

　　另外，作为家装行业，商品有大小件拆分的特殊需求，电子商务系统发货策略可帮助欧普将筒灯、灯带等小件与吸顶灯等的大件拆单发货，自动化数据流转节省了大量的时间，提

升效率的同时大大降低了发货成本。

（资料来源：金蝶管易云官网，有改动。）

【思考与分析】

1. 欧普照明的电子商务物流系统是如何提升团队整体的工作效率？

2. 请结合案例谈谈企业使用电子商务物流系统的重要性。

第一节　电子商务物流系统概述

一、电子商务物流系统的概念

电子商务物流系统是指在实现电子商务特定过程的时间和空间范围内，所有需位移的商品（或物资），包括设备、装卸搬运机械、运输工具、仓储设备、人员和通信联系设施等若干相互制约的动态要素所构成的具有特定功能的有机整体。电子商务物流系统的目的是在商品满足供给需求的前提下，通过各种物流环节的合理衔接，以占用最少的资源，按时完成对商品的转移，并取得最佳的经济效益；电子商务物流系统既是电子商务系统中的一个子系统或组成部分，也是社会大系统的一个子系统。

二、电子商务物流系统的构成

正如前面定义所描述的，物流系统是由采购、运输、储存、装卸搬运和配送等各环节所组成的，它们也可以称为物流的子系统。作为物流系统的输入是运输、储存、搬运和装卸等各环节所耗费的劳务、设备以及材料等资源，经过处理转化成为物流系统的输出，即物流服务。

作为电子商务物流系统与传统的物流系统并无本质的区别，不同之处在于电子商务物流系统突出强调一系列电子化、机械化、自动化工具的应用以及准确、及时的物流信息对物流过程的监督，它更强调物流的速度、信息的畅通和整个系统的合理化。随着电子商务交易过程中实物流的流动，拥有畅通的信息流把相应的采购运输仓储配送等业务活动联系起来，使之协调一致，是提高电子商务物流系统整体运作效率的必要途径。图 2-1 所示是一个简单的电子商务物流系统，其中虚线框中的内容即为电子商务物流系统的主要结构模块。

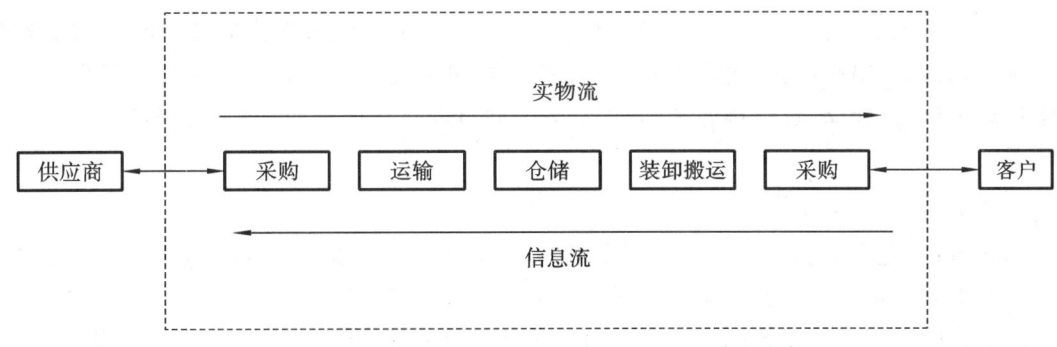

图 2-1　电子商务物流系统结构示意

三、电子商务物流系统的特点

电子商务物流系统定位在为电子商务的客户提供服务。它是对整个物流系统实行统一信息管理和调度,按照用户订货要求,在物流基地进行理货工作,并将配好的货物送交收货人的一种物流方式。这种体系要求物流系统提高服务质量、降低物流成本及优化资源配置。为了达到上述目的,电子商务物流系统需要具备以下特点。

1. 功能集成化

电子商务物流系统着重将物流与供应链的其他环节进行集成,包括物流渠道与商流渠道的集成、物流渠道之间的集成、物流功能的集成、物流环节与制造环节的集成等。物流系统的竞争优势主要取决于它的功能整合与集成的程度。

在电子商务时代,物流发展到集约化阶段,这种一体化配送中心不仅提供仓储和运输服务,还必须开展配货、配送和提高附加值的流通加工服务项目,也可以按客户的需求提供其他服务。现代供应链管理通过提供从供应商到消费者供应链的运作,使物流达到最优化。作为一种战略概念,供应链也是一种产品,而且是可增值的产品,其目的不仅是降低成本,更重要的是提供用户期望以外的增值服务,以产生和保持竞争优势。从某种意义上讲,供应链是物流系统的充分延伸,是产品与信息从原料到最终消费者之间的增值服务。

2. 具有复杂性、动态性

电子商务物流系统与传统物流系统相比更为复杂,这主要是由电子商务自身特点所决定的。电子商务要求物流系统提供更加完备、迅速和灵活的服务,并随时保持物流系统的畅通。符合电子商务快速和灵活要求的物流系统将比以前的物流系统更为复杂,而且需要具有一定的柔性,可随时根据环境和需求变化进行动态调整。

3. 服务系列化

在电子商务下,物流系统除强调物流配送服务功能的恰当定位与完善化、系列化以及传统的仓储、运输、包装和流通加工等服务外,还在外延上扩展至市场调查与预测、采购及订货处理,向下延伸至物流配送咨询、物流系统方案的选择与规划、库存控制策略协议、货款回收与结算、教育培训等增值服务,而且在内涵上提高了以上服务对决策的支持作用。

4. 手段现代化、流程自动化

电子商务下的物流系统使用先进的技术、设备与管理为销售提供服务,生产、流通和销售的规模越大、范围越广,物流配送技术、设备及管理越现代化。而物流系统流程自动化是指运送规格标准、仓储、货箱排列装卸、搬运等按照自动化标准作业,商品按照最佳配送路线运输等。

5. 组织网络化和规模化

Internet无边际特点导致了电子商务客户区域的离散性和不确定性,显然,过于分散的配送网络不利于物流企业实施集中的批量配送。但随着现代通信技术和网络技术的发展,构建跨地区的物流网络已经成为可能。为了保证对产品提供快速、全方位的物流支持,电子商务物流系统就需要建立全国性、规模性的物流网络,保证整个物流配送网络有最优化的库存水平及库存分布。

6. 经营市场化

电子商务物流系统的具体经营采用市场机制,无论企业自营物流,还是委托第三方物流企业承担物流工作,都必须保证整个物流系统以最小的输入得到最佳的物流服务效果。在电子商务下,物流业要以服务市场为主要宗旨。从当前的物流现状来看,物流系统不仅要为本地区服务,而且还要做长距离的服务。因此,如何满足市场需求便成为物流系统中的中心课题。

此外,物流系统不仅与生产厂家保持紧密的伙伴关系,而且直接与客户联系,能及时了解客户的需求信息,起着沟通厂商与客户的桥梁作用。

7. 企业信息化

2-2 ECR 解析

在电子商务时代,要提供最佳的服务,物流系统必须要有良好的信息处理和传输系统。物流信息化不仅包括储存、运输等物流活动的信息管理和信息传送,还包括为物流过程中的各种决策活动提供支持,即充分利用计算机分析物流数据、进行决策、降低成本和提高效率。

大型的配送公司都建立了 ECR 和 JIT 系统。一般仓库商品的周转次数每年为 20 次左右,如果利用 ECR,可增加到 24 次。通过 JIT 系统,可以很快地得到销售反馈信息。

8. 管理法制化

在宏观上,要有健全的法规、制度和规则;在微观上,新型物流企业要依法办事、按章行事。

 典型案例 2-1

幸福西饼创自 2008 年,先后进驻华润、万象城等知名商场百货,成为国内最具竞争力的品牌蛋糕店之一。随着近年来互联网的普及,幸福西饼于 2013 年启动"蓝海战略计划",全面向 O2O 转型,服务范围辐射到全国 60 多个城市,逐渐成为国内知名 O2O 蛋糕品牌。至 2018 年,日均订单近 4 万单,全年卖出了超过 1000 万个蛋糕,业务覆盖了全国 241 个城市。但在转型路上,幸福西饼的高速扩张,也暴露了幸福西饼管理上的短板。

直营门店、合伙分公司、合作城市伙伴三种渠道搭建起来的运营体系,随着业务快速发展,各分公司、各部门间权责难以理清,管理混乱,工作效率低。线上商城、线下直营门店、区域分公司机构多个组织间数据不互通,造成各组织间信息孤岛化,无法及时反馈公司运营情况,造成运营决策缺乏科学依据。

之后借助金蝶云电子商务物流系统,优化企业业务管理流程,建立多组织间的业务委托关系,统一规范采购流程,降低成本,推动幸福西饼管理电子化、规范化;搭建统一数据中心平台,打破原有各门店及分公司机构间系统独立、信息孤岛的壁垒,帮助幸福西饼实现数据在组织间有效流动,数据共享化和管控集中化,实现统一平台数据共享与分析数据;实现订单统一平台管理,门店/线上商城、配送中心全面实现在线提单,物料申请,并通过订单平台统一归收管理,保证订单数据的高度统一和精准,打通订单在门店/线上商城、配送中心、顾客之间有效流通记录;云计算让物流精准高效,线下门店、线上商城、配送中心全部实现在线物料申请提单与跟进,订单平台统一查询管理,员工次日早晨就能收到当天所需物料;为保证两小时新鲜送达,幸福西饼采用中央工厂带小型的卫星工厂运作,总仓对分仓的分布式调拨一步到位,无需二次录入,货在途中即知所有货物明细,协作流畅,操作便捷。

金蝶云电子商务物流系统帮助幸福西饼实现线下供应链、配送中心、线上商城与社区,海量数据的高效运转,幸福西饼可以做到零库存生产、2小时配送,效率得到了巨大提升。

(资料来源:金蝶官网,有改动。)

【思考与分析】

1. 金蝶云电子商务物流系统体现了电商物流系统哪些特点? 解决了幸福西饼企业哪些难题?

2. 请结合案例谈谈电子商务物流系统的前景。

第二节 电子商务物流运作模式

一、自营物流模式

(一)采用自营物流的企业

1. 传统大型生产制造企业或批发零售企业

这类企业在长期发展过程中,已经建立起一定规模的营销网络和物流配送体系,在进行电子商务时只需将原来的功能加以改进、完善,就可满足电子商务条件下对物流配送体系的要求。

2. 资金实力雄厚且业务规模较大的电子商务企业

这类企业凭借其庞大的连锁分销渠道,利用电子商务技术构建符合自身发展需求的物流体系,进行物流配送服务。建立适应自身业务需要的畅通高效的物流系统,也可为其他物流服务需求方提供第三方综合物流服务,充分利用自身的物资资源,实现规模效益。需要说明:

第一,自营物流并非不能把有些功能外包。

根据自身条件,可以将有关的物流服务委托给专门的企业去做,即从市场上购买有关的物流服务(如向运输公司购买运输服务,向仓储企业购买仓储服务)。但这些服务只限于一次或者一系列分散的物流功能,而且是临时的、纯市场交易的服务。另外,即便物流服务的基础设施为自身所有,但也可以委托有关的物流企业来运作,如请仓库管理公司来管理仓库,或请专业物流企业来运作管理现有的企业车队。从产业进化的角度来看这是一个进步。

第二,自营物流应充分借助于传统流通渠道。

对于已经开展传统商务的企业,可以建立基于网络的电子商务销售系统,同时也可以利用原有的物流渠道承担电子商务的物流业务。传统流通渠道在电子商务环境下依然有其不可替代的优势,首先是传统商业历史悠久,有良好的顾客基础,已经形成的品牌效应在很大程度上是配送信用的保证。其次是那些具有一定规模的连锁店、加盟经营店使准确及时的配送在全国范围内成为可能。另外,由于传统渠道本身也存在商品配送的任务,如果网站把商品配送任务交给传统流通渠道解决,那么可以充分利用一些闲置的仓储、运输资源,相对于使用全新的系统,成本降低了。

(二) 自营物流的优点

1. 掌握供应链控制权

采用自营模式的企业对于企业内部的采购、生产加工和销售等环节,原材料和最终产成品的性能、规格,产品供应商及产品销售商的经营能力,都能掌握最详尽的资料。可以帮助企业运用自身掌握的各种资料有效协调各个环节的物流活动,以较快的速度、较高的质量解决物流活动管理过程中出现的各种问题,获得供应商、销售商及客户的最新、最真实的信息,以便随时调整企业自己的生产经营策略。

2. 信息沟通渠道畅通

由于全部由企业自己经营物流业务,采用自营模式的企业可以方便地管理整个物流流程,物流部门和其他部门的信息沟通渠道畅通,方便沟通,为搞好物流提供了良好的环境。

3. 盘活企业原有资产

根据中国仓储协会的调查,目前生产企业中73%的企业拥有汽车车队和仓库,33%的企业拥有机械化装卸设备,3%的企业拥有铁路专用线;商业企业中36%的企业拥有汽车车队和仓库,7%的企业拥有机械化装卸设备。企业选择自营物流的模式,可以在改造企业自营管理结构和机制的基础上盘活原有物流资源,带动资金流转,为企业创造利润空间。

4. 降低交易成本

选择物流外包,由于信息的不对称性,企业无法完全掌握物流服务商完整、真实的资料。而企业通过内部行政权力控制原材料的采购和产成品的销售,可不必就相关的运输、仓储、配送和售后服务的佣金问题进行谈判,避免多次交易花费以及交易结果的不确定性,降低交易风险,减少交易费用。

5. 避免商业秘密泄露

对于任何一个企业来说,其内部的运营情况都是处于相对封闭的环境下,这不仅是外界对于企业运营了解渠道匮乏的原因,更重要的是企业为了保持正常的运营,特别是对于某些特殊运营环节,如原材料的构成、生产工艺等,不得不采取保密手段。当企业将运营中的物流要素外包,特别是引入第三方来经营其生产环节中的内部物流时,其基本的运营情况就不可避免地向第三方公开。而在某一行业专业化程度高、占有较高市场份额的第三方会拥有该行业的诸多客户,其正是企业的竞争对手,企业物流外包就可能会通过第三方将企业经营中的商业秘密泄漏给竞争对手,削弱企业的竞争力。

6. 提高企业品牌价值

企业自建物流系统,就能够自主控制营销活动。一方面,可以亲自为顾客服务到家,使顾客以最近的距离了解企业、熟悉产品,提高企业在顾客群体中的亲和力,提升企业形象,让顾客切身体会到企业的人文关怀;另一方面,企业可以掌握最新的顾客信息和市场信息,从而根据顾客需求和市场发展动向调整战略方案,提高企业的竞争力。

（三）自营物流的缺点

1. 企业投资巨大

电子商务公司自营物流所需的投入非常大，建成后对规模的要求很高，大规模才能降低成本，否则将会长期处于不盈利的境地。而且投资成本较大、时间较长，对于企业柔性也有不利影响。例如：2000年创立的e国网自建物流体系，推行"e国一小时"物流计划，执行后一直处于亏损的境地，仅运营前6个月就亏损1000万元，最终导致e国网步履维艰，难以维持下去。

2. 管理难度较大

对于绝大部分企业而言，物流并不是企业所擅长的活动。在这种情况下，企业自营物流就等于迫使自己从事不擅长的业务活动，企业的管理人员往往需要花费过多的时间、精力和资源去从事物流的工作，结果可能是辅助性的工作没有做好，又没有发挥关键业务的作用。

3. 配送成本较高

对规模较小的企业来说，企业产品数量有限，采用自营物流，不足以形成规模效应。一方面导致物流成本过高，产品成本升高，降低了市场竞争力；另一方面，由于规模的限制，物流配送的专业化程度较低，企业的需求无法得到满足。

4. 无法准确评估效益

许多自营物流的企业内部各职能部门独立地完成各自的物流活动，没有将物流费用从整个企业分离出来进行独立核算，因此企业无法准确地计算出产品的物流成本，所以无法进行准确的效益评估。

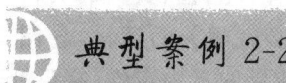
典型案例 2-2

2-3 中国供应链首次！京东无人仓算法入围全球工业"诺贝尔"奖

京东集团2007年开始自建物流，2012年注册物流公司，2017年4月25日正式成立京东物流集团。京东物流以降低社会物流成本为使命，致力于将过去十余年积累的基础设施、管理经验、专业技术向社会全面开放，成为全球供应链基础设施服务商。

目前，京东物流是全球唯一拥有中小件、大件、冷链、B2B、跨境和众包（达达）六大物流网络的企业，凭借这六张大网在全球范围内的覆盖以及大数据、云计算、智能设备的应用，京东物流打造了一个从产品销量分析预测，到入库出库，再到运输配送各个环节无所不包，综合效率最优、算法最科学的智能供应链服务系统。

截至2020年3月31日，京东物流在全国运营超过730个仓库，包含京东物流管理的云仓面积在内，京东物流运营管理的仓储总面积约1700万平方米。目前，京东物流已投入运营的28座"亚洲一号"智能物流园区，形成了目前亚洲最大的智能仓群。京东物流大件和中小件网络已实现大陆行政区县几乎100%覆盖，88%区县可以实现24小时送达，自营配送服务覆盖了全国99%的人口，超90%自营订单可以在24小时内送达。同时，京东物流着力推行战略级项目"青流计划"，从"环境（planet）""人文社会（people）"和"经济（profits）"三个方面，协同行业和社会力量共同关注人类的可持续发展。

围绕"短链、智能、共生"，京东物流坚持"体验为本、技术驱动、效率制胜"，当前正携手社会各界共建全球智能供应链基础网络（GSSC），打造供应链产业平台，为客户提供全供应链服务和技术解决方案，为消费者提供"有速度更有温度"的高品质物流服务。

（资料来源：京东物流官网，有改动。）

【思考与分析】

1. 京东为何选择自营物流运作模式？
2. 请结合案例思考京东自营物流对社会的影响。

二、第三方物流模式

第三方物流自 20 世纪 80 年代在欧美等工业发达国家出现以来，其独特的魅力受到了企业的青睐并得到迅猛发展，被誉为企业发展的"加速器"和 21 世纪的"黄金产业"。完善的第三方物流企业能够提供货主所需的所有环节的物流服务，包括仓库存货代理、运输代理、托运代办、通关代理等业务。第三方物流可以帮助企业提高劳动生产率、消减成本、增加灵活性。有迹象表明，企业对第三方物流服务的利用率将会越来越高，范围也将越来越广。

（一）第三方物流的含义

根据运作主体的不同，物流的运作模式可以分为第一方物流、第二方物流以及第三方物流。第一方物流（the First Party Logistics，1PL）是指由卖方、生产者或供应方组织的物流，这些组织的核心业务是生产和供应商品，为了生产和销售业务需要而进行物流自身网络及设施设备的投资、经营与管理。第二方物流（the Second Party Logistics，2PL）是由买方、销售者组成的物流，这些组织的核心业务是采购并销售商品，为了销售业务投资建设物流网络、物流设施和设备，并进行具体的物流业务运作和管理。第三方物流管理（the Third Party Logistics，3PL）是 20 世纪 80 年代中期由欧美学者提出的，在 1988 年美国物流管理委员会的一项顾客服务调查中，首次提到了"第三方物流提供者"一词。自 20 世纪 80 年代开始，一方面企业剥离意识不断提高，另一方面物流服务商的服务能力不断增强，一些厂商开始尝试将部分物流业务委托给专业化的物流服务商，在得到能够降低成本提高服务的印证后，一些企业甚至开始将全部物流业务外包出去。根据我国 2007 年 5 月 1 日起正式实施的《物流术语》，第三方物流是"独立于供需双方为客户提供专项或全面的物流系统设计或系统运营的物流服务模式"。

第三方物流是社会化、专业化的一种物流形式。它是企业生产和销售外的专业化物流组织提供的物流，而不是某一企业内部专享的服务。第三方物流有广义和狭义两种理解。广义的第三方物流是相对于自营物流而言的，凡是由社会化的专业物流企业按照货主的要求所从事的物流活动都可以包含在第三方物流范围之内。狭义的第三方物流主要是指能够提供现代的、系统的物流服务的第三方物流。第三方物流的社会地位如图 2-2 所示。

第三方物流在全球范围内发展迅速，方兴未艾，它是经济发展和社会需求的产物。第三方物流操作方式是根据合同条款规定的要求，提供多功能、全方位的物流服务。与传统的以运输合同为基础的运输公司相比,第三方物流企业在服务功能、客户关系、设计范围、竞争优势、核心能力以及买方价值等方面,发生了巨大的变化,如表 2-1 所示。

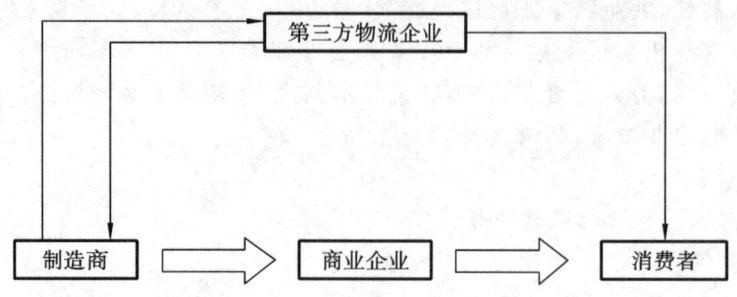

图 2-2　第三方物流的社会地位

表 2-1　第三方物流的变化

	运 输 合 同	物 流 外 包	SCM(供应链管理,即第三方物流)
服务功能	简单功能	多功能	多功能集合,增加宽度和复杂性
客户关系	交易	长期协议	战略合作伙伴关系
设计范围	本地、地区性	跨区域	全球化、门到门的区域
竞争趋势	分散	合并、联盟	比较分散,但战略联盟使小型变大
核心能力	资产和过程执行	从资产型向信息型转变	以信息和知识为主
买方价值	减少	地域扩张	优化成本、优化服务

(二) 第三方物流的特征

1. 合同导向

普通的运输或仓储合同往往只针对一次性交易,只包含一项或分散的几项物流服务。而第三方物流则根据合同条款规定的要求,提供多功能甚至全方位的物流服务,它不是满足一般性的临时需求,而是针对一段时期内的需求。

2. 个性化服务

第三方物流服务对象一般较少,只有一家或数家,服务时间却较长,往往长达几年。这是因为需求方的业务流程各不相同,而物流、信息流是随商流或价值流而流动的,因而要求第三方物流服务应按照用户的业务流程来设计。传统的运输、仓储企业由于服务对象众多而只能提供单一、标准化的服务,无法满足用户的个性化需求。

3. 服务建立在现代信息技术基础上

现代信息技术的发展是第三方物流产生的必要条件。计算机、网络和通信技术,实现了数据处理的实时化、数据传递的高速化,使库存管理、运输、采购、订单处理、配送等物流过程自动化、一体化的水平不断提高,用户可以方便地通过信息平台与物流企业进行交流和协作,这就使用户企业有可能把原来在内部完成的物流作业交由物流公司运作。

4. 与用户企业是联盟伙伴关系

第三方物流企业与用户(或货主)企业不是一般的市场交易关系,而是介于市场交易与纵向一体化(即企业内部提供物流服务)之间的联盟伙伴关系。这就要求物流企业与用户企业之间相互信任,充分共享信息,共担风险和共享利益,以达到比单独从事物流活动所能取得的更好效果,即双赢。

(三)电子商务与第三方物流的关系

1. 第三方物流是电子商务配送的第一选择

第三方物流具有先天的优势,绝大多数的电子商务公司会将第三方物流作为配送的第一选择。一般的电子商务公司不具备亚马逊和沃尔玛那样自营物流系统的能力,它们需要将更多的精力投入产品开发领域。因此,它们通过与第三方物流企业建立合作联盟的方式,构建自己的竞争优势,在市场竞争中获胜。

2. 第三方物流是电子商务的支点

物流是信息流、商流、资金流、物流"四流"中最为特殊和必不可缺的一环,没有物流业的发展,尤其是第三方物流的发展,电子商务的优势发挥会受到巨大的限制。电子商务只有以第三方物流为支点,才能实现发展上的成功跳跃。

3. 电子商务是推动第三方物流快速发展的重要因素

电子商务信息技术发展促进了第三方物流服务商向信息化、网络化、智能化升级。随着电子商务信息技术的不断进步,电子商务的流程也越来越精细和复杂,第三方物流服务商只有依靠先进的网络信息技术,才能不断地提高适应性和灵活性,实现物流活动信息化和网络化的发展需求。

4. 电子商务是第三方物流整合内部资源的内在动力和外在需求

电子商务的运营本身是无国界的,打破了传统经营方式中地理范围的限制。但是电子商务为众多企业拓展边界的同时,也对企业的物流配送提出了全球化服务的要求。物流配送的全球化趋势使得生产企业不得不依靠专业的第三方物流企业提供物流配送服务,并且它们之间的关系变成了新型的战略合作伙伴关系。

5. 电子商务为第三方物流提供了空前的发展机遇

电子商务高效的运行效率需要高效的物流运作与之相配套,第三方物流成为满足企业电子商务配送需求的首选。

(四)电子商务企业利用第三方物流的利弊

1. 利于企业集中精力在核心业务上

任何企业的资源都是有限的,很难在业务上面面俱到,为此,电子商务企业应把自己的主要资源集中于自己擅长的主业,如电子商务平台的建设、网络营销、订单处理、信息收集、安全支付服务等,而把物流等不擅长的业务留给物流公司。

2. 减少固定资产投资,降低投资风险

电子商务企业自建物流需要投入大量的资金购买物流设备,建设仓库和信息网络,这些资源对于缺乏资金的企业,特别是中小电子商务企业来说是个沉重的负担。而且,资金一旦

投入，由于管理非专业化和资产专用性，还会使企业面临无法收回投资和资产处理困难的风险。如果使用第三方物流公司，不仅减少了设施的投资，还可以利用第三方物流企业的专业化管理能力，降低库存，加速资金周转，减少资金风险。

3. 充分发挥专业化管理和规模优势

第三方物流企业专注于物流业务，可以站在物流系统的高度，利用自身专业化的物流规划能力、信息技术处理能力和协调平衡能力把物流系统各个功能有机配合，实现总体成本的最低化。由于第三方物流企业面向社会承接业务，因此可以实现规模化配送，最大限度地减少车辆空载和仓库限制，充分利用物流资源。

4. 为顾客提供更高水平的服务

物流服务水平是企业实力的一种体现。拥有完善信息网络和节点网络的第三方物流企业能够加快客户订货的反应能力，加快订单处理，缩短交货时间，实现货物"门对门"运输，提高顾客满意度。第三方物流企业严格监控在途货物，可以及时发现并处理配送过程中的意外事故，保证货物安全送达。另外，产品的售后服务、退货处理、废品回收也可以由第三方物流企业来完成，保证为客户提供全面且高水平的服务。

当然，与自营物流相比较，第三方物流在为企业提供上述便利的同时，也会给企业带来诸多的不利。主要有：企业不能直接控制物流职能；不能保证供货的准确和及时；不能保证顾客服务的质量和维护与顾客的长期关系；企业将放弃对物流专业技术的开发等。比如，企业在使用第三方物流时，第三方物流公司的员工经常与该企业的客户交往，此时，第三方物流公司会通过在运输工具上喷涂它自己的标志或让公司员工穿着统一服饰等方式，来提升第三方物流公司在顾客心目中的整体形象，从而取代该企业的地位。

（五）电子商务企业利用第三方物流的主要类型

外包模式的选择，既要考虑企业自身的实际情况，也要考虑内外环境等因素。一般来说，企业实施物流外包的模式主要有以下两种。

1. 部分外包（专项业务外包）

将物流管理职能工作的一部分外包给第三方物流服务机构，其他部分继续由企业自身负责。这种外包模式有利于企业根据自己在物流业务中的优劣，采取适宜的外包模式，且容易把握和达到外包目的。

2. 整体外包

将一项完整的物流职能全部外包给第三方物流服务机构。例如，将企业物流规划、物流设计、物流信息管理、物流运作等相关工作整体外包。这种模式可帮助企业尽可能减少非核心业务的影响，提高核心竞争力。

（六）电子商务企业利用第三方物流的实施步骤

1. 确定外包对象

在准备实施物流外包服务之前，必须明确界定某一职能业务属性。通常安全性是首要考虑的，同时也要注意不能把关系企业核心业务外包出去。

2．选择合适的服务提供商

企业外包物流业务确定后，就要考虑如何选择外包服务提供商，一般应从以下几个方面来考虑：

（1）外包服务价格；

（2）服务提供商的信誉和质量；

（3）自身物流业务量的大小。

3．确定外包方式

一般来说，确定外包方式与外包服务提供商的类型有关。物流外包服务提供商主要有三大类：第一类是物流代理机构，如国际货物运输领域广泛存在的代理机制；第二类是专业的物流服务机构，如中海物流、宝供物流等，就是专门为企业物流外包提供服务的；第三类是高等院校、科研院所的物流专家或研究机构，由他们来为企业出谋划策也非常可行，如对物流业务人员的培训、对物流业务流程的设计等。

4．物流外包实施与提供相关服务

企业在外包实施过程中需要积极参与其中，主要包括两方面的工作：一是外包风险的防范与控制；二是企业物流管理部门还要积极配合，为外包服务机构提供必要的信息和资料等。

 典型案例 2-3

戴尔（Dell），是一家总部位于美国得克萨斯州朗德罗克的世界五百强企业，由迈克尔·戴尔于1984年创立。其理念非常简单：按照客户要求制造计算机，并向客户直接发货，使戴尔公司能够更有效和明确地了解客户需求，继而迅速做出回应。戴尔公司设计、开发、生产、营销、维修和支持一系列从笔记本电脑到工作站的个人计算机系统。每一个系统都是根据客户的个别要求量身定制的。这种革命性的举措已经使其成为全球领先的计算机系统直销商，跻身业内主要制造商之列。

戴尔（中国）公司是一家新建的公司，不是由原来的制造企业转型而来，没有现成的分销网络物流系统可以利用。自建一个覆盖面较大、反应迅速、成本有效的物流网络和系统物流对戴尔来讲是一件耗时耗力的庞大的工程，而且戴尔又在物流管理方面不具备核心专长，因送货不经济导致的运作及其他相关成本上升而增加的费用是无法弥补的。面对全球化激烈竞争的趋势，企业的战略对策之一是专注于自己所擅长的经营领域，力争在核心技术方面领先，而将本企业不擅长的业务分离出去，委托给在该领域有特长的、可信赖的合作伙伴，所以戴尔把物流外包了。

一个覆盖面广、反应迅速、成本可控的物流系统是戴尔直销模式成功的重要支柱。戴尔的物流完全外包给第三方物流公司，主要由DHL、BAX、FedEX等跨国性物流企业承担。这些第三方物流公司具有健全的网络、专业化的运营和现代化的管理。通过采用第三方物流的门到门服务，戴尔大大降低了物流成本，提高了物流效率，改善了客户服务水平。

戴尔的物流从确认订货开始。确认订货以收到货款为标志，在收到货款之后需要两天时间进行生产准备、生产、测试、包装、发运准备等。戴尔将物流系统运作委托给第三方物流公司,并承诺在款到后 2～5 天送货上门,某些偏远地区的用户每台计算机要加收 200～300 元的运费。戴尔通过供应链的管理与重组,有效地降低了库存,缩短了生产周期,大大地提高了竞争力。

另一方面,戴尔也通过网络,利用电子数据交换连接,使得上游的零件供应商能够及时准确地知道公司所需零件的数量、时间,从而大大降低了存货,这就是戴尔所称的"以信息代替存货",带动供应商共同发展直销模式,实现公司与供应商双赢的合作关系。这样,戴尔也和供应商建立起一个"虚拟"的企业。

通过该模式,戴尔公司将供应商和最终消费者整合成一条优化的供应链,通过互联网媒介以及第三方物流的介入,大大提高了产品的竞争力。

(资料来源:《物流信息技术》,有改动。)

【思考与分析】

1. 戴尔将物流完全外包存在哪些潜在的威胁?

2. 戴尔的物流外包模式给我们带来了哪些启示?

三、物流联盟模式

(一) 物流联盟的概念及特征

1. 物流联盟的概念

按照国家标准《物流术语》(GB/T18354-2006),物流联盟(Logistics Alliance)是指两个或两个以上的经济组织为实现特定的物流目标而采取的长期联合与合作。换句话说,是指在物流方面通过签署合同形成优势互补、要素双向或多向流动、相互信任、共担风险、共享收益的物流伙伴关系。企业之间不完全采取导致自身利益最大化的行为,也不完全采取导致共同利益最大化的行为。

物流联盟是介于自营和外包之间的物流模式,可降低这两种模式的风险。物流联盟是为了达到比单独从事物流活动取得更好的效果,企业间形成的相互信任、共担风险、共享利益的物流伙伴关系。企业之间不完全采取导致自身利益最大化的行为,也不完全采取导致共同利益最大化的行为,只是在物流方面通过契约形成优势互补、要素双向或多向流动的中间组织。

联盟是动态的,只要合同结束,双方又变成追求自身利益最大化的单独个体。狭义的物流联盟存在于非物流企业之间,广义的物流联盟包括第三方物流。电子商务企业与物流企业物流联盟,一方面有助于电子商务企业降低经营风险,提高竞争力,企业还可以从物流伙伴处获得物流技术和管理技巧;另一方面也使物流企业有了稳定的货源。当然,物流联盟的长期性、稳定性会使电子商务企业改变物流服务供应商的行为变得困难,电子商务企业必须对今后过度依赖于物流伙伴的局面做周全考虑。是否组建物流联盟,作为电子商务企业物流战略的决策之一,其重要性是不言而喻的。

2. 物流联盟的特征

一般来说,组成物流联盟的企业之间具有很强的依赖性,物流联盟的各个组成企业明确自身在整个物流联盟中的优势及担当的角色,内部的对抗和冲突减少,分工明晰,使供应商把注意力集中在提供客户指定的服务上,最终提高了企业的竞争能力和竞争效率,满足企业跨地区、全方位物流服务的要求。物流联盟的风险在于容易产生对战略伙伴的过分依赖,由于资产专用性和信息不对称而可能使企业蒙受损失,还可能造成核心竞争力的丧失。

西方国家将这种公司合作关系的特点归纳为"8I"。

(1)个体的优秀(Individual Excellence):合作双方都是有实力的,并且都有一些有价值的东西贡献给这种合作关系。它们卷入这种关系的动机是积极的(追寻未来的机会),而不是消极的(掩盖弱点或逃避困境)。

(2)重要性(Importance):这种关系适合合伙人的主要战略目标,如实现系统的双赢,而且在长期的合作目标中,这种关系扮演着关键的角色。

(3)相互依赖(Interdependence):合作者彼此需要,他们拥有互补的资产和技术。任何一方都无法完成双方合作才能完成的事情,即双方具有充分信任的基础。

(4)投资(Investment):合作者彼此投资(如通过等价交换、交叉物权,或者相互提供服务等),以显示其在合作关系中的投入。并通过这种投入,显示其长期合作的诚意。

(5)信息(Information):双方进行充分的信息交流和共享,包括他们的目标、技术数据、冲突知识、成本、进度、质量控制等信息。运用 EDI 和 Internet 进行充分的交流。

(6)一体化(Integration):通过一定的制度安排,对物流系统功能、资源、网络要素及流动要素进行统一规划、管理和评价,通过要素之间的协调和配合完成物流的整体运作。

(7)制度化(Institutionalization):把联盟关系规范并固定下来,具有明确的责任。这种关系不会因为人为的因素或者一时冲动遭到破坏。

(8)诚信(Integrity):合作者彼此之间的行为采用使人尊敬的方式,以证明和强化相互间的信任。他们不滥用得到的信息,彼此之间也不搞破坏。

(二)物流联盟的建立方式

物流企业联盟有不同的建立方式,主要包括如下几种。

1. 纵向一体化物流战略联盟

纵向一体化物流战略联盟是指处于物流活动不同作业环节的企业之间通过相互协调形成的合作性、共同化的物流管理系统。针对我国的实际情况,在不同物流作业环节具有比较优势的各个物流企业之间可以进行合作或形成一体化供应链。

2. 横向一体化物流战略联盟

横向一体化物流战略联盟是指相同地域或者不同地域的服务范围相同的物流企业之间达成的协调、统一运营的物流管理系统。如对具有专线运输优势的中小型民营物流企业而言,可以通过自发整合、资产重组、资源共享,依靠自身优势,在短时间内形成合力和核心竞争力,而且自己研发信息系统,使企业在物流领域实现质的突破,形成一个完善的物流网络体系。另外,以连锁加盟形式创建企业品牌也以不断扩大的物流规模获得了人们的普遍关注。

此外,由处于平行位置的几个物流企业结成联盟也是横向联盟的一种形式。目前国内真正能提供物流一站式服务的大型物流企业并不存在。组建横向一体化物流战略联盟能使分散的物流产业获得规模经济和集约化运作,从而降低成本和风险。

3. 混合型物流战略联盟

混合型物流战略联盟是指既有处于平行位置的物流企业,也有处于上下游位置的中小企业加盟组成,他们的核心是第三方物流机构。由于同一行业中多个中小企业存在着相似的物流需求,第三方物流机构水平一体化物流管理可使它们在物流方面合作,使社会分散的物流获得规模经济,提高物流效率。这种物流战略联盟可使众多中小企业联盟成员共担风险,降低企业物流成本,并能从第三方物流机构得到过剩的物流能力与较强的物流管理能力,提高企业经济效益。同时,第三方物流机构通过统筹规划,能减少社会物流资源的浪费,减少社会物流过程的重复劳动。

典型案例 2-4

2016 年 3 月 28 日,菜鸟网络宣布与物流伙伴成立菜鸟联盟,同时拿出 10 亿元作为菜鸟联盟的启动基金。根据介绍,菜鸟联盟成立后,首期将推出当日达、次日达等优质产品,并承诺"说到就到、不到就赔"。而菜鸟联盟 5~8 年的愿景是,服务 1000 万企业,每年配送 1000 亿个包裹。菜鸟网络联合圆通、中通、申通、韵达、天天、百世等国内六大快递企业,共同推出了橙诺达服务。而此次菜鸟联盟推出的产品包括:当日达、次日达、橙诺达、定日配送、夜间配送、送货入户、开箱验货、上门取退等。据菜鸟网络有关人士介绍,目前当日达服务做到了 12 个城市,而今年将会覆盖到 20 个以上;次日达是 90 个城市,今年最低目标是 150 个城市,同时还将覆盖 1000 个区县。从成立菜鸟联盟这样一个协同组织来看,菜鸟网络秉承了阿里一贯做生态的风格,不直接做物流,用平台生态的方式把物流服务商吸纳进来,菜鸟网络变成一个物流生态平台。近日,在杭州市余杭区 2020 年一季度重大项目云签约仪式上,菜鸟联盟揭牌,菜鸟联盟秘书处成立。据悉,"菜鸟联盟秘书处及 IoT 智能物流设备制造项目"是"云签约"的 49 个优质项目之一,该项目总投资 10 亿元,由菜鸟网络承担投资建设和具体运营服务,拟作为数智化物联标杆项目,计划打造国际领先的智能仓储系统、智能分拣设备、智能输送设备等 IoT 智能物流设施设备研发试验及生产制造基地。

(资料来源:中国物流与采购网,有改动。)

【思考与分析】

1. 菜鸟联盟是属于哪种联盟?对于联盟的企业有哪些好处?
2. 请结合案例思考,菜鸟联盟对于物流配送有哪些帮助?

(三)物流联盟的选择

物流联盟模式选择本质是联盟伙伴的选择,它是建立物流联盟的基础和关键环节,慎重地选择合作对象是联盟顺利发展的前提条件。有学者提出"兼容、能力和承诺"的原则。兼容,即物流伙伴之间通过事先达成协议,建立互惠合作的关系,并使联盟内各伙伴成员在经营战略、经营方式、合作思路以及组织结构和管理方式等方面保持和谐一致。作为合作伙伴必须具备一定的能力,使其能够弥补本企业的薄弱环节,只有这样才能建立互惠的关系。物流企业与物流劳务的供需双方形成紧密的战略合作伙伴关系也可促进联盟关系的发展。

物流联盟可依据以下步骤选择联盟对象：

（1）在进行认真分析的基础上制定企业长远的战略目标；

（2）根据企业的战略目标，寻找互补的合作伙伴；

（3）对潜在的合作伙伴做出评估。

（四）物流联盟的优势

大企业通过物流联盟迅速开拓全球市场，如罗兰·爱思，正是与联邦快递联盟，完成其全球物流配送，从而使业务在全球范围内展开。

长期供应链关系发展成为联盟形式，有助于降低企业的风险。单个企业的力量是有限的，其对一个领域的探索失败了损失会很大，如果几个企业联合起来，在不同的领域分头行动，就会减少风险。而且联盟企业在行动上也有一定的协同性，因此对于突如其来的风险，能够共同分担，这样便减少了各个企业的风险，提高了抵抗风险的能力。

企业，尤其是中小企业通过物流服务提供商结成联盟，能有效地降低物流成本，提高企业竞争能力。通过联盟整合，可节约成本 10％～25％。由于我国物流业存在诸多不利因素，让这些企业进行联盟能够在物流设备、技术、信息、管理、资金等方面互通有无，优势互补，减少重复劳动，降低成本，达到共同提高、逐步完善的目的，从而使得物流业朝着专业化、集约化方向发展，提高整个行业的竞争能力。此外，物流联盟有助于物流合作伙伴之间在交易过程中减少相关交易成本。物流合作伙伴之间经常沟通与合作，互通信息，建立相互信任和承诺，减少履约风险。即使在服务过程中产生冲突，也可通过协商加以解决，从而避免无休止地讨价还价，甚至提出法律诉讼产生费用。

2-4 第三方物流、自营物流、物流联盟模式比较

第三方物流公司通过联盟有利于弥补在业务范围内服务能力的不足。如联邦快递公司发现自己在航空运输方面存在明显的不足，于是，决定把一些不是自己核心竞争力的业务外包给 Fritz 公司，与 Fritz 公司联盟，作为其第三方物流提供商。

2-5 典型案例

四、虚拟物流模式

（一）虚拟物流的概念

2-6 第四方物流之虚拟物流中心

虚拟物流的概念最初是由美国的 Stuart 等人于 1996 年在阿肯色州大学物流协会报告中提出的，当时 Stuart 认为利用日益完善的通信网络技术及手段，将分布于全球的企业仓库虚拟整合为一个大型物流支持系统，以快速、精确、稳定地完成物资保障任务，满足物流市场的高频度、小批量订货需求。虽然后来有一些国内外学者开始研究虚拟物流，但是到目前为止尚没有形成统一的定义。Miles 和 Gregory 认为虚拟物流本质上是"即时制"在全球范围内的应用，是小批量、高频度物资配送过程。它能够使企业在世界任何地方以最低的成本跨国生产产品以及获得所需物资赢得市场竞争速度和优势。

国家标准《物流术语》将虚拟物流定义为以计算机网络技术进行物流运作与管理，实现企业间物流资源共享和优化配置的物流模式。虚拟物流的概念应包括以下三个方面：

（1）虚拟物流的组建基础：以计算机网络技术和现代通信技术为基础。

（2）虚拟物流组建的目的：实现企业间物流资源共享和优化配置，提供低成本、高质量的物流服务。

（3）虚拟物流的特点：动态性、开放性、暂时性、快速性、核心能力互补性以及与物流战略联盟根本性区别的基于物流市场需求机遇的特性。

典型案例 2-5

货拉拉于 2013 年创立（英文名为：Lalamove），是一家成长于粤港澳大湾区的互联网物流服务平台。成立之初公司便坚持中国和海外市场双线发展的策略，2014 年即进入东南亚市场，2019 年扩张至印度和巴西。货拉拉以"货物出行更轻松"为企业使命。作为互联网物流商城，货拉拉通过共享模式整合社会运力资源，实现多种车型的即时智能调度，目前提供同城/跨城货运、企业版物流服务、搬家、零担、汽车租售及车后市场服务。

为了满足多业务场景的需求，货拉拉专门打造了"智慧大脑"系统，为互联网物流提出了高效的数智化解决方案——在 AI、大数据和地图等基础能力之上，通过自研运筹优化算法框架解决核心的资源优化配置问题，并利用统一框架打造分单、供需、营销、定价等多个引擎，实现动态定价、智能分单、运力调度、用户拉新的效率提升。通过"智慧大脑"，货拉拉能够分析用户和司机的精准画像，并对司机接单意愿和车货供需情况实时进行数据分析，从而实现更精准的即时智能调度。未来，货拉拉还将根据更细分的应用场景来优化算法，提升物流效率。

谈到货拉拉技术的发展目标，货拉拉 CTO 张浩表示："物流的关键壁垒在于效率，我们将坚持发展技术的力量，实现零散运力的精细化运营和平台的更大价值，为互联网物流行业的发展贡献一份力量。"

（资料来源：新浪科技，有改动。）

【思考与分析】

1. 货拉拉的虚拟物流是如何实现的？

2. 请结合案例谈谈，虚拟物流有什么优点？

（二）虚拟物流模式面临的问题

1. 缺乏健全的物流信息平台

虚拟物流的发展离不开物流信息化建设。近年来，随着我国物流行业的不断发展，物流的信息化水平也已经有了显著提高。部分城市已经建立如物流信息网等形式的简单的物流信息平台，但是其功能单一、信息安全和保密性差，与发展城市虚拟物流体系的要求还存在很大差距。

2. 缺乏潜在用户群的理解和接受

虚拟物流作为物流行业的发展前沿，其理论认识尚且没有统一。但就当前对虚拟物流的普遍认识，虚拟物流参与方往往没有自己的仓库、车队等显性资源，有的只是信息、知识、方案等隐性资源。参与方由于没有显性资源而得不到需求方的理解和接受。此外，由于全国范围内已成功实施虚拟物流的具体案例也非常少，再加上业界对物流宣传力度不够，导致在今后一段时间内虚拟物流很难获得用户的完全理解和接受。

3. 物流标准化建设尚不完善

发展虚拟物流体系的关键就在于整合现有的物流资源，这就要求具备完善的物流标准化体系。当前我国城市物流行业低标准造成了社会资源浪费，与物流相关的现有产业标准体系起步较低，缺乏系统性，问题突出表现在托盘、包装、信息技术等通用技术设备与标准上。另外，产业间的标准难统一，制约了物流各相关产业间的统一性和协调性。

4. 从事现代物流虚拟管理或是智慧性运筹管理的人才严重匮乏

物流虚拟化需要更高层次的管理人才，要求其具有基本的运输仓储行业知识、生产服务管理知识、电子通信网络知识以及运筹学、统计学等高级理论和知识外，特别要具有较强的协调能力和统一指挥调度能力。目前，这样的高级人才在我国还相当匮乏，这是迈向物流虚拟化的最大的也是最根本的困难。

（三）虚拟物流模式的风险

虚拟物流的成员企业为了实现资源共享、风险共担、优势互补等战略目标，可以在较短的时间内，通过外部资源的有效整合，实现对市场机遇的快速响应。但由于虚拟物流并没有改变各节点企业在市场中的独立法人属性，也没有消除其潜在的利益冲突，因此，虚拟物流也给各联盟企业带来了一些新的风险问题。虚拟物流风险是指由于虚拟物流组织系统内部和外部环境的不确定因素，导致合作联盟的成员发生损失的可能性。虚拟物流组织中的风险可以分为两大类：一类是来自于虚拟物流组织外部的风险，包括市场风险、金融风险、政治风险、自然灾害风险等；另一类是来自于虚拟物流组织内部的风险，包括能力风险、协作风险、投资风险、运行流程风险等。

虚拟物流作为一种现代物流管理模式，在其酝酿、组建、运行及解体等不同阶段都存在一定的风险，尤其是在市场、法律环境还不完善的情况下，虚拟物流的联盟成员间容易出现互不信任和不规范的行为，从而导致虚拟物流管理模式的中途失败，给企业带来不可挽回的损失。因此，虚拟物流的风险问题及由此带来的负面影响不容忽视，需要加强对虚拟物流风险管理方面的理论研究，以最小的成本，在分析虚拟物流风险的基础上，选择最优的风险处理技术，确保虚拟物流组织安全的一系列活动。

2-7 典型案例

第三节　电子商务物流运作模式的选择

一、电子商务物流运作模式的选择因素

自营物流、外包物流和物流联盟三种模式各有优缺点，企业该如何选择呢？企业选择哪种物流模式，应根据自己的实际需要和资源条件，以提高自身的核心能力和市场竞争力为导向，综合考虑以下主要因素。

（一）物流子系统的战略地位

在物流模式选择时,首先要考虑物流子系统在企业战略中的作用及其重要性。物流地位越重要,企业自营物流的可能性就越大,反之亦然。而考虑物流子系统的战略重要性,主要是看其是否构成企业的核心能力。一般可以从以下几方面判断物流子系统是否构成企业的核心能力。

(1)它们是否高度影响企业的业务流程?

(2)它们是否需要相对先进的技术,采用此种技术能否使公司在行业中领先?

(3)它们是否是企业长期积淀的,在短期内不能为其他企业所模仿的?

如果得到肯定的回答,就可以断定物流子系统在战略上处于重要的地位。由于物流系统是多功能的集合,各功能的重要性和相对能力水平在系统中是不平衡的,因此,还要对各功能进行分析。某项功能是否具有战略意义,关键就是看它的替代性。如其替代性很弱,几乎只有本企业才具备这项能力,企业就应该保护好、发展好该项功能,使其保持旺盛的竞争力。

在采用外包模式时是职能外包还是组建物流联盟,主要由物流子系统对企业成功的重要性来决定。在物流子系统构成企业战略子系统的情况下,为保持物流的连续性,最好是与物流公司长期合作,建立物流联盟;而在物流不构成企业战略子系统的情况下,采用何种物流模式就要在顾客服务水平与成本之间寻找平衡点了。

（二）物流管理能力

企业对物流的管理能力是影响其选择物流模式的又一重要因素。一般而言,在其他条件相同的情况下,如果企业在物流管理方面具有很强大的能力,自营物流就比较可取。企业物流管理能力越强,自营物流的可能性就越大;而在企业物流管理能力较弱的情况下,如物流子系统在战略上仍处于重要地位,则应该寻找合适的物流伙伴建立物流联盟,反之采用物流职能外包较为合适。

应当注意的是:具备了物流能力,并不意味着企业一定要自营物流,还要与物流公司比较"在满足一定的客户服务水平下,谁的成本更低",只有在企业的相对成本较低的情况下,选择自营的方式才有利;不然,企业应该把该项职能分出去,实行外包。

（三）企业柔性

企业需要根据市场变化,不断调整自己的经营方向、经营重点、市场、产品等问题,这就对企业的柔性提出了越来越高的要求。相对而言,外包物流能够使企业具有更大柔性,能够比较容易地对企业业务方面、内容、重点、数量等进行必要的调整。所以,相对而言,处于变化发展速度较快行业中的企业,其商品种类、数量比较不稳定、非规律化,变化较多、较大,需要根据情况较快地调整其经营管理模式及相应的业务,为保证企业具有足够的柔性,应采用物流外包模式;而业务相对稳定,物流商品种类比较稳定、数量大的企业,对企业的柔性要求比较低,更宜采用自营物流模式。

（四）物流总成本

在选择物流自营还是外包模式时,要弄清不同的物流总成本。计算公式为:物流总成本

＝运输成本＋库存维持费用＋批量成本＋固定仓储费用＋变动仓储费用＋订单处理和信息费用＋顾客服务费用。这些成本之间存在二律背反现象:减少仓库数量时,可降低保管费用,但会增加运输距离和次数而导致增加运输费用。如果运输费用的增加部分超过了保管费用的减少部分,总的物流成本反而增大。所以,在选择物流系统时,要对其总成本加以论证,选择成本较小的物流系统。

(五)产品特点

对于大宗工业品原料的装运或鲜活产品的分销,则应利用相对固定的专业物流服务供应商和短渠道物流;对全球市场的分销,宜采用地区性的专业物流公司提供支援;对于产品线单一的或为主机厂作配套的企业,则应在龙头企业统一下自营物流;对于技术性较强的物流服务如口岸物流服务,企业应采用委托代理的方式;对于非标准设备的制造商来说,企业自营物流虽有利可图,但还是应该交给专业物流公司去做。

(六)企业规模与实力

一般说来,大中型企业由于实力较雄厚,有能力建立自己的物流系统,制定合适的物流需求计划,保证物流服务的质量。另外,还可以利用过剩的物流网络资源拓展外部业务,为别的企业提供物流服务。而小企业则受人员、资金和管理的资源的限制,物流管理效率难以提高。

此外,企业为把资源用于主要的核心的业务上,就适宜把物流业务交给第三方专业物流代理公司。

(七)第三方物流的客户服务能力

在选择物流模式时,考虑成本尽管很重要,但第三方物流为本企业及企业顾客提供服务的能力是选择物流服务至关重要的。换言之,第三方物流在满足企业对原材料及时需求的能力和可靠性的同时,对企业的零售商和最终顾客不断变化的需求的反应能力等方面应该作为首要的因素来考虑。

二、物流运作模式选择示例

假设现在根据"物流对于企业成功的关键程度"和"企业的物流管理能力"两个因素来选择物流模式,我们可以根据图2-3所示企业所处的位置决定最优方案。

方案1:选择自营物流模式。如果物流对于企业成功很关键,企业对客户服务要求高,物流成本占总成本的比重大,且企业的物流管理能力较高,已经有高素质的人员对物流运作进行有效的管理,那么该企业就不应该采用第三方物流模式将物流业务外包出去,而应该采用自营物流模式。

方案2:选择第三方物流模式。例如对于一家企业来说,物流对于企业成功不是很关键,物流并不是其核心战略,企业内部物流管理水平也不高,那么将物流业务外包给第三方物流企业就有利于降低成本,提高客户服务质量。

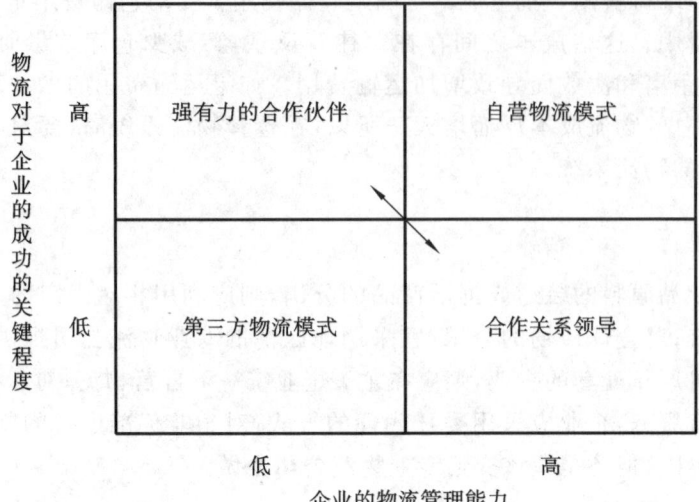

图 2-3　物流模式选择举例

方案3:选择物流联盟模式。①寻找强有力的合作伙伴。如果物流对于企业成功很关键,物流是企业战略的核心,但企业的物流管理能力很低,那么寻找物流伙伴将会给企业带来很多收益。好的合作伙伴在公司现有的、甚至还未进入的市场上拥有物流设施,可以向企业提供自营物流模式无法获得的物流服务及专业化的管理。②成为合作关系的领导。如果企业的物流活动不那么重要,但是企业的物流管理能力较高,由专业人员管理,那么企业就会主动寻找需要物流服务的伙伴,通过共享物流系统,提高货物流量,实现规模经济效益,降低企业成本。

2-8　综合案例

最后需要说明的是,以上三种物流模式的划分并不具有很严格的界限,实际的企业情况往往是介于某几种模式之间。也就是说,企业也可以根据自身的实际情况选择两种物流方式混用。比如,自营物流的企业,企业的物流基础设施的供应能力在满足本企业的需求外还有剩余,大企业将其所属的物流子公司向其他企业开放,即在保证本企业物流需求的前提下,也承担其他企业的物流业务,从而发挥商品物流的批量效益,提高物流资源的利用效率。例如,美的集团依据自身的实力和对物流的需求成立了安得物流公司,不仅满足了自身的物流需要,同时也作为专业物流公司向外发展业务。在安得物流公司的业务总量中,美的集团内部业务约占 60%,外部业务约占 40%。有些企业实行部分物流业务自行处理、部分业务外包的双结合模式。

 本章思考题

一、选择题

1. 电子商务物流系统的特点不包括以下哪项?(　　　　)

A. 具有复杂性、动态性　　　　　　　B. 手段现代化、流程自动化

C. 创新性　　　　　　　　　　　　　D. 功能集成化

2. 物流对企业的重要程度相对较低，同时企业处理的物流能力也低，此时宜选择（　　）方式来处理物流。

A. 采用第三方物流　　　　　　　　B. 物流联盟

C. 自营物流　　　　　　　　　　　D. 难以判断

3. 虚拟物流是（　　　）的物资配送过程。

A. 小批量、高频度　　　　　　　　B. 大批量、高频度

C. 小批量、低频度　　　　　　　　D. 大批量、低频度

4. 物流系统中存在着许多制约关系，这种制约关系称为（　　　）。

A. 一律背反　　　B. 二律背反　　　C. 正相关关系　　　D. 负相关关系

5. 混合型物流战略联盟是指既有处于平行位置的物流企业，也有处于上下游位置的中小企业加盟组成，他们的核心是（　　　）。

A. 第一方物流　　　B. 第二方物流　　　C. 第三方物流　　　D. 其他形式

二、判断题

1. 自营物流不能把物流外包。（　　　　）

2. 与传统的以运输合同为基础的运输公司相比，第三方物流企业在核心能力上发生的转变主要是以信息和知识为主。（　　　　）

3. 物流外包服务提供商主要有两大类：第一类是物流代理机构；第二类是专业的物流服务机构。（　　　　）

4. 只要企业具备了物流能力，就意味着企业一定要自营物流。（　　　　）

5. 第三方物流企业与用户（或货主）企业不是一般的市场交易关系，而是介于市场交易与纵向一体化（即企业内部提供物流服务）之间的联盟伙伴关系。（　　　　）

三、思考题

1. 简述自营物流的优点及缺点。

2. 简述企业外包物流业务确定后，如何考虑选择外包服务提供商。

3. 简述物流联盟的"8I"特点。

4. 电子商务物流系统与传统的物流系统相比，强调什么？

5. 简述虚拟物流的特点。

第三章
电子商务采购

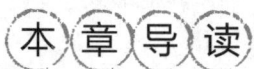

　　了解采购的基本概念、类型及采购方式；重点了解电子商务采购的概念、特性、特点及优势，对比传统采购模式的不足；熟悉电子商务采购程序与步骤，了解采购合同签订的格式与范本；了解供应商管理的基本内容，掌握选择供应商应考虑的因素及主要方法，学会建立供应商激励机制。

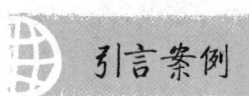

黑龙江龙煤物流有限责任公司：龙煤物流电子采购平台

　　黑龙江龙煤物流下设13个部室和2个子公司。2个子公司主要职能：黑龙江龙煤宏泰国际贸易有限公司，经营范围为多种煤矿物资销售、仓储服务以及经营投资、物资进出口贸易等；佳木斯龙煤泰达配送有限责任公司，主要业务是服务龙煤集团内部各分公司物资调剂运输和产成品配送，以及社会物资配送业务。

　　为保证龙煤集团下属四个分公司生产所需物资供应，龙煤物流年初、每月汇总各分公司生产物资需求计划，汇总后进行招标采购。由于贯穿供应商与生产消耗单位之间的采购供保流程复杂、上下级公司业务衔接环节多等因素，龙煤物流供保效率始终难以提高，储备资金占用也始终较高。具体体现在以下几方面：

　　（1）采购计划管理与执行跟踪难度大。由于各分公司生产物资需求量大、种类繁多、管理口径不一致、下属单位计划调整等，采购计划管理时常出现漏项、物资错误合并、串项的情况，无法有效保障生产物资及时供应。

　　（2）采购招标效率低。限于现场招标的模式，各部室业务人员需用大量的时间进行供应商联系、标书制定、供应商询价、现场招标通知与沟通等工作；供应商也需要派专人参与现场招标，对双方来说都消耗了大量的时间和精力。

（3）供应商管理无法满足业务发展的要求。集采物资涉及大量的供应商参与,需要对每一个供应商的产品报价、资质验证、招投标、合同执行及业务结算进行管理,优化供应商结构、提高产品供应质量与及时性。在没有信息化手段支撑前,只能通过增加人力来满足管理需求,但收效也不明显。

（4）采购资金占用大。为了及时可靠保障企业煤炭生产的正常运转,必须提高计划的准确性、加大常用物资库存量、缩短采购周期,但在物流公司成立前期,受各种因素影响,采购库存资金一直没有得到控制。

为了实现龙煤物流对内强化供应保障,对外提高贸易的目标,通过研究分析,决定借助信息化手段,搭建涵盖龙煤物流、供应商、生产消耗单位的采购网络平台,整合资源,强化协同。

龙煤通过建立标准化平台规则,确定以集中采购平台为核心建立信息化标准规则,其中包括物资分类、物资编码、物资名称、物资计量单位、供应商编码、供应商名称、采购需求类型及相关业务流程。另外,通过建立上下级单位之间的对照关系,满足各单位的个性化的采购系统与集中采购平台的对接。在确定采购需求后,通过电子招标采购平台分布招标信息;龙煤物流合同供应商通过电子招标采购平台进行异地应标投标报价;在招标过程中下属需求单位、龙煤物流、供应商、专家评委及审计监管人员借助电子招标采购平台及视频招标系统,在公开、透明的前提下实现网络现场招标评标工作,提升招标的公平性。以计划、合同两个核心线索,通过集中采购平台的应用,实现使用单位统采物资网上提报计划、网上平衡汇总、网上生成招标采购计划、网上招标、网上评标、网上分量、网上生成采购合同、网上结算等。

通过推行采购信息化,采购流程得到了梳理和规范。两年来统招统结物资招标累计完成80.1亿元,降幅30.06%。

（资料来源：中国物流与采购网,有改动。）

【思考与分析】

1. 请结合案例思考传统采购模式的不足之处。
2. 请结合案例谈谈电子化采购给企业发展带来的促进作用。

第一节 采 购 概 述

采购是电子商务企业物流活动的起点,商品采购批量、采购周期、采购方法和采购质量直接影响电子商务企业的仓储成本和运输成本,影响物流活动的效益。采购成本占电子商务企业经营成本的比重较大,需要深入探讨提高采购效率和效益的路径。

一、采购的概念及流程

（一）采购的概念

采购职能传统上包括确定需求、选择供应商、达成一个合适的价格、确定条款和条件、发出合同或订单和随后的确定合适的交货。即从正确的来源获得满足质量、数量和价格要求的合适的设备、原料、储备物资和服务。或者被定义为：从外部获得的,使运营、维护和管理公司的基本活动和辅助活动处于最有利位置与必需的所有货物、服务、能力和知识。在类似的描述中,采购被认为主要是一种生产作业活动,即是一种商业采购,因此要注意与消费者购买的区别。

消费者购买一般认为:市场运作是一种零售型的,相对于一般的商品都有很多供应商,每个顾客都是在当前需求的基础上购买并同时是所购产品或服务的最终消费者;产品价格可能会随供应商的不同而变动,这主要取决于供应商选择的营销策略;消费者可以自由选择产品质量和类型以及合适的供应商;除非是例外,否则单个顾客没有能力影响产品价格和营销方式,也无法改变由供应商所选定的生产企业,各个顾客的交易量占供应商销售总量的比例也非常小。

商业采购则与消费者采购完全不同。大多数企业的需求通常是专业化的,并且采购规模一般都很大。潜在的货源也很少,甚至可能在整个市场中也只有几个客户能提供。很多采购企业的规模比它们的供应商大得多,因此在与供应商打交道的过程中可能会扮演多重角色。由于涉及的金额很大,供应商为单个顾客承担了很大风险。为了获得一笔交易,供应商通常会运用多种策略。在这种情况下,能否得到交易象征着供应商的真正实力。一方面,就需要有专门的技能来保证满足需求;另一方面,为了达到连续有效和满意的运行效果,还需要有合适的体系和程序。

采购并没有一个标准定义,这是因为企业购买商品或劳务的目的和要求不尽相同。但在实践中人们对采购概念的基本认识分为以下几个方面:

1. 采购是从资源市场获得资源的过程

资源包括物资资料(如原材料、设备、工具等)和非物资资料(如软件、技术、信息等)。能够提供这些资源的供应商形成了一个资源市场。企业正是通过采购的方式从资源市场获取这些资源,因此采购的基本功能就是帮助企业从资源市场获取所需的各种资源。

2. 采购是一项复杂的商业活动

企业的采购不仅种类多、数量大、供应市场范围宽,而且企业对采购活动的要求特别严格。这就需要对整个企业的需求品种、需求量、需求规律进行深入的研究,不仅要对国内国外众多的供应商进行分析研究,还要对采购过程各个环节进行深入研究和科学操作,这样才能完成好采购任务,保证企业生产所需的各种物资的适时适量供应。

3. 采购既是一个商流过程,又是一个物流过程

采购是将资源从资源市场的供应者手中转移到客户手中的过程。在这个过程中,一是要实现将资源的所有权从供应者手中转移到客户手中;二是要实现将资源的物质实体从供应者手中转移到客户手中。前者是一个商流过程,后者是一个物流过程。采购过程就是这两个过程的有机结合,缺一不可。

4. 采购存在"利润杠杆效应"

采购在企业管理中具有重要地位的原因首先在于采购存在"利润杠杆效应"。(假设一家企业50%的资金用于采购原材料,其税前利润为10%。那么它每收入10万元,它将获得1万元的利润,并且这10万元收入中将有5万元用于采购。我们假设采购部门经过努力降低了2%的采购成本,那么在利润中将增加1000元,如果换成通过增加销售来获取这1000

元利润的话,那么要增加10％销售额才能实现,即多卖1万元才行。)效应的存在才使得企业的高层管理者们想方设法在采购上下功夫,为企业"挤"出利润,也正是因为如此,才使得采购部门越来越受到这个微利时代的企业高层管理者们的重视。

5. 采购能够以间接方式提高企业竞争力

除了直接降低采购价格,采购也能够以一种间接的方式对企业竞争力的提高做出贡献。这种间接贡献以产品品种的标准化、质量成本的降低和产品交货时间的缩短等形式出现。

（二）采购的作业流程

采购是企业为了保证自身的生产和需要,用资金从外界市场获取物资和服务。不同企业因采购方式、采购物资的不同而在采购作业流程的细节上有所差异。但总的来说,都要遵循基本的作业流程规范。一个完整的采购作业流程主要由以下步骤组成:采购计划、选择供应商、签订订货合同、电子订货、验收入库、支付和采购绩效评估。采购作业流程如图3-1所示。

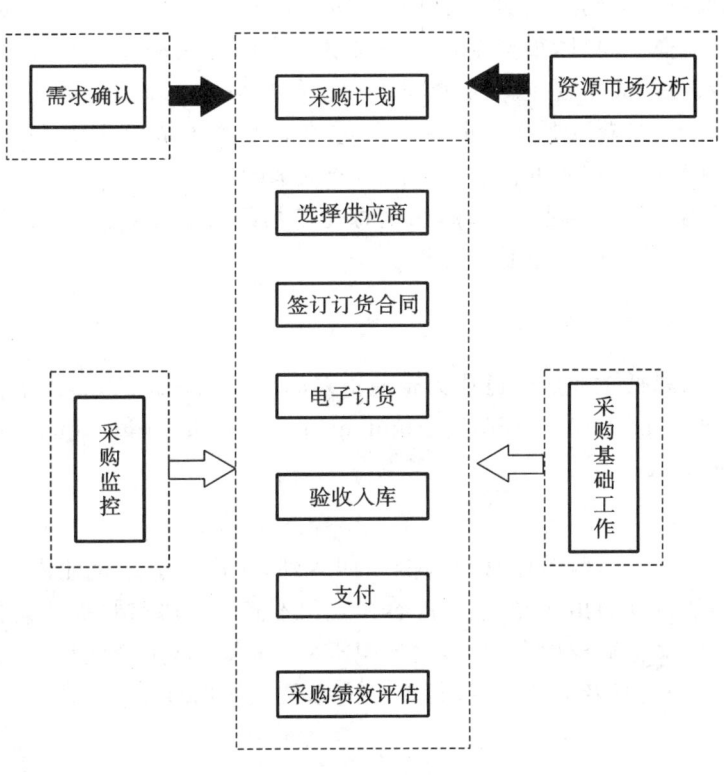

图 3-1 采购作业流程

二、采购的作用与目标

（一）采购的作用

采购直接影响着企业的生产经营过程、企业效益,并构成企业竞争力的重要方面。电子商务为物流采购提供了一个全天候、超时空的物流采购环境,是物流企业的战略管理创新。

而采购也在产品以及企业经营方面发挥着越来越重要的作用。

1. 采购在产品中的作用

随着时代的发展和技术的进步,产品的开发周期在极大地缩短,产品开发中"并行工程"应运而生。以汽车为例,1950 年代其开发周期约为 20 年,1970 年代缩短为 10 年,1980 年代缩短为 5 年,1990 年代则进一步缩短为 3 年左右。以电脑为代表的信息产业产品则更是日新月异,其更新换代速度呈指数加快。企业之所以能做到这一点,恰恰是由于通过采购将供应商纳入早期开发的结果。尽早地通过采购让供应商参与到自身的产品开发过程中来,不仅可能利用供应商的专业技术优势缩短产品开发时间、降低产品开发费用及产品制造成本,还可更好地满足产品功能的需要,提高产品在整个市场上的竞争力。

2. 采购在企业经营中的作用

现在许多大公司都将供应商看作自身企业产品开发与生产的延伸,强调与供应商建立"伙伴关系"。在自己不用直接进行投资的前提下,充分利用供应商的能力为自己开发生产产品。这样一方面可以节约资金、降低投资风险;另一方面还能以最快的速度形成生产能力、扩大产品生产规模。而且,很多企业不仅将供应商的利用局限于原材料和零部件领域,还扩大到半成品甚至于成品领域。根据上述分析可知,采购不仅仅是购买物品,而且是企业经营的一个核心环节,是获取利润的重要资源,它在企业的产品开发、质量保证、整体供应链以及经营管理中起着极其重要的作用。走出传统的采购认识误区,正确确定采购的地位,认识采购的作用,是当今每个企业在全球化、信息化市场经济中赖以生存的一个基本保障,更是现代企业谋求发展壮大的一个必然要求。

(二)采购的目标

加强采购管理,降低企业成本已成为企业重要的利润源。总的来说,采购的目标就是要实现"5R",即适时(right time)、适质(right quality)、适量(right quantity)、适价(right price)、适地(right place)。

1. 适时

企业已安排好生产计划,若原材料未能如期达到,往往会引起企业内部混乱,即产生停工待料,当产品不能按计划出货时,会引起客户强烈不满。若原材料提前太多时间买回来放在仓库里等着生产,又会造成库存过多,大量积压采购资金,这是企业很忌讳的事情,故采购人员要扮演协调者与监督者的角色,去促使供应商按预定时间交货,对某些企业来讲,交货时机很重要。

2. 适质

一个不重视品质的企业在今天激烈的市场竞争环境中根本无法立足,一个优秀的采购人员不仅要做一个精明的商人,同时也要在一定程度上扮演管理人员的角色,在日常的采购工作中要安排部分时间去推动供应商改善、稳定物品品质。

3. 适量

批量采购虽有可能获得数量折扣,但会积压采购资金,太少又不能满足生产需要,故合理确定采购数量相当关键,一般按经济订购量采购,采购人员不仅要监督供应商准时交货,还要强调按订单数量交货。

4. 适价

价格永远是采购活动中的敏感焦点,企业在采购中最关心的要点之一就是采购能节省多少采购资金。一般来说,企业会通过多渠道获得报价、比价、议价这三个环节后,才会最后定价,占据最有利的地位。

5. 适地

天时不如地利,企业往往容易在与距离较近的供应商的合作中取得主动权,企业在选择试点供应商时最好选择近距离供应商来实施。近距离供货不仅使得买卖双方沟通更为方便,处理事务更快捷,也可降低采购物流成本。

三、采购类型

(一)按照决定采购价格方式分类

采购可分为招标采购、询价现购、比价采购、议价采购、定价收购以及公开市场采购。

(1)招标采购。将物料采购的所有条件(如物料名称、规格、数量、交货日期、付款条件、罚则、投标押金、投标厂商资格、开标日期等)详细列明,登报公告。投标厂商依照公告的所有条件,在规定时间以内,交纳投标押金,参加投标。招标采购的开标按规定必须三家以上的厂商从事报价投标方可开标。开标后原则上报价最低的厂商得标,但得标的报价低过底价时,采购人员有权宣布废标,或征得监办人员的同意,议价处理。

(2)询价现购。采购人员选取信用可靠的厂商将采购条件讲明,并询问价格或寄以询价单并促请对方报价,比较后则现价采购。

(3)比价采购。采购人员请数家厂商提供报价后,从中加以比价,以决定选择哪家厂商进行采购事项。

(4)议价采购。采购人员与厂商双方经讨价还价而议定价格后才进行采购。

(5)定价收购。如果购买物料数量巨大导致一两家厂商不能全部提供,则可采用定价的方式以现款收购。

(6)公开市场采购。采购人员通过公开交易或拍卖场所随时机动采购。

(二)按照采购目标分类

采购可分为战略采购和日常采购两部分。

(1)战略采购。采购人员根据企业的经营战略要求,制订和执行采购企业的物料获得规划,通过内部客户需求分析,外部供应市场、竞争对手、供应基础等分析,在标杆比较的基础上设定物料的长短期的采购目标、达成目标所需的采购策略及行动计划,并通过行动的实施寻找到合适的供应资源,满足企业在成本、质量、时间、技术等方面的要求。

战略采购计划内容包含采用何种采购技术,与什么样的供应商打交道,建立何种关系,如何培养与建立对企业竞争优势具有贡献的供应商群体,日常采购执行与合同如何确立等。

(2)日常采购。采购人员根据确定的供应协议和条款,以及企业的物料需求时间计划,以采购订单的形式向供应方发出需求信息,并安排和跟踪整个物流过程,确保物料按时到达企业,以支持企业的正常运营。

采购的对象分为直接物料和间接物料,直接物料将用于构成采购企业向其客户提供的产品或服务的全部或部分,间接物料将在企业的内部生产和经营活动中使用和消耗。

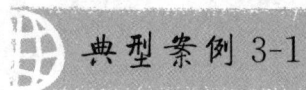

典型案例 3-1

华为提出战略采购概念

在华为与核心供应商的合作中,华为大致经历了三个阶段。二十年前,在顾问的指引下,华为建立了基本的采购框架及流程体系,与供应商构筑低成本优势,确保及时准确交付,实行价格采购,建立了"采购 1.0";过去十年,华为向主流汇聚,关注全流程 TCO,获得采购综合竞争优势,实行"价值采购、阳光采购",建立了"采购 2.0";而现如今,华为将进入"采购3.0"时代,即战略采购,与核心供应商打造新型战略合作关系,聚焦公司战略目标的实现。

华为认为,未来"战略采购"具有以下特点。

特点一:以支撑企业商业成功为最终目标

传统采购强调规则的制定与遵从,未来战略采购要以业务结果为导向,专注支撑企业商业成功。这要求企业与核心供应商实现战略匹配,建立研发、采购、市场、供应等跨功能领域的全面连接,增加合作粘性,但同时企业也不保护落后。

特点二:联合创新,共同引领产业发展

传统采购是基于现有能力和资源进行选择,未来战略采购要解决产业链发展薄弱甚至空白的场景,这要求企业与核心供应商要敢于投入,建立鼓励联合创新的机制,支持产品持续领先。

华为的优势在数学逻辑和工程实现,而日本企业在工艺、物理、化学、材料等多个领域有着深厚功力,双方优势互补,广泛合作,空间越来越大。未来华为将面向全球,与更多优秀企业合作,产生更多联合创新的项目,共同引领产业发展。

特点三:建立互信互助的合作关系

传统采购关注中短期收益,未来战略采购要关注长期战略目标的实现。这要求建立互信互助的机制。既希望供应商安全、健康地活着,这是供应商的需要,也是华为的需要。

例如,合作伙伴出现预测不准、产能扩充后市场需求不足的困境,华为采取提前付款等方式,帮助伙伴渡过难关。同时反过来,很多合作伙伴在关键时刻提升华为地位,优先满足华为要求。

特点四:构建供应坚韧性,保障业务连续

传统采购要求及时交付、快速响应,未来战略采购要具备供应韧性,应对各种极端情况。这要求华为与供应商建立完备的 BCM 体系,建设强健的供应链条。

特点五:利用数字化技术,建设极简交易模式

以科威特 VIVA 数字化转型项目为例,客户面临投资决策周期长、用户体验和网络质量难以保障等挑战。为帮助客户实现运营转型,2016 年 12 月成立联合项目组,通过数字化重构,逐步改变客户做生意的方式。在新模式下,客户的 TTM 缩减约 50%,大幅提升了运营效率,VIVA 已将数字化转型作为公司战略,未来还将继续在"客户交易模式简化,智能运

维"等方面合作,建设极简交易模式,助力客户商业成功。

(资料来源:雷锋网,有改动。)

【思考与分析】

1. 华为提出战略采购概念经历了哪些阶段?

2. 请结合案例谈谈战略采购对企业未来发展的重要性。

四、采购方式

(一)集中采购

1. 集中采购的定义

集中采购是指在专门机构统一领导下将各级各部门列入集中采购范围的采购项目交由专业采购机构统一组织采购。一个部门统一组织本部门、本系统的采购活动也称集中采购。集中采购的含义有两层。第一层是指为了降低分散采购的选择风险和时间成本,除了一般"甲供"材料设备由项目部(项目公司)采购外,对于某些大型机电设备等由公司本部负责集中采购,也就是一般意义上的集中采购。第二层是指集中时间、集中人力、集中采购。

2. 集中采购的优缺点

1)集中采购的优点

(1)控制采购成本。通过实行集中统一采购、集中统一进货管理,将原先分散的订货集中到企业唯一的采购部门,提高每个批次的进货数量,然后统一调配。这样不仅可以获取采购的规模效益,降低采购成本,还可以通过分析市场趋势决定是否要储备物资,从而规避价格上涨带来的风险,而且还能取得采购谈判的主动权。

(2)避免采购管理上的重复劳动。

(3)降低运输成本。采购物资的批量运输要比分散多批次运输节省费用。

(4)减少企业内部的各部门及单位的竞争和冲突。集中采购采取的是公开招标、集体决策的方式,技术上更专业,决策上更透明,可以避免企业内部的冲突。

(5)能够建立稳定可靠的供应网络。因为集中采购的批量大,供应商会更加重视,所以易与供应商建立合作关系,得到供应商在技术开发、货款结算和售后服务等多方面的支持。

(6)提高产品的标准化水平。为了做到集中采购,采购部门和产品设计部门必须通力合作,对各种产品所用到的物料进行统一的重新设计,使能够标准化的标准化,能采用通用部件的尽量使用通用部件。通过这些措施,可以减少采购物资的品种数。只有采购产品的种类减少了,才能顺理成章地实现集中采购。

2)集中采购的缺点

(1)缺乏分散采购的灵活、快速和简便等特点。

(2)集中采购的量大、过程长、手续多,容易造成库存成本增加从而占用流动资金。

(3)采购与需要脱节,特别是在采购时间上,集中采购需要的时间比较长,手续比较繁杂,在物资急需的情况下,需求往往得不到满足。

(4)保管损失增加,保管水准要求增高。

（5）容易挫伤基层的积极性、使命感和创新精神。

3. 集中采购作业流程

任何一项作业都要实现流程化管理，这是当代企业管理对企业提出的一个比较高的要求。集中采购的流程化包括以下四个步骤。

（1）要分析国内外的形势和竞争对手的状况，在这两组分析数据的基础上制订集中采购的策略。

（2）在制订采购计划时，要考虑销售和生产的现状。

（3）根据现有的库存、市场供应的信息来相应地做具体的采购管理工作。

（4）最后，执行计划，进行结算。

整个采购是一个完整的作业流程，环环相扣，每一环都是下一环的基础，都有不可替代的作用，一定要步步认真，环环在意。

4. 集中采购的模式

为实现企业采购业务集中管控的业务需求，集中采购包括以下几种典型模式：集中订货、分开采购，集中订货、分开收货付款，集中订货、分开收货、集中付款，集中采购后调拨等运作模式。一家企业内可能同时存在几种集中采购模式。

（1）集中订货、分开收货、集中付款模式。采购部门负责管理供应商及制订采购价格等采购政策，并且负责采购订货工作。企业各个部门或机构提出采购申请，采购部门进行汇总、调整，并根据调整结果下达采购订单，发收货通知单给各个部门或机构；各个部门或机构根据收货通知单或采购订单进行收货及入库；采购部门汇集各个部门或机构的入库单与外部供应商进行货款结算，并根据各个部门或机构的入库单与各个部门或机构分别进行内部结算。

（2）集中采购后调拨模式。采购部门管理供应商及制订采购价格等采购政策，并且负责采购订货工作。企业各个部门或机构提出采购申请，采购部门进行汇总、调整，并根据调整结果下达采购订单，采购部门完成后续的收货、入库、外部货款结算处理。之后，根据各个部门或机构的采购申请，采购部门启动内部调拨流程，制订调拨订单并做调拨出库，各个部门或机构根据调拨订单做入库处理，两者最后做内部结算处理。

（二）分散采购

1. 分散采购的定义

分散采购是指由各预算单位自行开展采购活动的一种采购组织实施形式。对于分散采购，采购人员可以自行采购，也可以委托集中采购机构或者经过资格认定的机构进行采购。

分散采购是集中采购的完善和补充，有利于采购环节与存货、供料等环节的协调与配合，有利于增强基层工作者的主动性和积极性，使基层工作富有弹性和成效。

2. 分散采购的优缺点

1）分散采购的优点

（1）能适应不同地区的市场环境变化，商品采购具有相当的弹性。

（2）对市场反应灵敏，补货及时，购销迅速。

（3）由于分部拥有采购权，可以提高一线部门的积极性，提高士气。

（4）由于采购权和销售权合一，分部拥有较大权力，因而便于分部考核，从而要求其对整个经营业绩负责。

2）分散采购的缺点

（1）部门各自为政，容易出现交叉采购，导致人员费用较高。例如，联邦百货商店有限公司有8名女装采购员（每个连锁店配备1名）和1名负责自有品牌女装总公司采购的采购员，相比之下，GAP公司只有1名在公司总部的女装采购员。

（2）采购权力下放，使采购控制较难实施，采购过程中容易出现舞弊现象。

（3）计划不连贯，形象不统一，难以实施统一促销活动，商店整体利益控制较难。

（4）各部门或分店的采购数量有限，难以获得大量采购的价格优惠。由于分散采购制度存在许多弊病，这种方式正逐渐被集中采购所取代。只有在地区之间消费需求存在较大差异时，分散采购才适用。

3. 分散采购作业流程

分散采购的流程与集中采购大致相同，只是取消了集中决策环节，改为实施其他步骤。

（1）企业下属单位的生产研发人员根据生产、科研、维护、办公的需要，填写请购单。

（2）由基层主管审核、签字。

（3）到指定财务部门领取支票或汇票、现金。

（4）到市场或厂家购买、进货、检验、领取或核销、结算即可。采购时一般采用现货采购方式。

（三）联合采购

1. 联合采购的定义

联合采购是指对同一产品或服务有需求的许多买方在相互合作的条件下合并各自需求以一个购买方的形式向供应商统一订货，用以扩大采购批量，达到降低采购价格或者降低采购成本的目的。它被应用于一般商业活动之中，随之而兴起的新兴行业有第三者采购（Third-party Purchasing），专门为那些MRO（工厂或企业对其生产和工作设施、设备进行保养、维修，保证其运行所需要的非生产性物料）需求量不大的企业单位服务。

2. 联合采购的优缺点

1）联合采购的优点

（1）统筹供需，建立产销秩序。

（2）降低采购成本。多家企业联合采购，集小订单成大订单，增强集体的谈判实力，获取采购规模优势，降低采购成本。

（3）减少中间环节。联合采购的合作对象是原材料生产企业，从而能够摆脱代理商的转手成本，通过直接与制造商进行交易，减少中间环节，大大降低流通成本并保障产品质量。

（4）促进同业合作，达成经济外交。

2）联合采购的缺点

（1）采购作业手续复杂，主办单位需要大费周章。

（2）采购时机与条件未必能配合个别需求。

（3）造成联合垄断。

3. 联合采购方式

在大企业中,往往采用集中采购的方式来降低存货成本,因为企业规模的大小决定了它在产业链中话语权的高低,采购数量越大,和供应商的谈判能力就越强,压低采购价格的空间也就越大。但是对于广大中小企业来说,它们没有多品种的产品线,产品销量也没有达到一定规模,基本不可能进行大规模的集中采购。在这种情况下,中小企业之间的联合采购不失为降低存货成本的一个好方法。

4. 联合采购机制对于降低企业成本的作用

(1) 采购环节。如同批发和零售的价格差距一样,采购的单价与采购的数量成反比,采购的数量越多,采购价格就可能降得越低。多家中小企业联合采购,集小订单为大订单,可以增强集体的价格谈判实力,获取和大企业一样的采购规模优势。联合采购的对象可以直接针对原材料的生产企业,这样就可以摆脱代理商的转手成本,通过直接与制造商交易,减少中间层次,大大降低流通成本并保障产品质量。

(2) 管理环节。企业在采购过程中,为了保证采购质量,需要在采购前后进行相关的管理工作,包括供应商的选择、评审、控制和管理,原材料质量标准的制定,入库检验工作程序的制定实施等,在各企业单独采购的情况下,每一家企业都要重复这些工作,而实行联合采购后,对于一些生产同类产品的企业,可以将这些管理工作统一归口实施,再将相关费用由各企业平均分担,这样可以有效避免重复工作,为企业减少巨额成本。

(3) 运输环节。企业在运输环节的联合,可以通过合并小批量货物的运输,减少单位产品负担的运输成本,从而降低存货成本。

第二节 电子商务采购概述

一、电子商务采购的概念及性质

采购活动是物流功能体系中的重要组成部分,对制造业和商品流通企业都具有重要意义。电子商务采购则是在电子商务环境下的采购模式,与网上采购具有一定的相似性。

(一) 电子商务采购的概念

电子商务采购是指交易双方利用现代开放的互联网,按照一定的标准所进行的各类采购活动,也是物流活动的电子化过程。电子商务采购的产生使传统的采购模式发生了根本性的变革,这种采购制度与模式的变化,使企业采购成本和库存量得以降低,采购人员和供应商数量得以减少,资金流转速度得以加快,企业经济效益得以提升。电子商务采购的基本流程(见图3-2)是:电商采购交易双方通过建立电子商务交易平台,发布采购信息,或主动在网上寻找供应商和产品,然后通过线上洽谈、比价、网上竞价实现网上订货,甚至线上支付货款,最后通过线下的物流过程进行货物的配送,完成整个交易过程。

(二) 电子商务采购的性质

电子商务采购是由采购方发起的一种采购行为,是一种不见面的网上交易,如网上招

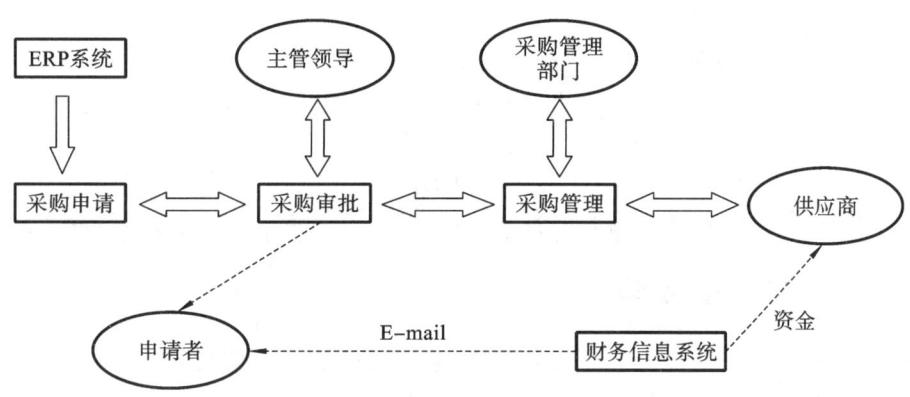

图 3-2　电子商务采购的基本流程

标、网上竞标、网上谈判和网上支付等。在本质上,电子商务采购比一般的电子商务和一般性的采购有了更多的概念延伸,电子商务采购不仅仅完成采购行为,而且利用信息和网络技术对采购全程的各个环节进行管理,实现了采购信息的公开化,扩大了采购市场的范围,缩短了供需距离,避免了人为因素的干扰,简化了采购流程,减少了采购时间,降低了采购成本,提高了采购效率,大大降低了库存,使采购交易双方易于形成战略伙伴关系,有效整合了企业的资源,帮助供求双方降低了成本,提高了企业的核心竞争力。可以说,企业采购电子化是企业运营信息化不可或缺的重要组成部分。电子商务采购使企业逐渐用全新的商业模式取代传统的人工办法购买和销售产品,在这一全新的商业模式下,随着需方与供方通过电子网络而联结,商业交易开始变得具有无缝性,其自身的优势是十分显著的。

　　总之,电子商务采购为采购提供了一个全天候、全程透明、超时空的采购环境。从某种角度来说,电子商务采购是企业的战略管理创新,是政府遏制商业腐败的一剂良药。

3-1　中国企业采购电商市场规模

二、电子商务采购的特点

　　采购直接影响着企业的生产经营过程、企业效益,是构成企业竞争力的重要方面。电子商务采购是一种适应时代发展的先进采购模式,能使供需双方都有价值上的获得感。

　　(1)公开性。电子商务采购是借助互联网进行的,互联网具有公开性的特点,通过互联网发布的信息,全世界都可以看到。在招标采购中,采购方的招标公告一经发出,符合条件的客户就会根据自身条件在网上投标,采购的公开性特征最为明显。

　　(2)广泛性。连接世界各地的互联网没有地域边界,所有的供应商都可以向采购方投标,采购方也可以通过互联网进入供应商的网站,对其进行详细了解和业务调查。

　　(3)交互性。在电子商务采购过程中,采购方与供应商利用网络平台,通过网络传递视频、图片、文字、音像等文件,也可以通过微信、QQ 聊天的方式进行信息交流,既方便又迅速,而且交易成本较低。

　　(4)高速度。大数据具有 5V 特点(IBM 提出):大量(Volume)、高速(Velocity)、多样(Variety)、低价值密度(Value)、真实性(Veracity)。高速是指电子传播速度每秒 30 万千米,网上信息传输速度可想而知。

（5）低成本。电子采购可以通过互联网从网上搜取产品的信息,有利于企业在进行采购时搜集所有的产品信息,在不需要出差和去市场厂家看货比较的情况下做到货比三家,可谓是省钱、省时间、省人、省工作量。

（6）标准化。采购流程由于信息系统的约束,减少了人工的干预,必须按照信息系统中既定的流程和规范运作,提高了流程标准化,提高了工作效率,更多地吸引劳动者参与。

三、电子商务采购的优势

电子采购（E-procurement）也称网上采购,是指利用信息通信技术,以网络为平台,与供应商之间建立联系,并完成获得某种特定产品或服务的活动。

电子采购和传统采购相比,有如下优势。

1. 降低采购成本和采购价格

由于电子采购的信息处理和管理是建立在因特网基础上的,企业可以进行在线订货,这就大大减少了文件处理、信息收集、通信和其他费时的交易程序,从而降低交易成本;由于电子采购快速及时、采购周期较短,企业可以减少过量的安全库存,从而降低库存成本;由于采用采购模式,采购人员无须出差,节约了差旅成本;由于能够货比多家,形成竞价局面,凡此种种,极大地降低了采购价格。研究显示,应用电子采购可以降低产品成本的 5%～10%,降低流程成本的 70%。例如,海尔集团在实施电子采购后,采购成本大幅降低,仓储面积减少了,降低库存资金约 7 亿元,库存资金周转日期从 30 天降低到了 12 天以下。

2. 缩短采购时间,提高采购效率

传统采购方式主要是以书面资料和电话、传真、直接见面的方式来进行信息交流,采购周期冗长,出错率高,效率低下。电子采购直接在网上进行招标、开标和评标,无须在政府部门和供应商之间来回奔波,免除了采购人员的往返之苦,从而大大加速了采购过程。此外,电子采购系统通过标准化的设计使全部采购工作流程自动化,消除了多余的采购环节,从而使企业减少出错率,缩短了采购时间,大大提高了采购效率。据统计,采用电子采购,自采购企业竞价采购项目正式开始至竞价结束,一般只需要 1～2 周,较传统招标采购节省了30%～60% 的采购时间。

3. 增加供应商数量,提高采购质量

传统采购方式下,供应商大多只限于本地区的少数供应商;而电子采购由于网络的广泛性、开放性,可以提供一个全天候、全透明、超时空的采购环境,扩大了采购市场的范围,可以提供全省、全国,甚至全球的适合的供应商,这就增加了采购的透明度,扩大了供应商的数量,提高了供应商的竞争积极性,改善了供需双方的关系,使采购交易双方易于形成战略伙伴关系。由于面对的是全球供应市场,可以突破传统采购模式的局限,做到货比多家,对采购品的性能、外观、技术、价格、质量等能够进行详细的了解和比较,在比质比价的基础上找到满意的供应商,最终能以较低的成本挑选出物美价廉的产品,这不仅大幅度地降低了采购成本,更重要的是提高了采购质量。

4. 优化供应链,提高采购的灵活度

电子采购是一种在 Internet 上创建专业供应商网络的基于 Web 的方式,通过 EDI 和

Internet,企业能和供应商进行及时快捷的信息交流;通过标准化的设计,使全部采购工作流程自动化,消除了多余的采购环节,简化了采购流程;通过全国、全球范围内的供应商的比较、筛选,整合了供应商资源,使得企业能够寻找到更佳的价格与质量的结合点,提高了采购的灵活度,使采购人员真正能够实现从战术性角色向战略性角色的转变,开发并培养有竞争力的战略合作伙伴,从而优化供应链管理,改善供应链绩效,真正做到战略采购。

四、传统采购模式的不足

采购作为满足社会需求的一种重要手段,对整个社会的生产与生活产生了极其重要的影响。对企业来说,采购直接影响着生产经营过程和企业效益,并构成企业竞争力的重要方面。采购也会带来很大的经济风险,存在着所谓的采购黑洞,如何控制这些漏洞,成了现代企业面临的一项重要任务。电子商务采购作为一种新的采购模式,充分利用了现代网络的开放性、信息的多样性、交易的快捷性和低成本等特点,可以有效地解决企业和政府所面临的这些问题。

3-2 中国电信电商采购平台强力驱动供应链数字化转型新闻

传统采购模式存在下列问题:采购、供应双方为了各自利益互相封锁消息,进行非对称信息博弈,采购很容易发展成为一种盲目行为;供需关系一般为临时或短期行为,竞争多于合作,容易造成双输的后果;信息交流不畅,无法对供应商的产品质量、交货期进行跟踪;响应用户需求的能力不足,无法面对快速变化的市场;利益驱动造成暗箱操作,舍好求次、舍贱求贵、舍近求远,产生腐败温床;设计部门、生产部门、销售部门与采购部门关系脱节,造成牛鞭效应,导致库存积压,占用大量流动资金。

3-3 采购黑洞解析

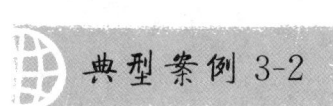
典型案例 3-2

3-4 典型案例

欧冶采购电子商务平台助力传统制造
企业"互联网+采购"转型升级

上海欧冶采购信息科技有限责任公司(以下简称"欧冶采购")起步于2000年宝钢内部电子商务平台,拥有15年专注于为大中型制造企业提供策划、研发、应用、运营全流程服务所形成的采购信息化及电商行业经验,在制造业内形成了采购管理专业的示范性效应。

2016年3月,欧冶云商与中集集团签订合资合作协议,在采购业务方面实行战略合作,共同打造欧冶采购电子商务平台。欧冶采购定位"诚信企业俱乐部、优质产品展示厅",构建先进的B2B电子商务平台,辅以欧冶云商的金融、数据、物流、资讯等优质服务,为传统制造企业的采购供应提供商务、金融、物流、仓储、售后的全生命周期服务,为用户创造价值,与用户共享成果。

传统的线下采购存在诸多难点、"痛点",例如:

1. 供需关系的竞争性和短期性导致缺乏战略合作和协同

传统采购模式下,供应与需求之间的关系是临时性的,或者短时性的合作,而且竞争多于合作。竞争性和合作短期性导致供需双方信任基础不牢,在战略上,缺乏共同发展的意愿和规划;在运营中,缺乏流程的协同和风险的共担。

2. 流程繁复,效率低下

传统采购模式要经过询价/报价、招标/投标、竞价谈判等繁杂流程。大型企业还要考虑到分支机构的采购管理问题,耗时耗力。如遇到企业有紧急需求的情况,而供应商响应客户需求的能力迟钝时,会导致采购成为一种盲目行为。

3. 缺乏数据积累和经验固化的有效手段

传统采购模式下,组织架构和业务流程"条块分隔"及业务、数据各管各的情况,与采购业务需要组织经验的固化和分享形成矛盾。缺乏对采购数据的有效积累和利用,倚重采购分管人员的个人业务风格和经验,以至于采购行为对于企业采购策略有偏离的风险,也可能蕴藏廉政风险。

4. 缺乏廉政监督和控制机制

传统采购模式下,监督是个突出的难题。业务流程掌握在个别人员手中,供应商选择、谈判和审批过程不透明,利益驱动容易造成暗箱操作、舍好求次、舍近求远,形成廉政风险。

欧冶采购基于海量优质供应商的资源及管理能力、对大型制造企业采购供应全流程的理解和服务能力,提供一站式的电子采购交易市场,覆盖从采购需求计划管理,到采购寻源交易管理,到采购合同执行管理的企业采购全生命周期,能够满足多采购组织多采购品种的个性化采购管理需求,并提供供应链金融、物流、采购咨询等配套支持,用规范、透明的流程和有效的在线管理手段管控廉政风险,强有力地保障了传统制造企业向"互联网＋采购"转型的顺畅和成功。

(资料来源:中国物流与采购网,有改动。)

【思考与分析】

1. 请结合案例思考,传统的线下采购模式存在哪些管理问题?

2. 请结合案例谈谈,互联网和采购的结合能够为企业带来哪些效益?

第三节　电子商务采购模式

3-5　大商都
竞价解析

电子商务采购是以互联网为媒介,以通过特制研发的采购商的买方交易系统或供应商的卖方交易系统为基础,或者在第三方的交易台完成采购行为的一种交易方式。它包括网上提交采购需求、网上确认采购资金和采购方式、网上发布采购信息、接受供应网上投标报价、网上开标定标、网上公布采购结果以及网上办理结算手续等。网上采购减少了采购需要的书面文档材料,减少了电话传真等传统通信工具的依赖,在一定程度上减少了采购过程中的人为干扰因素,使同行业之间的竞争为多赢。

电子商务采购模式为企业降低产品的成本给出了切实的解决方案,同时也为原料的供应商提供了节约时间和精力的新途径,缩短了电子商务的交易周期,推进了电子商务以及电子商务物流的发展。电子商务运用在采购领域所带来的运行模式因划分标准不同而有所不同。

一、电子商务采购模式的主要类型

(一) 按采购主体分类

企业通过自己建立的网站或者第三方网站,在网上进行电子商务采购活动。

3-6 一站式电商采购平台易派客宣传片(视频)

1. 自营采购网站模式

世界大公司陆续开展了网络采购,到目前为止,全球 500 家最大的公司中有 85% 已实现了采购网络化。它们作为大买家,主要采用建立根据自身需要为主的电子交易场所的模式,即建立自营采购网站,需求方为自身企业,而供应方为任意多个供应商。大商都竞价是自营网站采购模式的代表。自营采购网站模式主要优势有如下几点:

(1) 自营采购网站模式的最大好处是企业与供应商建立了直接的一对一的联系。企业通过网络能将信息传送给满足条件的供应商,能与选定的供应商交流敏感的商品价格以及存货信息,这些涉及商业秘密的信息,一对一交流可以保证信息安全。较为稳定的合作关系使双方更注重长远的互利,甚至共同控制存货,决定利润分成等,这就是供应链管理的电子化模式。同时对潜在供应商,自营网站采购模式也实现了完善的供应商发掘和管理功能,能在全球范围内寻找潜在的供应商,扩大采购选择范围。

(2) 自营采购网站模式的另一个优势是买方市场实力增强,出现了"买方制定规则的时代"。市场势力是指影响成交价格的能力。当买主较少而供应商较多时,买方讨价还价的能力就强,市场势力就大。电子商务兴起后,企业的选择扩展到全球范围。只有做得更好——更高的质量、更强的合作意向、更优的服务与更合理的价格,才能被需方企业选中。

2. 中介(代理)采购网站模式

代理网上采购,即不是自己建立网站,而是利用其他企业的网站进行电子商务采购。中介采购网站模式成功的关键在于以下几个方面。

(1) 可以获取超过临界数量的买方和卖方的信息。中介采购网站不仅要以较多的需求量吸引提供此类商品的供应商在网站上发布产品信息,连通供货渠道,而且需要以全面及时的产品内容和服务特色吸引众多买方的参与。在众多中介采购网站中选择时,买方注重的是网站的供应商数量、服务质量和信息内容。所以中介采购网站往往有信誉效应,同类网站一般只有少数能够成功。

(2) 迅速获得信息并及时发布,提供最新信息。一般采用供应商之间管理网上信息的方式,供应商在利益的驱动下迅速更新其产品信息,以得到更多买者的青睐。他们不仅要及时上传信息,可能还要缴纳一定的费用以取得信息发布资格。买方企业愿意参与中介采购网站是为了更加方便有效地获取专类的市场信息,享有众多的供应商提供的多种产品信息。

另外,还有第三方采购代理为企业提供了一个安全的网上采购场所,提供诸如在线投标和实时拍卖的服务,它们把技术授权给各企业使用,使其有权访问它们的供应商。

3. 采购联盟网站模式

根据国际数据集团的调查,在新建的 1000 个左右的电子商务交易网站中,只有大约 100

个真正地进行交易。这其中的重要原因就是,中小企业的网站集中不到足够的供应商资源。采购联盟网站模式的优势包括以下几个方面。

3-7 典型案例

(1)采购联盟网站模式的特点之一是集中功能,产生规模效应。特别是对中小企业来说,由于采购数量少,采购信息发布往往不能引起供应商足够的关注和重视,吸引供应商的数量不同,效果就不同。采购联盟网站却可以集中需求,集中信息发布,利用集中机制,使总需求达到相当数量,能拓宽供应商的信息选择范围,吸引供应商参与。同时,买方企业之间是战略联盟的合作关系,共同的供应商议价增加了买方的市场势力,价格谈判具有更大的优势,能取得采购批量优惠。在网站的成本投入方面,若自建采购网站,费用难以承受;若多家企业共同出资,分摊给每个企业的成本就较少,从而分散了风险。

(2)采购联盟网站模式的另一个重要特点是进一步增强了买方的市场势力。相同的需求使买方企业集中到一起,特别是当有大型企业集团参与其中时,可以相对控制需求市场。由于需求的进一步加大,这种势力比自营采购网站模式要强大得多。

(二)按网上采购的方式分类

网上采购平台按照软件功能展示,一般分为网上招标采购、竞价采购等。

1. 网上招标采购

对于一个或几个供应商都有的特殊设备或特殊品质商品,可以利用网站向其供应商询问信息和开价,并且接受供应商的答复,在小范围内进行竞价采购。

电子逆向拍卖是网上招标采购的一个主要方法,逆向拍卖是一个招标系统,供应商被邀请来投标,出价最低的中标。在B2B逆向拍卖中,买家自己可以在网站上创建一个电子交易市场,也可以在第三方中介拍卖网站上举行网上投标,并邀请潜在的供应商向自己企业需要的商品投标。B2B逆向拍卖也可以由若干买方公司组团,在发起者的网站上进行,多个买家的订单能够整合成为一个大宗采购,从而在谈判的时候能够达成一个更低的价格,这种方式称为团体逆向拍卖。

招标采购又分为公开招标采购和邀请招标采购。

(1)公开招标采购是指采购单位在网上公开发布招标公告,邀请非确定的供应商参加网上投标的采购方式。

(2)邀请招标采购是指采购单位发送投标邀请书,邀请五个以上特定的供应商参加网上投标的采购方式。

网上招标采购的一般过程步骤如下。

(1)建立企业内部网,建立管理信息系统,实现业务数据的计算机管理。建立企业的电子商务网站,在电子商务网站的功能中,应当有电子商务采购的功能。

(2)利用电子商务网站和企业内部网收集企业内部各个单位的采购申请。对其企业内部的采购申请进行统计分析,对需要进行招标采购的项目进行论证,形成招标采购任务。

(3)对网上招标采购任务进行策划和计划。

(4)按照既定的采购计划程序进度实施。

2. 竞价采购

竞价采购又称"逆向拍卖采购",是把招标采购和网上竞价相结合的一种采购方式,它通过供应商在线降价竞争,使采购商获得一个最优惠的价格,大幅度降低采购成本。网上竞价采购广泛运用于工业品采购、政府采购及全球采购等领域,例如沃尔玛、IBM、微软等知名跨国企业都运用网上竞价进行全球采购。

总之,采购方式的选择应根据企业具体情况和采购环境等诸多因素,有针对性地选定。同时,也要针对不同的采购对象、采购商选用不同的采购方式。如办公用品等间接生产材料的采购一般选用竞价或直接采购;战略资源、重要的直接生产材料的采购一般选用招标或谈判采购;采购量相对较小的维修、服务资料的采购一般选用直接采购;技术性较复杂、非标准型产品或采购金额较大的材料一般选用招标或谈判采购。

二、电子商务采购程序与步骤

电子商务采购是一种非常有发展前景的采购模式,它主要依赖于电子商务技术的发展和物流技术的提高,依赖于人们思想观念和管理理念的改变。这一模式的应用将逐渐改变我国传统企业的物流管理程序,特别是在杜绝采购腐败方面起到了十分积极的作用。设计和优化电子商务采购的程序与步骤,也可以间接实现降低采购成本、提高采购效率的采购目标。

(一)电子商务采购程序

电子商务采购程序主要包括:采购前的准备工作、采购中供需双方的磋商、合同的制定与执行、支付与清算等环节。

3-8 中国电信和苏宁易购实现电商采购系统直连新闻

1. 采购前的准备工作

对于采购商来说,采购前的准备工作就是向供应商宣传和获取有效信息的过程。在网络环境条件下,这一过程将表现为供应商积极地把自己产品的信息资源(如产品价格、质量、公司状况、技术支持等)及时在网上发布。企业可以随时上网查询并掌握自己所需要的商品信息资源。双方借助互联网交流互动,共同完成商品信息的供需对接过程。在互联网普及的背景下,信息的交流通常是通过登录和浏览对方的网站和主页完成的,其速度和效率是传统方式无法比拟的。采购前的信息交流主要是企业对供应商的产品价格和质量进行了解,因此,价格在很大程度上直接影响着采购决策。

2. 采购中供需双方的磋商

传统采购磋商的单据交换可以通过网络转变为记录、文件或报文在信息平台中的传输过程。各种网络工具和专用数据交换协议自动地保证了网络传递的准确性、安全和可靠性。企业一旦选择了承诺提供最佳产品质量、最合理价格、最优质服务的供应商,就可以在网上与其进行磋商和谈判。各种商贸单据、文件(如价目表、报价表、询盘、发盘、订单、订购单应答、订购单变更要求、运输说明、发货通知、付款通知、发票等)在网络交易中都变成了标准的报文形式,由此减少了漏洞和失误,规范了整个采购过程。

3. 合同的制定与执行

供需双方磋商过程完成之后,需要以法律文书的形式将磋商的结果确定下来,以监督合同的履行,因此双方必须以书面形式签订采购合同。这种做法一方面可以杜绝采购过程中的不规范行为,另一方面也可以避免因无效合同引起的经济纠纷。因为网络协议和网络商务信息工具能够保证所有采购磋商文件的准确性和安全可靠性,所以双方都可以通过磋商文件来约束采购行为和执行磋商的结果。

4. 支付与清算

采购完成以后,就开始进行货物入库工作,同时企业要与供应商进行支付与结算。目前企业支付供应商采购价款的方式主要有两大类:一类是电子货币类,包括电子现金、电子钱包和电子信用卡等;另一类是电子支票类,如电子支票、电子汇款、电子划款等。前者主要用于企业与供应商之间的小额支付,比较简单;后者主要用于企业与供应商之间的大额资金结算,比较复杂。

(二)电子商务采购实施的步骤

第一步,采购分析与策划,对现有采购流程进行优化,制定出适宜网上交易的标准采购流程。

第二步,建立网站。这是电子商务采购的基础平台,要按照采购标准流程组织页面,通过虚拟主机(服务器)、主机托管、自建主机等方式建立网站,也可以与一些有实力的采购网站合作,通过它们的专业服务,企业可以享受到非常丰富的供求信息,起到事半功倍的作用。

第三步,采购单位通过互联网发布招标采购信息,即发布招标书或招标公告,详细说明对物料品类的要求以及对供应商的资质标准要求,也包括质量、数量、时间、地点等。可以通过搜索引擎寻找供应商,主动向他们发送电子邮件,对所购物料进行询价,广泛收集报价信息。

第四步,供应商登录采购单位网站,进行网上资料填写和报价。

第五步,对供应商进行初步筛选,收集投标书或进行贸易洽谈。

第六步,网上评标,由程序按设定的标准进行自动选择或由评标小组进行分析、评比、选择。

第七步,在网上公布中标单位和价格,如有必要,需对供应商进行实地考察后再签订采购合同。

第八步,采购实施。中标单位按采购订单通过物流运输交付货物,采购单位支付货款,处理有关善后事宜。

在采购过程中,按照供应链管理思想,供需双方需要进行战略合作,实现信息共享。采购单位可以通过网络了解供应单位的物料质量及供应情况,供应单位可以随时掌握所供物料在采购单位中的库存情况及采购单位的生产变化需求,以便及时补货实现准时化生产、销售。

三、采购合同签订

选好供应商后,应积极与供应商接洽与谈判,与之签订合同,这不仅是采购计划顺利实施的保证,也是双方权利和利益的保障。

合同是一个契约,是指有关法人之间为了实现某个特定目的而签订的确定权利关系的协议。采购合同的首部应包括购销双方当事人的名称、地址、合同名称等信息。

合同的正文应包括采购商品的名称、数量、质量、价款、履行期限、地点、方式，以及包装、运输方式、检验方式、价款支付方式、违约责任、保险、解决争议的方法和免责条款等。

采购合同的结尾应包括购销双方的法定代表人或合法代理人的姓名、主合同份数、有效期限、签订合同的时间、签约地点及合同当事人的签名盖章等。

3-9 采购合同的范本

第四节　供应商管理

一、供应商管理的概念及内容

供应商管理的目标是获得符合企业质量和数量要求的产品或服务，以最低的成本获得产品或服务，确保供应商提供最优的服务和及时的送货，发展和维持良好的供应商关系，以及开发潜在的供应商。

（一）供应商管理的概念

供应商是指那些向买方提供产品或服务并相应收取货币作为报酬的实体，是可以为企业生产提供原材料、设备、工具及其他资源的企业。供应商可以是生产企业，也可以是流通企业。企业要维持正常生产，就必须要有一批可靠的供应商为企业提供各种各样的物资供应。因此供应商对企业的物资供应起着非常重要的作用，采购管理就是直接和供应商打交道，而从供应商那里获得各种物资。因此采购管理的一个重要工作，就是要搞好供应商管理，所谓供应商管理就是对供应商的了解、选择、开发、控制和使用等综合性的管理工作总称。其中，了解是基础，选择、开发、控制是手段，使用是目的。供应商管理的目的就是要建立起一个稳定可靠的供应商队伍，为企业生产提供可靠的物资供应。

企业在供应链管理环境下与供应商的关系是一种战略性合作关系，提倡一种双赢（Win-Win）机制。企业在采购过程中要想有效地实施采购策略，充分发挥供应商的作用就显得非常重要，采购策略的一个重要方面就是要搞好供应商的关系管理，逐步建立起与供应商的合作伙伴关系。

供应商管理的重要性早在 20 世纪 40 年代就受到发达国家的重视，60 多年来随着经济环境的变化，不断地出现新的内容，现在供应商管理已经有了很多优秀的理论和实践成果。供应商管理是供应链管理中一个极其重要的问题。

（二）供应商管理的内容

供应商管理应当包含以下几个基本内容。

1. 供应商调查

供应商调查的目的，就是要了解企业有哪些可能的供应商，各个供应商的基本情况如何，为我们了解资源市场以及选择企业的正式供应商做准备。

2. 资源市场调查

资源市场调查的目的,就是在供应商调查的基础上,进一步了解掌握整个资源市场的基本情况和基本性质:是买方市场还是卖方市场;是竞争市场还是垄断市场;是成长的市场还是没落的市场;资源生产能力、技术水平、管理水平以及价格水平等。为制定采购决策和选择供应商做准备。

3. 供应商开发

在供应商调查和资源市场调查的基础上,还可能发现比较好的供应商,但是我们不一定能马上得到一个完全合乎企业要求的供应商,还需要我们在现有的基础上继续进一步加以开发,才能得到一个基本合乎企业需要的供应商。将一个现有的原型供应商转化成一个基本符合企业需要的供应商的过程,这是一个开发过程。

4. 供应商评估与考核

供应商评估与考核是一项很重要的工作。它分布在各个阶段:在供应商开发过程中需要评估;在供应商选择阶段需要评估考核;在供应商使用阶段也需要评估考核。不过每个阶段评估考核的内容和形式并不完全相同。

5. 供应商选择

在供应商评估考核的基础上,选定合适的供应商。

6. 供应商使用

与选定的供应商开展正常的业务活动。

7. 供应商激励与控制

在使用过程中激励和控制供应商,以建立一种理想的合作关系。

二、选择供应商应考虑的因素

供应链管理是一个开放系统,供应商隶属于该系统的一部分,因此,供应商的选择会受到各种政治、经济和其他外界因素的影响。供应商选择的影响因素主要有以下几个方面。

(1)价格因素。它主要是指供应商所供给的原材料、初级产品(如零部件)或消费品组成部分的价格,供应商的产品价格决定了消费品的价格和整条供应链的投入产出比,对生产商和销售商的利润率产生一定程度的影响。

(2)质量因素。它主要是指供应商所供给的原材料、初级产品或消费品组成部分的质量。原材料、零部件、半成品的质量决定了产品的质量,这是供应链生存之本。产品的使用价值是以产品质量为基础的。如果产品的质量低劣,该产品将会缺乏市场竞争力,并很快退出市场,而供应商所供产品的质量是消费品质量的关键之所在,因此,质量是一个重要因素。

(3)交货周期因素。对企业或供应链来说,市场是外在系统,它的变化或波动都会引起企业或供应链的变化或波动,市场的不稳定性会导致供应链各级库存的波动,由于交货提前期的存在,必然造成供应链各级库存变化的滞后性和库存的逐级放大效应。交货提前期越短,库存量的波动越小,企业对市场的反应速度越快,对市场反应的灵敏度越高。由此可见,交货周期也是重要因素之一。

（4）交货可靠性因素。交货可靠性是指供应商按照订货方所要求的时间和地点,将指定产品准时送到指定地点的能力。如果供应商的交货可靠性较低,必定会影响生产商的生产计划和销售商的销售计划及时机。这样,就会引起整个供应链的连锁反应,造成大量的资源浪费并导致成本上升,甚至会致使供应链的解体。因此,交货可靠性也是较为重要的因素。

（5）品种柔性因素。在全球竞争加剧、产品需求日新月异的环境下,企业生产的产品必须多样化,以适应消费者的需求,达到占有市场和获取利润的目的。因此,多数企业采用了JIT生产方式。为了提高企业产品的市场竞争力,就必须发展柔性生产能力。而企业的柔性生产能力是以供应商的品种柔性为基础的,供应商的品种柔性决定了消费品的种类。

（6）研发和设计能力因素。供应链的集成是未来企业管理的发展方向。产品的更新是企业的市场动力。产品的研发和设计不仅仅是生产商分内之事,集成化供应链要求供应商也应承担部分的研发和设计工作。因此,供应商的设计能力属于供应商选择机制的考虑范畴。

（7）特殊加工工艺能力因素。每种产品都具有其独特性,没有独特性的产品市场生存力较差。产品的独特性要求特殊的生产工艺,所以,供应商的特殊工艺能力也是影响因素之一。

（8）其他影响因素。例如,项目管理能力、供应商的地理位置、供应商的库存水平等。

三、选择供应商的主要方法

（一）直观判断法

直观判断法是通过调查、征询意见、综合分析和判断来选择供应商的方法,是一种主观性较强的判断方法。主要是倾听和采纳有经验的采购人员的意见,或者采购人员直接凭经验做出判断。这种方法的质量取决于对供应商资料掌握的是否正确、齐全和决策者的分析判断能力与经验。这种方法运作方式简单、快速、方便,但是缺乏科学性,受掌握信息的详尽程度限制,常用于选择企业非主要原材料的供应商。

（二）加权综合评分法

加权综合评分法规定衡量供应商的各个重要标准(如产品质量、价格、合同完成率等)的加权分数,根据以往交易的统计资料,分别计算各供应商的得分,选择得分高者为最终供应商。这种方法与评分的不同之处在于:加权综合评分法将各衡量项目的重要程度加上了不同的权重,而评分法的各项目则没有重要程度之分;加权综合评分法是以统计资料为基础,通过计算得出分数,属于计量分析方法,而评分法则是定性分析的方法。

假设B需求方按如下分数分配比例来评价本地的各供应商:产品质量占40分,价格占35分,合同完成率占25分。根据上期统计资料,如表3-1所示,从中选择出下期最合适的供应商。

表3-1　各供应商相关信息

供 应 商	收到的商品量/个	验收合格量/个	单价/元	合同完成率
甲	2000	1920	89	98%

续表

供 应 商	收到的商品量/个	验收合格量/个	单价/元	合同完成率
乙	2400	2200	86	92%
丙	600	480	93	95%
丁	1000	900	90	100%

根据表 3-2 所示的数据,按以下计算可得出各供应商的综合分数如下:

甲:$(1920 \div 2000) \times 40 + (86 \div 89) \times 35 + 0.98 \times 25 = 96.7$

乙:$(2200 \div 2400) \times 40 + (86 \div 86) \times 35 + 0.92 \times 25 = 94.7$

丙:$(480 \div 600) \times 40 + (86 \div 93) \times 35 + 0.95 \times 25 = 88.1$

丁:$(900 \div 1000) \times 40 + (86 \div 90) \times 35 + 1 \times 25 = 94.4$

得分最高者是甲,因此甲供应商是最终选定的供应商。

(三)采购成本比较法

对于采购商品质量与交付时间均满足要求的供应单位,通常是进行采购成本比较,即分析不同的价格和采购中各项费用的支出,以选择采购成本较低的供应商。采购成本一般包括售价、采购费用、运输费用等各项支出的总和。采购成本比较法是通过计算分析针对各个不同供应商的采购成本,选择采购成本较低的供应商的一种方法。

假设 A 需求方需采购某产品 200 吨,甲、乙两个供应商供应的质量、交期和信誉都符合要求。距需求方较近的甲供应商的报价为 320 元/吨,运费为 5 元/吨,采购费用支出共 200元;乙供应商距离需求方较远,报价为 300 元/吨,运费为 30 元/吨,采购费用支出共 500 元。成本比较计算如下:

甲:$200 \text{ 吨} \times 320 \text{ 元/吨} + 200 \text{ 吨} \times 5 \text{ 元/吨} + 200 \text{ 元} = 65200 \text{ 元}$

乙:$200 \text{ 吨} \times 300 \text{ 元/吨} + 200 \text{ 吨} \times 30 \text{ 元/吨} + 500 \text{ 元} = 66500 \text{ 元}$

可见,乙比甲的成本高出 $66500 - 65200 = 1300$ 元,因此甲是更合适的供应商。

(四)招标法

当采购数量大、合作伙伴竞争激烈时,可采用招标法来选择适当的合作伙伴。它是由企业提出招标条件,各招标合作伙伴进行竞标,然后由企业决标,与提出最有利条件的合作伙伴签订合同或协议。招标法可以是公开招标,也可以是指定竞标。公开招标对投标者的资格不予限制;指定竞标则由企业预先选择若干个可能的合作伙伴,再进行竞标和决标。招标方法竞争性强,企业能在更广泛的范围内选择适当的合作伙伴,以获得供应条件有利的、便宜而适用的物资。但招标法手续较繁杂、时间长,不能适应紧急采购的需要;主要是因供应商对投标者了解不够,双方没有时间充分协商,造成货不对路或不能按时到货的后果。

(五)协商选择法

在供货方较多、企业难以抉择时,也可以采用协商选择的方法,即由企业先选出供应条件较为有利的几个合作伙伴,同它们分别进行协商,再确定适当的合作伙伴。与招标法相比,协商选择法由于供需双方能充分协商,在物资质量、交货日期和售后服务等方面较有保证。但由于选择范围有限,不一定能得到价格最合理、供应条件最有利的供应来源。当采购时间紧迫、投标单位少、竞争程度小、订购物资规格和技术条件复杂时,协商选择方法也比招标法更为合适。

(六)层次分析法

层次分析法是20世纪70年代由著名运筹学家萨蒂提出的,韦伯等提出利用层次分析法选择合作伙伴。它的基本原理是根据具有递阶结构的目标、子目标(准则)、约束条件、部门等来评价方案,采用两两比较的方法确定判断矩阵,然后把判断矩阵的最大特征根对应的特征向量的分量作为相应的系数,最后综合给出各方案的权重(优先程度)。由于该方法让评价者对照相对重要性函数表,给出因素两两比较的重要性等级,因而可靠性高、误差小。不足之处是遇到因素众多、规模较大的问题时,该方法容易出现问题,如判断矩阵难以满足一致性要求,往往难以进一步对其分组。它作为一种定性和定量相结合的工具,目前已在许多领域得到了广泛的应用。

另外,蒂默曼提出的合作伙伴评价分类法(categorical method),温德和罗宾森、格理格利提出标重法(weighted point plan),这些都可以用于合作伙伴的选择,但它们在供应链环境下应用都存在一些问题,因为没有考虑具体的环境,所以不能保证在所有环境下都能有效地对合作伙伴进行评价和选择。

3-10 典型案例

四、建立供应商激励机制

采购企业要想保持与供应商之间长期的供需合作伙伴关系,就应该建立一套有效的供应商激励与扶持计划,帮助供应商提升业绩,从而促进双方合作关系的发展。

(1)价格激励。高的价格能增强企业的积极性,不合理的低价会挫伤企业的积极性。供应链利润的合理分配有利于供应链企业间的稳定和顺畅运行。

(2)订单激励。采购方的多个订单会带来供应商间的竞争,这对供应商来说是一种激励。

(3)淘汰激励。对于优秀的供应商来讲,淘汰弱者能使其获得更优秀的业绩;而对于业绩较差者,为避免被淘汰的危险,更需要改进自身的绩效。

(4)组织激励。在一个较好的供应链环境下,企业之间合作愉快,供应链的运作也通畅。与之保持长期稳定的合作关系是企业使用组织激励的主要措施。

(5)信息激励。在信息时代里,信息对企业而言意味着生存。企业获得更多的信息意味着企业拥有更多的机会、更多的资源,从而获得激励。

(6)新产品或新技术的共同开发。共同开发新产品或新技术可以让供应商全面掌握新产品的开发信息,有利于新技术在供应链企业中的推广和开拓供应商的市场。

(7)商誉激励。商誉是一个企业的无形资产,反映了企业的社会地位,它主要来自供应链内其他企业的评价和在公众中的声誉。

3-11 商誉解析

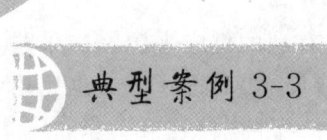

丰田供应商关系战略的演变

丰田汽车集团创立的准时化生产方式(JIT)被称为"改变世界的机器"。准时化的基本理念是一种现代企业的经营观念和先进的生产组织原则,它所追求的是生产经营全过程彻底的合理化。为了支持准时化(just in time,简称 JIT)生产方式,丰田公司对供应商的管理相当严格细致,它通过将选定的供应商整合为一个"企业网络",使得其内部所有相关企业的利益和目标完全一致。这种强大的供应商合作关系网络培养发展了丰田的核心竞争优势。

1. 丰田供应商管理模式

丰田供应商关系战略沿袭了丰田喜一郎在 20 世纪 30 年代末提出的管理模式,即根据零部件的重要性对零部件进行分类,对于不同的零部件供应商,实行不同的管理模式。对于非战略性零部件,丰田主要考虑价格、质量和送货时间等因素能否满足自己的要求,使用传统的竞标方式压低价格,以刺激供应商之间的竞争,由此降低物品的采购价。对于战略性零部件的供应,丰田将这类制造业务专门分包给和丰田有紧密资本和财务联系的工厂,并将其视为丰田的特殊供应商,丰田与这类供应商发展战略合作伙伴关系,企业与供应商有较高程度的合作,企业开发与供应商之间的多功能界面,建立企业间的知识分享界面,把专有知识与技能传递给供应商,例如通过丰田汽车的设计工程师与供应商的设计工程师的协作,以确保产品无缺陷和产品的定制化,同时丰田也推进对供应商特定性关系的投资,使得组织之间的界限趋于模糊,通过紧密的合作团队的形式确保企业关键技术和长期竞争优势的获得。

2. 信息交流

丰田生产方式提倡的"零库存管理"要求信息沟通及时,准确。丰田与供应商信息传递采取双向交流的方式。一方面,丰田采取"要员派遣"的形式让丰田的技术主管到供应商的工作现场进行观察并加以指导;同时,丰田也要求供应商对自己的工作要求很了解,在开发的早期阶段就选定零部件供应厂商,再由供应厂商根据丰田所提出的式样、基本参数进行详细设计、试制和实验。实现信息资源共享后使得信息交流全面迅速,生产灵活,并使价值增加的过程更加合理,生产效率得以大幅度提高。

3. 信任关系

丰田与供应商之间信任关系主要体现在对待成本的态度上。丰田与供应商在确定成本时增加透明度,即彼此了解对方生产过程中成本结构的相关部分,这使得共同应对成本压力成为可能。另外,由于对供应商的充分信任,丰田取消对供货质量的检查,大大削减了交易成本。同时,信任使得供应商主动提供自己开发的技术,并在基础技术上提供专业咨询,确保了技术持久的竞争优势。丰田汽车从这种信任关系中获得了很大收益,产品进入市场的速度更快。

4. 经营理念

对于一般汽车生产厂商来说,制造成本的 70%~80% 都是从供应商那里获得,因此降低产品成本最大的机会来源于外部供应商提供的原材料、零部件和技术。丰田汽车也一直致力于降低成本的活动,与传统的供应商管理模式相反,丰田汽车成本的降低并不是以牺牲供应商的利益为代价,它将供应链上所有的企业都作为企业集团的部分。扩展的企业把改善彼此的经营业绩作为共同的目标。

丰田汽车和供应商之间的战略关系越来越趋向合作竞争,朝着提高组织效率、发挥各自优势、增强供应链整体竞争力的方向转变。国内的制造业现正处于打破集团内部采购的传统模式、建立新的供应模式的过渡期。通过本文对丰田汽车的供应商在不同历史时期的战略分析,对于我国制造业实现供应链模式的转变有战略意义。

（资料来源：搜狐网,有改动。）

3-12 招标采购方法

【思考与分析】

1. 请结合案例谈谈丰田公司供应商关系管理的独到之处。

2. 请结合案例谈谈丰田公司供应商关系管理对于我国制造企业的启示。

3-13 综合案例

 ## 本章思考题

一、选择题

1. 当企业采购的原材料数量大、竞争激烈时,企业选择供应商可采用(　　　)。

A. 协商法　　　　　B. 层次分析法　　　　C. 招标法　　　　　D. 供应商走访法

2. 集中采购的主要优点为(　　　)。

A. 采购方谈价能力增强　　　　　　B. 采购响应速度快

C. 容易应付紧急需要　　　　　　　D. 能更好地了用户需求

3. 采购与供应管理对企业来说最重要的作用为(　　　)。

A. 利润杠杆　　　　B. 资产收益率　　　　C. 企业竞争优势　　　D. 营运效率

4. 下面不属于合同首部内容的是(　　　)。

A. 采购合同的名称　　　　　　　　B. 采购合同的编号

C. 采购商品的规格　　　　　　　　D. 采购合同签订的日期和地点

二、判断题

1. 采购是一种经济活动,是企业经济活动的主要组成部分。(　　　)

2. 企业经营品种多,采购业务量大,设置的采购机构应该小些。(　　　)

3. 对于战略采购物品采取的采购策略是建立长期伙伴关系。(　　　)

4. 公开招标是一种非竞争性的招标。(　　　)

5. 招标投标方式不是采购的基本方式。(　　　)

三、思考题

1. 传统采购业务流程存在哪些不足?

2. 集中采购和分散采购各有哪些优缺点?

3. 选择供应商应该考虑哪些因素?

第四章
电子商务仓储与库存管理

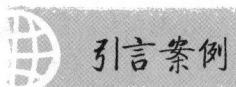

本章导读

了解电子商务仓储管理的基本概念,掌握其基本功能、特点及主要模式;理解电子商务的仓储网络布局及布局规划;了解电子商务储位管理流程、储位编码和货物编码规则,掌握储存策略与储位指派原则;了解电子商务商品入库作业流程,掌握入库作业组织原则,以及验收管理内容、盘点管理要点;掌握电子商务商品出库作业关键点和拣选作业管理要点;了解电子商务商品库存成本的构成,掌握库存管理的方法。

引言案例

知名品牌优衣库是如何做到"零库存"的?

日本连续 20 年通货紧缩,经济萎靡不振,但优衣库却逆市而上,营业额增长 160 倍,利润增长 1500 倍。即便是位于中国最"偏远"的店铺,年销售额也超过 2000 万元,旗舰店则是几亿元的规模,平均店铺销售额 3000 万,是国内同类零售品牌的 10 倍;一款 HEATTECH,截至 2020 年,已在全球售出超过 10 亿件,平均每秒售出 1 件。

所谓"零库存"不是仓库里没有库存,而是指物料(包括原材料、半成品和产成品等)在采购、生产、销售、配送等一系列经营环节中快速周转的状态,是通过上下游企业的协同作战,实现库存量的最小化。

优衣库平均库存的周转天数是 83.72 天,比国内服企快到至少一半以上,那么优衣库著名的"零库存"是通过哪几种方式来实现的?

挑战"常识",70%都是基本款

在产品开发模式上,采用完全不同的产品开发模式,进军所有年龄段和性别都能穿的基本款,在基本款上深度开发。

这种方式可以带来几种好处就是：①犯错率降低，库存压力很轻；②面对的消费者比较全面，而不是局限在某些特定人群，从而形成更大的市场规模；③能帮助优衣库在非标准化的服装行业里面挖掘出标准化的品类，使得终端管控标准简单可复制，并在店铺形象、产品展示等方面能呈现一体化的管理。

MD(商品企划)：确保 80% 的正确率

MD 就是负责门店需求的测算、需求汇总、模拟整理、每周的监控等。

优衣库有一个叫 MD 的部门，负责公司的市场运营。尽管优衣库的规划能力并不突出，但运营稳定，能确保 80% 的正确率。优衣库每次周会都会讨论每个部门要放多少货架，提前确定好什么时候卖光，然后每周开会讨论，按照上一周的销量预估商品还有几周能卖光。每周调整促销计划、周计划、月计划、季度计划，然后当周反映在店头的布置上。

"周"，是优衣库管理产品周期的基本单位

优衣库对销售数据的跟踪以 7 天为单位，销售数字实时地反映出了库存的变动，所以商品摆到架上两个星期后，当季的销售情况基本上就一目了然。

（资料来源：搜狐网，有改动。）

【思考与分析】

1. 请结合案例谈谈，你是如何理解零库存？
2. 请结合案例谈谈，优衣库的做法对其他企业有何借鉴之处？

第一节　电子商务仓储管理概述

根据《中华人民共和国国家物流术语标准》《GB/T18354-2006》的定义，储存是保护、管理、贮藏物品。储存对于调节生产、消费之间的矛盾，促进商品生产和物流发展都有十分重要的意义。仓储管理包含两个概念：一是存储与保管，指物品离开生产过程但尚未进入消费过程的间隔时间内在仓库中的储存、保养和维护管理；二是库存控制与管理，以备及时供应。存储作为物流大系统的一个子系统，是十分重要的环节，具有"物品银行"、物品转运站及物品供应的作用。从现代物流的角度研究和经营仓储，要考虑仓储规划与设施、存储技术与方法、物资订购与存储数量的适度性，涉及范围与知识面广泛而有深度。

一、仓储管理的概念及内容

（一）仓储管理的含义

所谓仓储管理，是指服务于一切库存物资的经济技术方法与活动。从广义上看，仓储管理是对物流过程中商品的储存以及由此带来的商品包装、分拣、整理等活动进行的管理。

简单来说，就是对仓库内的物质所进行的管理，是仓储机构为了利用所具有的仓储资源提供高效的仓储服务所进行的计划、组织、控制和协调过程，具体来说，仓储管理包括仓储资源的获得、仓储商务管理、仓储流程管理、仓储作业管理、保管管理、安全管理多种管理工作及相关的操作。

仓储管理的内涵随着其在社会经济领域中的作用不断扩大而变化。仓储管理从单纯意义上的对商品存储的管理,已成为物流过程中的中心环节,它的功能已不是单纯的商品存储,而是兼有包装、分拣、整理、简单装配等多种辅助性功能。

(二)仓储管理的意义

1. "蓄水池"作用

仓库是物流过程中的"蓄水池"。无论生产领域、流通领域,都离不开储存,有亿万吨的商品、物资财富,平时总是处在储存状态,保管在生产或流通各个环节的仓库里,成为大大小小的"蓄水池",以保证生产和流通的正常运行。

2. 时间效用

储存的目的是消除物品生产与消费在时间上的差异。生产与消费不但在距离上存在不一致性,而且在数量上、时间上存在不同步性,因此在流通过程中,产品(包括供应物流中的生产原材料)从生产领域进入消费领域之前,往往要在流通领域中停留一段时间,形成商品储存。同样,在生产过程中,原材料、燃料和工具、设备等生产资料和在制品,在进入直接生产过程之前或在两个工序之间,也有一小段停留时间,形成生产储备。这种储备保障了消费需求的及时性。而有了商品储备必然要求相应的商品保管。

3. 保存商品的使用价值和价值

进行科学保管和养护,使商品或产品的使用价值和价值得到完好的保存,也才能实现及时供货的意义。储存产品看上去好像是静止不变的,但实际上受内因和外因两方面的影响和作用,它每一瞬间都在运动着、变化着。这种变化是从隐蔽到明显、从量变到质变的,所以只有经过一段时间,发展到一定程度才能被发现。

库存商品的变化是有规律的。商品保管就是在认识和掌握库存商品变化规律的基础上,灵活有效地运用这些规律,采取相应的技术和组织措施,削弱和抑制外界因素的影响,最大限度地减缓库存商品的变化,以保存商品的使用价值和价值。

(三)仓储管理的内容

仓储管理活动主要是在商品流通过程中商品储存环节的经营管理,其管理的内容有技术的也有经济的,主要包括以下八个方面。

1. 仓库选址与布点

仓库选址与布点包括仓库选址应遵循的基本原则、基本因素和技术方法。多点布置时还要考虑网络中仓库的数量和规模大小、相对位置和服务的客户等问题。

2. 仓库规模的确定和内部合理布局

仓库规模的确定和内部合理布局包括仓库库区面积及建筑物面积的确定,库内道路和作业区的平面和竖向布置,库房内部各作业区域的划分和作业通道布置的方式。

3. 仓储设施和设备的选择和配备

仓储设施和设备的选择和配备包括如何根据仓库作业的特点和储存商品的种类和理化特性,合理地选择和配备仓库设施、作业机械以及如何合理使用和管理。

4. 仓储资源的获得

仓储资源的获得包括企业通过什么方式来获得仓储资源。通常,一个企业获得资源的方式包括使用自有资金、使用银行借贷资金、发行企业债券、向企业内部职工或社会公众募股等方式。归结起来包括企业内部资金和企业外部资金两种途径,不同的资源获得方式,其成本不同。

5. 仓储作业活动管理

仓储作业活动随着作业范围和功能的不同其复杂程度也不尽相同,仓储作业管理是仓储管理的重要内容,它涉及仓储作业组织的结构与岗位分工、作业流程的设计、仓储作业中的技术方法和作业手段,还包括仓储活动中的信息处理等。

6. 库存控制

库存是仓储最基本的功能,企业为了能及时满足客户的需求,就必须经常保持一定数量的商品库存。存货不足会造成供应断档,存货过多会造成商品积压、仓储成本上升。库存控制是仓储管理中最为复杂的内容,是仓储管理从传统的存货管理向高级的存货系统动态控制发展的重要标志。

7. 仓储经营管理

从管理学的角度来看,经营管理更加注重企业与外部环境的和谐。仓储经营管理是企业运用先进的管理方式和科学的管理方法,对企业的经营活动进行计划、组织、指挥、协调和控制,其目的是获得最大的经营效果。

8. 仓储人力资源管理

人在社会生活中是最具有主观能动性的,任何一个企业的发展和壮大都离不开人的参与,仓储企业也不例外。仓储人力资源管理主要涉及人才的选拔和合理使用、人才的培养和激励、分配制度的确立等。此外,仓储管理还涉及仓储安全管理、信息技术的应用、仓储成本管理和仓储经营效果评价等方面的内容。

二、仓储的基本功能及作业流程

(一)仓储的基本功能

物流企业的仓储系统一般具备 6 项功能,即储存、检验、集中、拆装、配送和加工。具体到某个物流企业所提供的仓储服务,可以包括上述一项或几项功能。

1. 储存

仓储最显著的用途就是保护和有序地储藏存货。仓储设施种类很多,既有长期的、专业化的仓库,也有通用商品的仓库,还有暂时存放商品的仓库。商品储存的形式也多种多样,包括准备进入市场的成品,待组装的,或者需要进一步加工的半成品和原材料。储存可以调节生产与消费的关系,使它们在时间和空间上得到协调,还可以实现对运输的调节。

2. 检验

在物流过程中,为了保障储存商品的数量和质量正确无误,分清责任,维护各方面的经济利益,必须对商品及有关事项(如相关的单证)进行严格的检验,以满足生产、运输、销售及客户的要求。因此,在仓储活动中要对出入库的商品及相关单证进行严格检验。

3. 集中

运输费率的结构会影响仓储设施的使用。如果商品供应来源较多,建立商品集中地(如仓库或者货运站)的方法或许更经济,这样可以将零星商品集中成较大批量的运输单位,降低总的运输成本,如图 4-1 所示。上述情况假设买方的购买量不大,不足以保证每个供应地都采用批量运输的方式,那么运费的差别可能将足以抵消基层仓库的费用。

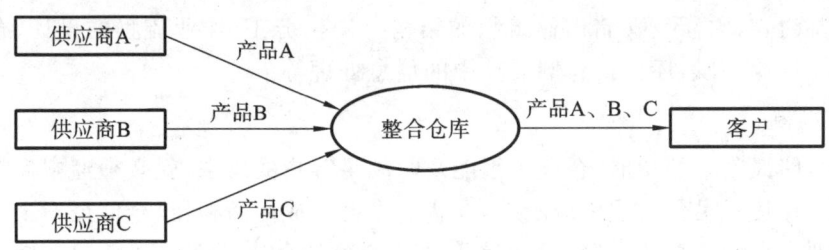

图 4-1　仓储的集中功能示意图

4. 拆装

利用仓储设施迅速拆装(或换装)与利用仓储设施进行集中运输正好相反。一般情况下,低费率大批量运输的商品运进仓库,然后根据客户的需要以小批量送到客户手中,如图 4-2 所示。

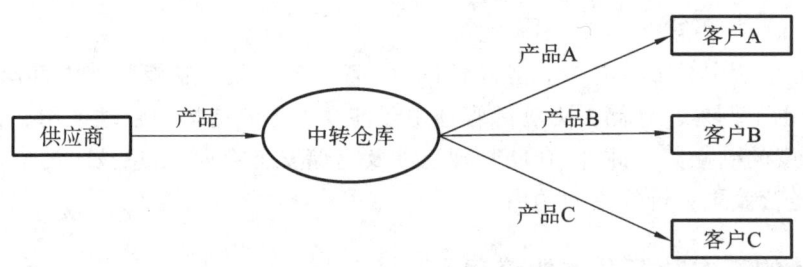

图 4-2　仓储的拆装功能示意图

4-1　零担解析

拆装是中转仓库或者场地仓库的常见业务,特别是入库商品的单位运输费率高于出库物的单位运输费率时,客户以零担批量订购时,供应商与客户之间的运输距离遥远时,拆装业务更为普遍。由于运输费率的差异,中转仓库的选址趋向于离客户近的地方,便于拆装作业。集中运输的情形刚好相反。

5. 配送

有的企业会从许多供应商那里采购产品,来供应多个客户。这样,管理人员会发现,如果建一个仓库将产品混装在一起,可能会带来运输中的经济效益。如果没有这样的混装点,就要直接在生产地履行客户订单,由于货运量小,运输费率偏高。而在混装点的可以将各客户所需的商品通过大批量运输集中到一个地点,然后根据订单组合产品,再将混装后的商品运送到客户处,如图 4-3 所示。实际上这也是配送中心的首要功能。

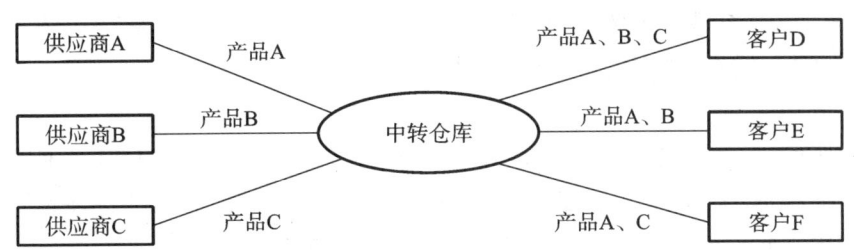

图 4-3 仓储的配送功能示意图

6. 加工

仓库可以通过承担加工或参与少量的制造活动,帮助制造企业实现生产延迟,降低制造企业的风险,更好地满足客户个性化的需要。例如,一些仓库具有包装能力或贴标签能力,可以帮助制造企业将产品的最后一道工序推迟到明确客户对该产品的具体需求时,才进行生产,像食品厂可以根据各批发商或零售商的订单要求,在仓库进行分装。

(二)仓储作业流程

物流企业仓储作业流程主要包括入库作业、在库管理和出库作业,如图 4-4 所示。

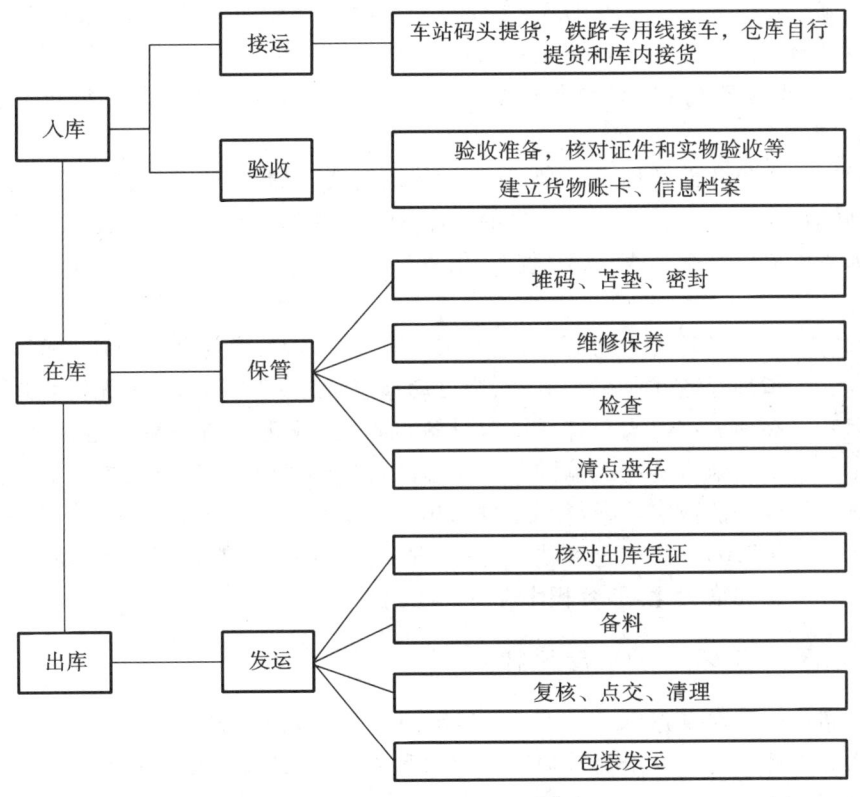

图 4-4 仓储作业流程示意图

1. 入库作业

入库作业是商品保管工作的基础,是在库管理的前期工作。入库作业要经过送货单据核对、接货、卸货、商品质量验收、商品分类（分标记）、商品数量核查、签发入库凭证、商品托盘堆码、入位上架、登记入账等一系列作业环节。

2. 在库管理

在库管理内容一般根据物流企业的业务、处理对象、客户要求的不同而不同，但基本都包括保管、储位管理、盘点作业、拣选作业及包装加工作业。不同商品的特性不同，其保管和包装加工的内容和方法差异很大，所以本章中将不涉及具体内容。

3. 出库作业

出库作业是依据客户服务部门或业务部门开出的送货单和商品出库凭证，按其所列的商品编号、名称、规格、数量或生产日期等项目组织商品出库的一系列活动。出库作业的完成标志着商品保管工作的结束。

三、电子商务仓储的特点

电子商务主要是通过互联网从事流通和生产经营活动，不仅是指网上的各种交易活动，也包括利用电子信息技术进行的宣传活动，以及寻找商机、增加产品价值等各类商务活动。电子商务的快速发展使得仓储物流模式产生了变化，仓储物流配送表现出了一些新的特点。

仓储物流是物流的一种重要形式，主要是利用库房、场地进行货物的保管和配送。其延伸功能包括自金融的融通仓。仓储是物流的一种十分重要的形式，是物流运作的一个关键点，对于推动企业的健康发展有着十分重要的作用，电子商务模式下的现代仓储物流发展模式有自身的特点。

仓储云平台是集仓储管理、货物监管于一体的现代仓储平台，通过条码监管、视频监管、互联监管、联盟监管这四大功能，对货物的入库、出库、移库、加工等环节进行规范化、可视化管理。可为货主提供可视稽查、实时监控、信息归集、全局控制、信息智能推送等系统化、全方位的服务。

4-2 仓储迎智能化变革新闻

义乌的云仓储"网仓一号"采用机器人、堆垛机、RFID、标签识别系统、指环穿戴式条码采集器、全自动高层货架、数字化 PDA 无纸化理货、全自动高速分拣机与分拣系统等设备，通过参数化控制和最优路径来保证机器人安全地将货物运输到下一处理区，以全自动运输的方式提升拣货效率，打造先进的数字化、智能化、自动化的电子商务订单云处理中心。另外，"网仓一号"还采用"网仓科技"自主研发的动态储位货架管理技术，使仓库的容积率达到最大化，即容积率在 85% 以上。

（一）电子商务环境下仓储的特点

现代仓储物流是在有形和无形场所，利用现代技术对物品进行的库存、分拣等物流活动。仓储物流管理主要是为了提升物流企业的服务水平，最大限度地降低成本，优化整条物流链，提升电子商务企业自身的运营效率。

1. 信息化

仓储物流信息化的主要表现形式为物流信息的商品化，同时仓储物流信息的收集表现出数码化的特征,在物流信息的处理方面也表现出计算机化和电子化,在物流信息传递的过程中呈现出实时化和标准化的特征,信息化和智能化是现代物流发展中的重要特征。

2. 柔性化

柔性化主要是指电子商务仓储物流业必须要适应顾客的生产和流通需求,在开展工作的过程中以顾客为中心。在实践中实现柔性化的管理途径,就是仓储物流配送中心根据消费者的需求灵活组织和实施仓储物流作业,同时以柔性的仓储物流系统作为基本的配套,这样才可以满足电子商务企业对于仓储物流的需求。

3. 一体化

电子商务的仓储物流由原来的物流和商流分离的模式发展到信息流、物流、商流以及资金流的有机结合。物流和商流以及资金流在信息流的指令下运作,提供可靠、安全的仓储物流服务模式。

(二)电子商务仓储与传统仓储的区别

电子商务企业和传统企业的仓储物流有着比较大的差别。电子商务企业在选择仓储物流模式时一般考虑两个关键要素。首先是成本优势,其次是企业自身对于仓储物流的管理能力。企业的仓储物流管理能力是指企业自己管理仓储物流运作系统的能力;成本优势主要是指电子商务企业在选择某一种物流模式的时候,成本相对于市场平均水平的优势程度。

电子商务仓储物流与传统零售物流产生较大差异的关键因素有客户的订单量、订单行数、订单实时性、订单精准性、订单波动性、退换货等,这些关键因素将影响电子商务仓储物流的规划和操作。

1. 平均订单行数少

传统零售物流有大几十甚至多则几百的订单行,这些商品可能分布在仓库的各个角落,按订单拣选,仓库走一圈完成订单拣选。电子商务仓储物流只有较少的订单行,大多数情况下,如京东、当当网等少于 10 行,少数如 1 号店会是 10~20 行。如果依然选用传统零售物流常用的按订单拣货,每趟拣货只拣少量的几件却需要在仓库里运行较长路径。大量实战数据统计分析结果显示,拣货过程中有多达 70% 的时间是耗费在走路上的。因此需要设计一趟拣货,能够同时完成多张订单,从而提高拣货效率,比如采用先集合拣货再播种或者拣播合一等模式。

2. 单个 SKU 库存少

相较传统零售,电子商务销售平台没有传统门店空间的限制,因此为了满足更多客户的需要,电子商务销售的 SKU(stock keeping unit,简称 SKU)要更多、更全面,如亚马逊和当当网有几十万、几百万的 SKU。因为仓储空间不可能无限扩大,如果要在有限的仓储空间里摆放更多 SKU,就需要每个 SKU 的备货量尽量减少,因此电商仓储物流里的存储单元,以箱为主,而不是传统的以托盘为主。从选择存储设备来看,主要选择箱式货架,如搁板货架或者中型货架,而不是托盘式货架。从作业策略方面来看,大多数存储和拣货合一,少数量大的 SKU 分别分配存储和拣选空间,存在从存储到拣货的补货作业。

3. 作业正确性要求高

与传统仓储行业相比,电子商务行业对仓储物流操作的精准性方面要求更高、更严。因此,电子商务仓储物流内部操作,需要尽全力保证拣货的准确性,对于拣货完成待配送出库的商品,要做到百分之百的全复核,以及在大多数情况下,需要进行打包操作。因此,在电子商务仓储物流的规划和操作上,除拣货外,如何提高复核/打包效率也是重中之重。

4. 作业实时性要求高

近年来,众多电子商务物流运作单位争相推出超短的配送时效,如京东的 211 送达、易迅的一日三送等,这就要求仓库需要在一两个小时内完成订单的拣选、复核打包等操作。与传统零售的 24 小时或 48 小时的订单响应时间相比,电子商务仓储物流作业要保证订单随到随生产,在短时间内完成订单的生产。因此,如何提高订单的响应速度也是未来创新的重点。

5. 作业保持柔性

电商企业的各种促销活动,如"双十一""双十二"以及店庆日等会引来大量订单,在十天或半个月内都无法送达客户手中的情况较为常见。由此可见,电商企业订单的波动性非常大,在电子商务仓储物流的规划和设计上,场地、人员、设备等的配置需要足够的柔性,以满足大促期间的大批量快速发货。同时,常常也会有一些单品或者组合装的团购、聚划算活动,这种活动也会引来大量的临时性订单,对后端的电子商务仓储物流要求也相对提高。因此,电子商务仓储物流规划以及流程设计,要保持适度的柔性,需考虑促销活动的订单快速反应,甚至可设计专门的出货流程。

4-3 典型案例

6. 退货量大

由于电子商务行业的特性,顾客看不到实物,仅凭图片、文字描述就下单采购,当收到实物后,与客户心理预想的可能会存在较大落差,因此,与传统零售物流相比,电子商务行业的退货量极大。对于后端的电子商务仓储物流而言,要有很强的退货商品处理能力,将退货商品进行快速挑拣,保证退货可再销售商品的及时上架。另外,电子商务仓储物流与传统仓储在行业标准、仓储品种数量以及采取的技术手段方面也有较大差异。对电子商务企业而言,仓储物流服务能力、企业的资金实力、企业仓储物流体系构建能力是电商企业线下物流服务水平提高的关键。

四、电子商务仓储的主要模式

在电子商务发展的过程中,最大的瓶颈就是物流模式,完善仓储物流模式的创新是电子商务在新时期快速发展的关键所在。目前,电子商务企业的发展参差不齐,除了采取企业自营方式之外,中小企业也探索了其他形式的仓储物流模式,实现了企业的健康发展。

(一) 企业自建仓储物流

自建仓储物流模式是电子商务企业为了满足自身对于物流业务的需求,自己投资建设的仓储系统,这包含了企业自身投资购置仓储的设备,配置必要的仓储人员,开展自主的管理和经营等。企业自建仓储物流有利于强化对于商品仓储的制约能力,有利于企业的仓储物流完全地服务企业自身的战略发展,有利于企业自身的战略发展和壮大,同时自建仓储物流也能够有效地提升企业的形象,从长远来讲,能够为企业节约必要的物流成本。但是自建因为仓储物流中心投资大、建设周期长,往往要占用大量的资金,因此企业付出更多的机会成本。

1. 企业自建仓储物流模式的优点

(1)可以更大程度地控制仓储。企业对仓库拥有所有权,所以企业作为货主能够对仓储实施更大程度的控制,而且有助于与其他系统进行协调。

(2)储位管理更具灵活性。企业是仓库的所有者,所以可以按照企业要求和产品特点对仓库进行设计与布局。

(3)仓储成本低。如果仓库得到长期的充分利用,那么可以降低单位商品的仓储成本,在某种意义上说这也是一种规模经济。

(4)最大限度地表现企业实力。企业将产品储存在自有仓库中,会给客户一种企业长期持续经营的良好印象,客户会认为该企业实力强,经营十分稳定、可靠,这有助于提高企业的竞争优势。

2. 企业自建仓储物流模式的缺点

(1)企业资金投入大,长期占用一部分资金。无论企业对仓储空间的需求如何,仓库的容量是固定的,不能随着需求的增加或减少而扩大或减少。当企业对仓储空间的需求减少时,企业仍须承担仓库中未利用部分的成本;当企业对仓储空间有额外需求时,仓库却无法满足。

(2)仓库位置和结构的灵活性差。如果企业只能使用自有仓库,则会由于数量限制而失去战略性优化选址的灵活性;企业要面对市场的大小、市场位置和客户偏好的变化,如果企业在仓库结构和服务上无法适应这种变化,那么企业将失去许多商机。

4-4　典型案例

(二)第三方仓储物流模式

第三方仓储物流模式是 20 世纪中后期在欧美发达国家兴起的一种物流模式,是一种典型的外包模式,它主要是指物流劳务的供应方、需求方之外的第三方完成物流仓储服务的专业化物流模式。第三方仓储物流模式强化了社会分工协作,一般情况下,第三方物流企业的效率要高于企业内部的物流仓储部门,具有专业化和低成本的优势,所以近年来一直受到物流行业的关注。第三方仓储物流的专业化能够很好地消除企业在物流配送方面的各种顾虑,使得企业能够更加关注自身商品,这也能够很好地降低企业的物流仓储和配送成本。目前,第三方仓储物流在我国发展得并不完善,很难满足企业对于仓储物流的现实需求,所以很多企业在发展过程中,仅仅是将一部分的物流交给第三方仓储物流去运作,余下的部分由自己单独完成,以此降低物流运作过程中的风险。

新的第三方仓储物流公司,开始更加注重设备系统端的投入。提升服务的品质以寻求差异化发展。比如中联网仓,通过高自动化设备以及定制化系统提高工作效率,同时研究出"傻瓜式"的标准化操作流程,提前完成业务转型,成为国内第三方电子商务仓储物流服务的新标准。使用第三方仓储物流有助于企业降低成本,有利于企业将更多精力和资金专注于前端的发展。企业对第三方仓储物流关注的重点有以下几个方面。

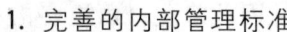

1. 完善的内部管理标准

企业在选择合作方的时候通常会要求对方出示其内部管理文件,虽然目前的第三方物流公司都已经通过 ISO9001 认证,但文件之间仍存在一定的层级,商家可以要求对方提供各个层级的某一份文件查看,比如《作业指导书》《标准作业手册》《商业流程设计说明》等。通过这些文件,企业可以了解到该第三方仓储物流的内部操作是否细致,内部流程的标准是否合理。

2. 合理的报价避免隐性收费

目前电子商务行业仓储物流的收费模式有两类:一类是按操作量进行收费,如入库按件收费、发货按单及件收费、存储按件收费、退货按件收费等;一类是按耗用资源进行收费,如按照使用仓库、人员、设备、耗材进行收费等。对于企业来说,通常计算自营物流成本,对比第三方仓储物流报价,不同的报价之间会有差异,这里需要企业将费用核算清楚,注意避免一些隐性收费。

3. 合理有效的项目运营计划

企业在与第三方仓储物流合作之前,首先要明确自身的需求,如需要的工作量、要达到的目标等。根据企业的需求,优秀的第三方仓储物流企业会在整体业务层面上给出一个未来的运营方案。商家可以大致判断该方案是否符合自身的需求,以及方案的合理性。

4. 先进的项目实施流程

在制订方案的基础上,第三方仓储物流企业会在采购、销售、财务管控等主要流程上,针对企业的特点做出具体的业务流程和设计。对企业来说,在了解第三方仓储物流企业后,会比较与其他物流企业的业务流程差异,分析第三方仓储物流企业的库存管理规律,考虑如何与自己固有的 ERP 系统对接,财务管理方面也会考虑库存账目核算问题。

企业自建仓储物流与第三方仓储物流的系统体系优劣势对比,如表 4-1 所示。

表 4-1　自建仓储物流与第三方仓储物流的优劣势对比

	自建物流仓储	第三方物流仓储
优势	客户满意度高 时效性掌控能力强 商品品质控制能力强 不存在数据泄露风险 仓储适应需求能力强 物流仓储易形成标准化	资金成本低 有利于发展其他核心业务 业务快速扩张能力强
劣势	资金成本高 不利于发展其他核心业务 业务快速扩张能力差	客户满意度差 数据信息存在泄露风险 仓储适应需求能力差 物流仓储不易形成标准化 时效性难以把控 商品品质难以控制

（三）仓储物流联盟模式

仓储物流联盟模式也称为共用仓储物流。在电子商务条件下，消费者所在地的分散和运输的远距离已经成为非常普遍的情况，一个企业无论物流功能多强大，其物流网络也无法覆盖全国所有地区。在这种情况下，构建

4-5 典型案例

物流企业之间的仓储联盟可以很好地解决单个物流企业网络覆盖率小的问题，同时，可以增强仓储物流企业之间的信息交流，有效地实现物流信息的共享。

1. 仓储物流联盟建立的要点

在物流智能化序幕尚未完全拉开之前，"自建仓储物流"与"第三方仓储物流"成为电商企业之争的关键，现在"互联网＋"将改变这种格局。在互联网背景下，物流资源的整合已经实现了资源共享的仓配一体化，外包与自建仓储物流不再成为关注焦点。随着仓配一体化平台的不断涌现，自建物流已不能占据大量的市场份额。较为普遍的情况是利用网络平台实现电商企业之间的角逐。随着大数据、智慧管理系统的运用以及一体化平台的不断发展，电商企业之间的物流仓配一体化平台竞争将为行业带来更优质的用户体验和价值获得感。

2. 仓储物流联盟形式创新

基于"互联网＋"的高效物流是多式联运、一体化运作、一站式服务、多网协同、一体化综合性服务行业。2016年6月，国务院办公厅转发国家发展和改革委员会《营造良好市场环境推动交通物流融合发展实施方案》部署推动交通物流融合发展，要求着力打通全链条，构建大平台，创建新模式，加快交通、物流与互联网三者融合。当前全国各地已有多家电子商务企业在外包物流上走上了利用网络平台实现仓配一体化的道路，如菜鸟驿站等。目前，宅急送加入了物联云仓共同仓配，而这正是企业间通过"互联网＋"实现融合发展的典型。通过运用互联网技术，宅急送对接物联云仓，在没有自建仓储物流的情况下，解决仓配问题。在实现产业融合的同时，节约了大量物流成本。

3. 资源整合平台建设

目前，在部分区域、行业领域由政府或企业搭建了一些社会化或专业化的资源整合平台，如中国铁路95306网、菜鸟智能物流骨干网等，拥有各类互联网平台超过2000个，各类移动终端应用近300个。一体化网络平台，在"互联网＋"的时代效应下，不断成了物流行业资源共享、降本增效的制胜法宝。据了解，"互联网＋"在带动行业科技革新的同时不断刷新智慧物流格局，物流智能化发展已成为时下诸多电子商务企业的首选。

4. 企业平台建设效益明显

为了解决这些行业发展的瓶颈问题，仓储物流联盟精选全国优质仓储服务商和城配服务商，共同打造了一个覆盖全国的仓配一体化网络平台实现共同仓配。这里所提供的仓配一体化，既有仓储网络，又有配送网络，从而真正解决仓储物流业一条龙服务的需求。

4-6 典型案例

与目前市面上一些公司的仓配一体化相比，仓储物流联盟除可承接覆盖全国的B2C商对客快递业务外，同时还致力于电子商务交易供需双方的B2B商对商和线下线上相结合的O2O仓储配送业务。不仅如此，为了提供最具有品质和竞争力的仓配服务，共同仓配对联

盟的仓储服务商和城配商,如物联云仓可以全部免费提供使用订单管理系统(OMS)、仓储管理系统软件,统一采用物联云仓提供标准作业流程(standard operational procedure,SOP)作业,以及专业的运营管理指导等。

第二节　电子商务仓储规划

一、电子商务仓储网络分布

仓储网络分布是企业在一定区域内对仓库数量、位置、规模、供货范围等内容的决策,目的是建立有效的物理网络体系。仓库数量决策需要考虑各种因素,如仓储成本、客户服务需要、运输服务水平、单个仓库规模等。仓库地理位置合理与否影响到物流速度与物流费用。

仓库网络分布决策应当统筹规划、合理安排,综合考虑工农业生产布局、商品需求分布、经济区域、交通运输条件及组织流通需要等因素,使仓储网络布局有利于生产、提高物流速度、方便消费,从而提高物流系统的整体功能。

4-7　苏宁物流
"百川 2025"
布局新闻

(一)仓库位置合理设置原则

1. 保证生产经营需要原则

必须根据仓库在分销渠道中的作用来确定仓库的具体位置和规模,如服务功能强的仓库设在市场附近,而保管功能强的仓库靠近生产线。

2. 自身经济效益原则

仓库选址必须综合考虑许多因素,如运输条件、市场状况和地区特点等,还要评估设备安装、作业费用、税金、保险费率、公路费用等,这些费用在不同地点的差异很大。

3. 安全原则

仓库所在地应该提供足以扩充的空间,提供必要的公用设施,必须能够支撑仓库结构以及该选址必须有充分的排水系统等。

(二)仓库选址方法

1. 优缺点比较法

优缺点比较法是将影响仓库选址的所有相关因素都通过表格的形式列出来,然后针对各个方案进行打分,分数最多的就是可选方案。这些因素包括区域位置面积及地形、风向、日照、地质条件、供水、排水、经营条件等。

2. 加权因素法

加权因素法是一种更为合理的选择方法。在优缺点比较法的基础上,不仅要考虑因素的全面性,更要考虑因素的权重问题。所以,该方法首先需要确定在需考虑的各因素中,哪些因素最重要,哪些因素不重要,从而给定各因素的权重。然后才对各可选方案进行打分,并加权计算出方案的总得分,如表 4-2 所示。

表 4-2　加权因素法

序　号	因　　素	权　数	各方案的等级及分数			
			A	B	C	D
1	位置	8	4	4	2	2
2	面积	6	4	4	0	4
3	地形	3	3	4	2	3
4	地质条件	10	4	3	2	0
5	运输条件	5	3	2	2	4
6	原材料供应	2	2	3	4	1
7	公用设施条件	7	3	3	3	3
8	扩建可能性	9	2	4	2	3
	合计		163	171	99	119

3. 重心法

重心法是将物流系统的资源点与需求点看成分布在某一平面范围内的物体系统,各资源点与需求点的物流量可分别看成物体的重量,物体系统的重心将作为物流中心的最佳设置。具体过程如下。

设在某计划区域内,有 n 个资源点和需求点,各点的资源量或需求量为 $w_j(j=1,2,\cdots,n)$,它们的坐标是 $(x_j,y_j)(j=1,2,\cdots,n)$。该网络如图 4-5 所示。

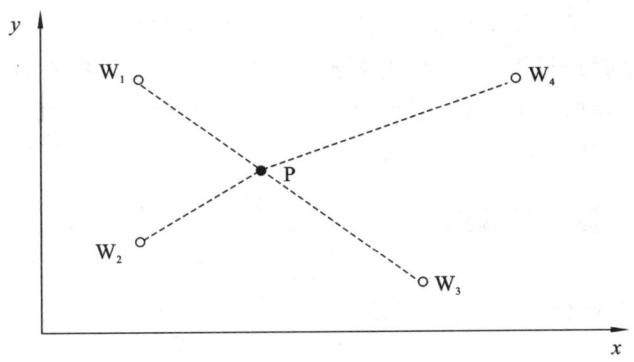

图 4-5　重心法选址坐标图

现计划在该区域内设置一个物流中心,设该物流中心的坐标是 (x_d,y_d),物流中心至资源点或需求点的运费率是 a_j。

根据求平面中物体重心的方法,可以得到

$$\begin{cases} \overline{x} = \sum_{j=1}^{n} a_j w_j x_j / \sum_{j=1}^{n} a_j w_j \\ \overline{y} = \sum_{j=1}^{n} a_j w_j y_j / \sum_{j=1}^{n} a_j w_j \end{cases}$$

将数值代入上述公式,实际求得的$(\overline{x},\overline{y})$值,即为所求得配送中心位置的坐标$(x_d,y_d)$。

但重心法有如下假设条件:①需求集中于某一点;②不同地点物流设施的建设费用、营运费用相同;③运输费用与运输距离成正比;④运输路线为空间直线距离。

例如,某物流公司拟建一个物流中心,负责向四个工厂进行物料供应配送,各工厂的具体位置与年物料配送量见表4-3。请利用重心法确定物流公司的物流中心位置,设拟建物流公司物流中心对各工厂的单位运输成本相等。

表 4-3 各工厂的具体位置地理坐标与年物料配送量

工厂及其地理位置坐标	P₁		P₂		P₃		P₄	
	x_1	y_1	x_2	y_2	x_3	y_3	x_4	y_4
	20	70	60	60	20	20	50	20
年配送量/吨	2000		1200		1000		2500	

注:表中坐标地理数据单位为1 km。

解:已知各工厂的需求量为$w_j(j=1,2,\cdots,4)$,各自的坐标为$(x_j,y_j)(j=1,2,\cdots,4)$,物流中心至各工厂的运费率是$a_j(j=1,2,\cdots,4)$(该例均相等)。

根据求平面中物体重心的方法,可以得到物流中心的地理坐标数据:

$$x_d = \sum_{j=1}^{n} a_j w_j x_j / \sum_{j=1}^{n} a_j w_j = \frac{20 \times 2000 + 60 \times 1200 + 20 \times 1000 + 50 \times 2500}{2000 + 1200 + 1000 + 2500} \approx 38.4 \text{ km}$$

$$y_d = \sum_{j=1}^{n} a_j w_j y_j / \sum_{j=1}^{n} a_j w_j = \frac{70 \times 2000 + 60 \times 1200 + 20 \times 1000 + 20 \times 2500}{2000 + 1200 + 1000 + 2500} \approx 42.1 \text{ km}$$

该物流中心地址选在坐标为(38.4,42.1)km的位置。

重心法的最大特点是计算方法简单,但这种方法求得的物流中心坐标还不是最优的,因为所得到的是地理坐标加权平均值,没有考虑到,设置一个物流中心后,现有资源点和需求点之间将不再直接联系而要通过该物流中心中转,运输距离将发生变化,从而运输成本也将变化,因此只能作为一种参考。

二、电子商务仓储布局规划

(一)电子商务仓储布局基本规划

电子商务仓储布局规划就是仓库在供应链中的位置和物流网络中的地位确定后,根据电子商务仓储建成后的主要货物货种和货物的存货量,以及预测的各种货物的周转率等条件,通过对基础资料的分析,确定电子商务仓储的类型和仓库的面积、电子商务仓储内所需的作业区以及各作业区的面积和作业区在电子商务仓储内的布置,在此基础上再确定仓库运作所需的人员和设备。电子商务仓储布局规划主要包含基本规划、详细规划和运作规划三个层次。

电子商务仓储基本规划是对电子商务仓储仓库的初步设计,确定电子商务仓储的总体规模和总体布局。电子商务仓储作业的主要功能区如表4-4所示。

表 4-4　电子商务仓储作业主要功能区

功能区名称	主　要　功　能
收货区	收货暂存区域和收货作业区域
存货区	商品存储和拣货区域
分拣作业区	集合拣货商品并按订单分播区域
包装作业区	复核及打包作业区域
发货作业区	待发货暂存和物流交接区域
退货作业区	退货商品验收及暂存区域

1. 基础规划资料的收集

资料收集的目的在于"现状的把握",通过能掌握的资料加以评价,以认识企业现有的"物流力"。必须把握的信息包括:

(1)物流网络:包括服务据点(转运站、仓库、零售点)、服务水准(交货期、缺货率、送达时间)。

(2)信息网络:包括主从计算机在各物流据点的配置,并标明各阶层计算机服务范围,以及联机(on line)、实时(real time)的程度,同时表明何处没有联机仍使用电传或电话;库存登入及货品移送在信息网络中的登录程序;接单、紧急配送的频率及处理方式。

(3)配送工具:配送工具包括仓库内部所使用的托盘搬运车、堆垛机、吊车、货柜、拖车、大货车、小货车等;同时也应根据个别的路线、地区分析各种配送工具的便利性、确实性、迅速性、安全性、经济性、信赖性等。

(4)人员配置:人员配置可由仓库的组织配置图获得,对现有人员的职责、教育程度、年龄、性别等应充分掌握。

(5)作业成本:物流中心的成本科目,如土地——成本租金、地价税;建筑物——折旧费、保险费、租金;设备与工具——折旧费、租金、保养;其他——水电、煤气费、通信费、外包费、人事费、员工交通费等。

(6)投资效率:上述土地、建筑物、设备等的利用率,也应充分了解。

(7)物流量:商品的种类、数量、特性、装运姿势、装运尺寸、进出货频率、尖峰流量等。库存包含库存量、库存金额、周转率、库存期限、规则变动、不规则变动、季节变动。

(8)作业流程与前置时间:这项分析应以"顾客的观点来看交货期"为解读信息的基准,作业流程及其所需时间大概可分为:由请购到供货商交货、上架;顾客下单到拣货完成;上配送车辆到货品上顾客货架。

2. 基础数据分析与评估

在电子商务仓储系统规划设计前,需要对收集的基础数据资料等进行分析与评估,主要分析订单与仓储特性、计算出货能力和配送能力等,例如,可以对收集的大量业务数据进行EIQ 分析,分析 SKU 出货特性、订单特性,比如分析库存 SKU 总数、日均订单数、平均订单行数、日均 SKU 出货次数等,分别针对日常、促销的数据进行详细分析。根据数据分析的结果,综合考虑所需要布置的作业功能区、所需面积以及可能的存储设备等,将这些作业功能区合理规划布局到限定的仓储空间里。

在业务数据分析基础上,应进行可行性分析与评估,重点评估生产力、营运效率、合理化改善等内容。

3. 总体平面布局规划设计

总体平面布局规划具体包括:作业功能与需求规划、主要功能区规划、建筑物及物流设备规划与选用、软件系统规划等。

(二)电子商务仓储布局详细规划

电子商务仓储物流布局详细规划是对电子商务仓储物流布局的进一步细化,确定各个作业区的具体布局、电子商务仓储内动线布置、设备规划及人员配备。

1. 作业区的具体布局

作业区的具体布局包括收货区、存储区、包装作业区、分拣作业区、发货作业区、退货作业区等,科学布局的目标是:品类商品分区存储,设备资源共享,有效降低运营成本;基于分区存储,"分区+摘果+播种"同时完成的拣货方式,有效提高订单处理能力及效率。

2. 作业动线规划

物流中心动线(即物品运动路线与路径)设计主要有三种类型,包括Ⅰ型、L型和U型。

(1)Ⅰ型物流中心。Ⅰ型物流中心拥有独立的出、入货台,分别分布在物流中心的两旁,直入直出。Ⅰ型物流中心的运作流向呈直线型,各运作动线平行进行,因此无论是人流还是物流,相互的碰撞交叉点相对来说是最少的,可降低操作人员和物流搬运车相撞的可能性。

Ⅰ型物流中心特别适合一些快速流转的货物,如采用集装箱转运的货物。目前,Ⅰ型物流中心并不多,较典型的是采用Ⅰ型概念设计出来的香港国际货运中心(HIDC)、香港机场货运中心(AFFC)智傲物流以及深圳盐田港美集物流等物流中心。

(2)L型物流中心。需要处理快速货物的物流中心通常会采用L型的概念设计,把货物出入物流中心的途径缩至最短,货物流向呈L型。L型物流中心与Ⅰ型物流中心有些类似。它们都具有两个独立货台、较少碰撞交叉点、适合处理快速流转货物的特点。

这种类型的物流中心特别适合进行交叉式作业,处理一些"即来即走"或是只会在物流中心停留很短时间的货物。

(3)U型物流中心。U型物流中心的设计概念主要来自高速公路的循环运输线,该类型物流中心的出、入货台会集中在同一边。U型物流中心各功能区的运作范围经常重叠,交叉点比较多,从而降低了运作效率。

U型物流中心的出、入货台集中在同一边,因此只需在物流中心其中一边预留货车停泊及装卸货车道。一方面,可以更有效地利用物流中心外围空间;另一方面,也可以集中货台管理,减少货台监管人员数目。对土地少、人工费高的地区来说,这一类型物流中心是最常见的,如亚洲货柜物流中心的佐川急便、近铁国际、泛亚班拿、捷迅等。

传统的物流中心和现代化物流中心最大的差别可能并不在于其外形或是物流设备,而是如何能结合物流中心内部各功能区以及提高货物流向的有效性,尽量简化物流中心的运作程序,降低货物损坏率,提高运作效率。

3. 作业流程规划

日常情况下电子商务物流仓储业务的流程图,如图4-6所示。

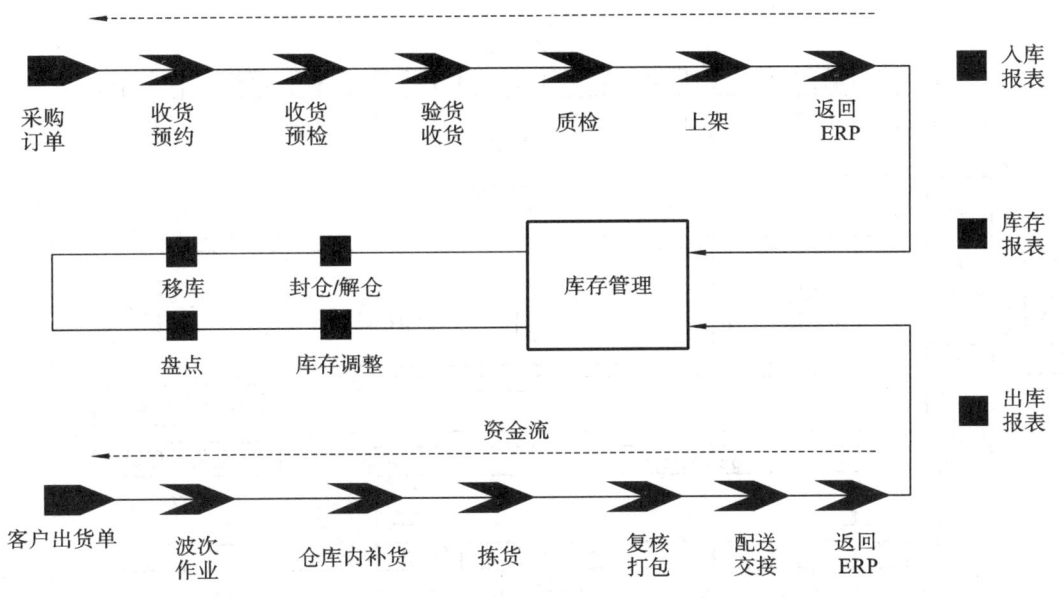

图4-6　日常情况下电子商务物流仓储业务流程图

4. 物流设备规划

仓储物流设备规划主要包括存储、转运、复核、包装等设备的规划。选择合适的设备,配合完成各项作业。根据电子商务的特性,在仓储物流订单生产环节,为了提升拣选效率,设计三种可能的拣选模式:单品拣货、先集后分、边摘边播。

单品拣货和先集后分这两种拣选模式,在拣选设备选择上,可参考传统的散件拣选,比如选用大的拣货笼框或者类似超市购物的拣货小车等。边摘边播,要在一选任务中同时完成多个订单商品的拣选,并在拣选过程中就能按照各个订单详情将商品分号,因此所选用的拣选设备要能够相互隔开,这种设备需要单独设计。

作业区域调整见图4-7,SKU数量较多时的电子商务仓储规划见图4-8。

5. 人员配备建议

结合仓储规模、品类性质、业务特点确定企业的组织架构,设计岗位数量及职责。人员配备的总原则是最大限度地提高工作效率。

(三) 电子商务仓储运作规划

电子商务仓储物流运作规划主要确定仓库在具体的物流运作中针对电子商务仓储的布局所要采取的拣货、仓储等策略。仓库布局规划的最终目标就是有效地利用空间、设备、人员和能源,最大限度地减少物料搬运,缩短拣货作业流程,力求投资最少,进货、出货、拣货和储存四大主要部分协调配合,仓库各种功能柔性化为人员和设备提供合理的工作空间。

电子商务仓储物流作业遵循高流动、高效率、低成本的原则,现代信息技术和互联网技术的使用,实现了电子商务仓储物流作业整体效率的提高。

1. 仓储作业员上架业务

现代电子商务仓储中心的功能重在"流通"而非"储藏"。理论上说,货物的周转率越高

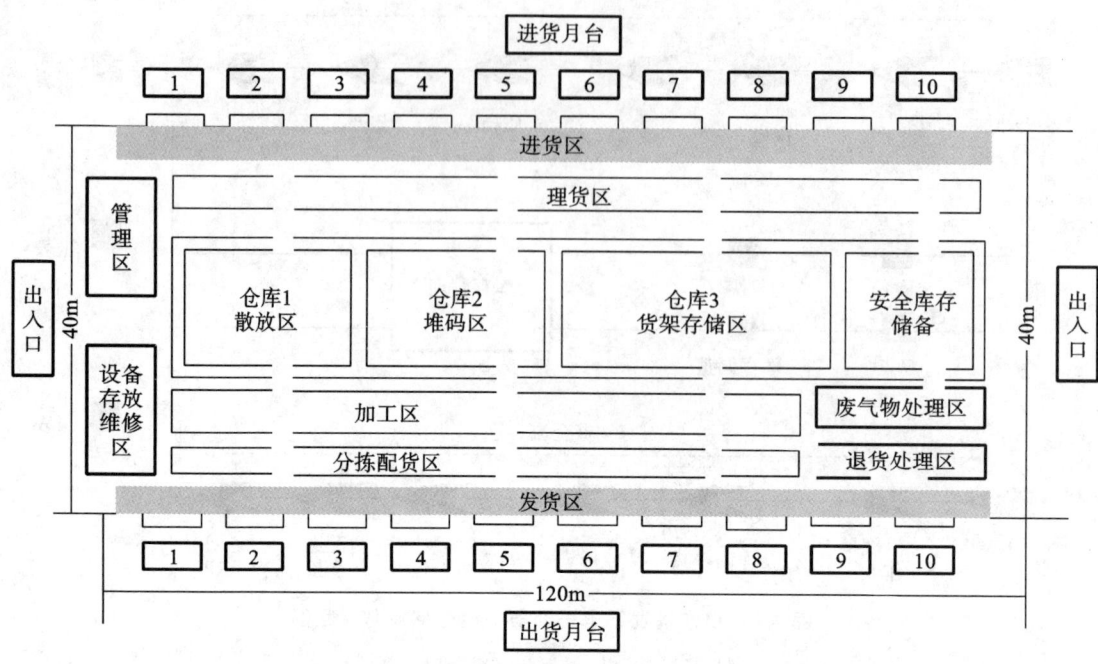

图 4-7　作业区域调整图

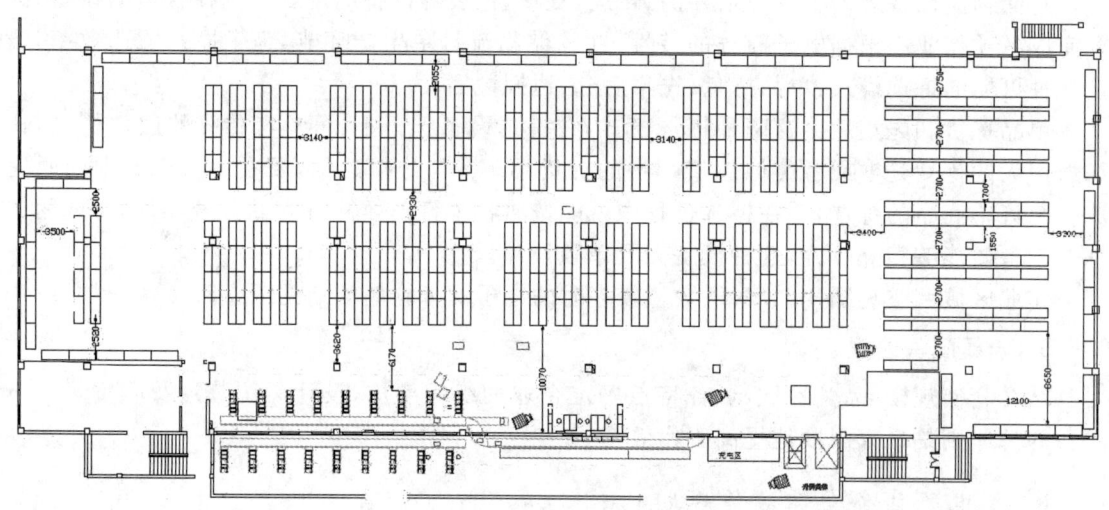

图 4-8　SKU 数量较多时的电子商务仓储规划示意图

越好,入库量与出库量基本持平,实现快进快出。需要重点解决,如何在仓储操作上实现快进快出。

快速上架是这一业务活动的重点。对于使用 WMS(warehouse management system,仓储管理系统)的仓储中心,可以依据预先的配置以及优化的上架动线推荐上架货位,指导现场上架人员进行上架操作。大型电子商务的仓储中心,为了能够摆放几十万甚至几百万 SKU 的商品,采用随机存储技术,即通常所说的多货多位,一个货位上有多个 SKU,一个 SKU 放在多个货位上。使用该技术上架时,上架人员看到就近货位上有空间能放货品,直接进行上架操作,

而无须寻找系统推荐的上架货位,做到快速上架。该策略有几个重点需注意:

(1)一个货位上的SKU数不能过多,有一个临界值,当数量超过这个临界值时,拣货、盘点就会相当困难,所耗费的时间也将大量增加,整体效率不高。

(2)上架最好用能实时传输数据的设备,比如RF手持终端,只要将货品上架了即可销售。若用纸质单据传递操作,则可能会有较长的延时。

(3)对于要进行批次管理、要做到先进先出的仓储中心,一个货位上的同一个SKU商品只能有一个批次。若一次进货的一个SKU商品有多个批次,则需分别上架到不同货位上,否则无法进行先进先出管理。

2. 电子商务物流仓储拣货作业

根据电子商务行业的订单特性,若要做到快出,则需要对订单进行分类分批次拣货生产。从大类上看,拣货主要有摘果法和播种法两种,但在实际运营操作中可能是其中的某一种方式或两种方式的组合。众多电子商务仓储物流的试验和运营经验说明,电子商务仓储物流应用最广泛的主要有三种拣货作业模式。

(1)单品拣货。即一张订单单品单独拣货。这类订单,在扫描出库时可采取与普通订单不同的方式,可以显著提高扫描出库速度,因此建议单独处理。

(2)先集后分。先将一批订单集合起来,在一次拣货任务中统一完成,拣完货后再到分播区域按照客户订单进行分播。

(3)边摘边播。与第二种方法类似,也是一趟处理一批订单的。与第二种方法不同的是,在拣货的同时完成按照客户订单的播种,拣完货后直接进入复核打包环节。

4-8 典型案例

要实现以上的目标就要综合运用运筹学、系统工程、工业工程以及数学理论等多种方法,同时做到宏观与微观相结合,将定性分析、定量分析和个人经验结合起来,同时将物流的观点作为电子商务仓储布局的出发点,并贯穿在区域布置的始终。

第三节　电子商务商品储位管理

一、储位管理概述

物流企业仓库或配送中心的作业是一连串的"存"和"取"的动作组合。如何使"存"和"取"的动作快速而有效,做到"好存好取",就要对货物储存的位置进行有效管理,这就是储位管理。仓库储位是指库内具体存放货物的位置。通常根据仓库的结构、功能及常规业务中存储货物的特点,将仓库存货位置进行分区分位,形成储位。一般每个储位都用一个编号表示,以便于区别。储位确定并明确标示后,一般不随意改变。储位可根据储存货物的特性和数量确定其大小,大至几千平方米的散货位,小的仅有不足1平方米的货架上的储位。储位管理的流程如图4-9所示。

储位管理的目标具体体现在最大限度地利用空间、有效利用人员和设备、按照货物特性合理储存、对所有货物做到及时存取、经济而安全地移动货物,以及良好的管理环境和工作条件6个方面。

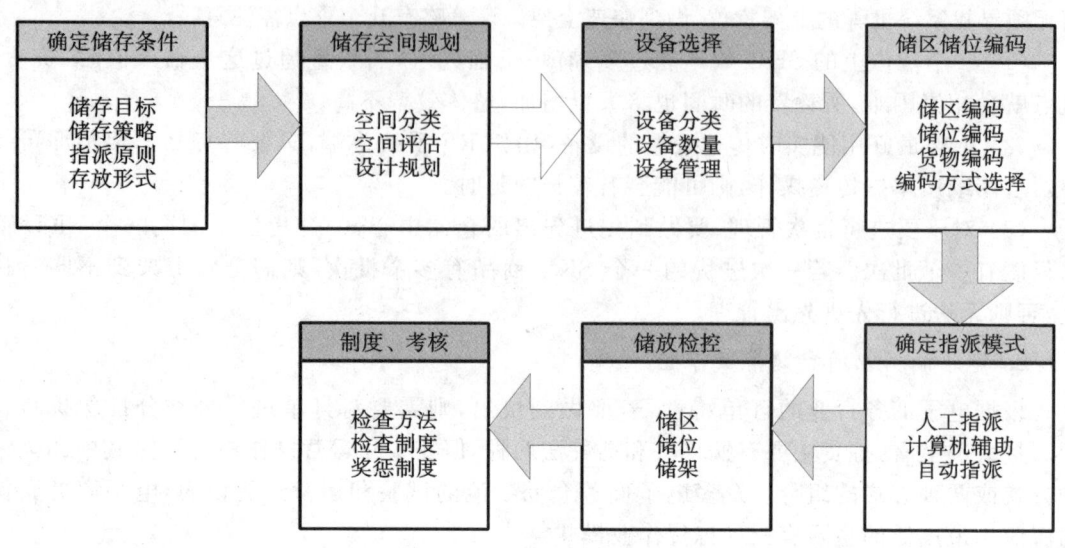

图 4-9　储位管理流程图

二、储位编码和商品编码

为了使存取工作顺利进行,必须对储位进行编码。储位编码好比货物的地址,货物编号好比姓名。有了地址和姓名,才能准确无误地把信送到。每一种货物都有一个对应的地址和姓名,存取时才能迅速而准确地进行工作。

(一) 储位编码

1. 储位编码的作用

首先,能提高收发货效率,避免差错。收发货按号存取,对识别货垛较为便利,能缩短货物进出库作业时间,减少串号和错付等现象。其次,储位编码标志明显、货位识别容易,不同货区的保管员之间开展互助就比较容易,有利于调剂进出库作业的忙困。最后,有利于货物在库检查、盘点、对账等作业,能促进仓库账物相符。

2. 储位编码的办法

储位编码的方法可以根据仓库各自不同的建筑、设备条件与业务管理需要而定。储位编码的方法一般有区段式、品项群式、地址式三种方式。

(1) 区段式。区段式是把保管区分成几个区段,再对每个区段编码,如图 4-10 所示。这种方式是以区段为单位,每个号码代表的储区较大,适用于单位化货物和大量货品且保管期短的货物。区域大小根据物流量大小而定。

(2) 品项群式。品项群式是把一些相关货物经过集合区分成几个品项群,再对每个品项群进行编码。这种方式适用于容易按货物群保管的场合和品牌差距大的货物,如服饰群、五金群、食品群。

(3) 地址式。地址式是利用保管区中的现成参考单位,如建筑物第几栋、区段、排、行、层、格等,按相关顺序编码,如同邮政地的区、胡同、号一样。这是较常用的编码方法,一般采用四号定位法。具体就是采用四组数字号码对库房（料场）、货区（货架）、层次（排次）、货位（垛位）进行统一编号,如图 4-11 所示。

图 4-10　储区的区段式编码

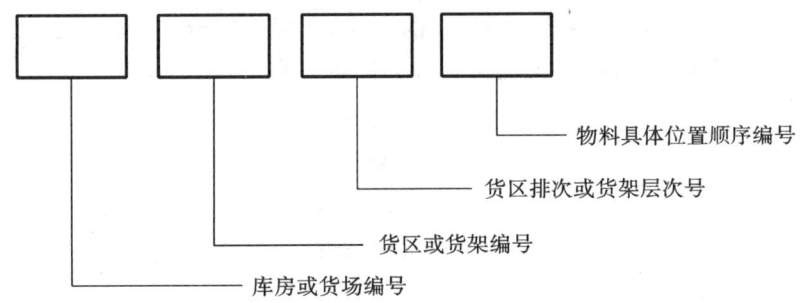

图 4-11　四号定位法示意图

例如,货架的编号采用字母和数字结合的方式,如图 4-12 所示:柜台有四列,开头字母分别是 A、B、C、D,第二个字母是次一级的分类,数字是再次一级的分类,整个仓库的空间用得比较充分,柜台的排列很整齐,通道留得比较宽敞、合理,整个仓库的布局很符合明朗化的标准要求。

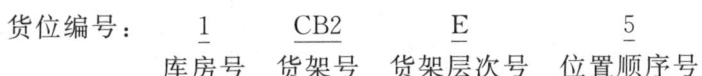

图 4-12　仓库布局与货架编号

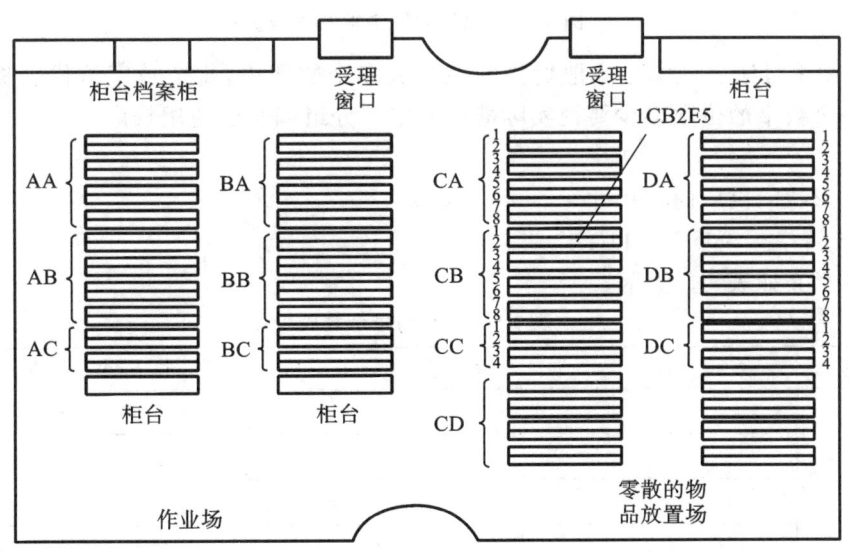

（二）货物编号

为保证物流作业准确而迅速地进行,必须对货物进行清楚、有效地编号。编号的重要意义是对货物按分类内容进行有序编排,并用简明文字、符号或数字来代替货物的"名称""类别"。对货物进行编号后可通过计算机进行高效率和标准化的管理。

货物编号的原则是简易性、安全性、单一性、一贯性、充足性、扩充弹性、组织性、易记性、分类展开性和计算机的易处理性。

货物编号的常用办法如下。

（1）数字顺序编号法。该方法由1开始一直往下编,常用于账号或发票编号,属于延展式的方法。需有编号索引,否则无法直接了解编号的意义。

（2）数字分段法。这是数字顺序编号法的变形,即把数字分段,每一段代表一类货物的共同特性。该方法要编交叉索引,但比第一种方法容易查询,如图4-13所示。

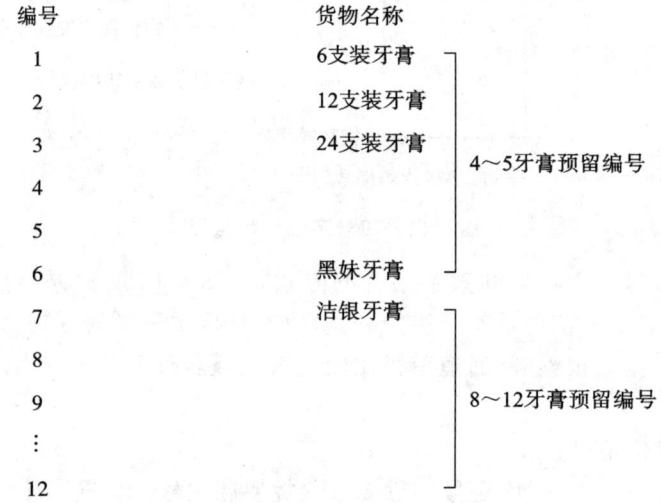

图4-13 数字分段法货物编号

（3）分组编号法。该编号法把货物特性分成多个数字组,每个数字组代表货物的一种特性。每一个数字的位数多少要视实际需要而定。分组编号法使用较广。

例如:

类别	形状	供应商	尺寸
07	5	006	110

其编号意义如表4-5所示。

表4-5 分组编号示意表

货　物	类　别	形　状	供　应　商	尺寸大小	意　义
编号	07				饮料
		5			圆筒
			006		统一
				110	100×200×400

（4）暗示编号法。这是用数字和文字组合来编号，它暗示了货物内容。此法易记忆又不易让外人知道。

例如，货物编号为 BY005WB10 的意义如表 4-6 所示。

表 4-6　暗示编号示意表

货　　名	尺　　寸	颜色与形式	供　应　商
BY	005	WB	10

BY 表示自行车（bicycle），005 表示大小型号为 5 号，W 表示白色（white），B 表示小孩型（boy's），10 号表示供应商代号。

（三）储位编码与商品编码的应用

为使储位管理更加合理，应对储位进行分类标示，即在每个储位上用大字标明货物名称、货号、储位、条形码，以便知道货物的存放地点。保管空间照明要好。对于名称和货号接近、容易混淆的物品，可在每个储位的上方和下方标牌上醒目地记录储位编号、品名、货号。有时还用颜色进行区分，达到醒目的目的。

尽量不要在相同的储位编码中存放几种不同的货物。若在一个储位编码中存放多种商品，而这些货物仅用一些简单名称、货号来区分排列，初期可根据名称、货号标示顺序依次拣选，可是经过货物的更新换代、货物顺序的变化，就很难找到应拣取的货品。如果必须在相同储位编码中存放几种货物时，可采用储位切割的方法，即用隔板把储位空间分成小区，每小区按花色种类标明货号。

三、储存策略与储位指派原则

（一）储存策略

1. 定位储存

每一项储存货物都有固定储位，货物之间不能互用储位，因此，必须规定好每一项货物的储位容量，而且这个量不能小于其可能的最大库存量。

1）采用定位储存的条件

（1）储区安排时要考虑货物的尺寸及重量，且不适宜随机储放时。

（2）储存条件对货物储存非常重要时。

（3）有重要货物需要保护时。

（4）由管理或其他政策规定某些货物必须分开储放时。

（5）严格规定易燃货物储放于一定高度以满足保险标准及防火法规时。

2）定位储存的优缺点及适用情况

优点：每项货物都有固定的储存位置，这样方便拣选人员熟悉货物储位；货物的储位可按周转率大小（或畅销程度）安排，以缩短出入库搬运距离；可针对各种货物的特性调整储位，将不同货物特性间的相互影响减至最小。

缺点：储位容量必须按各项货物的最高在库量设计，因此，储区空间平时的使用率较低。

总之,定位储放容易管理,所需要的总的搬运时间较少,但却需要较多的储存空间。定位储存适用于仓库空间大、库存货物数量少、品种较多的情况。

2. 随机储存

随机储存是指每一个货物被分配的储存位置都是由随机过程产生的,而且可以经常改变。也就是说,任何品种可以被存放在任何可利用的位置上。该随机原则一般是由储存人员按习惯来存放,并且通常与"靠近出口"的原则综合使用,按货物入库的时间顺序放在靠近出入口的储位。

1) 随机储存的优缺点

优点:由于储位共用,只需按所有库存货物的最大在库量设计即可,储区的空间利用率较高。

缺点:货物的出入库管理及盘点工作较困难;周转率高的货物可能被存放在离出入口较远的位置,增加了出入库的搬运距离;具有相互影响特性的货物可能放在相邻的位置上,造成货物的损坏变质或发生危险。

2) 适用情况

储位系统采用随机储存方式后,能使货架空间得到最有效的利用,减少需要的储位数目。根据模拟研究的结果,随机储存系统与定位储存相比,可节省35%的移动储存时间、增加30%的储存空间,但不利于货物的拣选作业。因此,随机储存方式适用于库房空间有限,并且货物种类少或体积较大的情况。

运用计算机协助随机储存的记忆管理,就能较好地避免随机储存造成的操作困难。由计算机记录仓库中每项货物的储存位置,则不仅可以在进出货时查询储位,也可以借助于计算机来调配进货储存的位置空间,依计算机所显示的各储区的储位剩余空间来决定货物的存储安排,必要时也能调整货物的储存位置。

3. 分类储存

所有的储存货物可以按照一定特性进行分类,每一类货物都有固定的存放位置,而同属于一类的不同货物又按一定的规则来分配储位。分类储存通常按货物的相关性、流动性,货物尺寸、重量、特性来分类。

1) 分类储存的优缺点

优点:便于存取畅销品,具有定位储存的各项优点;各分类储存区域可根据货物特性重新设计,有助于货物的在库管理。

缺点:储位必须按各项货物最大在库量设计,因此储区空间的平均利用率较低。

2) 适用情况

分类存储比定位储存更有弹性,但也与定位储存有同样的缺点。较适用于以下情况:相关性较大的货物,而且经常被同时订购;产品尺寸相差较大的货物;周转率差别较大的货物。

4. 分类随机储存

每一类货物有固定存放的储区,但在各类储区内,每个储位的分配是随机的。

优点:具备分类储存的部分优点,又可节省储位数量,提高储区利用率。

缺点:货物出入库管理及盘点工作的难度较高。

分类随机储放具有分类储存和随机储存的特点,需要的储存空间介于二者之间。如果运用计算机管理储位,同样能较好地降低操作的难度。

(二)储位指派原则

(1)面对通道原则。即货物面对通道来保管,将可识别的标号、名称等面向通道,使货物易于辨识,使货物的存、取容易,且有效率地进行。

(2)货物尺寸原则。即在储位指派时,要同时考虑货物体积大小及货物的整批形状,以便能提供适当的空间满足某一特定需要。所以在储存货物时,要有不同大小位置的变化,用以容纳一切不同大小的货物和不同的形状。如果不考虑储存货物单位大小,有可能造成储位空间太大而浪费空间,或者太小而无法存放货物。一般将体积大的货物存放于方便拿取和搬运的位置。

(3)重量特性原则。即按照货物重量的不同来决定储放货物保管位置的高低。一般而言,重物应保管于地面上或货架的下层位置,而重量轻的货物则在货架的上层位置;若以人手进行搬运作业时,人腰部以下的高度用于保管大型货物,而腰部以上的高度则用来保管重量轻的货物或小型货物。此原则对采用货架,尤其是人手搬运的作业有很大的意义。

4-9 典型案例

(4)货物特性原则。货物特性不仅涉及货物本身的危险及易腐性质,同时也可能影响其他特性,因此在仓库储位指派时必须考虑。

①易燃易爆货物的储存:须在具有高度防护作用的建筑物内安装适当防火隔间并储存在温度较低的阴凉处。

②易窃货物的储存:必须装在有加锁的笼子、箱、柜或房间内。

③易腐品的储存:要储存在冷冻、冷藏或其他特殊的设备内。

4-10 仓储空间利用评价指标

④易污损品的储存:可使用帆布套等覆盖。

⑤怕潮湿和易霉变、易生锈的货物应放在较干燥的库房内。

⑥一般货物的储存:要储存在干燥及管理良好的库房,以满足客户的存取需要。

第四节　电子商务商品入库及盘点管理

一、入库作业流程

商品入库作业是后续作业的基础和前提,入库工作的质量直接影响到后续作业的质量,其作业流程主要包括以下环节。

(一)入库作业计划

入库作业计划必须依据订单所反映的信息,掌握商品到达的时间、品类、数量及到货方式,做出卸货、储位、人力、物力等方面的计划和安排。入库作业计划的制定有利于保证整个入库流程的顺利进行,同时有利于提高作业效率,降低作业成本。

(二)入库前的准备

根据入库作业计划,做好储位准备。根据预计到货的商品特性、体积、质量、数量和到货时间等信息,结合商品分区、分类和储位管理的要求,预计储位,预先确定商品的理货场所和储存位置。①人员准备。依照到货时间和数量,预先计划并安排好接运、卸货、检验、搬运商品的作业人员。②搬运工具准备。根据到货商品的性能及包装、单位重量、单位体积、到货数量等信息,确定检验、计量、卸货与搬运方法,准备好相应的检验设备、卸货及码货工具与设备,并安排好卸货站台空间。③文件准备。根据到货计划,准备到货的单证核查相关文件,准备相关验收标准。

(三)接运与卸货

有些商品通过铁路、公路、水路等公共运输方式转运到达,需物流企业从相应站港接运商品。直接送达物流企业仓库的商品,必须及时组织卸货入库。

(四)分类与标示

在对商品进行初步清点的基础上,需按储放地点、唛头标志进行分类并做出标记。在这一阶段,要注意根据有关单据和信息对商品进行初步清理验收,以及时发现问题,查清原因,明确责任。

4-11 唛头标志解析

(五)核对单据

入库相关单据或信息主要包括送货单、采购订单、采购进货通知以及供应方开具的出仓单、发票、磅码单、发货明细表等;除此之外,有些商品还有随货同行的商品质量保证说明书、检疫合格证、装箱单等;对由承运企业转运的商品,接运时还需审核运单,核对商品与单据反映的信息是否相符。

(六)入库验收

入库验收是对即将入库的商品,按规定的程序和手续进行数量和质量检验,是保证库存质量的第一个重要的工作环节。商品的检验方式由全检和抽检两种。全检主要是数量的全检,主要针对重要的商品在批量到货或抽检发现问题时进行。对大批量到货、规格尺寸和包装整齐的商品,多数采用抽检的方式进行抽样检查。商品检验方式一般由供货方和接货方双方通过签订协议或在合同中明确规定。

(七)入库信息处理

商品清点、验收完毕,即通过搬运码放过程进入指定储位储存,进入储存阶段。与此同时,必须进行入库过程中相关信息的处理。入库作业信息是指示后续作业的基础,因此,掌握并处理好进货信息非常重要。在这一阶段,首先必须将所有进货入库单据进行归纳整理,并详细记录验收情况,登记入库商品的储位。然后依据验收记录和其他到货信息,对库存商品保管账进行账务处理。商品验收入库,库存账面数量与库存实物数量同时增加,有些到货信息还必须及时通过单据或库存数据,反馈给本公司其他相关部门,以及供应商或客户,为财务货款结算提供依据。入库作业流程见图4-14。

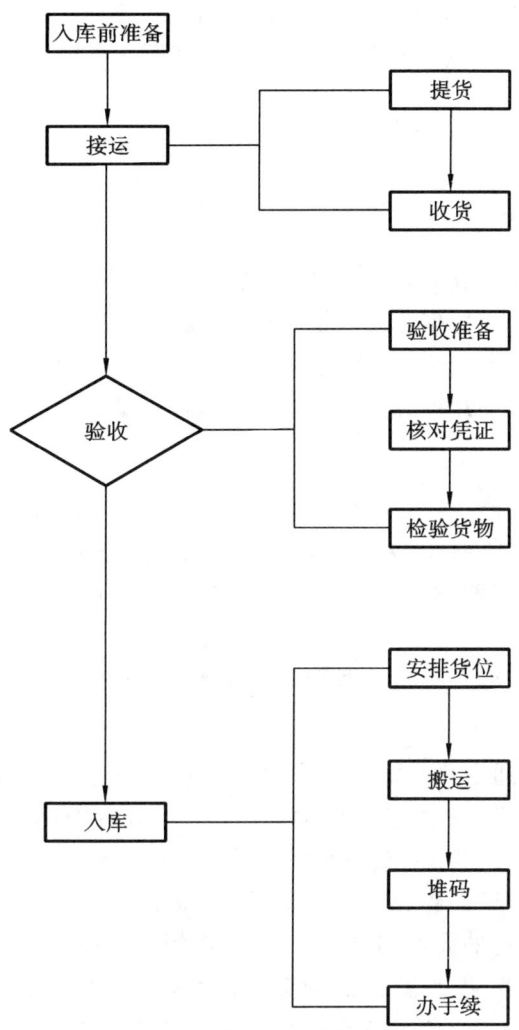

图 4-14　入库作业流程

二、入库作业组织原则

入库作业作为后续作业的基础,及时、安全、准确、快速地组织商品入库就成为其作业目标,因此,在安排入库作业时必须遵循以下几个原则。

(1)尽量使入库地点靠近商品存放点,避免商品入库过程的交叉、倒流。

(2)尽量将各项作业集中在同一个工作场所进行。即在入库作业过程中,将卸货、分类、标志、验货等理货作业环节集中在一个场所完成,这样既可以减少空间的占用,也可以节省商品搬运所消耗的人力和物力,降低作业成本,提高作业速度。

(3)依据各作业环节的相关性安排活动。即按照各作业环节的相关顺序安排作业,避免倒装、倒流而引起搬运商品的麻烦,提高作业效率。

(4)将作业人员集中安排在进货高峰期,保证人力的合理安排与入库作业的顺利进行。

(5)合理使用可流通的容器,尽量避免更换。对小件商品或可以使用托盘集合包装的商品,尽量固定在可流通的容器内进行理货与储存作业,以减少商品倒装的次数。

（6）详细、认真地处理入库资料和信息,便于后续作业及信息的查询与管理。

三、验收作业管理

（一）商品验收的标准和依据

商品验收主要是对商品数量、质量和包装进行验收,即检查入库商品数量是否与订单资料或其他凭证相符,规格、牌号等有无差错,商品质量是否符合规定要求,物流包装能否保证商品在运输和储存过程中的安全,销售包装是否符合要求。验收工作的基本要求是必须做到及时准确,即在尽可能短的时间内,准确地验收商品的数量、质量和包装。

1. 商品验收的标准

为准确及时地验收商品,首先,必须明确商品验收的标准和依据,在实际入库作业过程中通常依据以下标准来验收商品:买卖双方约定的商品接收标准;采购合同或订单所规定的具体要求和条件;以议价时的合格样品为标准;以各类产品的国家品质标准或国际标准为依据。

物流企业应该根据物流客户提供的验收标准和依据进行验收。

2. 确定抽检比例的依据

在验收工作中,商品通常是整批、连续到库,而且品种、规格较复杂,不可能在有限的时间内逐件查看,这就需要确定一个合理的抽查比例。验收抽查比例的大小,一般根据商品的特性、商品的价值大小、品牌信誉、物流环境等因素而定,具体可以根据和综合考虑以下条件:①商品的理化性能,对于易碎、易腐蚀、易挥发的商品,验收中抽查的比例可适当加大;②商品价值的大小,对较贵重的商品,其验收检查的比例要大;③生产技术条件及品牌信誉,通常生产技术条件好,则产品质量稳定,品牌信誉也就越好,这类商品在进货时验收抽查的比例可以小些;④物流环境,物流环境包括储运过程中的气候、地理环境及储包装条件等,商品的质量越稳定,物流环境与商品性能越适宜,验收抽查的比例可以越小。不同商品的抽查比例如表 4-7 所示。

表 4-7　货物入库数量检验的范围

指标名称	检验范围（%）	备注
散装货物的检斤率	100	不清点件数
有包装的毛检斤率	100	
有包装的回皮率	5～10	
有包装的清点件数	100	
定尺钢材检尺率	10～20	
非定尺钢材检尺率	100	
贵重金属材料过净率	100	
大批量、回包装、回规格	10～20	

（二）商品验收的内容

1. 质量验收

按照商品的质量检验程序验收,然后才能决定接受或拒收。对入库商品进行质量检验的主要目的是查明入库商品的质量状况,发现问题,分清责任,确保到库商品符合订货要求。物流企业的质量验收通常可采用感官检验和仪器检验等方法。

（1）感官检验。验货人员利用感觉器官,如视觉、听觉、触觉、嗅觉和味觉,检验商品的质量,这种方法简便易行,被广泛用来检验商品的外观和表面特征。但它有一定的主观性,易受检货人员的经验、操作环境,甚至生理状态等因素的影响,具有一定的随机性。为了避免人为误差的影响,可以采用照片、实物样品等方式强化感官检验的标准程度。

（2）仪器检验。利用各种试剂、仪器和机械设备,对商品规格、成分、技术标准等进行物理和生化的分析测定。这种方法检验准确程度高,通常应用于一些技术性能与指标要求较高的生产资料,或者于某些新产品初次进货时采用,但需要一定的设备条件和技术水平及专业技术人员,必要时可以请专业机构或专业技术人员主持。

2. 包装验收

对于物流过程来说,商品包装具有保护商品、便利物流等功能,因此,包装的验收是商品入库验收的重要内容。包装验收的标准与依据主要是国家颁布的包装标准、购销双方合同或订单的要求与规定。

包装验收的具体内容如下。

（1）包装是否安全牢固。包装验收主要是对包装材料、包装完好程度等方面进行检验,如检验箱板的厚度、卡带的牢固程度、纸箱的钉距、内衬垫和外封口的严密性等。此外,还要检验货物包装有无变形、水湿、油污、生霉、虫害和货物外露等情况。

（2）包装标志、标记是否符合规定的制作要求。货物包装标志、标记主要用于识别货物,方便转运,指示堆垛。包装标志、标记要符合规定的制作要求,能起到识别和指示货物的作用。

（3）包装材料的性能和质量状况。包装材料的性能和质量状况直接关系到包装对货物的保护作用,因此必须符合规定的标准,如包装材料含水量的多少直接影响被包装在物流过程的质量变化,还会造成货物叠放的不稳定。对包装材料的检验主要是通过感官来初步判定包装材料是否符合物流企业的收货要求。

3. 数量验收

货物到货后,收货人员必须根据送货单和有关订货资料,按货物品名、规格、等级、户地、牌名进行核对,以确保入库货物数量准确无误。在日常作业中,入库货物数量上的溢多短少是较常见的现象,而这又直接关系到物流企业库存数量的管理,因此,数量验收是配送作业中非常重要的内容。通常货物数量的验收有计件和计重两种方法。

（1）计件法。计件法包括标记计件法、分批清点法和定额装载法三种方法。标记计件法是在清点大批量货物入库时,对每一定件数的货物做一标记,待全部清点完毕,再按标记计算总的数量;分批清点法是在包装规则、批量不大的货物入库时,将货物按行、列或层堆码,每行、列或层堆码的件数相同,清点完后,再统一计数;定额装载法主要用来清点包装规则、批量大的货物,可以用托盘、平板车或其他装载工具实行定额装载,最后计算出入库货物的件数。

（2）计重法。计重法包括衡器称重和理论换算两种办法。衡器称重是将计重货物在衡器上称重后再进行核对的方法；理论换算主要适用于规格、长度较一致的，如批量大的五金、钢材和以根、支、颗粒为单位的散装货物的计重。

4-12 金属材料外观质量验看要求

4-13 典型案例

4. 问题处理

如果在货物入库验收中发现问题，应该严格根据有关制度进行处理，一般可能会出现下面几种情况。

（1）当验收中发现货物质量不符合规定时，应做出详细记录，将有问题的货物单独存放，同时采取必要措施防止扩大损失，并迅速通知有关单位到现场查看，共同协商，及时做出处理。

（2）在数量检查中，计件货物一般不允许有短缺，对计重货物所发生的损益凡在规定标准以内的，仓库可按实际数量验收入库；超过规定时，也应会同交货人员做出记录，分清责任，及时处理。

（3）到货货物不能满足一次订单的全部数量、采取分批到货的，仓库要及时通知订单发出部门，或按规定将收货单据存留至规定的期限内。

（4）到货货物的到货凭证或入库凭证不齐或不符时，仓库有权拒收或要求重新办理入库凭证，将所到货物另行堆放，暂作待验处理。

（5）在验收中对有索赔期的货物，发现问题时必须认真记录，按照规定的手续，在规定的期限内，向有关部门提出索赔要求，否则责任部门对造成的损失将不承担责任。

四、盘点管理

（一）盘点作业目的

盘点是指为确定仓库内现存商品的实际数量、品质状态和储存状态的清点，是仓储管理工作的控制反馈过程。商品在仓储过程中，常常因不断进出库，或存放不当、存放过久等导致商品数量、质量发生变化，与账上记录不符。因此，在规定的时间实施盘点是十分必要的。盘点是一个综合性的管理工作，其目的有以下内容。

（1）为了确定现存量，并修正账实不符产生的误差。商品在一段时间不断接收与发放后，容易产生误差。必须在盘点后立即查出产生这些差异的原因，并予以更正。

（2）为了计算企业的损益。企业的损益与总库存金额有相当密切的关系，而库存金额又与库存量及其单价成正比。因此，为了能准确地计算出企业实际的损益，就必须针对现有数量加以盘点。

（3）为了稽核商品管理的绩效，使出入库的管理方法和保管状态变得清晰。例如，呆滞品和废品的处理状况、存货周转率、商品的保养维修都可以通过盘点发现问题，从而提出改善的方法。

（二）盘点主要内容

（1）查核商品的账面数量与实际数量是否一致。核对数量是下一步对金额进行核对的基础,也是库存管理的需要。

(2)核查各类商品的进出库方面有无差错,以及是否按照先进先出的原则出货。

(3)检查商品的保管状态,发现保管、保养中存在的问题,及时改进。具体包括:商品的堆放及维护情况;有无超储积压、短缺、变质、损坏等情况;不合格及退货的商品处理情况;仓库设备、储存容器、安全设施是否损坏等。

(三)盘点作业方法

1. 按盘点的对象分类

1)账面盘点

账面盘点又称为永续盘点,就是把每天入库及出库商品的数量及单价,记录在计算机或账簿上,而后不断地累计加总,算出账面上的库存量及库存金额。

2)现货盘点

现货盘点也称实地盘点(实盘),也就是实地去点数、调查仓库内商品的库存数,再依商品单价计算出库存金额的方法。如果要得到最正确的库存情况并确保盘点无误,最直接的方法就是确定账面盘点与现货盘点的结果是否完全一致。如有账实不符的现象,就应分析寻找误差原因,划清责任归属。

2. 按实施盘点的时间分类

1)定期盘点

定期盘点是指对各项商品在固定的时间内进行盘点,一般在期末。例如,每月月末一次、每季度季末一次、每半年一次、每年年终一次等。

由于期末盘点是将所有商品一次点完,其工作量大,要求严格,通常采取分区、分组的方式进行,其目的是明确责任,防止重复盘点、漏盘。分区就是将整个储存区域划分成一个个责任区,不同的区由专门的小组负责盘点。

一个小组通常需要3个人:一人负责清点数量并填写盘存单;另一人复查数量并登记复查结果;第三人负责核对前两次盘点数量是否一致,对不一致的结果进行检查。待所有盘点结束后,再与计算机或账面上反映的数量进行核对。

2)不定期盘点

不定期盘点是指没有固定时间,而是根据实际需要对所实存的商品进行局部区域的盘点。

3)动态盘点法

动态盘点法是对有动态的商品,即发生过出入库的商品,及时核对该批商品余额是否与账、卡相符的一种方法。

4)循环盘点法

循环盘点法是将商品逐区逐类连续盘点,或在某类商品达到最低存量时,即加以盘点。

循环盘点通常是对价值高或重要的商品进行盘点的一种方法。因为这些商品属于重要商品,对库存条件的要求比较高,一旦出现差错,不但会影响企业的经济效益,而且有损企业形象。在仓储管理过程中广泛使用的 ABC 分类管理法,对商品按其重要程度科学地进行分类,对重要的商品进行重点管理,加强盘点,防止出现差错。因为循环盘点只对少量商品盘点,所以通常只需保管人员自行对库存资料进行盘点即可,发现问题及时处理。

目前,国内多数配送中心和仓库都使用计算机来处理库存账务,当账面库存数与实际库存数发生差异时,很难断定是有误还是实际盘点中出现错误,所以可以采取"账面盘存"与"实地盘存"相结合的方法进行盘点。

(四) 盘点作业流程

盘点作业流程如图 4-15 所示。

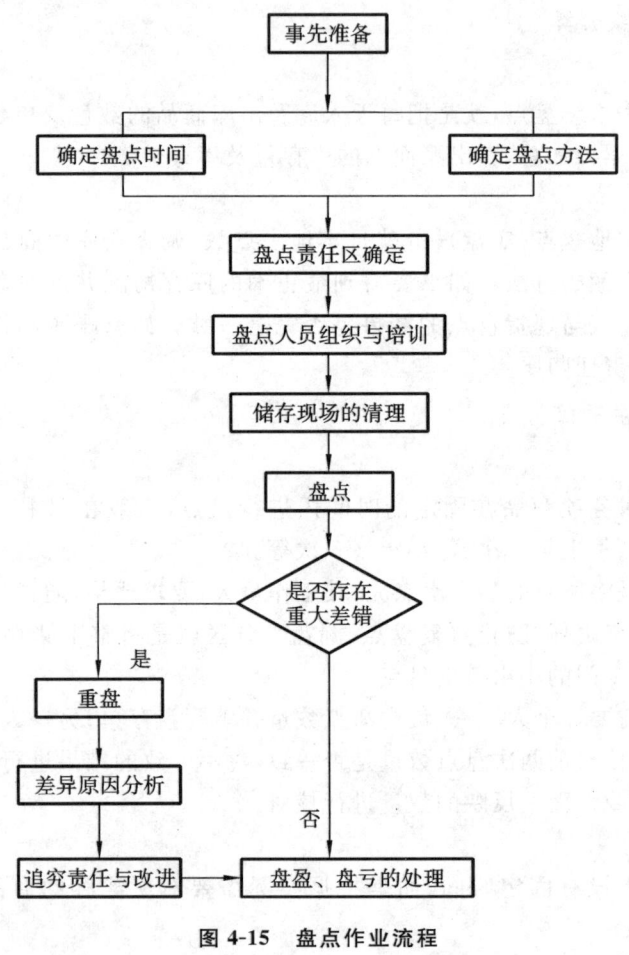

图 4-15 盘点作业流程

1. 盘前的准备

盘点前的准备工作是否充分,关系到盘点作业能否顺利进行,事先对可能出现的问题及盘点工作中易出现的差错进行周密的研究和准备是相当重要的。准备工作主要包括以下内容。

(1) 确定盘点的程序。

(2) 确定盘点时间。视商品性质来确定周期,最好利用连续假期。一般情况下。A 类重要商品每天或每周盘点一次,B 类商品每 2～3 周盘点一次,C 类商品每月盘点一次。

(3) 确定盘点方法。因盘点场合要求不同,盘点的方法也有差异。为符合不同状况的产生,盘点方法的决定必须明确,以使盘点时不致混淆。

(4)确定并培训盘点人员。由于盘点作业必须动用大批人力,通常盘点当日应停止任何休假,并于一周前安排好出勤计划。经过训练的人员必须熟悉盘点用的表单。盘点前一日最好对盘点人员进行必要的指导,如盘点要求、盘点常犯错误及异常情况的处理办法等。盘点、复查监盘人员必须经过训练。盘点人员按职责分为填表人、盘点人、核对人和抽查人。

(5)准备好盘点所用的表格及库存资料,且盘点人员熟悉盘点表格。如果采用人员填写方式,则需要准备盘点表和红色、蓝色圆珠笔。盘点用的表格必须事先印刷完成。

(6)配合会计进行商品财务决策,以便对商品账和财务账进行对比盘点。

(7)对盘点时商品的进出进行控制。需盘点的商品应分类堆放整齐,并设置盘点单;盘点时应办理完盘点之前的收发业务;盘点期间所来商品应单独存放,并于盘点后入库。

2. 初盘、复盘

1)初盘

在正式盘点之前,仓管人员应先进行盘点并填写盘点单,以便于正式盘点工作的顺利进行。

2)复盘

对商品的盘点一般采用实地盘点法。盘点时应注意:仓库保管人员必须在场,协助盘点人员盘点;按盘点计划有步骤地进行,防止重复盘点或漏盘;盘点过程中采用点数、过秤、量尺、技术推算等方法来确定盘点数量。

3. 盘点报告、结果处理

1)盘点报告

(1)根据盘点数量和账存数量编制盘点报告。

(2)确定盘盈、盘亏量。

(3)追查盘盈、盘亏的原因。

2)盘点结果处理

面对盘点发现的问题,应该本着不回避矛盾,积极解决问题的态度处理。具体包括:查明差异,分析原因;认真总结,加强管理;上报批准,调整差异。

4-14 盘点作业评价指标

第五节　电子商务商品订单及出货管理

一、商品订单管理

在物流企业的业务活动中,订单管理扮演着重要的角色。从本质上讲,整个物流企业的其他物流业务操作都是为了完成订单而发生的,其作业绩效影响物流企业的每项业务,而且处理订单的很多环节都直接与客户打交道。因此,订单完成的水平高低直接决定了物流企业的服务水平,订单处理作业效率在很大程度上影响着物流企业的运作效率。

订单处理程序如图 4-16 所示。

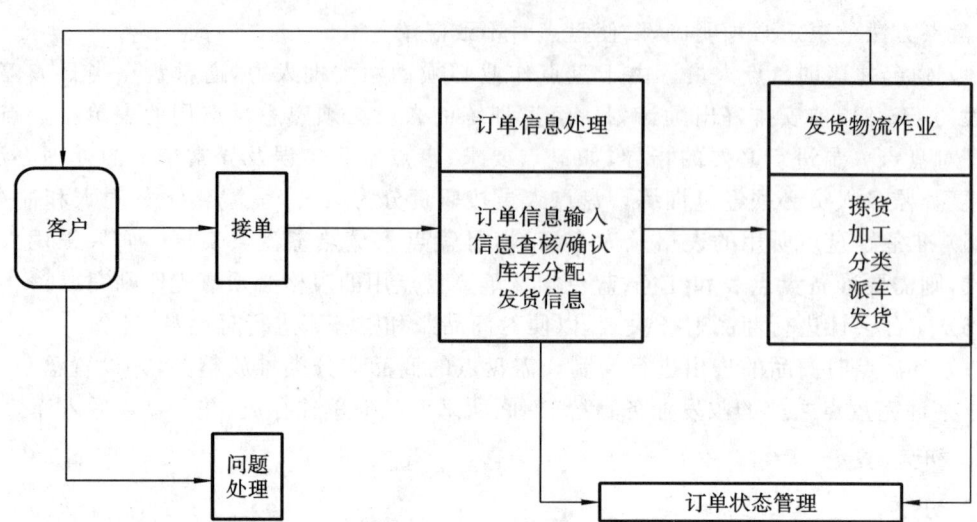

图 4-16 订单处理程序

（一）订单处理过程

订单处理过程是指客户订单周期所涉及的各项活动。具体包括订单的接收、订单信息处理、订单履行和订单状况管理等内容。完成每项活动需要的时间取决于订货方式。商业和工业销售订单的处理过程可能不同，因此，本章以服务于商业的配送中心订单处理程序为例，介绍订单处理过程及管理要点。

1. 接单

传统订货方式主要有电话下单、传真订货、邮寄订单等，在订货和取货时，都需要记录和建档，需要人工反复输入信息和重复抄写资料。这样，不但耽误时间，作业烦琐，而且错误率大。特别是在多品种、小批量、高频率的订货条件下，要求快速配送、准确无误往往比较困难。因此，传统订货方式不能适应形势需要，为此产生了电子订货的方式。

电子订货是通过电子传递方式取代人工书写输入和传递的订货方式，即把订货信息转变为电子信息，通过网络手段进行订货。电子订货系统（electronic order system，EOS）是利用电子信息交换方式取代传统的下单和接单业务，是自动订货系统。

物流企业的出货资料通常在出货日或出货日的前一天才知道，而出货量几乎每天都在变化。这种不确定性使物流企业的作业不能像一般制造业那样可以将作业安排日程化、平均化，这也就是为什么物流系统常会有高峰订货时段。或许这种多变的订货特性是物流系统本身的特性，但观察高峰订货时段发生的原因，尽量避免高峰时段的产生，就有可能将物流中心的高峰订货量加以平均化。因此，在接单作业环节管理的关键点是尽量保证接单作业均衡化，即订货作业平均化，减缓订货高峰时段。

物流企业所服务的行业特性不同，可能会有不同的高峰订货时间，但就整体而言可以归纳出造成高峰的三个较常见的原因及相应的处理办法。

（1）订货截止时间。若设定订货截止时间，在这时间的前一小时通常会出现大量订单，为避免这种巨额订单在某一时段涌入，可以将客户分类，为每类客户设定不同的订货截止时间来分散高峰订货量。

（2）账款结算日。若设定账款结算日,结算日的后一天也常有大量订单出现,可设定多个结算日期,以分散高峰时段的拥挤。

（3）节日或假日。在节日或假日的前后,通常也是订货量较多的时段,不过这种因季节性或因消费者需求形态引起的高峰订货量较不易控制,只能在季节变化之前由信息系统提示,工作人员先做好迎接季节变化的物流解决方案来加强调控。

2．订单信息处理

1）输入订单

当接受订单之后,首先要把订单信息输入订单管理系统。其输入方法如下。

（1）人工输入法。即利用人工方法把订单、用户电话、传真等订货信息输入订单管理系统。随着订单的多样化和数量的增加,会造成人工输入成本增加,效率和正确性降低。订单输入的正确性直接影响整个物流作业的效率和效益。为了提高人工输入的正确性和效率,可以采取如下措施:增加系统的提示功能和自动查核功能;利用订单簿对商品进行分类,把商品代号做成条形码,直接扫描,从而减少人工输入错误,提高效率;订货作业平均化。

（2）在线输入法。这种方法是利用计算机和通信技术把电子订货信息通过电信网络直接输入到物流企业的订单管理系统。必须强调,传送的信息格式必须是双方认同的格式,否则仍需经过格式转换才能进入订单管理系统。

4-15 不同数据录入方式的比较

2）确认订单信息

首先,要检查订单的各个基本项目。在订单信息输入前,应检查订单上的各项内容,如品名、数量、单价、包装方式、送货地点、送货日期等是否完整、是否符合要求,内容是否正确。确认清楚之后再进行输入作业。对于电子订货系统接收的订货信息也要进行检查确认。

其次,确认交易条件。具体包括以下内容。

（1）订单确认。确认订单类型,以便进行相应处理,即对不同类型的订单系统提供不同类型的处理功能。

（2）库存确认。当输入商品代号和商品名称时,系统将先检查是否缺货。如果缺货,应及时补货或提供代用品;确实无法满足订单,则要及时通知客户服务部门,及时与客户沟通协调。

（3）价格确认。不同订货量其可能售价不同,当输入客户和订货量等有关信息时,系统自动确认其价格是否相符。

（4）加工包装确认。确认客户订购的商品是否有特殊要求,如整装、分装和贴标等。

经过上述确认的订单才是最后发货的订单,才可作为后续环节处理的依据。如果订单信息没确认清楚,则会影响后续环节的操作。

3．处理订单信息

（1）生成拣选单。拣选单是拣选的重要依据。拣选单的形式是根据拣选作业方式和拣选系统来设计的。不同的拣选方法对应不同的拣选信息。拣选方式因所配送商品的特性而异。

（2）生成送货单。在配送商品时,应附上送货清单,便于客户清点验收签字。送货清单信息必须与实际发货信息一致。

（3）缺货信息。在库存分配中，对于缺货商品或缺货订单由订单管理系统提供查询或报表打印功能，便于及时处理。

（二）订单状态管理

一张订单通过订单处理、库存分配、产生出货指示后，并不意味着订单处理作业已经结束。订单上的物品是否按时出货、是否按量出货、是否已付货款、是否发生意外，以及意外情况如何处理，都是提升客户服务水平并掌握营运状况的重要因素。

要掌握订单在整个流程中的完成情况，必须先了解订单从进入系统到结束离开系统（或与系统无直接关系）的过程中，订单状态如何转换，以及系统档案如何设计。

1. 订单状态

订单进入订单管理系统后，其状态随着作业流程的进行，相应地发生变动。一般可分为下面几种状态：已输入及已确认订单；库存已分配订单；已拣选订单；已出货订单；已收款订单；已结账订单。

2. 订单档案

根据订单的不同状态，建立系统档案，准确地反映订单完成情况，特别是不同状态订单进行转换时的情况，以明确处理过程中各个环节的责任。如果发生异常情况，要及时处理并记录在案。系统档案通常包括以下内容：预计销售资料及不合格资料；已分配未出库的销售资料及缺货资料、转录资料、补送资料；已拣选未出库销售资料；在途销售资料；销售资料；历史销售资料。

3. 订单状态资料的查询打印

当订单的状态及相关档案记录完毕以后，就可以随时查询并打印订单的状况资料，如订单状态明细表、未出货订单明细表、缺货订单明细表、未取款订单、未结账订单等，这些资料为客户跟踪订单完成情况提供了依据。

4. 异常情况下的订单处理

掌握订单状态的变化并详细记录各阶段相关的档案资料后，对于订单处理过程中发生的异常情况便能采取更加及时、合理的措施，正确处理突发情况。

5. 订单资料分析

通过建立订单资料档案，并进行整理、分析，物流企业可以获得大量的商业信息。这些信息经过整理、分析，对物流企业及其客户来讲都是十分重要的。可以从物品销售量、每种物品的市场销售情况、客户等级、每位客户的订货特点、订单处理过程中每个环节的情况、每种物品的库存情况、物流中心的作业效率等方面进行分析，为物流企业及其客户今后改进经营活动提供参考。例如，联邦快递公司（FedEx）和联合包裹服务公司（UPS）都十分重视订单信息处理及跟踪，它们都能够随时告诉客户商品在起运地与目的地之间的具体位置。推动其跟踪系统发展的关键技术因素有激光条码技术、世界范围的计算机网络，以及专门设计的软件等。这两个公司的信息系统能够报告何人、何时、何地收到了商品。除电话通知以外，托运人只要掌握商品装运批号，还能通过互联网随时跟踪其在国内外的商品。

又如,戴尔计算机公司利用并且拓展了该技术的应用,他们从订单录入开始,直到客户收到商品为止,跟踪每一笔订单,一般的进程包括订单确认、信用审查、等待零配件、生产、等待承运人提货、运输途中的各阶段,客户在知道订单号码后就可以在整个订单周期中通过戴尔公司的网站查询订单履行的情况,或者利用免费电话向客户服务中心进行查询。

4-16　建立客户档案

(三) 客户档案建立

将客户状况详细记录,不但有益于此次交易的顺利进行,且有益于以后合作机会的增加。客户档案,顾名思义就是有关客户情况的档案资料,是反映客户本身及与客户关系有关的商业流程的所有信息的总和。包括客户的基本情况、市场潜力、经营发展方向、财务信用能力、产品竞争力等有关客户的方方面面。

4-17　订单处理评价指标

建立客户档案的目标是缩短销售周期,降低销售成本,有效规避市场风险,寻求扩展业务所需的新市场和新渠道,并且通过提高客户价值、满意度、赢利能力以及客户的忠诚度来改善企业的经营有效性。

二、出货作业流程

(一) 备货作业

仓库应根据发货指令的要求,做好如下准备工作:选择好发货的货区、货位;检查出库商品,拆除或打开影响拣选的各种包装和覆盖物;安排好出库商品的堆放场地;安排好人力和机械设备;准备好包装材料或标准周转箱。

仓库备货时要认真核对商品资料,核实商品,避免出错。在部分商品出库时,应按照先进先出、易坏先出、不利保管先出的原则安排出货。备货的具体要求如下。

(1) 要按出库凭证、备货单所列的项目和数量进行拣选,不得随意变更。如果发现备货单上的内容或商品数量有任何差异,必须及时通知有关管理人员,并在备货单上清楚注明问题情况,以便及时解决。

(2) 备货计量一般根据商品入库验收单上的数量,整件发放不用再重新过磅或拆箱清点。对被拆散、零星商品的备货应重新过磅、清点。

(3) 备好的商品应放于相应的区域,等待出库。通常商品先按总备货单备货,然后根据订单情况按发货顺序进行二次分拣,再根据装车顺序按单排列。

(4) 每单备货必须注明送货地点、单号,以便发货。各单的备货之间需留出足够的操作空间。

(5) 备货分拣完毕后要进行确认,并通知运输部门。

(6) 出库商品应附有质量说明书,或抄件、磅码单、装箱单等附件。

(二) 复核与包装作业

1. 复核

为避免出库商品出错,备货后要进行复核。复核的主要内容包括:商品名称、规格、型号、批次、数量等项目是否与出库指令所列的内容一致；如果是成品发货，要看产品配件是否齐全，所需附随的证件是否齐全；商品外观、质量、包装是否完好。

复核的主要方式有三种——由多个保管员交叉复核、由专职复核员复核、由运输员或包装员复核。不同企业可根据自己的管理模式选择相应的复核方式。

2. 包装与集装

为保证商品在装卸搬运及运输途中不受损坏，或重新组合拆散的商品，经常要对出库商品进行包装。商品的包装一般要符合以下要求。

（1）根据商品的外形特点，选择适宜的包装材料，便于包装的拆装、装卸和搬运。

（2）商品包装要符合运输的要求，如包装应牢固、怕潮的商品应做防潮处理、易碎的商品应进行必要的防震包装等。包装外要有明显的标志，在目前信息技术应用广泛的情况下，包装还应有自动识别标志。危险品必须严格按国家规定进行包装，并在包装外部标明危险品的有关标志。利用旧包装时，应彻底清除原有标志，以免造成标志混乱，导致差错。出口产品应符合目的国的进口标准，以规避贸易风险。不同运价的商品应尽量不包装在一起，以免增加运输成本。

（3）严禁性能抵触、互相影响的商品混合包装。

（4）包装的容器应与被包装商品体积相适应，满足物流模数的要求。

（5）要节约使用包装材料，修旧利废。

3. 打标记

包装完毕后，在包装上写明收货单位、到站、发货号、本批商品的总包装件数、发货单位等，并按照客户的预定，涂刷唛头。传统的刷唛头采用黏、挂、捆、刷等方式在商品包装或捆装上加上纸质、塑料质、金属质，甚至油漆质的唛头。

（三）发放作业

出库商品经复核、包装后，要向提货员或送货员点交。具体点交的主要内容如下。

（1）发货人员依据发货单核对备货数量，依据派车单核对提货车辆，并检查承运车辆的状况后方可将商品装车。

（2）发货人员按照派车单顺序将每单货品依次出库，并与司机共同核对出库产品型号、数量、状态等，将出库商品及随行证件向司机或提货员、送货员当面点交。

（3）对重要商品的技术要求、使用方法、注意事项交代清楚。

（4）商品移交清楚后，提货员或送货员应在出库凭证上签名并注明车号，同时发货人员签字并做好出库记录。

（5）发货人员应及时将出库信息输入仓储管理信息系统，更新库存商品的有关数据，便于信息的查询与管理，为仓储管理和库存控制提供依据。

三、拣选作业管理

（一）拣选作业的概念

每张客户订单中都至少包含一项商品，将这些不同种类、数量的商品从存货区域集中在一起,即拣选作业。因此,拣选是指按订单或出库单的要求,从储存场所拣出商品,并放在指定位置的物流作业活动。

拣选的方式依自动化程度可分为自动化(如电子标签拣选、RF 拣选、IC卡拣选)、半自动化和人工方式三种。目前我国的物流企业大部分处于起步阶段,除了少量企业运用自动化、半自动化设备外,大多数企业仍然采用人工方式,因此,拣选作业成为仓储活动中最耗时耗力的环节。统计资料显示,拣选作业的人力投入占整个仓库或配送中心的 40%～50%,时间投入则占 30%～40%,拣选成本则占收发货、存储和拣选的总成本的 50%左右。

4-18 心怡科技物流(视频)

认真设计拣选作业环节的每一个动作,合理设计拣选策略,严格控制拣选作业的人工投入就显得非常重要。随着社会需求向小批量、多品种方向发展,配送商品的种类和数量将急剧增加,拣选作业在物流企业作业中所占的比重越来越大,分拣系统效率的高低对整个企业的作业效率和服务水平具有重要的影响。

（二）拣选作业的要求

从客户服务的方面来看,要求:①无差错地拣出正确的商品;②时间快,至少不影响后面的送货;③拣选后要有必要的包装和贴标签;④能拣选品种多、数量少的商品;⑤订单跟踪等。前两项是最基本的要求,后几项是客户提出的更高要求。现代物流服务要满足客户的要求,但又要有利润,拣选作业成本在仓库作业总成本中最高,因此应认真对待。

从拣选作业本身来说,由于大部分物流企业仍然依靠人工劳动密集作业,要提高运作效率,要求做到:①不要等待——零闲置时间,通过动作时间分析、人机时间分析方式改善作业人员的动作。②不要拿取——尽量减少人工搬运,多利用输送带、无人搬运车。③不要走动——作业人员或机械行走距离尽量缩短,分区拣选,物至人拣取或导入自动仓库等自动化设备。④不要思考——拣选作业时尽量不要有对拣选商品的判断,即不依赖人工,且降低差错率。⑤不要寻找——加强储位管理,减少作业人员寻找的时间,如通过储位和电子标签显示的功能,自动查找,提高拣选效率。⑥不要书写——尽量不要拣选单,实现无纸化作业。要有仓储管理信息系统和 PDA 手持条形码扫描设备及机载显示计算机等先进设备。⑦不要检查——尽量利用条形码由计算机检查。⑧无缺货——做好商品管理、储位管理、库存管理、拣选管理。利用计算机随时掌握安全库存量、订购时机、补货频率等状况,尽量避免缺货。

（三）拣选的策略

1. 按订单拣选

这种作业方式是针对每一张订单,作业人员巡回于仓库内,一次将一个订单的所有货物从头到尾拣取并集中的方式,是较传统的拣选方式。这种方式适用于订单大小差异较大、订单数量变化频繁、季节性强、商品外形体积变化较大等情况。

订单拣选的优点为:作业方法简单;实施容易且弹性大;拣选后不用再进行分类作业;作业人员责任明确;相关文件准备时间较短。缺点:拣选区域大时,搬运系统设计困难;商品品种多时,拣选行走路径加长,拣选效率降低。

2. 批量拣选

这种作业方式是把多张订单汇集成一批,按商品类别对数量分别加总后再进行拣选,并按客户订单做分类处理。这种方式适用于订单变化较小、订单数量稳定、商品外形较规则等情况。需要进行流通加工的商品也适合批量拣取,先批量拣取再加工,然后分类配送,有利于提高拣选率及加工效率。

批量拣选的优点:可以缩短拣选时行走搬运的距离,增加单位时间的拣选量;适用于订单数量庞大的系统。缺点:无法对订单快速反应,必须等订单累积到一定数量时才做一次性处理,因此,容易出现停滞现象;批量拣选后还要进行再分配,容易出现错误。

采用批量拣选方式,可以用以下四种方法对订单进行分批处理。

(1)计算机分批法。订单汇集后,必须经过较复杂的计算机分析,将拣选路线相近的订单进行集中处理,求得最佳的订单分批,可大量缩短拣选行走和搬运的距离。优点:分批时已考虑到订单的类似性及拣选路径的顺序,使拣选效率进一步提高。缺点:所需计算机软件技术要求较高,数据处理的时间较长。

(2)总量分批法。将进行拣选作业前所有累积订单中的商品按品种类别合计总量,再根据总量进行拣选。总量分批法适合固定的周期性配送。优点:一次拣选出所有商品,可使平均拣选距离最短。缺点:订单的商品总量变化不宜太大,否则会造成分类作业的不经济。

(3)定量分析法。订单分批按先进先出(FIFO)的基本原则,当累计订单数达到某一预设的固定数量后,开始进行拣选作业。优点:保持稳定的拣选效率,使自动化的拣选、分类设备发挥最大功效。缺点:订单的商品总量变化不宜太大,否则会造成分类作业的不经济性。

(4)时段分批法。当订单到达至出货所需时间非常紧迫时,可利用此策略开设短暂时段,如5分钟或10分钟,将此时段中所到达的订单做成一批,进行拣选。这种分批方式较适合密集频繁的订单,可以满足紧急插单的要求。

按订单拣选和批量拣选是两种最基本的拣选策略,如果出货单数不多,这两种方式的效率与效果都没有什么差别。在同样是大量出货的情况下比较,它们的优劣可见表4-8。可比较的条件在于,拣选员与出货验放员数量不变,出货单数量相同。通过比较可以看出,批量拣选法在误差度上占了明显的优势,而且在大多数情况下,处理时间也比按订单拣选节省。如果转换成人力成本计算,可节省17%~25%的费用,或相当的工时。

表 4-8　拣选方式效率比较表

品类	每项数量	按订单拣货		批量拣货	
		时间	误差率%	时间	误差率%
多	多	100	3.2	65	1.1
多	少	100	1.5	85	0.4
少	多	100	2.3	96	0.1
少	少	100	0.3	112	0.1

注:时间是指每一出货单自开始拣货到验放完成的平均处理时间,在没有硬件故障的情况下比较;误差率是指出货验放时发现数量错误次数占出货单总数的比例。

按订单拣选法,在某些情况下,如出货数量少、频率少的品类(书籍),品类多、数量少但识别条件多的品类(成衣),体积小而单价高的品类(化妆品、药品、机械零件),牵涉到批号管制且每批数量不一定的品类等,能体现它的高效性。

3. 复合拣选

复合拣选是按订单拣选及批量拣选的组合,可以根据订单上的品种数量决定哪些适合按订单拣选,哪些适合批量拣选。

4. 分类拣选

分类拣选是一次处理多张订单,并且在拣取各种商品的同时,把商品按照客户订单分开放置的方式。举例来说,一次拣取五六张订单时,每次拣选用台车或笼车带五六家客户的篮子,边拣取边按客户不同区分摆放。这样可以减少拣选后再分类的麻烦,提高拣选效率,适于每张订单量不大的情况。

4-19 典型案例

5. 分区拣选

不论是按订单还是批量拣选,为了进一步提高效率,都可以配合采用分区的作业策略。分区作业就是将拣选作业场地进行区域划分,每一个作业员只负责拣取指定区域内的商品。分区方式又可分为拣选单位分区、拣选方式分区及工作分区。事实上,在做拣选分区时也要考虑到储存分区的部分,必须先对储存分区进行了解、规划,才能使得系统整体的配合趋于完善。

4-20 出入库
作业评价指
标

(1)拣选方式分区。在同一拣选单位分区内,若采用不同方式或设备拣选,则按拣选方式分区。

(2)商品特性分区。根据商品特性来划分储存区域。

(3)拣选单位分区。按拣选单位(拣选托盘或拣选箱)来分区。

(4)储存单位分区。将相同储存单位的商品集中便可形成储存单位分区。

4-21 拣选作
业评价指标

6. 接力拣选

这种方法与分区拣选类似,首先决定拣选员各自负责的产品品种或货架的范围,各个拣选员只拣取拣选单中自己所涉及的部分,然后以接力的方式交给下一位拣选员。

4-22 典型案例

7. 订单分割拣选

当一张订单所订购的商品品种较多,或需设计一个及时快速处理的拣选系统时,为了使其能在较短时间内完成拣选作业,可以利用此策略将订单切分成若干子订单,交由不同的拣选人员同时进行拣选作业,以提高拣选速度。订单分割策略必须与分区策略拣选策略联合运用才能有效发挥作用。

第六节　电子商务商品库存管理

一、库存管理概述

(一)库存与库存管理的概念

库存是指处于储存状态的物品。一般来说,企业在销售阶段为了能及时满足顾客的需要,避免发生缺货或延期交货现象,需要有一定的成品库存。在采购和生产阶段,为了保证生产过程的连续性,需要有一定的原材料和零部件库存。物流企业可以从这两个方面入手为企业提供库存管理服务。

所谓库存管理,就是对库存货物的管理。库存管理与仓储管理既有区别又有联系。仓储管理主要是指对仓库和仓储作业的管理,库存管理主要是对库存货物数量控制的管理。但是二者之间又是紧密联系的,仓储管理和库存管理都属于物流企业的主要工作,它们都围绕如何保证仓库的正常运转而展开。要提高仓库作业水平,二者缺一不可。

(二)库存管理目标及特点

库存管理的目标主要有两个:一是保证供应;二是降低成本。首先是保证供应,不出现缺货情况。对于电商企业而言,就是要保证其生产型客户生产不中断,或保证销售型客户有货供应,不会流失顾客。但是,如果盲目地追求供应不间断而增加库存量,就会带来库存积压的风险,还会增加仓储管理的成本,并存在库存积压而产生损失的可能性。因此,库存管理要采取适当的措施,在保证供给的同时,尽量降低成本,通过科学的管理方法在二者之间寻求最佳的平衡。

(三)库存管理作用

1.加快库存周转

4-23 京东供应链效率持续提升库存周转降至34天新闻

库存周转是否迅速是企业成本、效率问题中的重要一环。库存对于企业的意义,在于它能够满足生产或流通对商品的需要。这种满足必须是适量的、适时的。通过物流企业帮助企业管理库存,提高库存管理水平,加快库存周转,不仅能为企业节约库存资金的占压,还能节约仓储管理费用,并降低库存风险和库存损耗。这是物流企业在专业化分工中具备的独特优势之一。

2.提高服务水平

由于市场竞争日益加剧,企业必须不断提高服务水平,才能保持和提高竞争力。许多企业采取的一个策略就是将产成品库存靠近客户以便及时交货,尤其对于可替代性很高的产品,这种策略尤为重要。另外,为了防止缺货,物流企业通常保持一定数量的库存作为缓冲,即安全库存,以防止在运输或订货方面出现问题而影响生产和销售。安全库存的数量将根据延迟交货的概率以及原材料的使用数量来确定。物流企业还要根据客户的特殊性制定库存管理制度和方法,努力满足客户的多样性需求。

3.控制库存水平

不适时和不适量的库存是企业经济利益受损的主要原因。这些情况一旦发生,或者造成缺货,影响企业的正常经营;或者造成高库存,增加了企业的成本,降低了企业的利润。要做到适时适量,就要进行库存控制,因此,库存管理的核心问题就是库存控制。物流企业为企业提供专业化的库存管理服务,将库存控制在合理的水平上,帮助企业减少不必要的库存,降低成本,促进产品的销售,从而提高企业的竞争力。

二、库存成本构成

库存成本一般可以分为以下三个主要部分。

（一）库存持有成本

库存持有成本是指为保有和管理库存而需承担的费用开支。具体可分为运行成本、机会成本和风险成本三个方面：

（1）运行成本。主要包括仓储成本。库存越高，仓储面积越大，仓储成本也越高。此外，运行成本还包括仓库中的设备投资成本和日常运作费用（如水、电、人工费等）。

（2）机会成本。主要是库存所占用的资金所能带来的机会成本。库存作为企业的资产是通过占用企业的流动资金而获得的，任何企业都需要有一定的资金投资回报率，即库存占用的资金如果不用于库存而去经营其他投资所能获得的平均收益，这一比例因行业和企业的不同而有所不同，一般为10％～16％。企业因为要持有一定的库存成本而丧失了流动资金所能带来的投资收益，即为库存的机会成本。

（3）风险成本。为了减少库存的损失，大多数企业会为其库存的商品投保；同时，企业可能会因为库存的不合理存放而造成损耗或报废，例如食品过期、存放过程中破损、产品滞销、失窃等，这些都会产生库存的风险成本。

（二）订购成本

订购成本是指企业为了得到库存而需要承担的费用。表现为订货成本，包括与供应商之间的通信联系费用、差旅费、货物的运输费用等。订购的次数越多，订货成本就越高。如果库存是企业自己生产的，则获得成本体现为生产准备成本，即企业为生产一批货物而进行的生产线改线的费用。

（三）库存缺货成本

库存缺货成本是指由于库存供应中断而造成的损失。包括原材料供应中断造成的停工损失、产成品库存缺货造成的延迟发货损失和销售机会丧失所带来的损失、企业采用紧急采购来解决库存的中断而承担的紧急额外采购成本等。

三、库存控制方法

库存控制是在保障供应的前提下，使库存货物的数量最少所进行的有效管理的经济技术措施。库存控制的重点是对库存量的控制，具体要解决三个方面的问题：①确定库存检查周期；②确定订货点（何时订货）；③确定订货批量。

（一）定量控制法

定量控制法，又称定量订货法，是指当库存量降低到一定的水平（订货点）时，按照已经计算好的固定数量（一般以经济订货批量EOQ为标准）进行订货补充的一种库存管理方式。当库存量下降到订货点时，马上按预先确定的订货批量发出货物订单，经过一定的时间收到货物,库存水平上升,如图 4-17 所示。采用定量控制法,必须预先确定订货点和订货批量,既要满足客户的库存需求,又要使总成本最低。

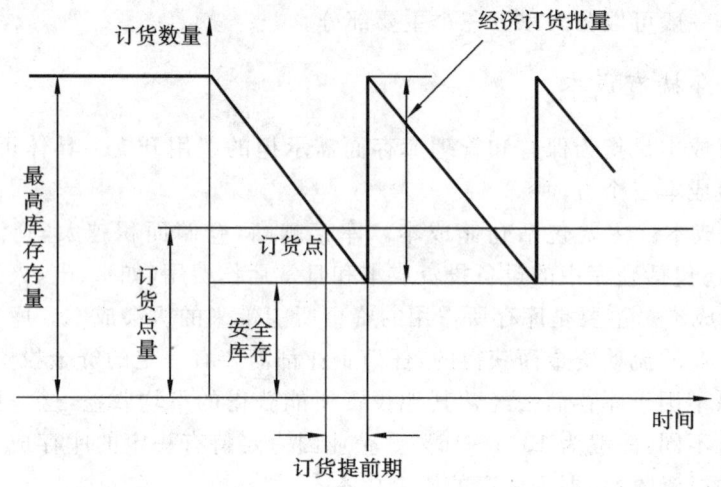

图 4-17　定量控制法示意图

1. 订货点的确定

订货点在库存控制理论中是一个决策变量,是控制库存水平的关键因素。如果订货点取得过高,会导致库存量过大,占用资金多,库存费用高;如果取得太低的话,则可能导致缺货损失。因此,订货点要合理确定。

1) 影响订货点的因素

(1) 订货提前期。它是指从发出订单到所订货物运回入库所需要的时间,该值的大小取决于路途的远近和运输工具速度的快慢。

(2) 平均需求量。它表示库存消耗的快慢。

(3) 安全库存。物流企业为了应对各种突发情况,如需求发生变化、货订不到、运输中断等,而设置的库存量。

2) 订货点的计算

(1) 在需求或订货提前期确定的情况下,不需要设安全库存,订货点公式如下:

$$订货点 = 订货提前期 \times 日平均需求量$$

其中:

$$日平均需求量 = 全年需求量 \div 360$$

订货点公式中,订货提前期按照天数计算,也可以按周、月计算,那么平均需求量也要相应改为周或月的需求量。

例如,已知某仓库每年出库某货物 18000 箱,订货提前期为 7 天,求订购点。

解:订货点 $= 7 \times (18000 \div 360) = 350$(箱)

(2) 在需求或订货提前期不确定的情况下,需要设置安全库存,并且需要运用数理统计方法计算安全库存量,因此,订货点的确定就较为复杂,一般公式如下:

$$订货点 = (平均需求量 \times 最大订货提前期) + 安全库存$$

其中：

$$安全库存＝安全系数×\sqrt{最大订货提前期}×需求变动值$$

上式中，安全系数可以根据缺货概率查表 4-9 得到。

表 4-9　安全系数表（部分）

缺货概率（%）	30.6	27.4	24.2	21.2	18.4	15.9	13.6	11.5	9.7	8.1
安全系数值	0.5	0.6	0.7	0.8	0.9	1.0	1.1	1.2	1.3	1.4
缺货概率（%）	6.7	5.5	5.0	4.5	3.6	2.9	2.3	1.8	1.4	0.8
安全系数值	1.5	1.6	1.65	1.7	1.8	1.9	2.0	2.1	2.2	2.3

最大订货提前期是指超过正常的订货提前期时间，一般按天数计算，也可按周或月计算。需求变动值可以用下面两种方法计算。

第一，在统计资料期数较少时，计算公式如下：

$$需求变动值 = \sqrt{\frac{\sum(y_i - \overline{y})^2}{n}}$$

其中：y_i——各期需求量实际值；$\overline{y}$——各期需求量实际均值。

例如，某货物在过去三个月中的实际需求量分别为：1 月份 126 箱，2 月份 110 箱，3 月份 127 箱。求该货物需求变动值。

解：
$$\overline{y}＝(126＋110＋127)÷3＝121（箱）$$

$$需求变动值 = \sqrt{\frac{(126-121)^2 + (110-121)^2 + (127-121)^2}{3}} = 7.79$$

第二，在统计资料期数较多的情况下，计算公式如下：

$$需求变动值 = \frac{最大需求量 - 最小需求量}{d_2}$$

其中：d_2——随统计资料期数多少（样本多少）而变动的常数，如表 4-10 所示。

表 4-10　随统计资料期数而变动的 d_2

n	2	3	4	5	6	7	8	9	10	11	12	13
d_2	1.128	1.693	2.059	2.326	2.534	2.704	2.847	2.970	3.078	3.173	3.258	3.336
$1/d_2$	0.8865	0.5907	0.4857	0.4299	0.3946	0.3098	0.3512	0.3367	0.3247	0.3152	0.3069	0.2998
n	14	15	16	17	18	19	20	21	22	23	24	
d_2	3.407	3.472	3.532	3.588	3.640	3.689	3.735	3.778	3.820	3.858	3.896	
$1/d_2$	0.2935	0.2880	0.2831	0.2787	0.2747	0.2711	0.2677	0.2647	0.2618	0.2592	0.2567	

例如，某仓库中某货物某年各月份需求量实际值见表 4-11，最大订货提前期为 2 个月，缺货概率根据经验统计为 5%，求该货物的订货点。

表 4-11　某货物某年月需求量

月份	一	二	三	四	五	六	七	八	九	十	十一	十二	合计
需求量（箱）	162	173	167	180	181	172	170	168	174	168	172	165	2052

解：   平均月需求量＝2052÷12＝171（箱）

缺货概率为5％，查表4-10得：安全系数＝1.65

统计资料期数为12，查表4-11得：d_2＝3.258

需求变动值＝（181－162）÷3.258＝5.832（箱）

订货点＝171×2＋1.65×$\sqrt{2}$×5.832＝356（箱）

结论：当该货物的库存量下降到356箱时就应该发出订货。

2. 订货批量的确定

在定量控制中，还需要确定另一个重要的决策变量即订货批量。订货批量是指一次订货所订的货物数量。订货批量的高低，不仅直接影响库存量的高低，还直接影响货物供应的满足程度。订货批量过大，虽然能够充分满足用户的需求，但是会导致库存量增大，库存费用增多，成本增加；订货批量太小，虽然能够降低库存，但难以保证满足用户的需求，可能导致缺货损失。因此，订货批量也应该适度。

1）影响订货批量大小的因素

（1）需求速度。需求速度越高，说明用户的需要量越大，因此订货批量也越大。

（2）经营费用。主要包括订货费用和储存费用。一般经营总费用低，订货批量就可能大；反之，订货批量就可能小。在确定订货批量时，需要综合考虑发生的各种费用，根据使总费用最小的原则来确定最经济的订货批量。

2）订货批量的计算

在定量控制法中对每一个具体的品种而言，每次订货批量是相同的，所以，对每个品种都要制定一个订货批量，通常可以经济订货批量作为订货批量。

经济订货批量（economic order quantity，EOQ）模型就是通过平衡订货成本和储存成本，确定一个最佳的订货数量来实现最低总库存成本的方法。通过经济订货批量模型所求得的最佳订货数量就是经济订货批量。

根据需求和订货到货间隔时间等条件是否处于确定状态，EOQ模型可分为确定条件下的模型和概率统计条件下的模型。由于概率统计条件下的经济批量模型比较复杂，在此只介绍确定条件下的经济订货批量模型。

（1）理想的经济订货批量（EOQ）模型。理想经济订货批量模型在所有经济订货批量模型中是最简单的一个，理想EOQ模型是建立在以下假设条件的基础上：

①只涉及一种产品；

②年需求量可知；

③需求率为常数；

④存货价格不变，不存在相关的折扣问题；

⑤生产提前期不变；

⑥各批量单独运送接收。

理想的经济订货批量的计算公式如下：

$$Q^* = \sqrt{\frac{2RK}{h}} = \sqrt{\frac{2RK}{CH}}$$

其中：

Q^*——经济订货批量；

R——需求速度；

K——每次订货费用；

h——单位货物单位时间储存费用；

C——货物单价；

H——单位时间储存费率。

例如，某仓库 A 产品年需求量为 16000 件，单位产品年保管费为 20 元，每次订货费用为 400 元，求经济订货批量。

解：
$$Q^* = \sqrt{\frac{2 \times 16000 \times 400}{20}} = 800（件）$$

注意：采用这种方法确定的订货批量，在实际操作中还需调整，使其尽可能接近一个包装单元，或者是它们的倍数，这样便于发货和配送运输。

（2）EOQ 的延伸。在实际应用中，必须根据实际情况对 EOQ 模型进行修正。这些实际情况有数量折扣、缺货情况下的购买延迟、价格上涨和多品种等。如果需要详细了解这些内容，请参阅运筹学中的存储论部分。

3. 定量控制法的优缺点

1）优点

（1）控制参数一经确定，则实际操作就变得简单了。实际中，经常采用"双堆法"来处理。所谓双堆法，就是将某商品库存分为两堆，一堆为经常库存，另一堆为订货点库存，当经常库存消耗完开始使用订货点库存时，就开始订货，不断重复操作。这样可减少经常盘点库存的次数，方便可靠。

（2）当订货量确定后，商品的验收、入库、保管和出库业务可以利用现有规格化器具和计算方式，有效地节约搬运、包装等方面的作业量。

（3）充分发挥了经济批量的作用，可降低库存成本，节约费用，提高经济效益。

2）缺点

（1）要随时掌握库存动态，严格控制安全库存和订货点库存，占用了一定的人力和物力。

（2）订货模式过于机械，不具有灵活性。

（3）订货时间不能预先确定，对于人员、资金、工作业务的计划安排不利。

（4）受单一订货的限制，对于实行多品种联合订货采用此方法时还需灵活掌握处理。

（二）定期控制法

定期控制法，又称定期订货法，是指按预先确定的订货间隔期间进行订货，以补充库存的一种库存管理方式。企业根据过去的经验或经营目标预先确定一个订货间隔期间，每经过一个订货间隔期间就进行订货，每次订货数量都不同，如图 4-18 所示。定期控制法是从时间上控制订货周期，从而达到控制库存量目的的方法。只要订货周期控制得当，既可以不造成缺货，又可以控制最高库存量，从而达到库存费用最小的目的。该方法的关键是要设定订货周期和最高库存量。

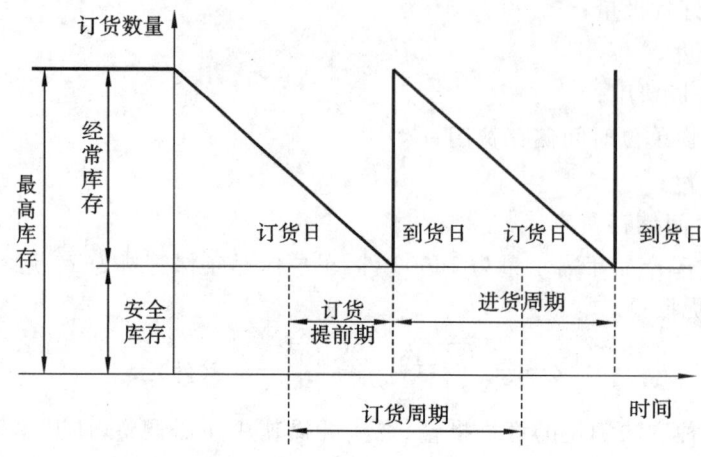

图 4-18　定期控制法示意图

1. 订货周期的确定

定期控制法中,需要确定订货周期。订货周期决定着订货的时机,它相当于定量控制法中的订货点。但是与定量控制法的订货间隔期不同,定量控制法的订货间隔期可能不等,而定期控制法的订货间隔期总是相等的。订货周期的长短直接决定了最高库存量的大小,进而决定了库存费用的大小。订货周期过长,库存水平就会过高;订货周期过短,则订货批次太多,订货费用增加。因此,订货周期应该定得适当。

通常以订货过程中发生的总费用最小为原则来制定定期控制法的订货周期。我们可以先写出订货过程总费用函数,然后对其变量求一阶导数,并使其等于0,从而求出经济订货周期 T。在一般情况下,经济订货周期的计算公式为:

$$T = \sqrt{\frac{2K}{Rh}}$$

其中:

T——经济订货周期;

R——需求速度;

K——每次订货费用;

h——单位货物单位时间储存费用。

在实际应用中,订货周期可以根据具体情况进行调整。例如,可以根据企业的生产周期来调整订货周期,也可以结合人们比较习惯的时间单位,如周、旬、月等来确定订货周期,从而与企业的生产计划、工作计划等相吻合。

2. 最高库存量的确定

确定了订货周期后,就要确定最高库存量。定期控制法的最高库存量必须满足 $T + T_k$ 期间的需求量,同时,考虑到随机发生的不确定库存需求,再设置一个安全库存量,其公式如下:

$$Q_{\max} = \overline{R}(T + \overline{T_k}) + Q_s$$

其中:

$Q_{\max}$——最高库存量；

$\overline{R}$——$(T+\overline{T_k})$期间的库存需求速度平均值；

T——订货周期；

$\overline{T_k}$——平均订货提前期；

Q_s——安全库存量。

3. 订货批量的确定

定期控制法的每次订货数量是不固定的，订货批量的多少是由当时的实际库存量的大小决定的。实际库存量是指检查库存时仓库实际拥有的能够用于销售的全部货物的数量。它不仅包括当时存于仓库中的货物数量，还包括已订未到货物数量（订货点时的在途到货量）和已经售出而尚未发货的待出货数量。订货批量的计算公式如下：

订货批量＝最高库存量－现有仓库中的库存量－已订未到货物数量＋待出货数量

上式中现有仓库中的库存量、已订未到货物数量和待出货数量是检查库存时实际所得数据，每次检查的值可能不一样，因此，每次计算的订货批量也不一样。

例如，某种货物一个月订货一次，平均每日需求量60件，安全库存量400件，平均订货提前期为一周，提出订货时盘点的实际库存量为800件，原订购下期到货的期货合同有500件，求该种货物下月的订购批量。

解：　　　　下月的订购批量＝$(30+7)\times 60+400-800-500=1320$（件）

4. 定期控制法的优缺点

1）优点

（1）通过订货数量调整，减少超储。

（2）周期盘点比较彻底、精确，避免了定量控制法每天盘存的做法，减少了工作量，提高了工作效率。

（3）库存管理的计划性强，有利于工作计划的安排，实行计划管理。

2）缺点

（1）安全库存量设置得较大，因为它的保险周期$(T+T_k)$较长，而且，$T+T_k$期间的需求量也较大，需求标准偏差也较大，因此需要较大的安全库存量来保证库存需求。

（2）每次订货的批量不固定，无法制定出经济订货批量，因而运营成本较高，经济性较差。

（三）ABC分类管理法

1. ABC分类管理法的概念

ABC分类管理法又被称为库存重点管理法。它起源于ABC分析法，是1951年由美国电气公司的迪克首先在库存管理中倡导和应用的。ABC技术体现了80/20法则的基本思想。

一般来说，企业的库存种类繁多且价格不尽相同，有的库存品种不多但是价值很高，而有的库存品种很多但价值不高。企业库存物流系统资源的有限性决定了对所有库存品种均给予相同程度的重视和管理是不可能的，也是不切实际的。而对库存品种进行分类管理，并将管理重点集中在重要的库存品种上，会使库存管理系统的资源得到更有效的利用。

ABC 分类管理法就是根据库存品种在技术经济方面的主要特征,对库存进行分类排队,分清重点和一般,从而有区别地进行库存管理的技术。它是一种简洁便利而又科学有效的技术方法。

在分类排队中,ABC 分类管理法将货物分为 A、B、C 三类。一般来说,A 类货物种类占全部库存货物种类总数的 10%左右,而其需求量却占全部货物总需求量的 70%左右;B 类货物占 20%左右,其需求量大致为总需求量的 20%左右;C 类货物种类占 70%左右,而需求量只占 10%左右。当然,ABC 分类并不仅局限于将库存分为三类,可以根据企业的实际需要进一步细分。但经验表明,库存品种的分类超过五类就会使库存控制成本上升。

ABC 分类管理法的应用,在储存管理中较容易取得以下的成效:①压缩了总库存量;②解放了被占压的资金;③使库存结构合理化;④节约了管理力量。

进行 ABC 的库存品种分类时,除了上述货物总需求量指标外,还可以使用诸如库存资金占用量、销售量、销售额、库存周转率、订货提前提、缺货成本等指标。但企业经常使用的指标是库存消耗额指标,即利用库存中每一品种的年消耗额(库存产品的年消耗量×库存品种单价)占企业总库存物资年消耗额的比重进行 ABC 类库存品种的划分。将年消耗额高的划归为 A 类,次高的划归为 B 类,低的划归为 C 类。

4-24　库存管理评价指标

2. ABC 分类管理法的一般步骤

ABC 分类管理法的一般步骤如下:

(1) 收集数据;

(2) 处理数据;

(3) 制作 ABC 分析表;

(4) 根据 ABC 分析表确定分类;

(5) 绘制 ABC 分析图。

例如,某公司库存货物有 50 个品种,下面对这 50 种货物进行分类。

第一步,收集数据。根据 ABC 分析需要,收集这 50 种货物的单价、年需用量。

4-25　典型案例

第二步,处理数据并制作 ABC 分析表。根据收集的数据进行相关数据的计算并汇总,按表 4-13 的内容进行处理,处理结果如表 4-14 所示。

3. ABC 分类管理法的管理策略

在对库存货物进行 ABC 分类后,应根据企业的经营策略对 ABC 三类货物采取不同的管理策略。

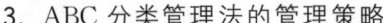

4-26　综合案例

(1) A 类货物品种少而占用资金多,是企业日常控制的重点。控制 A 类货物的主要措施是:

①精确计算每次订货量和再次订货量,严格按预定的数量、时间组织订货,适当减少每次订货数量和安全库存量,相应增加订货次数,尽量使实际库存处于较低水平,以节约储存费用。

②采用定期订货控制法,对库存货物实行定期检查和实地盘点,及时、准确地掌握实际库存量、未来需要量、订货点等各种情况,以保证日常控制工作的正常进行。

③密切注意市场变动,认真进行市场预测和经济分析,尽可能使每次订货量符合实际需

要,力求避免多储和少储。同时,还应加强库存监督,随时了解库存状况,防止出现缺货现象。

(2)B类货物的品种数和占用资金量处于"中间"状态,对其控制不必像A类货物那么严格,可以适当加大安全库存量以防紧急情况发生。但也不宜过于宽松,一般按大类确定订货数量和储备定额,并注意生产经营中的轻重和采购难易程度。

(3)C类货物数量较多而占用资金较少,如果像A类货物那样认真管理,费力不小,所获得的经济效益却不明显,故对其控制可粗略一些。一般采用定量订货控制,集中采购,并适当扩大储备定额、安全库存量和每次订货数量,相应减少订货次数。

 ## 本章思考题

一、选择题

1. 用地址编码法来进行仓储管理时,四组字符分别代表的顺序是( )。

A. 货架编号;货架层数;库房编号;每一层中的各储位的编号

B. 库房编号;货架编号;货架层数;每一层中的各储位的编号

C. 每一层中的各储位的编号;货架层数;货架编号;库房编号

D. 货架层数;货架编号;库房编号;每一层中的各储位的编号

2. ( )是存货人对仓储服务产生需求,并向仓储企业发出需求通知。

A. 入库申请　　　　B. 入库计划　　　　C. 入库准备　　　　D. 货物装卸

3. 企业在生产经营过程中为销售或者耗用而储备的物品称为( )。

A. 仓储　　　　　　B. 库存　　　　　　C. 储备　　　　　　D. 贮存

4. 订单品种较单一,批量大,可以进行( )。

A. 定时分拣　　　　B. 定量分拣　　　　C. 批量分拣　　　　D. 订单分拣

5. 以下既是进行仓库设计规划的主要依据,也是衡量仓库生产规模情况的主要数量指标的是( )。

A. 物品吞吐量　　　　　　　　B. 平均收发货时间

C. 库存物品的周转率　　　　　D. 仓库作业效率

二、判断题

1. 电子商务与移动电子商务都是基于网络完成商务活动,二者没有区别。( )

2. 所谓仓储管理,是指服务于一切库存物资的经济技术方法与活动。( )

3. 仓储活动可以分为向社会提供仓储服务的商业仓储和为企业生产和经营服务的企业自营仓储。( )

4. 现代仓库的功能已由保管型向流通型转变,即仓库由原来的存储、保管货物的中心向流通、销售的中心转变。( )

5. 不同批次的商品可以拼堆在一个货垛或货位上。( )

三、思考题

1. 简述订单处理的过程。

2. 绘出出入库作业流程图,并简要说明各业务环节的工作内容。

3. 比较分析各种拣选策略的优缺点。

4. 调查一个配送中心，了解储位管理意义、原则和分区方法。

5. 调查一个物流企业，了解盘点管理重要性和基本程序、方法。

6. 论述定期控制法和定量控制法的基本原理。

7. 调查一个仓库或配送中心，了解 ABC 分类库存管理法的意义及基本思路。

四、计算题

1. 某货物全年需求量 12000 件，单价 20 元，年储存费率为 12%，每次订购费用平均 64 元，求该种货物的经济订货批量。

2. 某种货物 20 天订货一次，平均每日需求量 50 件，安全库存量 150 件，平均订货提前期为 5 天，提出订货时盘点的实际库存量为 300 件，原订购下期到货的期货合同有 100 件，求该种货物下月的订购批量。

3. 已知某货物最大订货提前期为 3 个月，月平均需求量为 150 个，安全系数为 1.65，每月需求量的偏差为 15 个，请计算再订货点。

第五章
电子商务包装与流通加工

本章导读

了解电子商务包装的概念和分类,掌握包装的功能;了解电子商务包装材料的含义,理解包装材料的性能;了解包装容器的种类,学会根据包装功能、特点选用电子商务包装容器;了解电子商务商品运输包装标志和商品包装设计,掌握商品包装合理化、标准化的内容;理解电子商务流通加工的概念、作用和内容,了解流通加工设备;了解不合理的流通加工形式,掌握电子商务流通加工合理化的措施。

引言案例

科颜氏(Kiehl's)1851年创立于纽约曼哈顿,科颜氏糅合了美容、药草、药学及医学等专业领域的知识背景,建立了其独特的形象,进而发展成全方位的药局,并推出第一个以科颜氏命名的保养品;160多年来,科颜氏仍努力不懈地致力于提供专用的顶级保养产品。2009年6月,科颜氏正式踏入中国内地开设专柜。

随着线上购买渠道的迅猛发展,也为电商产品包装带来新的机会。电商、物流包装取代了线下门店带来的体验与服务,成为建立品牌形象、传递文化理念的第一道门面,不可谓不关键。综合以上的内容,科颜氏理想的电商包装需要兼具功能性与品牌精神。它做到了了吗?

线上渠道的科颜氏包装如图5-1所示,不仅展示品牌名称,还凸显品牌历史,周身印上科颜氏明星产品的图案,采用高质感的牛卡纸,无传动透明胶带的踪影,撕拉处完美融入原本的LOGO外箱设计,开箱后,摇盖上还印有科颜氏简短宗旨。科颜氏所采用的包装不仅外表美观,增强了品牌的影响力,而且商家打包快速,为电商企业减本增效。对于顾客而言,这种包装拆包简单,提升了顾客的体验感;拆包后也能轻松压平存放,回收便利,绿色环保。科颜氏的包装既能完好无损为内部产品做到防护,又能让消费者在接受包裹、拆箱的同时感受科颜氏坚持天然好品质、具有社会责任感的精神。

图 5-1　科颜氏包装

（资料来源：快乐包官网，有改动。）

【思考与分析】

1. 请结合案例谈谈你对包装的认识。

2. 请结合案例思考：包装有哪些功能？

第一节　电子商务包装

一、包装的概念和分类

（一）包装的概念

在我国国家标准《包装术语》（GB/T4122.1-2008）中，对包装所下的定义是："所谓包装（package/packaging）是指为在流通过程中保护产品，方便储运，促进销售，按一定技术方法而采用的容器、材料及辅助物等的总体名称，也指为了达到上述目的而采用容器、材料和辅助物的过程中施加一定方法的操作活动。"简而言之，包装是包装物及包装操作的总称。

5-1　典型案例

人们对包装概念的理解应用，是随着社会生产的发展不断变化的。早期人们对商品进行包装，主要是为了保护商品；随着科学技术的不断进步和商品经济的发展，人们对包装的认识不断深化，对其赋予了新的内容，即要方便商品运输、装卸和保管，它是商品在生产领域的延续。现代包装，又向消费领域延伸，成为"无声的推销员"。从物流的角度来看，包装是生产的终点，但却是物流的起点。

一般来说，商品包装的作用主要有四个方面。

（1）保护商品。这是最重要的作用，它是指保护被包装的商品，防止风险和损坏，诸如渗漏、浪费、偷盗、损耗、散落、掺杂、收缩和变色等。产品从生产出来到使用之前这段时间，保护措施是很重要的，包装如不能保护好里面的物品，这种包装则是一种失败。

（2）促进销售。促进某种品牌的销售，特别是在自选商店里更是如此。在商店里，包装吸引着顾客的注意力，并能把他们的注意力转化为兴趣。有人认为，每个包装箱都是一个广告牌。良好的包装能够提高新产品的吸引力,包装本身的价值也能引起消费者购买某个产品的动机。此外,提高包装的吸引力要比提高产品单位售价的代价要低。

（3）方便物流。制造者及营销者要把产品从一个地方搬到另一个地方,牙膏或钉子放在纸盒内可以很容易在库房里搬动,酱菜和洗衣粉不方便包装,已被现在的小包装所取代,这使制造者及营销者运送起来就非常方便。

5-2 2020年
电子商务包装
消费比 2019
年增长 42%
新闻

（4）方便消费。为了辨别,包装上必须注明产品型号、数量、品牌以及制造厂家或零售商的名称。包装能帮助库房管理人员准确地找到产品,也可帮助消费者找到他想买的东西。

（二）包装的分类

现代商品包装的门类繁多,品种复杂,这是由于要适应各种商品性质差异和不同运输工具、装卸搬运条件、自然环境等的要求和目的,使包装在设计、选料、包装技术、包装形态等方面出现了多样化。

商品包装可以从多个角度进行划分,具体来说,可以按形态、功能、运输工具、包装方法、包装材料等进行分类。

1. 按形态分类

按包装形态分,可以将商品包装分为个装、内包装和外包装。

个装（single package）是指物品按个进行的包装,目的是提高商品的价值或保护物品;内包装（inner package）是指包装货物的内部包装,目的是防止水、湿气、光热和冲击碰撞对物品造成的破坏;外包装（exterior package）是指货物的外部包装,即将物品放入箱、袋、罐等容器中或直接捆扎,并添加标示、印记等,其目的是便于对物品的运输、装卸和保管,以保护物品。

2. 按功能分类

按包装功能分,可以将商品包装分为工业包装和商业包装。

工业包装（industrial package）是指以保护运输和保管过程中的物品为主要目的的包装,也称之为运输包装。其特点是在满足物流要求的基础上使包装费用越低越好,它相当于外包装（包含内包装）。商业包装（commercial package）是以促进商品销售为主要目的的包装,其本身构成商品的一部分,也称作零售包装或消费包装。这种包装的特点是外形美观,有必要的装潢,包装单位适于顾客的购买量以及商店陈设的要求,相当于个装。

对于某些商品,商业包装与工业包装往往有矛盾。例如,为了便于运输,包装往往应当结实,但外部形体不够美观,因而不利于销售;反之,促进销售效果的优美的商业包装,大多比较单薄,强度较低,保护效果较差。尽管工业包装和商业包装有明显的区别,但是,两者近年来也有相互接近的倾向。为了实现物流的合理化,工业包装采用与商业包装同样的创意,工业包装同时具有商业包装的功能,例如,家电产品包装就呈现出这种趋势。

3. 按运输工具分类

按物资运输工具的不同,可以将商品包装分为铁路货物包装、卡车货物包装、船舶货物包装和航空货物包装等。

这种分类方法基于不同的运输工具采取不同的包装技术。无论采用哪种包装形式，其共同特点是最大限度地使用运输工具、减少空载吨位。如船舶货物包装需要具有一定的耐压程度，还要具有抵抗搬运中较大震动的能力。铁路货物包装有小包装、行李装、混装货物等，在利用铁路运输时，必须施以相应的包装技术。利用飞机运输物资时，对包装的特征与重量又有限制。在新的物流条件下，卡车、火车、船舶的联合运输，在包装上应尽可能达到多种运输的要求。

4. 按包装方法分类

按照包装方法分，可以将商品包装分为防湿包装、防锈包装、缓冲包装、收缩包装和真空包装等。

5. 按包装材料分类

常用包装材料有纸、塑料、木材、金属、玻璃等。从各个国家包装材料生产总值的比较看，使用最为广泛的是纸及纸制品，其次是木材及木材制品，塑料及塑料制品的使用量则在快速增长。包装材料分类如表 5-1 所示。

表 5-1　包装材料分类

材料大类	材料细分	材料特点
纸及纸制品	牛皮纸、玻璃纸、植物羊皮纸、沥青纸、油纸和蜡纸、板纸、瓦楞纸板	质轻、耐摩擦、耐冲击、质地细腻、容易黏合、无味、无毒、价格较低等
塑料及塑料制品	聚乙烯、聚丙烯、聚苯乙烯、聚氯乙烯、钙塑料材料	气密性好、易于成型和封口、防潮、防渗透、防挥发、透明度高、化学性能稳定、耐酸、耐碱、耐腐蚀等
木材及木材制品	原木板纸、胶合板、纤维板、刨花板	抗压、抗震、抗挤、抗冲撞等
金属	马口铁、金属箔、铝合金	马口铁坚固、耐腐蚀、容易进行加工，而且防水、防潮、防摔等
玻璃、陶瓷		不怕腐蚀、强度高、能进行装潢装饰
复合材料	纸基复合材料、塑料复合材料、金属复合材料	
辅助材料	黏合剂、黏合带、捆扎材料	

 典型案例 5-1

可口可乐包装：玻瓶、塑瓶、铁罐齐上阵

品牌一向被可口可乐视为最重要的资产，而包装策略则是品牌最外在的表现。可口可乐的品质百年不变，但几乎每隔几年就会对自身的品牌形象进行一次细节上的调整和更换，以适应不断变化的市场。可口可乐认为：一个有效的包装策略应该兼顾独创性，并以满足消费者的需求为导向。

20 世纪初,可口可乐公司斥资 600 万美元,买下了"仕女身型"玻璃瓶包装设计的专利,并将它投入生产,从此可口可乐的瓶身设计成为传世经典。后来为了更好地满足消费者在不同情境(如家庭饮用、个体饮用)下的饮用需求,可口可乐把其系列产品按包装材质划分为 PET(塑料瓶)、RB(玻璃瓶)、CAN(易拉罐)、POM(现调杯)等类型,并按容量分为 355 ml、60 ml、1.25 l、1.5 l、PET2 l、PET2.25 l 等,以便更加灵活、主动地来迎合消费者的购买需求,保持顾客的满意及认可度。譬如,PET600 ml 包装特点是便于携带,适合消费者在多种场所饮用;PET1.5 l 包装容量大,适合家庭饮用。

从最初经典的玻璃瓶,到后来风靡全球的塑料瓶,再到现如今绿色环保的可降解 PET 瓶身,"传承经典,开拓创新",是可口可乐瓶身设计的真实写照,每个细节都体现出可口可乐公司成功的营销哲学。

(资料来源:百度文库,有改动。)

【思考与分析】

1. 可口可乐的包装按照形态分类属于哪种类型的包装?

2. 你认为可口可乐的包装有哪些优、缺点?

二、包装的功能

(一) 包装在运输活动中的效用

在运输活动中,运输包装件不仅与运输设备有关,还与运输时间有关。在这些关系中,运输包装件有提高装载率、提供保护和缩短运输时间等三个方面的效用。

1. 提高装载率

在运输活动中,与运输设备容积利用率有关的运输包装件因素有两个,一是尺寸,二是结构和材料。商品运输包装的尺寸主要是指底面尺寸。如果它能与运输设备间有模数配合,就能大大提高设备容积利用率。以火车车皮为例,假设它的长、宽、高三个方向上的装载率都只有 90%,那么车皮装载效率仅为 $0.9 \times 0.9 \times 0.9 = 0.729$,即只有 72.9%,这说明有 27.1% 的装载空间未被利用。采用标准模数的集合包装,较易解决提高设备利用率的问题。此外,合理的运输包装件结构和材料也能提高运输设备容积的利用率,如有内部支撑件的运输包装件,可以堆码高一些,能提高运输设备容积利用率。当然,这要增加包装的费用,只有在提高装载率和增加包装费用两方面进行权衡,才能进行决策。

2. 对内装货物提供保护

运输包装件在空间转移中往往受到冲击力和振动力而受到损伤。一般来说,铁路运输中冲撞振动的机会较多,运输时间也长,损坏的可能性最大,汽车运输次之,航空运输的损坏率最小。在实际工作中,三种运输方式的费用是不同的,铁路运输的费用最低,汽车费用次之,航空费用最高。对于运输包装来说,其保护效用的好坏必然与包装费用的高低成正比关系。因此,合理运输包装的采用应权衡包装费用与运输方式之间的关系。通常,极易损坏和价格昂贵的商品,不宜增加包装费用,而宜采用空运。

在运输活动中,运输包装的保护效用还体现在满足运输途中和运输目的地的气候自然

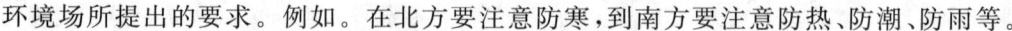

环境场所提出的要求。例如。在北方要注意防寒,到南方要注意防热、防潮、防雨等。

3. 缩短运输时间

例如,采用集合包装有利于运输活动的有效管理,减少差错,大大缩短运输时间。

(二)商品运输包装在装卸活动中的效用

在装卸活动中,运输包装件不仅与装卸过程所受到的物理作用有关,也与装卸效率有关。在装卸过程中,不管是机械装卸还是人力装卸,都会有跌落的情况。一般来说,机械装卸比人工装卸跌落的次数少,跌落的高度也较低。实际经验表明,为避免损伤而提供的包装保护,对于机械装卸要简单一些,而对于人力装卸要困难一些,因为人力搬运所造成的货物损伤,有不少是出于搬运工人的体力和精神上的原因,以致装卸中发生的索赔事件大部分是由于搬运失误而造成的。以人力进行换装时,包装必须将单件毛重控制在能为人力所搬动的限度内,还要求包装的外形尺寸适合于人工操作。包装物过大,人工操作感到困难;包装物过轻过小,则人工装卸搬运的操作频率增加,也容易引起疲势和降低效率。在适应人力装卸上,为了有效提高效率,运输包装件一般不超过 25 千克,包装件的宽度不宜超过肩宽,包装件应装有把手、方便抓拿,以保证人力装卸的效率。为了提高装卸效率,运输包装件的集装化是一个必然趋势。集装能减少货物单位的总件数,由此可缩短装卸时间、提高效率。如果运输过程中全部使用叉车式装卸车进行装卸搬运,单件毛重就没有必要过小,可以在交易约定的限度内,采用较大的包装。

(三)商品运输包装在保管活动中的效用

在保管活动中,运输包装件不仅与保管设备有关,而且与和时间有关的物理作用有关,还与仓库的自动化管理有关。保管中仓库的高堆垛和高密度储存可节省建筑费用和占地面积,但高堆垛超过一定限度就会因包装压坏而造成损失。如一件重 20 千克重的纸箱包装货物,它的耐压能力为 8 层高重 160 千克,那么,在堆放 8 层后,即使距仓库顶部还有富余空间,也不能再堆放第 9 层。因此,如果运输包装以其尺寸标准化来适应保管设备,以其足够的抗压强度来适应保管中所受到的静压力,那就一方面能有效利用仓库的容积,另一方面能减少包装压坏而造成的损失。

一般来说,要提高包装件的抗压强度,就需要增加包装费用。而立体仓库的出现就能做到在不增加包装费用的前提下充分利用仓库容积。伴随立体仓库而来的仓库管理自动化,还可通过随机储存而提高空间利用率,也可减少货物损失。

(四)运输包装与商品特性配合中的效用

从商品包装的从属性和商品包装的系统观可知,商品的特性也是影响包装效用的要素,特别是包装的保护和提高物流效率两个效用,在多数情况下,必须充分注意商品的特性,否则便无法实现。商品的特性对包装的影响如下:

(1)产品的物态不同,需要不同的容器。产品除适合直接装箱的固态刚性体和软性体外,还有粉状、粒状、油状、胶状、液体、气体等物态,这就需要各种袋、桶等不同形状的包装容器。这些容器必须注意密封,要严防渗漏。

（2）产品有不同的外形，有方形、球形、多面形、锥形、细长形等，这就要求具有固定良好、体积小，且方便搬运的包装。

（3）产品有不同的比重、容量，有轻重之分。对于重量轻的松泡产品如羽绒服等应设法压缩体积，设计的包装要保证在堆放中不被压坏，跌落中不破损；对于重量大的产品如小五金等，则其包装要注意强度，要保证在搬运中不会破损。

（4）产品有不同的强度，有的易损坏，有的不易损坏。对于容易受冲击或震动损坏的产品如仪器、家用电器等，一定要采用不同形式的缓冲包装。

（5）有些商品有怕潮、怕霉、怕锈的特点，其包装必须采取防潮、防霉、防锈等措施。有的产品如皮毛、纺织品有怕虫蛀的特点，则要注意防虫。

（6）有些产品有怕异味的特点，如一些食品和药品。异味可能来自包装，也可能来自周围其他商品，在设计包装和流通管理中要注意这一点。

（7）有些产品有易腐败变质的特点，这就要求采用冷冻包装或采用真空包装、充气包装等包装形式来防止产品变质。

（8）有些产品有易燃易爆的特点，如黄磷易燃、过氧化氢易爆等，必须采取有效措施来防护，并且要有明显的说明、特殊的标志和注意事项。

（9）有些产品有易死亡的特点，这主要指活鱼、活鸡等商品，这就需要采取特殊的包装来防止或减少其死亡。

（10）有些产品具有有毒性的特点，这就要求设计严密不漏的包装，与外界隔绝，严防渗漏，并有明显标志。

5-3　典型案例

三、包装材料和容器

（一）包装材料

包装材料（Packaging Material）是指用于制造包装容器、包装装潢、包装印刷、包装运输等满足产品包装要求所使用的材料，它既包括金属、塑料、玻璃、陶瓷、纸、竹本、野生蘑类、天然纤维、化学纤维、复合材料等主要包装材料，又包括捆扎带、装潢、印刷材料等辅助材料。

从现代商品包装具有的使用价值来看，包装材料应具有以下几个方面的性能。

5-4　新规实施在即企业提前布局（视频）

1. 保护性能

保护性能主要指保护内装物，防止其变质，保证其质量。对此应研究包装材料的机械强度、防潮防水性、耐腐蚀性、耐热耐寒性、透光性、透气性、防紫外线穿透性、耐油性、适应气温变化性、无毒、无异味等。

2. 加工操作性能

加工操作性能主要指易加工、易包装、易填充、易封闭，且效率高而适应自动包装机械操作。对此应研究包装材料的刚性、挺力、光滑度、易开口性、热合性、防静电性等。

3. 外观装饰性能

外观装饰性能主要指材料的形、色、纹理的美观性，能产生陈列效果，提高商品价值和激发购买欲望。对此应研究包装材料的透明度、表面光泽、印刷适应性、不因带静电而吸尘等。

4. 方便使用性能

方便使用性能主要指便于开启包装和取出内装物，便于再封闭，对此应研究包装材料的开启性能、不易破裂等。

5. 节省费用性能

节省费用性能主要指经济合理地使用包装材料，对此要研究节省包装材料费、包装机械设备费用、劳动费用。

6. 易处理性能

易处理性能主要指包装材料要有利于环保，有利于节省资源，对此要研究回收再生等。包装材料在整个包装工业中占有重要地位，是发展包装技术、提高包装质量和降低包装成本的基础。因此，了解包装材料的性能、应用范围和发展趋势，对合理选用包装材料，扩大包装材料来源，采用新包装和加工新技术，创造新型包装和包装技术，提高包装技术水平与管理水平，都具有重要的意义。

（二）包装容器

包装容器是包装材料和造型结合的产物，包括包装袋（有集装袋、一般运输包装袋和小型包装袋）、包装盒、包装瓶、包装罐和包装箱。下面主要介绍包装箱。列入现代物流包装行列的主要有瓦楞纸箱、木箱、托盘集合包装、集装箱和塑料周转箱，它们在满足商品运输包装功能方面各具特点，必须根据实际需要合理地加以选用。

1. 瓦楞纸箱

瓦楞纸箱是采用具有空心结构的瓦楞纸板，经过成型工序制成的包装容器。瓦楞纸箱采用包括单瓦楞、双瓦楞、三瓦楞等各种类型的纸板作包装材料。

瓦楞纸箱的应用范围非常广泛，几乎包括所有的日用消费品，包括水果、蔬菜、加工食品、针棉织品、玻璃陶瓷、医药药品等各种日用品以及自行车、家用电器、精美家具等。

瓦楞纸箱有很多优点：瓦楞纸箱的设计可使它具有足够的强度，富有弹性，且密封性好；便于实现集装箱化；便于空箱储存；瓦楞纸箱的箱面光洁，印刷美观，标志明显，便于传达信息；它的体积重量比木箱要小要轻，有利于

5-5 包装容器图示

节约运费；纸箱耗用资源比木箱要少，其价格自然比木箱低，经废品回收，还可造纸，可节省资源。

当然，瓦楞纸箱也有一些不足之处，主要是抗压强度不足和防水性能不好，这两项都会影响瓦楞纸箱的基本功能——保护功能的实现。

2. 木箱

木箱是一种传统包装容器，虽然在很多情况下已逐步被瓦楞纸箱取代，但与瓦楞纸箱相

比,木箱在某些方面仍有其优越性和不可取代性,加上目前木箱还比较适合我国包装生产和商品流通的现状,所以木箱在整个运输包装容器中仍占有一席之地。常见的木箱有木板箱、框板箱和框架箱三种。

木板箱一般用于小型运输包装容器,能装载多种性质不同的物品,有较大的耐压强度,但箱体较重,防水性较差。框板箱是由条木与人造板材制成的箱框板,再经钉合装配而成的。框架箱是由一定截面的木条构成箱体的骨架,再根据需要在骨架外面加木板覆盖。

3. 托盘集合包装

托盘集合包装是把若干件货物集中在一起,堆叠在运载托盘上,构成一件大型货物的包装形式。托盘集合包装是为适应装卸和搬运作业机械化而产生的一种包装。

托盘集合包装是一类重要的集合包装,它区别于普通运输包装件的特点是在任何时候都处于可转入运动的状态,使静态的货物变成动态的货物。从不同角度看,托盘集合包装既是包装方法,又是运输工具,也是包装容器。从小包装单位的集合来看,它是一种包装方法;从它是适合运输的状态来看,它是一种运输工具;从它对货物所起的保护功能来看,它又是一种包装容器。

4. 集装箱

集装箱作为一种运输设备,应满足下列要求:

(1)具有足够的强度,可长期反复使用。

(2)适于一种或多种运输方式运送,途中转运时,箱内货物不需要换装。

(3)具有快速装卸和搬运的装置,特别便于从一种运输方式转移到另一种运输方式。

(4)便于货物装满和卸空。

(5)具有 1 m³ 及以上的容积。

集装箱是密封性好的大型铁制包装箱。用集装箱可实现最先进的运输方式,即"门对门"运输,从发货人仓库门送到收货人仓库门前。

集装箱属于大型集合包装,具有既是运输工具又是包装方法、包装容器的特点。在适应现代化物流方面,它比托盘集合包装更具有优越性。

5. 塑料周转箱

塑料周转箱是一种适合短途运输,可以长期重复使用的运输包装。同时,它是一种敞开式的、不进行捆扎、用户也不必开包的运输包装。一切厂销挂钩、快进快出的商品都可采用周转箱,如饮料、肉食、豆制品、牛奶、糕点、禽蛋等食品。

过去的周转箱都采用木箱,近年出现了新型的塑料周转箱,逐步取代了木箱。塑料周转箱在保护商品、节约费用、提高服务质量等方面取得很大作用,使得周转箱的应用范围逐步扩大。

塑料周转箱的重量轻,体积小,费用低,搬运方便;可提高安全度,不会发生箱底脱落现象,玻璃瓶的破损率大大降低。塑料箱的采用,可以节约宝贵的木材资源,但塑料周转箱的一次性投资大,成本高;空箱要占用运输储存费用;密封性差,在某些情况下有碍卫生;缺少标志,给物流管理带来了一定困难。

四、电子商务包装技术

（一）电子信息组合包装

所有商品的包装物上带有关于商品选购与使用的一切信息（以数码形式贮存于微芯片中），工作人员的手推车上装有专用的扫描仪和微型计算机，工作人员可以很方便地用此装置读取包装上的所有信息（名称、成分、功能、产地、保质期、重量、价格、使用指南、警告等），甚至还能计算和画出同类产品的容量价格比图线。这种电子组合包装的出现，使工作人员的采购行为既省力又方便。带有电子数据信息的包装涵盖面很广，可以运用在包括食品在内几乎所有产品上。

5-6 包装技术

（二）E-包装解决方案

1. E-包装的概念

E-包装是对传统包装功能的拓展，是信息技术在包装中的应用。重要的是 E-包装使用了传统包装所没有的信息技术，这使得商品在外观、功能、产品包装的实施、物流管理等方面都不同于传统产品的包装。E-包装的关键创新之处在于其无须人工接触、无须光学可视、无须人工干预即可完成信息输入和处理，完全优化产品的供应链。

5-7 典型案例

2. E-包装的组成与优势

E-包装的主要组成部分包括能源、智能标签、电子导电油墨、电子纸等部分。E-包装对于传统包装的改革主要体现在信息的传送和通信上，其优势主要表现在：凸现商品包装上的个性化信息；使商品包装能够实现标准化；通过个性化的 E-包装和难以篡改的防伪技术来保护商品；优化商品的货架寿命，便于零售商对商品的管理；优化商品供应链，使物流管理达到最优化；保护消费者权益，保证消费者不会买到假货或过期商品；便于商品信息和消费者消费信息的搜集和管理，为零售商和产品制造商提供最有效的市场调研信息。

5-8 典型案例

3. E-包装的应用前景

E-包装这种智能包装技术可以应用在供应链的各个环节，如可以用电子纸来制作折叠纸盒，这样就可以在盒子上显示任何想显示的个性化信息。在产品仓储时也可以用 E-包装来实现管理，如在外包装上装有一个温度传感器，当仓储温度超过某一设定温度时，就发出警告信息；在 E-包装上设定保质期来决定是否购买某一商品等。另外，E-包装材料的重复使用也可以大大节省包装材料。可以看出，E-包装在包装的各个环节都可以发挥重要的作用。

5-9 典型案例

五、商品包装的管理

（一）商品运输包装标志

运输包装标志主要是应物流管理的需要而产生的。商品在物流流动中要经过多环节、多层次的运输和中转,要完成各种交接,这就需要标志来识别货物;包装货物通常为密封容器,经手人很难了解内装物是什么,同时内部产品性质不同,形态不一,轻重有别,体积各异,保护要求也就不一样。物流管理中许多事故和差错常常是因为标志不清或错误而造成的,如错发、错运、搬运装卸操作不当、储存保管不善等。所有这些都说明包装标志对有效地进行装卸、运输、储存等物流活动起着重要影响。

包装标志就是指在运输包装外部采用特殊的图形、符号和文字,表明运输相关信息。其作用有三:一是识别货物,实现货物的收发管理;二是明示物流中应采用的防护措施;三是识别危险货物,暗示应采用的防护措施,以保证物流安全。因此,运输标志也区分为三类:一是收发货标志,或叫包装识别标志(见图 5-2);二是储运图示标志(见图 5-3);三是危险货物标志(见图 5-4)。

图 5-2　几种常见的包装识别标志　　　　图 5-3　几种常见的储运图示标志

(二)商品包装设计

为货物设计包装时,必须了解货物本身的特性,以及运输和存储环境条件,并从以下几方面进行考虑。

(1)保护性:包装是否能够达到货物的保护要求。

(2)装卸性:货物在运输工具上装卸及仓库中存取是否方便、高效。

(3)作业性:对货物的包装作业是否简单、容易操作。

(4)便利性:货物开包是否方便,包装物处理是否容易。

图 5-4　几种常见的危险货物标志

（5）标志性：包装物内物品的有关信息（如品名、数量、重量、装运方法、保管条件等）是否清楚。

（6）经济性：包装费用是否恰当。

深入了解产品因素和物流因素是进行合理包装的重要前提，否则就无法确定保护等级要求和进一步选择包装材料、容器、技法、标志等。

（三）商品包装合理化

商品包装作为电子商务物流的起点，对整个物流的过程起着重要的作用，因而，在设计商品包装的时候，必须进行认真的考虑，以实现商品包装的合理化。商品包装的设计必须根据包装对象的具体内容进行考虑。

1. 包装合理化的概念

包装合理化，一方面包括包装总体的合理化，这种合理化往往用整体物流效益与微观包装效益的统一来衡量；另一方面也包括包装材料、包装技术、包装方式的合理组合及运用。

2. 包装不合理的表现

（1）包装不足。包装不足指的是以下几方面：包装强度不足，从而使包装防护性不足，造成被包装物的损失;包装材料水平不足,材料不能很好承担运输防护及促进销售作用;包装容器的层次及容积不足,缺少必要层次与不足所需体积造成的损失;包装成本过低,不能保证有效的包装。由于包装不足,造成的主要问题是增加物流过程中的损失和降低促销能力,这一点不可忽视。我国曾经进行过全国包装大检查,经过统计分析,认定由于包装不足引起的损失,一年高达 100 亿元以上。

（2）包装过剩。包装过剩指的是以下几方面:包装物设计强度过高,如包装材料截面过大、包装方式大大超过强度要求等,从而使包装防护性过高;包装材料选择不当,选择过高,如可以用纸板却不用而采用镀锌、镀锡材料等;包装技术过高;包装层次过多,包装体积过大;包装成本过高。一方面,包装过剩,可能使包装成本支出大大超过减少损失可能获得的效益;另一方面,包装成本在商品成本中比重过高,损害了消费者利益。

3. 包装合理化的途径

（1）包装的轻薄化。由于物流包装只是起保护作用,对产品使用价值没有任何意义,因此在强度、寿命、成本相同的条件下,采用更轻、更薄、更短、更小的包装,可以提高装卸搬运的效率。而且,轻薄短小的包装一般价格比较便宜,如果用作一次性包装还可以减少废弃包装材料的数量。

（2）包装的单纯化。为了提高包装作业的效率,包装材料及规格应力求单纯化,包装规格还应标准化,包装形状和种类也应单纯化。

（3）包装的标准化。包装的规格和托盘、集装箱关系密切,应考虑到和运输车辆、搬运机械的匹配,从系统的观点制定包装的尺寸标准。

（4）包装的机械化。为了提高作业效率和包装现代化水平,各种包装机械的开发和应用很重要。

（5）包装的绿色化。绿色包装是指无害少污染的符合环保要求的各类包装物品,主要包括纸包装、可降解塑料包装、生物包装和可食用包装等。这是包装合理化的发展主流。

5-10 包装的
绿色化解析

（6）包装设计合理化。包装设计需要运用专门的设计技术,将物流需求、加工制造、市场营销及产品设计等因素结合起来综合考虑,尽可能满足多方面的需要。当然,对物流包装来说,设计中考虑的首要因素是货物的保护功能。包装设计基本上决定了货物的保护程度,但不能忽视费用问题。包装设计应正好符合保护货物的要求,过度的包装会增加包装费用,而且包装的尺寸大小会影响运输工具和仓库容积使用率。

5-11 典型案例

（四）商品包装标准化

商品包装的标准化就是要制定、贯彻和修改商品包装标准。商品包装标准化对于现代企业具有重要的意义。商品包装的标准化,可以大大减少包装的规格型号,从而提高包装的生产效率,便于商品的识别和计量;可以提高包装的质量,节省包装的材料,节省流通的费用,而且也便于专用运输设备的应用;可以从法律的高度促进可回收型包装的使用,促进商品包装的回收利用,从而节省社会资源,产生较大的社会和经济效益。

5-12 典型案例

第二节　电子商务流通加工

一、流通加工的概念和作用

流通加工是物流中具有一定特殊意义的物流形式。一般来说,生产是通过改变物的形式和性质创造产品的价值和使用价值的,而流通则是保持物资的原有形式和性质,以完成其所有权的转移和空间形式的位移。物流的包装、储存、运输、装卸等基本功能并不改变物流对象的物理和化学属性。但是为了提高物流速度和物资的利用率,在物资进入流通领域后,还需按用户的要求进行一定的加工活动,即为了促进销售、维护产品质量、实现物流的高效率所采取的使物品发生物理和化学变化的活动,就是流通加工活动。

5-13　典型案例

（一）流通加工的内涵

按照国家标准《物流术语》(GB/T18354—2006),流通加工(Distribution Processing)是指物品在从生产地到使用地的过程中,根据需要施加的简单作业活动(如包装、分割、计量、分拣、刷标志、拴标签、组装等)的总称。

流通加工与一般生产型加工在加工方法、加工组织和生产管理方面并无显著区别,但在加工对象和加工程度方面差别较大,具体表现在以下几个方面,如表 5-2 所示。

表 5-2　流通加工和生产加工的区别

项　　目	生 产 加 工	流 通 加 工
加工对象	原材料、零配件、半成品	进入流通过程的产品
所处环节	生产过程	流通过程
加工程度	完成大部分、复杂的加工	完成简单的、辅助性的补充加工
附加价值	创造价值和使用价值	完善其使用价值并提高价值
加工单位	生产企业	流通企业
加工目的	交换、消费	消费、流通

从加工对象看,流通加工的对象是进入流通过程的商品,具有商品的属性。而生产加工的对象不是最终产品,而是原材料、零配件或半成品,并使物品发生物理或者化学变化。

从所处环节看,生产加工是在生产过程中进行的,而流通加工则处于流通过程。

从加工程度看,流通加工大多是简单加工,而不是复杂加工,是为更好地满足需求对生产加工环节的一种补充,绝不是对生产加工的取消或代替。

从价值观点看,生产加工的目的在于创造价值及使用价值,以满足消费者的需求,而流通加工的目的则在于完善商品的使用价值,多数是在对商品不做大的改变的情况下提高商品的价值。

从加工责任人看,流通加工是从事物流活动并能密切结合流通需要的物流经营者组织的加工活动,如商业企业、物资企业、运输企业等所做的流通加工作业。而生产加工则由生产企业完成。

从加工目的看,生产是为交换、消费而进行的,而流通加工的一个重要目的是消费(或再生产),这一点与商品生产有共通之处。生产加工有时也以流通为目的,纯粹是为流通创造条件,创造价值及使用价值,而流通加工则是完善其使用价值。

（二）流通加工的作用

流通加工的作用可以归结为以下几个方面。

1. 提高原材料利用率

5-14 流通加工产生的原因

通过流通加工进行集中下料,将生产厂商直接运来的简单规格产品,按用户的要求进行下料。例如,将钢板进行剪板、裁切,钢筋或圆钢裁制成毛坯,木材加工成各种长度及大小的板、方等。集中下料可以优材优用、小材大用、合理套裁,有很好的技术经济效果。北京、济南、丹东等城市对平板玻璃进行流通加工(集中裁制、开片供应),玻璃利用率从 60％左右提高到 85％～95％。

2. 进行初级加工,方便用户

用量小或满足临时需要的用户,不具备进行高效率初级加工的能力,通过流通加工可以使用户省去进行初级加工的投资、设备、人力,方便了用户。目前发展较快的初级加工将水泥加工成混凝土,将原木或板、方材加工成门窗,钢板预处理、整理等加工。

3. 提高加工效率及设备利用率

在分散加工的情况下,加工设备由于生产周期和生产节奏的限制,设备利用时松时紧,使得加工过程不均衡,设备加工能力不能得到充分发挥。而流通加工面向全社会,加工数量大,加工范围广,加工任务多。这样可以通过建立集中加工点,采用一些效率高、技术先进、加工量大的专门机具和设备,一方面提高了加工效率和加工质量,另一方面还提高了设备利用率。

4. 充分利用各种输送手段的最高效率

流通加工环节将实物的流通分成两个阶段。一般说来,由于流通加工环节设置在消费地,因此,从生产厂家到流通加工的第一阶段输送距离较长,而从流通加工到消费环节的第二阶段距离较短。第一阶段是在数量有限的生产厂家与流通加工点之间进行定点、直达、大批量的远距离输送,因此可以采用船舶、火车等大量输送的运输手段;第二阶段则是利用汽车和其他小型车辆来输送经过流通加工后的多规格、小批量、多用户的产品。这样可以充分利用各种输送手段的最高效率,加快输送速度,节省运力运费。

5. 创造附加值,提高收益

在流通过程中一些改变产品某些功能的简单加工,还可以促进产品的销售。例如,许多制成品(如洋娃娃玩具、时装、工艺美术品等)在深圳进行简单的加工,改变了产品外观,仅此一项就能使产品售价提高 20％以上。因此,在物流领域中,流通加工可以成为提高产品附加价值的活动。这种高附加价值的形成,主要着眼于满足用户需要、提高服务功能。

典型案例 5-2

冰利膜循环使用减少环境污染,为食品保鲜之路保驾护航

食品很重要的一点就是保鲜,保鲜其实需要很高的技术含量。在食品安全领域中,要保

证食品的品质,最重要的就是保冷,通过控制温度可以保持食品在物流过程中的新鲜程度,冷链材料和装备就是实现保鲜的重要手段。

传统的生鲜快递是使用冰袋对食品进行保冷,但是传统冰袋重复利用价值低,且用量大,而且不少顾客表示,收到快递之后,有些冰袋已融化,有些已破漏。"网购生鲜冰袋处理成难题"这个话题也登上了热搜榜,根据国务院发布要求,2020年全民人均生鲜消费量要达到299公斤,这个标准较2010年提升了34%,给生鲜物流市场提供了巨大的需求空间。那么应如何解决激增冰袋带来的处理难题呢?

2020年10月8日生鲜新零售巨头盒马鲜生相关负责人在央视财经频道《天下财经》栏目中,详细介绍了他们的可循环保鲜配送解决方案,保鲜所用的冷媒可循环使用,生鲜保鲜送到家,冷媒被带回统一回收,从保鲜应用,到回收清洗消毒,然后再次重复使用,直接解决了顾客处理冰袋的难题。而该方案的核心,正是应用了天津冰利蓄冷科技有限公司生产的创新型蓄冷专利产品——冰利膜(见图5-5)。

图 5-5　冰利膜

作为创新型冷链物流装备生产企业,天津冰利蓄冷科技有限公司在冷链物流技术创新方面已经投入了多年的时间,着力解决生鲜及农产品配送装备升级的难题,在食品保鲜的前提下,重点关注食品安全与循环利用。据不完全统计,天津冰利蓄冷科技有限公司提供给业内正在使用的冰利膜约1000万片,每年可减少几十亿一次性冰袋对环境的影响。

2020年该公司新推出的冰激凌专用低温冰利膜,又一次革命性地作为干冰替代品,解决了干冰应用于冰激凌最后一公里配送保冷的诸多难题。对比干冰,低温冰利膜使用更安全、损耗少,最大的特点还是可循环使用。

冰利膜系列产品自2016年陆续问世以来,凭借其可循环使用、绿色环保无污染等特点,解决了生鲜流通中存在的诸多问题。通过这款产品的开发,为百姓守护舌尖上的安全,让食品级蓄冷产品走进千家万户,从生鲜农产品运输的最初一公里到最后一公里保障冷链全程的食材新鲜,让大家吃到品质的同时,吃得放心,又无须考虑处置冰袋的难题。如图5-20。

(资料来源:中国物流行业网,有改动。)

【思考与分析】

1. 冰利膜系列产品解决了生鲜流通中的哪些问题?
2. 请结合案例思考生鲜食品的流通加工除了保鲜,还有什么?

二、流通加工的内容

（一）生产资料的流通加工

生产资料的流通加工是进行社会再生产的必要环节，它能够实现社会再生产的连续性和高效性。生产资料的流通加工中最具代表性的是钢材、水泥、木材的流通加工。例如，钢材的流通加工是对薄板的剪裁和切断、型钢的熔断、厚钢板的切割、线材的切断等集中下料、线材冷拉加工等；水泥的流通加工是利用水泥加工机械和水泥搅拌运输车进行，水泥搅拌车作业可避免繁华闹市区，节省现场作业空间，具有灵活机动的特点；木材的流通加工是在流通加工点将原本锯裁成各种规格的木材，同时将碎木、碎屑等集中加工成各种规格板，甚至还可以进行打眼、凿孔等初级加工。除此之外，平板玻璃、铝材等同样可以在流通阶段进行像钢材那样的剪裁、切断、弯曲、打眼等各种流通加工。这种流通加工以适应顾客需求的变化、服务顾客为目的，不仅能够提高物流系统的效率，而且可以促进生产的标准化和计划化，提高商品的价值和销售效率。

（二）食品的流通加工

流通加工应用最多的是食品行业，因为食品行业的产品大多具有易变质、易腐坏、时效性强的特点，而且食品的加工程度还会影响到国家的公共卫生安全。为了便于保存，提高流通的效率，食品的流通加工是不可缺少的。食品流通加工的具体项目主要有以下几种。

5-15　粮食过度加工带来的问题新闻

（1）冷冻冷藏加工。为解决鲜肉、鲜鱼，及一些易变质的水果、蔬菜等在流通加工中的保鲜及装卸搬运问题而采取的低温、冷冻方式的加工。

（2）分选加工。农副产品的规格、质量差异较大，为获得一定规格的产品，采取人工或机械分选的方式加工。这种方式有利于产品的等级划分，从而制定合理的价格。其广泛用于果类、瓜类、谷物等加工。

（3）精制加工。农、牧、副、渔等产品的精加工是在产地或销售地设置加工点，去除无用部分，甚至进行切分、洗净、分装等加工。例如，鱼贩会将鱼内脏去除洗净后切成块状，这种加工不但大大方便了购买者，而且还可对加工的淘汰物进行综合利用。例如，鱼类的精制加工所剔除的内脏可以用来制造某些药物或饲料，鱼鳞可以制造高级黏合剂，头尾可以制鱼粉等；蔬菜的加工剩余物可以制造饲料、肥料等。

（4）分装加工。许多生鲜食品零售起点量较小，而为保证其高效输送，出厂包装较大，也有些是采用散装运输方式运达销售地区。为了便于销售，在销售地区按客户所要来的零售起点量进行新的包装，即大包装改小包装、散装改小包装。运输包装改销售包装，这种方式称为分装加工。例如，在超市中工作人员把散装大米装成小袋，便于消费者购买。

（三）消费资料的流通加工

消费资料的流通加工以服务顾客、促进销售为目的，如对衣料品增加标识和印制商标、粘贴标价、安装做广告用的幕墙、对家具的组装、地毯剪接等。它主要是增加顾客对消费资料商标、标签的认知和广告促销的作用。所以,对消费资料的流通加工的标准是既要达到对顾客的吸引、促成交易,又要注重美观与艺术感。

几种常见的流通加工形式

1. 钢板剪切流通加工

汽车、冰箱、冰柜、洗衣机等生产制造企业每天需要大量的钢板,除了大型汽车制造企业外,一般规模的生产企业如若自己单独剪切,难以解决因用料高峰和低谷的差异引起的设备忙闲不均和人员浪费问题。如果委托专业钢板剪切加工企业,可以解决这个矛盾。专业钢板剪切加工企业能够利用专业剪切设备,按照用户设计的规格尺寸和形状进行套裁加工,精度高、速度快、废料少、成本低。专业钢板剪切加工企业在国外数量很多,大部分由流通企业经营,这种流通加工企业不仅提供剪切加工服务和配送服务,还出售加工原材料和加工后的成品。

2. 水泥的流通加工

在水泥流通服务中心,将水泥、沙石、水以及添加剂按比例进行初步搅拌,然后装进水泥搅拌车。事先计算好时间,水泥搅拌车一边行走,一边搅拌,到达工地后,将搅拌均匀的混凝土直接进行浇注。

3. 木材的流通加工

一种情况是,树木被砍伐后,先在原地去掉树权和树枝,将原木运走,剩下的树权、树枝、碎木、碎屑掺入其他材料,在当地木材加工厂进行流通加工,做成复合板;也可以将树木在产地磨成木屑,对其进行压缩处理后运往外地造纸厂。另一种情况是,在消费地建木材加工厂,将原木加工成板材或按用户需要加工成各种形状的材料,供给家具厂、木器厂。木材进行集中流通加工、综合利用,出材率可提高到72%,原木利用率达到95%,经济效益可观。

4. 玻璃的流通加工

平板玻璃的运输货损率较高,玻璃运输的难度比较大。在消费比较集中的地区建玻璃流通加工中心,按照用户的需要对平板玻璃进行套裁和开片,可使玻璃的利用率从62%~65%提高到90%以上,大大降低了玻璃破损率,增加了玻璃的附加价值。

(资料来源:百度文库。)

5-16 典型案例

三、流通加工设备

(一)封口机

封口机是将充填有包装物的容器进行封口的机械。在产品装入包装容器后,为了使产品得以密封保存,保持产品质量,避免产品流失,需要对包装容器进行封口,这种操作是在封口机上完成的。

一般按包装材料的力学性能,它可分以下两类:

1. 柔性容器封口

柔性容器是用柔性材料,如纸张、塑料薄膜和复合薄膜等制作的袋类容器。这类容器的封口多与制袋、充填构成联合机,很少独立使用,由于材料不同,其封口装置也不一样。

(1)纸袋封口装置:对纸类材料,一般采用在封口处涂刷黏合剂,再施以机械压力封口。

(2)塑料薄膜袋及复合材料薄膜袋封口装置:用具有良好的热塑性塑料制作的塑料袋或复合袋,一般采用在封口处直接加热并施以机械压力,使封口熔合。

5-17 流通加
工设备图示

(3)口杯类容器封口装置:如常见的豆浆杯、奶茶杯等,通过加热使杯沿和膜黏合,使容器密封。

2. 全自动填充封口机

主要用于对塑料杯、塑料盒以及塑料瓶的填料,相应材料复合膜封口制品的生产。如果冻、果汁、牛奶、酸奶、饮料、快餐食品等物料的填充及封口。可适应于不同黏度的液、浆的充填物,可适应不同形状、容量的包装容器。

(二)贴标机

在流通加工作业中,贴标签作业是作业量较大的一种。以自动化程度而言可分为手工、半自动、全自动三种。在自动贴标机中,可分为接触式和非接触式两种。接触式贴标机必须是商品与贴标机接触才能贴标;而非接触式则是贴标机与商品没有接触的状态下贴标,是利用空气喷射的力量将标签贴在商品上。在物流中心的作业中,半自动的贴标机较为普遍,因为物流中心大部分贴标签作业是属于多种少量的情形,然而对于少种多量的商品来说,自动化的贴标设备更为合适。

(三)封箱机

封箱机作业是指在流通加工完成,把商品放入纸箱后的一个封上箱口的作业。封箱机主要适用于纸箱的封箱包装,既可单机作业,也可与流水线配套使用,广泛应用在家用电器、纺织、食品、百货、医药、化工等行业。封箱机采用胶带对纸箱封口,经济快速、容易调整,可一次完成上、下自动封箱动作,如果采用印字胶带,则更可提高产品形象。

(四)热收缩包装机

热收缩包装机是目前市场比较先进的包装设备之一,采用收缩膜包裹在产品或包装件外边,经过加热使收缩薄膜裹紧产品或包装件,充分显示物品外观,提高产品的展销性,增加美观及价值感。同时,包装后的物品能密封、防潮、防污染,并保护商品免受来自外部的冲击,具有一定的缓冲性,尤其是当包装易碎品时,能防止器皿碎时飞散。

(五)剪切设备

剪切加工设备是用于物品分割、剪切等作业的专用机械设备,主要有剪板机、切割机等。剪板机是借用运动的上刀片和固定的下刀片,采用合理的刀片间隙,对各种厚度的金属板材施加剪切力,使板材按所需要的尺寸断裂分离的设备。切割机分为火焰切割机、等离子切割机、激光切割机、水切割机等。激光切割机效率最快,切割精度最高,切割厚度一般较小。等离子切割机切割速度也很快,切割面有一定的斜度。而火焰切割机主要适用于切割厚度较大的碳钢材质。

四、流通加工合理化

(一)不合理的流通加工形式

1. 流通加工地点设置的不合理

流通加工地点设置即布局状况是整个流通加工能否有效运作的重要因素。一般而言,为衔接单品种大批量生产与多样化需求的流通加工,加工地设置在需求地区,才能实现大批量的干线运输与多品种末端配送的物流优势。

如果将流通加工地设置在生产地区,其不合理之处在于:首先,多样化的需求要求多品种、小批量产品由生产地向需求地的长距离运输会出现不合理;其次,在生产地增加了一个加工环节,同时增加了近距离运输、储存、装卸等一系列物流活动。

所以,在这种情况下,不如由原生产单位完成这种加工而无须设置专门的流通加工环节。一般而言,为方便物流的流通加工环节应设在产出地,即设置在进入社会物流之前。如果将其设置在物流之后,即设置在消费地,则不但不能解决物流问题,又在流通中增加了中转环节,因而也是不合理的。

即使在产地或需求地设置流通加工的选择是正确的,还有流通加工在小地域范围的正确选址问题。如果处理不善,仍然会出现不合理。这种不合理主要表现在交通不便,流通加工与生产企业或用户之间距离较远,流通加工点的投资过高(如受选址的地价影响),加工点周围社会、环境条件不良等。

2. 流通加工方式选择不当

流通加工方式包括流通加工对象、流通加工工艺、流通加工技术、流通加工程度等。流通加工方式的确定实际上是与生产加工的合理分工相关的。分工不合理,本来应由生产加工完成的作业,却错误地由流通加工完成,或本来应由流通加工完成的作业,却错误地在生产过程中完成,这都会造成不合理。

流通加工不是对生产加工的代替,而是一种补充和完善。所以,一般来说,如果工艺复杂,技术装备要求较高,或加工可以由生产过程延续或轻易解决的都不宜再设置流通加工环节,尤其不宜与生产过程争夺技术要求较高、效益较高的最终生产环节,更不宜利用一个时期市场的压迫力使生产者变成初级加工或前期加工,而流通企业完成装配或最终形成产品的加工。如果流通加工方式选择不当,就可能会出现生产争利的恶果。

3. 流通加工作用不大,形成多余环节

有的流通加工过于简单,或者对生产和消费的作用都不大,甚至有时由于流通加工的盲目性同样未能解决品种、规格、包装等问题,相反却增加了作业环节,这也是流通加工不合理的重要表现形式。

4. 流通加工成本过高，效益不好

流通加工之所以能够有生命力，重要优势之一是有较大的投入产出比，具有补充、完善的作用。如果流通加工成本过高，则不能实现以较低投入实现更高使用价值的目的。

（二）流通加工合理化的措施

流通加工合理化的含义是实现流通加工的最优配置，不仅做到避免各种不合理，使流通加工有存在的价值，而且做到最优选择。为避免各种不合理现象，对是否设置流通加工环节、在什么地点设置、选择什么类型的加工、采用什么样的技术装备等，需要做出正确抉择。实现流通加工合理化主要考虑以下几个方面。

1. 加工和配送相结合

加工和配送相结合就是将流通加工设置在配送点中。一方面按配送的需要进行加工，另一方面加工又是配送业务流程中分货、拣货、配货的重要一环，加工后的产品直接投入配货作业，这就无须单独设置一个加工的中间环节，使流通加工有别于独立的生产，而使流通加工与中转流通巧妙地结合在一起。同时，由于配送之前有加工，可以使配送服务水平大大提高。这是当前合理流通加工的重要形式，在煤炭、水泥等产品的流通中已经表现出较大的优势。

5-18 流通加工合理化解析

2. 加工和配套相结合

在对配套要求较高的流通中，配套的主体来自各个生产单位，但是完全配套有时无法全部依靠现有的生产单位进行适当的流通加工，可以有效促成配套，大大提高流通的"桥梁与纽带"的能力。

3. 加工和合理运输相结合

前面已提到流通加工能有效衔接干线运输和支线运输，促进两种运输形式的合理化。利用流通加工，在支线运输转干线运输或干线运输转支线运输等这些必须停顿的环节，不进行一般的支转干或干转支，而是按干线或支线运输合理的要求进行适当加工，从而大大提高运输及运输转载水平。

4. 加工和合理商流相结合

通过流通加工有效地促进销售，提高商流的合理化程度，是流通加工合理化的重要考虑方向之一。流通加工与配送的结合，通过流通加工，提高了配送水平，强化了销售，是流通加工与合理商流相结合的一个成功例证。此外，通过简单地改变包装加工，形成方便用户的购买量，通过组装加工消除用户使用前进行组装调试的麻烦，都是流通加工有效促进商流的例子。

5. 加工和节约相结合

节约能源、节约设备、节约人力、节约耗费是流通加工合理化的重要考虑因素，也是目前我国设置流通加工时考虑其合理化的较普遍形式。

对于流通加工合理化的最终判断，是看其是否能实现社会的和企业本身的两个效益，而且是否取得了最优效益。对流通加工企业而言，与一般生

5-19 综合案例

产企业的一个重要不同之处是,流通加工企业更应树立社会效益第一的观念。如果只是片面追求企业的微观效益,不适当地进行流通加工,甚至与生产企业争利,这将违背流通加工的初衷,或者其本身已不属于流通加工的范畴。

本章思考题

一、选择题

1. 包装的(   )是最基本,也是最重要的作用。

A. 保护商品   B. 促进销售   C. 方便物流   D. 方便消费

2. 以保护运输和保管过程中的物品为主要目的的包装,称之为(   )。

A. 商业包装   B. 内包装   C. 外包装   D. 工业包装

3. 为了提高装卸效率,运输包装件的(   )是一个必然趋势。

A. 透明化   B. 集装化   C. 轻量化   D. 效率化

4. 根据流通加工定义,下列属于流通加工的是(   )。

A. 某工厂采购布匹、纽扣等材料,加工成时装并在市场上销售。

B. 某运输公司在冷藏车皮中保存水果,使之在运到目的地时更新鲜。

C. 杂货店将购时的西红柿按质量分成每斤1元和每斤2元两个档次销售。

D. 将马铃薯通过洗涤、破碎、筛理等工艺加工成淀粉。

5. 常用的流通加工主要形式有剪板加工、集中开木下料、冷冻加工和(   )等。

A. 产品加工   B. 精制加工   C. 配额加工   D. 库存加工

二、判断题

1. 为了辨别,包装上必须注明产品型号、数量、品牌以及制造厂家或零售商的名称。(   )

2. 木板箱一般用于小型运输包装容器,能装载多种性质不同的物品,有较大的耐压强度,防水性好。(   )

3. 玻璃的流通加工属于生产资料流通加工。(   )

4. 一般而言,物流的流通加工环节应设在消费地,即设置在进入社会物流之后。(   )

5. 流通加工的主要加工目的是消费、流通。(   )

三、思考题

1. 简述按包装功能划分的包装及特点。

2. 简述包装标志的作用。

3. 对易腐败变质的产品,应如何采取包装?

4. 简述电子商务包装技术中 E-包装的创新之处。

5. 简述流通加工的作用。

第六章
电子商务运输与派送管理

本 章 导 读

　　了解电子商务快递物流作业流程的概述和内容；掌握电子商务快递运输方式和快递运输作业流程，了解快递运输作业异常问题处理；掌握快递网络的构成要素、特征和运作模式；了解路由管理的基本内容，掌握收派线路设计与优化；了解"最后一公里"派送模式；理解电子商务逆向物流的概念，掌握电子商务逆向物流的作用；了解逆向物流活动和运作模式及选择，理解逆向物流的管理。

引言案例

　　随着网络购物的兴起，电商件呈现逐年增多的趋势，这也给电商物流平台提出了严峻的挑战。根据最新的互联网数据显示，2019 年的电商派件量超过 600 亿件。如此庞大的电商件数据，对于传统的电商物流平台来说已经远远超出其承载能力。以往较有优势的电商物流平台开始出现臃肿现象，服务能力和质量也出现了一定程度上的下降。派件不及时、派送后出现的理赔慢问题，让传统电商物流平台逐渐失去优势。近几年来百世快运开始凭借其快捷的送货速度和完善的服务体系逐渐发展为电商物流的"领头羊"，随之也成为消费者心目中满意的物流平台。

　　在过去的两年时间里，面对电商物流的巨大挑战，百世快运凭借其服务创新和对社会的服务理念获得了无数的荣誉，并得到了全国消费者的信赖。2017 年，百世快运荣获上海跨境电子商务行业协会颁发的 2014—2017 年度首届"金 E 商奖"优秀跨境电商物流企业。2018 年，百世快运在中国邮政快获 2017 中国快递社会责任大递报"快递之夜"颁奖典礼上获得 2017 中国快递年度发展奖。在这些荣誉面前，百世快运在一场电商物流的革命中捍卫了其不可撼动的品牌地位。

　　相对于传统电商物流平台而言，百世快运的成功并非偶然，而是体现在为消费者服务上的不可替代性。随着电商大件数量的增多，百世快运率先实行全境派送，对于一些偏远地区的网购者来说,这不仅有效解决了以前偏远地区快递无法送达等一系列难题,更让消费者感受到电子商务快速发展下生活上发生的巨大变化。此外,百世快运为了体现更好的服务,实行快递免费上楼服务,让更多的网购者真正实现"一键即可拿到商品",无须再出门拿货。针对网购出现的退货问题,百世快运更推出了闪电理赔服务,对于一些延迟物件类工单真正实现了 24 小时即可解决处理,大大提升了电商大件客户的满意度。此外,在物流运输环节上,百世快运实行优转优派,缩短了客户的取件时间,避免了消费者取件拥挤现象的发生。

百世快运一直以来秉承"用户成功、客户满意、我们成功"的服务理念,致力于信息化建设和人才培养,同时也借助于网络多方面资源缩短快递运输距离,减少运输时间。针对主力消费者所关心的电商件,百世快运将继续推动与主流电商平台的无缝对接,依托强大的运输承载能力,支持大陆地区的全境派送。同时,百世快运也将全程跟进电商件的物流动态,建立快速理赔通道,减少消费者的等待时间。

未来,百世快运也将凭借其强大的科技实力、先进的物流团队设施和管理理念,在电商物流行业承载着更多的责任,为快递物流助力护航。百世快运也将致力于打造一条电商物流快捷通道,减少物流运输时间,减少运输成本,让消费者在购物上不为快递而发愁。

成就商业,精彩生活。面对未来电商物流的巨大挑战,百世人不断在激励自己,努力做好快递的每一个服务细节,打造属于百世快运的专属通道,为消费者搭建一个"快递解忧"站,让消费者对物流放心,对百世放心。

(资料来源:中国物流采购与联合会,有改动。)

【思考与分析】

1. 请结合案例思考当今派送的主要方式。
2. 请结合案例谈谈未来运输派送的趋势。

第一节　电子商务快递物流作业流程

一、快递作业流程概述

电子商务的本质特征是生产者与消费者的关系是直接的,减少了中间环节,拉近了企业与用户之间的距离。电子商务利用互联网技术,将供应商、企业、用户以及其他商业伙伴连接到现有的信息技术上,达到信息共享,彻底改变了现有的业务作业方式及手续,实现充分利用资源、缩短商业环节及周期、提高效率、降低成本、提高服务水平的目的。

电子商务中整个供应链是由供应商、制造商、物流中心和顾客所组成的,供应商、制造商、物流中心和顾客通过 Internet 共享需求信息。供应商根据顾客的需求,生产所需要的原材料,原材料经过制造商的加工、包装等系列作业后,将产品集中到物流中心,物流中心根据顾客的订单情况,将货物送到顾客手中,具体过程如图 6-1 所示。

与传统商务相比,供应链环节减少了,现实的零售店没有了,物流中心的作用变得越来越显著,物流中心既是制造商的仓库,又是顾客的实物供应仓库。如果上述流程再简化一下,就变成电子商务环境下生产企业与用户之间的物流运行流程,如图 6-2 所示。

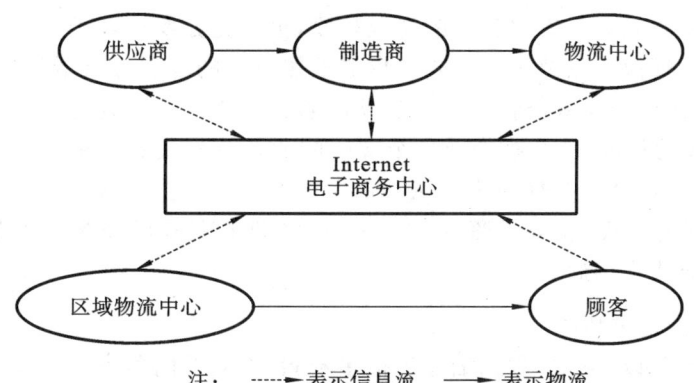

注： ------▶表示信息流　　——▶表示物流

图 6-1　电子商务与快递物流供应链

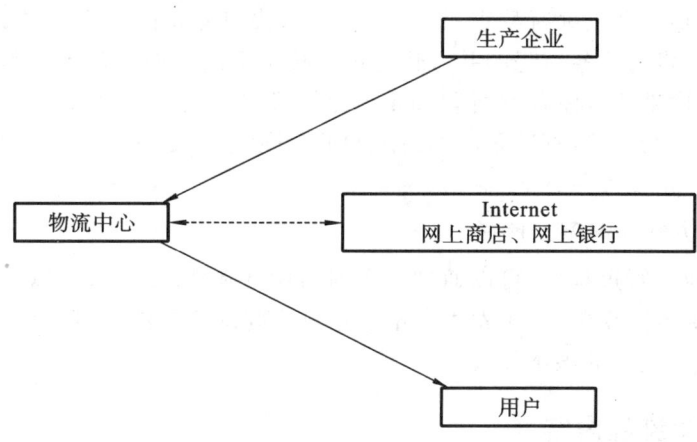

图 6-2　电子商务与快递物流运行流程

用户通过网上的虚拟商店购物,并在网上支付,信息流和资金流的运作过程很快就能完成,剩下的工作就只有实物的物流处理,物流中心成了所有企业和供应商对用户的唯一供应者,可见,物流中心的作用越来越突出。在电子商务环境下,物流企业业务流程呈现出很多新的特点,具体归纳如下。

1. 基于信息技术的业务流程

信息技术的发展促进了电子商务的出现,信息技术是构成电子商务活动的基本设施,它促使企业的业务流程、信息系统和数据相互配合运行,并实现了高层次的集成,突出表现在以下两个方面。

(1) 在信息技术与企业业务流程实现集成的同时,也对企业传统的业务流程提出了严峻的挑战,高度专业化的功能部门、等级层次等成为企业创新和先进生产方式的制约因素而需要被改革和重新整合,企业组织内部的业务流程变得越来越精简、高效和灵活。

(2) 信息技术使企业跨越了各自的组织边界,腾越了地域、空间的隔园,企业组织以电子商务为纽带联系在一起,这促使业务流程进行跨组织整合。

2. 企业之间的流程从松散到集成

在电子商务环境下,企业之间通过信息网络建立联系,然后在联系的基础上进行互动并开展商务活动,这时企业的业务流程和组织结构与原来相比没有发生太大的变化,流程是松散的。集成是企业之间业务流程互动的高级阶段，也是充分发挥电子商务优势的前提，它彻底改变了组织的管理模式以及运行方式。集成按照对象的范围可以划分为三种。

(1) 企业部分的集成，即企业内部一个或几个部门之间进行集成。

(2) 企业整体的集成，就是把企业各个部门的业务流程集成起来，以整体的形象与外部组织进行业务活动，以及共同应付来自某一部门的挑战。

(3) 企业之间的集成，在电子商务活动中，许多业务流程已经突破了企业的边界，而将企业和其合作者集成在一起。

3. 流程结构从串行到并行

传统的业务流程以串行的方式细分为很多步骤，不同部门负责不同步骤，完成自己的工作之后便把结果交给下一部门，业务流程的每一个环节相对独立地进行。这种以职能和任务分工的方式使得企业流程不存在整体的概念，常常导致整个流程不通畅。电子商务活动中，业务流程更多地体现出并行特点，这是企业应对快速变化的市场需求的必然要求，同时电子商务的信息技术为业务流程的并行化提供了技术上的可能。业务流程的并行化体现在两个方面，即企业内部业务流程并行化和企业之间业务流程并行化。企业内部业务流程并行化，是以服务任务为对象，打破职能部门之间的界限；企业之间业务流程并行化，是指两个或多个企业为同一个任务并行运行。

4. 流程控制方式从制度到信任

在传统的企业运行过程中，可以通过一系列的规章制度加以约束，以保证流程的正常运转。然而在电子商务活动中，对于发生在不同企业之间的业务流程，需要大量的信息交流和共享，相互信任成为交易的根本保证。

二、快递作业流程内容

快递的处理从收寄环节开始，通过业务揽收人员揽收或营业柜台收寄（对于签约客户，采用批量录入的方法，可以有效地减少工作量），及时录入收寄信息，保存到数据库中。

收寄快递后，通过运输部门运输，将快递集中到快递公司的快递处理中心进行处理，快递的交接都必须使用条形码进行扫描人机处理，这样数据库可以记录下快递当前所处的位置，根据位置的不同可以确定快递的流动情况。在接收快递后，快递公司的工作人员将根据快递的寄达地等情况对快递进行分拣处理，并将分拣后的快递信息通过条形码录入数据库中进行封发处理，生成封发总包。此时数据库中即可得到快递的封发路由资料，快递的信息流将先于实物流到达快递公司，客户同样可以通过查询得到快递所处的位置。

在实物快递到达投递公司后，工作人员接收快递，通过扫描条形码对快递进行确认及分区投递处理，将快递的分区信息录入数据库中，并交投递员外出投递。投递人员投递回班后，根据条形码编号录入快递的投递情况信息，此时客户可通过查询知道快递的投递情况。

根据业务的具体流程，参与业务的人员主要有以下几种。

(1) 客户：包括收件客户和寄件客户，根据付款方式的不同也分为现金客户和月结客户，月结客户需要每月结算一次款项。客户可通过电话或网站下订单，查询订单状态，查询快递的状态。

(2) 接单员：接听客户下订单的电话，发短信给收件员，确认网上订单，发短信通知收件员。

(3) 收派员：分为收件员和派件员。收件员接收短信后到客户处收件，扫描和上传收件运单条形码。派件员派件时扫描和上传派件运单条形码。

（4）录单员：将收件运单和派件运单的详细资料录入系统中，并扫描运单的图像。

（5）仓库管理员、中转操作员：仓库管理员在营业部负责与收派员的货物交接，以及与中转车辆的货物交接工作；中转操作员负责中转货物的分拣，以及与上一级中转场或营业部中转车辆的货物交接。

在电子商务物流业务流程运行过程中，所涉及的核心业务主要有订单处理、运输、配送以及可能发生的退货流程，具体如图 6-3 所示。

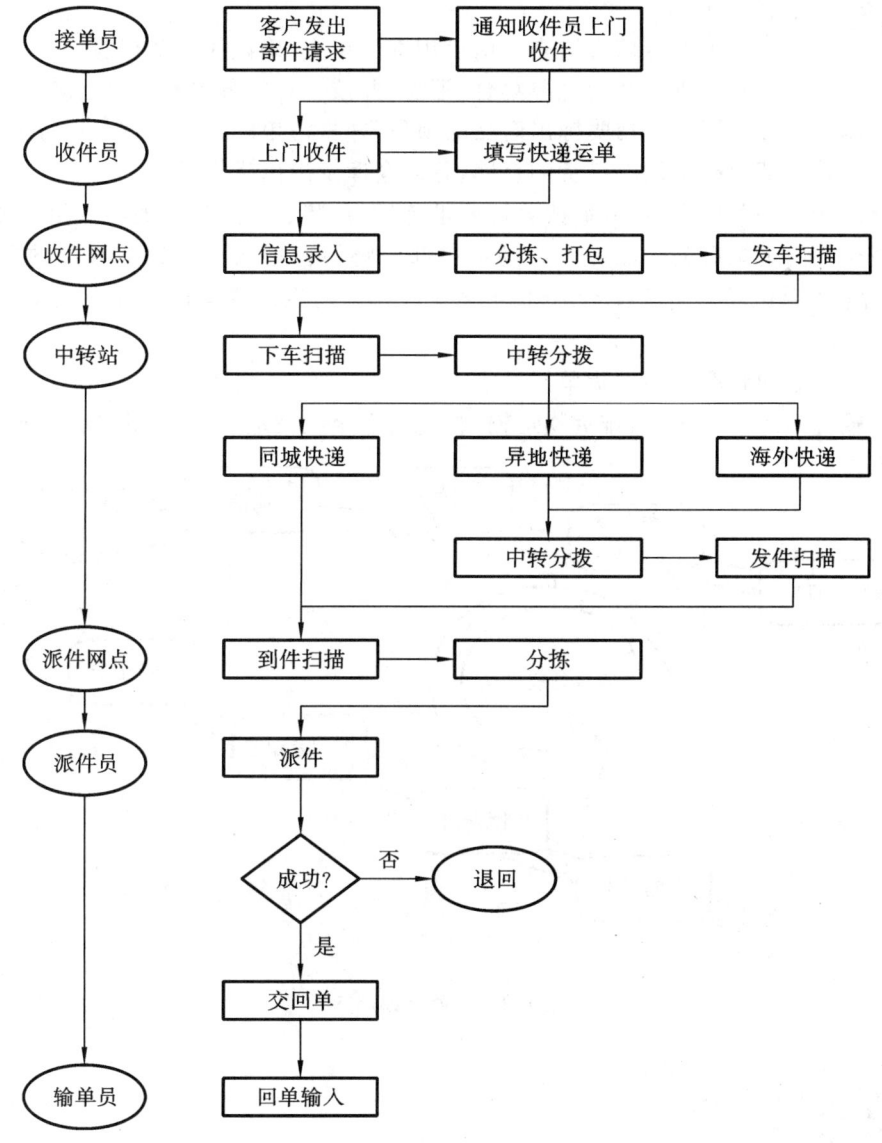

图 6-3　快递作业流程

（一）订单处理流程

订单处理在配送中心的业务运作中占有十分重要的地位，它既是配送业务的核心，又是配送服务质量得以保障的根本条件。

随着科学技术的进步和信息传输手段的提高,订单传输的方式也更加先进,采用电子化、网络化方法进行传递,以及条码技术、射频技术、电子数据交换系统的使用,可及时将订货信息传输给配送中心。

6-1 订单处
理解析

配送中心接到客户的订单后,要对订单进行处理,按作业计划分配策略,分组释放。订单处理程序,如图6-4所示。

(1)检查订单。检查客户的订单是否真实有效,即确认收到的订货信息是否准确。

(2)顾客信誉审查。由信用部门审查,确认顾客的信誉。

(3)将顾客的订单集合、汇总,并按一定的分类标志进行分拣。

(4)打印订单分拣清单。列明拣出商品的项目,并将清单的一联票据交库存管理部门。

(5)库存管理部门确定供应订货的仓库,并向仓库发出出货指示。

(6)仓库接到相关出库通知后,按分拣要求拣货、包装、贴标签,将商品交给运输部门。

(7)财会部门记录有关的账务。市场销售部门将销售记入有关销售人员的账户,库存管理部门调整库存记录。当库存不足时,可通过安排新的生产或向供应商发出采购订单,补充库存。

(8)配送中心向顾客传递发货单。

(9)运输部门组配装车,安排货物运输,将货物送至收货地点,同时完成送货确认。

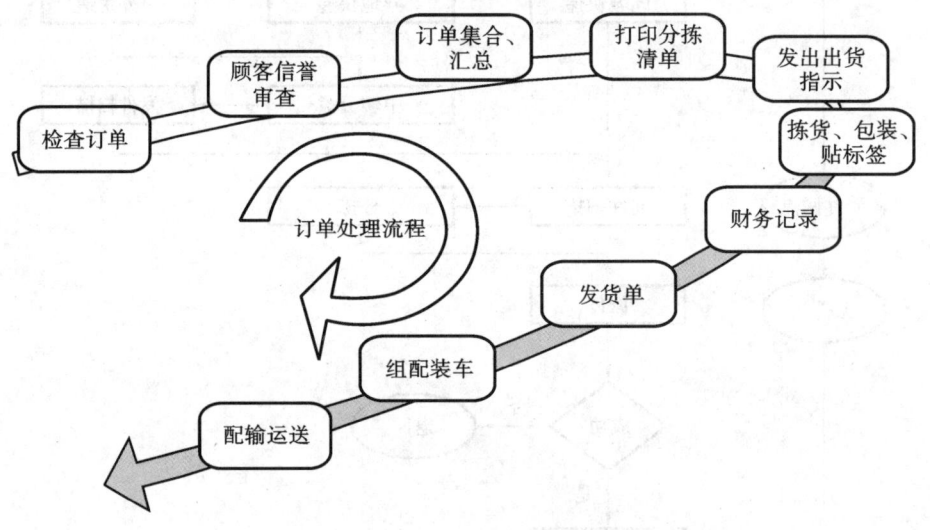

图6-4 订单处理流程

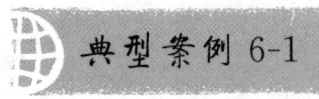典型案例6-1

"亚洲一号"的运营流程

1. 入库:系统提前预约,收货月台动态分配,全自动缠膜,流水线(1条)对托盘货物进行裹膜;入库验收完成后通过提升机、入库输送线等设备将货物搬运到指定的上架区域,减少了人工搬运操作,提高了入库效率。

2. 上架:立体仓库区堆垛机全自动上架补货(堆垛机 180 m/min 高速运行),阁楼货架区提升机垂直输送搬运。

3. 存储:立体仓库高密度存储(约 53000 托盘货位),立体仓库吞吐能力 600 托盘/小时,4 层阁楼货架海量拣选位(支持 10 万以上 sku)。

"亚洲一号"立体仓库在补货、移库等在库作业流程中,发挥了巨大作用。立体仓库往阁楼之间的补货、移库基本全部通过自动化设备完成,大大提升了补货、移库的作业效率。

4. 拣选:立体仓库输送线在线拆零拣选,立体仓库拣选区货到人补货,分区拣选避免无效行走,波次提总提升批量拣选效率,特别是将分区作业、混编作业、一扫领取等功能全面实现。

5. SKU 容器管理:基于容器/托盘的流向管理策略,建立多模式、完整的容器/托盘任务管理机制,扫描容器/托盘即可知道任务的流向,不再依靠人工指派任务,建立空托盘、空周转箱等容器管理机制。

6. 出库流程:京东出库流程包括九大环节,特别是在订单任务派送上,全部是系统内部驱动,实现高效、均衡的派单计划。

7. 输送:全长 6.5 km、最高速度达 2 m/s 输送线遍布全场,分区分合流、动态平均分配确保流量均衡,输送能力 15000 包/小时。

8. 复核包装:货到人,系统自动匹配订单、工位台,一件一包裹减少合流等待。

9. 分拣:采用全球最精准、高效、节能环保的交叉皮带分拣系统,分拣速度高达 2.2 m/s、约 20000 件/小时的中件包裹处理能力,分拣准确率 99.99%,135 个滑道直接完成站点细分,动力滚筒滑槽降低破损,提升客户体验。

以上内容,大家可全视觉体验京"东亚洲一号"的整体作业,实际运行能力已经超过 16000 件/小时,而且还在稳步提升,在电商物流领域堪称奇迹。

(资料来源:搜狐网,有改动)

【思考与分析】

1. 请结合案例分析订单具体流程不可缺少的部分。

2. 请结合案例谈谈订单处理未来的发展趋势。

(二)运输作业流程

运输作业作为电子商务物流过程中的核心业务之一,为商品创造了空间效用,使物品潜在的使用价值成为可以满足社会消费需要的现实的使用价值。运输作业流程如图 6-5 所示。

运输业务是实现物流过程最重要的环节,主要包括运输准备、运输途中和运输到达三个过程。

(1)运输准备。运输准备工作包括制订运输计划、车辆调度、调整确认和安全装车等内容。其中,运输计划的制订需与配送业务流程和订单处理流程紧密衔接,统筹考虑安排。

(2)运输途中。运输过程是实现货物流动的关键内容,启运后,要在输送途中进行货物的实时追踪和相关信息的及时在线更新,以便于对运输业务进行监督。

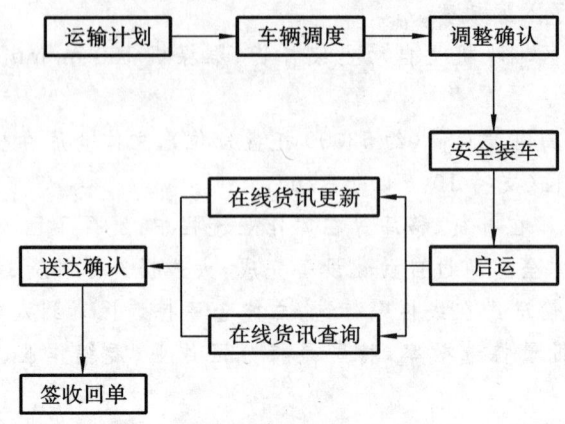

图 6-5　运输作业流程

（3）运输到达。运输到达包括货物送达确认和签收回单两个过程，也是运输业务的最终环节。

（三）配送作业流程

配送作业是物流配送的核心环节。配送部门由业务管理部门进行统一配送调度，并根据客户的具体要求，打印相应的送货单，在运输途中通过 GIS 信息查询系统、GPS 车辆定位系统进行实时监控，及时沟通和反馈配送信息，并在货物到达目的地，经客户确认签字无误后，凭回单向业务管理部门确认。配送作业流程如图 6-6 所示。

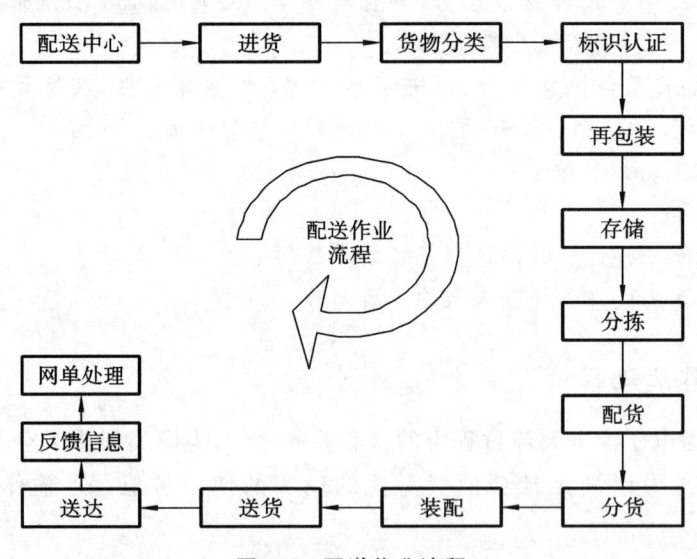

图 6-6　配送作业流程

配送作业流程主要由备货、理货和送货三个基本环节构成，其中每个环节又包括若干具体活动内容。

（1）备货。备货是指准备货物的系列活动，它是配送的基础环节，包括货物从配送中心进入货物分类过程、标识认证、再包装及存储过程。

（2）理货。理货是配送作业的一项重要内容，也是配送区别于一般送货的重要标志，理货包括货物分拣、配货、分货和装配等内容。

（3）送货。送货是指产品或服务如何送达顾客，具体包括速度、准确性和友好送货等内容。

一个好的配送方案应该考虑以下内容，库存的可供性、反应速度、送货频率、送货的可靠性等。电子商务企业的成功运作，关键不仅在于有完善的配送网络，还在于在完成配送服务的同时，保证配送系统高效、低成本运作。配送是一项专业性很强的工作，必须聘请专业人员对系统的配送细节进行精心设计。在这方面，可以借鉴国外一些配送中心的做法，即配送中心按照配送合理化的要求，在全面计划的基础上制定科学的、距离较短的货运路线，选择经济、迅速、安全的运输方式和适宜的运输工具。物流配送中心在安排每次出车时，按照物流线性规划和相关的运筹模型，尽量满足配载的要求。

高效的配送需要在配送调度和配送运输、交货等具体操作方面进行整合优化。为此，可借鉴国外的先进经验，并根据现阶段我国的物流配送条件，对单纯配送流程进行改进。其优化方案的具体内容包括：制定运输工具的统一标准，加强物流基础设施配套建设，提高现代物流的专业化水平，设计合理的统筹规划路线模型系统。制单员在每次制单时，证用配送路线模型确定路线，不必考虑运输工具的差异性，只需在配送路线模型中输进几个需要配送的地点，以及每个点需要配送货物的数量，模型就会自动选出几条可供选择的路线，让调度人员根据所在区域的交通情况灵活选择，确定配送点的合理配送路线，从而做到尽可能不安排配送跨度很大的车次。到达目的地后，配送员根据送货单上客户的详细地址和联系电话，就可以很容易地联系到客户。路线的合理安排，可以大大缩短配送员耗费在途中的配送时间，提高工作效率。

（四）退货处理流程

退货处理是售后服务中的一项任务，应该尽可能地避免，因为退货或换货会大幅度地增加成本，减少利润。电子商务与快递物流的快速发展，加快了商品的流通，退货行为的发生也普遍起来。

除了对瑕疵品、损坏品七天无理由退换外，不同电商企业的退货流程也存在很大的区别。根据退货原因不同，无理由退换的期限也有不同，如由于产品本身存在问题，签收 15 日以上（保质期内）仍可无条件退换；由于错买、多买或搬运中产品损坏，则应在 15 日内退还；特殊性质商品（如贴身衣物等），则不能退换。

在退货过程中，首先顾客与客服联系，讨论退换货事宜；再提交退货申请，定位自己退货原因；等待店家（或电商平台）处理申请，一般店家（或电商平台）于 10 日内完成；最后完成退换货及退款赔偿。

根据顾客与卖家协调退换货处理方式，主要有以下几种情况。

（1）无条件重新发货。因为发货人按订单发货发生错误，则应由发货人重新调整发货方案，将错发货物调回，重新按原正确订单发货，中间发生的所有费用应由发货人承担。

（2）运输单位赔偿。对于因为运输途中产品受到损坏而发生退货的，根据退货情况，确定所需的修理费用和赔偿金额，由运输单位负责赔偿。

6-2 典型案例

（3）收取费用，重新发货。对于因为客户订货有误而发生退货的，退货所有费用由客户承担，退货后，再根据客户新的订货单重新发货。（4）重新发货或替代。对于因为产品有缺陷，客户要求退货，配送中心接到退货指示后，应安排车辆收回退货商品，将商品集中到仓库退货处理区进行处理。生产厂家及其销售部门应立即采取步骤，用没有缺陷的同一种产品或替代品重新发货。

第二节　电子商务快递运输

一、快递运输方式

快递运输是指使用道路运输工具在约定的时间内将货物运达目的地的行为，包括客运快递运输和货运专线快递运输。

快递信函、小件物品短途一般使用汽车运输，长途一般使用飞机运输，没航班的地方使用火车运输，不通火车的地方没有业务。快递大宗物品短途一般使用汽车运输，长途尽量选用火车运输，不通火车的地方使用机车运输。

按运输方式，可分为陆路快递和航空快递两类。

（一）陆路快递

陆路快递是指利用汽车、火车等交通工具发运的快递，陆路运输又包括汽车运输和火车运输。

1. 汽车运输的优、缺点

汽车运输的优点：

（1）机动灵活，货物损耗少，运送速度快，可以实现门到门运输；

（2）投资少，修建公路的材料易得，技术比较容易解决，易在全社会广泛发展，可以说是汽车运输的最大优点。

汽车运输的缺点：

（1）运输能力小，普通载重汽车一般每次只能运送 5 t 货物；

（2）运输能耗很高，分别是火车运输能耗的 10.6～15.1 倍，是沿海运输能耗的 1.2～15.9 倍，是内河运输的 113.5～119.1 倍，是管道运输能耗的 4.8～6.9 倍，但比民航运输能耗低，只有民航运输的 66%～87%；

（3）运输成本高，分别是火车运输的 11.1～17.5 倍，是沿海运输的 27.7～43.6 倍，是管道运输的 13.7～21.5 倍，但比民航运输成本低，只有民航运输的 6.1%～9.6%；

（4）劳动生产率低，分别是火车运输的 10.6%，是沿海运输的 1.5%，是内河运输的 7.5%，但比民航运输劳动生产率高，是民航运输的 3 倍。此外，汽车体积小，无法运送大件物资，不适宜运送大宗和长距离货物。

因此，汽车运输比较适宜在内陆地区运输短途旅客、货物，可以与铁路、水路联运，为铁路、港口集疏运旅客和物资；可以深入山区及偏僻的农村进行旅客和货物运输；可以在远离铁路的区域从事干线运输。

2. 火车运输的优、缺点

从技术性能上看,火车运输的优点:

（1）运行速度快,时速一般在 80 千米到 120 千米;

（2）运输能力大,一般列车可装 2000 吨～3500 吨货物,重载列车可装 20000 吨货物,单线单向年最大货物运输能力达 1 800 万吨,复线达 5 500 万吨。运行组织较好的国家,单线单向年最大货物运输能力达 4000 万吨,复线单向年最大货物运输能力超过 1 亿吨;

（3）火车运输过程受自然条件限制较小,连续性强,能保证全年运行;

（4）通用性能好,既可运客又可运各类不同的货物;

（5）火车客货运输到发时间准确性较高;

（6）火车运行比较平稳,安全可靠;

（7）火车运输平均运距分别为汽车运输的 25 倍,为管道运输的 1.15 倍,但不到水路运输的 $\frac{1}{2}$,不到民航运输的 $\frac{1}{3}$。

从经济指标上看,火车运输的优点:

（1）火车运输成本较低,我国火车运输成本分别是汽车运输成本的 $\frac{1}{17}$～$\frac{1}{11}$,民航运输成本的 $\frac{1}{267}$～$\frac{1}{97}$;

（2）能耗较低,每千吨公里耗标准燃料为汽车运输的 $\frac{1}{15}$～$\frac{1}{11}$,为民航运输的 $\frac{1}{174}$,但是,这两种指标都高于沿海运输和内河运输。

火车运输的缺点:

（1）投资太高,单线铁路每公里造价为 100 万元～300 万元,复线造价在 400 万元～500 万元;

（2）建设周期长,一条干线要建设 5～10 年,而且占地太多,随着人口的增长将给社会增加更多的负担。

因此,综合考虑,铁路适于在内陆地区运送中长距离、大运量、时间性强、可靠性要求高的一般货物和特种货物;从投资效果看,在运输量比较大的地区之间建设铁路比较合理。

6-3 典型案例

（二）航空快递

航空快递是指利用航空(飞机)邮路优先发运的快递。

1. 航空快递的产生和发展

如果将航空货运方式比作正在步入辉煌的壮年,那么航空快递只能算是崭露头角的青年。30 年前,文件、小件行李的运送还只能通过邮局进行。相对于客户的需要,跨国的邮政服务不仅效率低,安全性、准确性也有明显不足,因此,常常困扰着从事国际贸易、国际交流的各方人士。航空快递由于快速、准确的服务,从一出现就深受从事跨国经营的贸易、金融等各界人士的热烈欢迎,发展非常迅速。

2. 航空快递的主要业务形式

1）门/桌到门/桌（Door/Desk to Door/Desk）

门/桌到门/桌的服务形式也是航空快递公司最常用的一种服务形式。首先由发件人在需要时电话通知快递公司，快递公司接到通知后派人上门取件，然后将所有收到的快递集中到一起，根据其目的地分拣、整理、制单、报关、发往世界各地，到达目的地后，再由当地的分公司办理清关、提货手续，并送至收件人手中。在这期间，客户还可依靠快递公司的电脑网络随时对快递（主要指包裹）的位置进行查询，快递送达之后，也可以及时通过电脑网络将消息反馈给发件人。

2）门/桌到机场（Door/Desk to Airport）

与前一种服务方式相比，门/桌到机场的服务指快递到达目的地机场后不是由快递公司去办理清关、提货手续并送到收件人的手中，而是由快递公司通知收件人自己去办理相关手续，采用这种方式的多是海关当局有特殊规定的货物或物品。

3）专人派送（Courier on Board）

所谓专人派送是指由快递公司指派专人携带快递在最短时间内将快递直接送到收件人手中，这是一种特殊服务，一般很少采用。

以上三种服务形式相比，门/桌到机场形式对客户来讲比较麻烦；专人派送最可靠、最安全，同时，费用也最高；而门/桌到门/桌的服务介于两者之间，适合绝大多数快递的运送。

3. 航空快递的特点

航空快递在很多方面与传统的航空货运业务、邮政运送业务有相似之处，但作为一项专门的业务它又有独到之处，主要表现在以下方面。

1）收件的范围不同

航空快递的收件范围主要有文件和包裹两大类，其中文件主要是指形式文件和各种印刷品，对于包裹一般要求毛重不超过 32 kg（含 32 kg）或外包装单边不超过 102 cm，三边相加不超过 175 cm。近年来，随着航空运输行业竞争加剧，快递公司为吸引更多的客户，对包裹大小要求趋于放宽。而传统的航空货运业务以贸易货物为主，规定每件货物体积不得小于 5 cm×10 cm×20 cm。邮政业务则以私人信函为主要业务对象，对包裹要求每件重量不超过 20 kg，长度不超过 1 m。

2）经营者不同

经营国际航空快递的大多为跨国公司，这些公司以独资或合资的形式将业务深入世界各地，建立起全球网络。航空快递的传送基本都是在跨国公司内部完成，而国际邮政业务则通过万国邮政联盟的形式，在世界上大多数国家的邮政机构之间取得合作，快递通过两个以上国家邮政当局的合作完成传送。国际航空货物运输则主要采用集中托运的形式或直接由发货人委托航空货运代理人进行，货物到达目的地后再通过发货地航空货运代理的关系人代为转交货物到收货人的手中，业务中除涉及航空公司外，还要依赖航空货运代理人的协助。

3）经营者内部的组织形式不同

邮政运输的传统操作理论是接力式传送，航空快递公司则大多采用中心分拨理论或转盘分拨理论组织起全球的网络，简单来讲就是快递公司根据自己业务的实际情况在中心地区设立分拨中心(Hub)。各地收集起来的快递,按所到地区分拨完毕,装上飞机;当晚各地飞机飞到分拨中心各自交换快递后飞回;第二天清晨,快递再由各地分公司用汽车送到收件人办公桌上。这种方式看上去似乎不太合理,但由于中心分拨减少了中间环节,快递的流向简单清楚,减少了错误,提高了操作效率,缩短了运送时间,被事实证明是经济、有效的。

4)使用的单据不同

航空货运使用的是航空运单,邮政使用的是包裹单,航空快递业也有自己独特的运输单据交付凭证(proof of delivery,POD)。交付凭证一式四联:第一联留在始发地并用于报关;第二联贴附在货物表面随货同行,收件人可以在此联签字表示收到货物,交付凭证由此得名,但通常快递的收件人在快递公司提供的送货纪录上签字,而将此联保留;第三联作为快递公司内部结算的依据;第四联作为发件凭证留存发件人处,同时,该联印有背面条款,且产生争议时可作为判定当事各方权益、解决争议的依据。

5)航空快递的服务质量更高

(1)速度更快。航空快递自诞生之日起就强调快速的服务,速度又被称为整个行业生存之本。一般洲际快递运送在1~5天内完成,地区内部只要1~3天,这样的传送速度无论是传统的航空货运业还是邮政运输都是很难达到的。

(2)更加安全、可靠。因为在航空快递形式下,快递运送自始至终是在同一公司内部完成,各分公司操作规程相同,服务标准也基本相同,而且同公司内部信息交流更加方便,对客户的高价值易破损货物的保护也会更加妥帖,所以运输的安全性、可靠性也更好。与此相反,邮政运输和航空货物运输因为都牵扯不止一位经营者,各方服务水平参差不齐,所以较容易出现货损、货差的现象。

(3)更方便。确切地说航空快递不止涉及航空运输一种运输形式,它更像是陆空联运,通过将服务由机场延伸至客户的仓库、办公桌,航空快递真正实现了门到门服务,方便了客户。此外,航空快递公司对一般包裹代为清关,针对不断发展的电子网络技术,又率先采用了EDI(电子数据交换)报关系统,为客户提供了更为便捷的网上服务,快递公司特有的全球性电脑跟踪查询系统,也为有特殊需求的客户带来了极大的便利。

当然,航空快递同样有自己的局限性,如快递服务所覆盖的范围不如邮政运输广泛,国际邮政运输综合了各国的力量,可以这样说,"有人烟的地方就有邮政运输的足迹",但航空快递毕竟是靠某个跨国公司的一己之力,所以,各快递公司的运送网络只能包括那些发达、对外交流多的地区。

 典型案例 6-2

在当今链式思维的时代,航空物流最后一公里就是航空物流服务链的最后一个环节,相当于快递企业把快递送到门,对标快递企业的速度和服务,航空物流最后一公里的客户体验相差甚远。从服务链全链路来讲,提高航空物流最后一公里的体验主要应通过两个层面去实现:一是航空物流企业包括航司、机场和货代等航空货运业务与快递公司地面运输衔接合作有效性的提高,以满足客户的直接感受;二是航空物流服务链中的航空货运业务效率和服务质量的提高,是支撑客户整体航空物流体验的基础和主要来源。第一个层面是空陆联运模式的高效性问题,第二层面是航空货运本质和核心问题。只有两个层面同时高效运营,无缝对接,航空物流服务链才能完整高效运行,而这正是所有航空物流企业的价值所在和当前的改革努力方向。

如何实现空陆联运高效运行?

1. 卡车航班在货物空陆联运的"一单到底"中发挥着关键作用

我国主要的航空货运枢纽,如香港机场、北京首都机场、上海浦东机场、广州机场、深圳机场等,集散周边货物的主要方式是通过卡车航班。国货航、东航物流等拥有成熟的卡车航班业务,支撑其在枢纽机场的货物集散。但卡车航班只是从有国际航班的机场通过海关监管车运输到国际货物目的地机场,弥补的是国际货物目的地机场没有国际航班的缺陷。而要把航空货物送到门,主要还是靠航空物流服务链的前端服务主体即航司、机场和货代,通过与快递公司合作,由快递公司实现。

2. 快递(物流)货车才是真正实现"航空物流最后一公里"配送主体

航空货物由机场到客户的运输完全依赖快递(物流)货车,而这"最后一公里"恰恰被大多数航空物流企业所忽略,也备受客户诟病,很少有机场或航司重视此项服务。由于没有有效的计划组织和协调,客户只能自己临时找车,不得不接受零担"高价"。造成这种现象的原因主要是航空物流企业的经营思路还是传统航空货运点对点模式,而没有形成现代航空物流服务链经营理念。

从市场需求来看,小件货物如合同、标书、样品以及时令水果、海鲜等都有当天送达目的地客户的需求,而顺丰等快递公司以次日达服务为主,除个别如上海、深圳等网络较全的城市外,难以满足时间要求。相当一部分客户就会选择直接送到机场找机场或航空公司货运部门搭最近的航班,到达目的地机场后,除非有人到机场接货,否则只能请第三方送货。所以,如何确保航班到达目的地机场后第一时间派送到客户手里,且价格合理,这是目前航空物流服务链中一个"熟视无睹"的短板。

从快递公司业务来看,为实现进港快速提货,也需要与机场货运部门建立合作关系。如顺丰速运在首都机场与其地面服务代理公司 BGS 开展合作,推出了专供顺丰速运货物的进港速提业务。同时机场也应提供足够大的接近空侧位置的分拨货物场地,在硬件上为空陆联运高效运作提供必要的条件。

(资料来源:中国物流与采购联合会,有改动)

【思考与分析】

1. 请结合案例分析航空运输的优缺点。

2. 请结合案例分析实现"最后一公里"的对策。

二、快递运输作业流程

(一)汽车运输作业流程

1. 班前准备

驾押人员出乘前应按时到单位,在值班调度处抄录邮运调度通知,领取出班凭证、单式,听取值班人员班前指示。出班时检查证照和出乘期间准备物品是否齐全等,驾驶员还应做好出车前的车况、油料的检查,检查车厢、厢体是否损坏,车厢门是否完好,清洁车容车貌,按照作业计划或调度指示按时到达快递装发地点。

2. 出乘规范

1）交接

（1）在规定时间内到达指定地点办理快递交接。首先,应接收装车的快递路单,核对路单页数是否齐全,数量是否准确。对沿途需要办理快递装卸车的,检查各卸交站的交接总单是否齐全。承担机要快递押运的驾押人员按照《机要快递处理规则》的相关规定做好机要快递的交接验收和保管。

（2）凡沿途办理交接的汽车邮路在快递交接过程中,如发现快递数字不符,应复查数字后批注路单,明确装卸车时限延误责任。

2）快递装车

（1）直达汽车邮路。

直达邮路的快递装车由转运部门负责,快递装车完毕以后,驾押人员会同转运部门对车门施封,办理签收手续。

（2）非直达汽车邮路。

①起点站装车快递由地面单位按照站次"先远后近"顺序装车堆码,堆位隔离清楚,驾押人员负责盯数;沿途站的快递由驾押人员负责车内堆码,地面单位负责将快递装至车上。装车快递量较大时,由地面单位协助驾押人员装车分堆,车上快递的处理由驾押人员负责。

②快递装车时应"先普邮、后机要",卸车时应"先机要、后普邮",凭证办理机要快递的交接。

③驾押人员在装车时发现不合格快递时应拒收,由交方处理。

④押运员应将各站交同一卸交站的路单在卸车前汇总数量以便卸车签收。

3）押运员职责规范

（1）在"驾押合一"的邮路上,驾驶员既负责快递交接工作,又负责汽车驾驶工作。在实行"双驾"的邮路上,正班驾驶员负责机要快递交接以及汽车驾驶工作,副班驾驶员负责普通快递的交接工作,并和正班驾驶员按照规定时间交换驾驶车辆,防止疲劳驾驶。

（2）机要快递的交接、押运按照机要快递处理相关规定执行。

（3）驾驶员要遵守行车安全要求,确保车辆和快递的安全。

（4）邮运车辆中途发生故障或遇路阻时,驾驶员应先将车辆和快递转移到安全地带严加看护,并尽快与上级主管部门或临近地面部门联系,以便及时采取措施疏运快递。

（5）押运途中如发生不可抗力的情况,驾驶员应尽快与就近的地面部门联系,请求支援、盘驳快递,确保快递安全。

（6）驾驶员不得无故拒装、拒卸快递,各站交接快递后,驾驶员应留存路单,妥善保管,以备返程后归档、查询。

（7）在住勤地驾驶员应执行部门管理制度,发生意外情况时,应立即报告主管部门,并请当地部门救援。

（8）在押运途中,吃饭等或因故临时停车时,必须保持高度警惕性,树立安全意识。

4）沿途装卸

（1）局站汽车到达沿途卸交地指定卸车位置交接快递时,注意填写"车辆运行行车排单",对车辆的运行时刻进行记录,以便考核准班准点率。

(2)沿途各站交接快递,应坚持先卸后装。对办理快递装卸车的应按照"先远后近"的顺序单独堆码,应验视堆码快递的卸交站、数目是否正确。沿途卸车快递由押运员从车上交卸地面,车下工作由地面部门负责卸车,装车快递由地面部门负责装车。驾押人员在车厢内进行选剔、分堆,终点站快递由地面局负责卸车。对沿途卸车快递量较大的地方,由地面部门组织协助驾押人员卸车,驾押人员负责快递卸车的车上指挥。

(3)直达汽车邮路卸车前押运员会同转运员验视车厢封志。若封志完好,则直接签收。车门施封有被拆动和车厢厢体损坏情况,应批注总路单并在规定时间内处理快递,发生问题由承运部门负责。

(4)非直达汽车邮路,押接双方进行点数交接。快递点数交接时点数工作由押运员高声唱数,接发员负责监数,核对快递总包数与路单相符后,在承运部门留存路单上签收,相符则按实收数批注路单并向承运部门和发运部门缮验。

(5)在卸交快递时发现不合格快递,驾驶员应会同接方共同开验,确定内件情况后,双方共同批注路单签证由收方处理,驾驶员无权划销快递。

(6)驾押人员发现有数目不符情节时,时间允许,应当场复查核准,若复查数目仍不符的,则将核数结果批注交接路单,办理签收手续。若时间不允许,应将查数结果批注路单办理交接手续,由驾押人员负责在后续卸车环节查明不符原因。

(7)装发快递发现有规格不符情节时,应由装发部门按规定重新开拆加封处理,否则,押运员有权拒收。

(8)驾驶员要注意车辆运行情况,沿途卸交站停车期间,要随时检查车况,保证车辆状态正常。

3. 平衡合拢

押运员回班后,根据各站装卸总路单逐站进行平衡合拢,填写平衡合拢表。

4. 回乘规范

(1)检查车厢有无遗漏快递、快递容器等。

(2)邮车回库后还应检查车况。需要维护修理的,应上报本单位车辆管理部门。

(3)整理装订路单。路单装订应按顺序,顺头顺面装订整齐,不能缺页少张,并在路单皮上注明日期、邮路、往返押运量及车号和本人姓名。路单档案资料原则上须当班装订归档,最迟须于次日归档。

(4)上交快递平衡合拢表。要求做到平衡合拢,日期、姓名齐全,更改处加盖名章。

(5)存放生产办公用品,交回证件。

(二)火车运输作业流程

1. 班前准备

火车押运员在值班处抄录邮运调度通知并听取值班人员批示,领取出乘押运免费乘车证和生活用品等,检查生产、办公用品和出乘各类证照是否齐全。

2. 出乘规范

1)路单交接

接收装发火车快递总路单和卸交站总单,查看发运计划及路向计划,并核对总路单页数、数量和快递卸交站是否正确。并根据快递量的多少、快递体积的大小,在原定仓位图的基础上合理安排或者调整仓位和快递堆位,及时将仓位调整情况告知转运装车人员。承担机要快递押运的,押运员要按照机要快递处理规则的相关规定做好机要快递的交接验收手续和保管工作。

2)快递接收

(1)按照"先机要后普邮"、"先卸后装"、"先远后近"的原则接收快递。

(2)转运部门根据交接快递详细数目清单组织装车,押运员负责车门点数接收。转、押双方在快递交接完毕以后,押运员应对所接收的快递及时进行内部处理。押运员不负责快递目录勾核,但应对装车快递的数量、规格、路向进行点验,发现问题应在规定时间内发验,在装车时发现的不合规格总包快递退回交方处理。

(3)快递装发完毕后,接收路单的押运员应与转运部门人员核对装车快递数字等相关情况,无误后办理签收手续。

3)押运途中处理

快递按卸交站分堆点数,验视规格,按沿途各站交同一卸交站的路单上快递总数合计数量,制作卸交总路单。

4)快递卸车

(1)卸车快递处理。

押运员按照快递的轻、重、特快类别和卸交点本地件、转运件分别堆放,对沿途卸交站要提前将卸车快递堆位移至车门口。卸车时,停车在 3 min 以上的,由地面部门负责卸车唱数,押运员盯数;3 min 以内的由押运员负责卸车唱数、转运员在地面盯数,在车门办理快递交接。

(2)卸车注意事项。

①与接发人员办理卸车快递总路单及单交快递的交接,看仓押运员应点验卸车人员查数和卸车,看好其他堆位,防止错卸和误卸,卸车完毕后与接发员办理签收手续。

②对回局轻件和赶车快递,由转运部门向相关派押部门提出要求,双方协商办理。

3. 平衡合拢

押运班长在邮车发车后,根据各站装卸总路单逐站进行平衡合拢,填写平衡合拢表。

4. 回乘规范

检查生产现场,清洁环境,与车底看护人员办理交接手续。配合转运班组处理本乘次卸车快递中不合规格快递,完善回程中的生产手续,办理档案交班和平衡合拢表及生产量汇报,听取出乘期间的各类邮运通知,归还押运乘车免票证和被服,存放生产办公用品。

(三)航空运输作业流程

航空快递运输操作流程如下:

(1)航空快递的托运和承运双方要相互协作、密切配合,按公布的航班计划和快递路单安全、迅速、准确地组织运输。

(2)航空快递应当按种类用完好的航空邮袋分袋封装,加挂"航空"标牌。

(3)承运人对接收的航空邮政信函应当优先组织运输。

6-4 典型案例

（4）航空快递内不得夹带危险品及国家限制运输的物品。

（5）航空快递应当进行安全检查。

（6）航空快递按运输时限的不同计收相应的运费。

（7）承运人运输快递，仅对邮政企业承担责任。

（8）航空快递企业要使用专用标志、包装。

（9）航空快递企业应当安全、快速、准确、优质地为货主提供服务，并按规定收取相应的服务费，发生违约行为时应当承担相应的经济责任。

三、快递运输作业异常问题处理

快递运输作业中异常问题的处理方法如下：

（1）运输遇有总包快递袋牌脱落而无法辨别接收地名的，应拆袋，根据内件实物或清单信息确定卸交站后重新封装。同时，应在总路单和相关卸交总单上批注相关情况，向相关发运部门发验。

（2）运输在第一交换站开车或起航后，如发现总包数量与卸交站总路单结数不符的情况，应在规定时限内向发运部门缮发验单，验单需说明多出、短少数目及所属卸交站，并将验单副联抄送相关卸交单位，同时，在相关卸交站总路单上批注多出、短少数目。

（3）对因水湿、油污等总包快递应单独堆放，需要及时处理的按照相关规定进行处理，并向相关单位发验。无条件或不影响其他快递的可不进行处理，按卸交站卸转，但应明确批注交接站的交接总路单。有危害或严重影响其他快递安全的可选择临近的较大站点卸车，将情况明确批注在交接站的卸交站总路单上，并向收寄局发验、抄送装发部门和卸交部门。

（4）如遇快递不能装卸完毕的情况，未装快递向发运部门发验；未卸快递应将其卸于前方站，同时，在前方站的卸交站总路单上批注，并向责任卸交部门发送验单。

四、快递网络

快递网络是一定区域内使快递在众多节点、线路间快速流动的快递基础设施和快递活动的空间组织关系与时间交织形态，它的构成要素包括节点、线路、时点。

（一）快递网络构成要素

1. 节点

节点是指在快递服务过程中主要承担快递的收寄、派送、包装、信息处理等快递作业的场所。节点有两类：一类是指为了实现快递快速位移、确保各种运输方式高效衔接的功能性设施，如操作中心、转运中心等；另一类是指实现快递基本服务功能的设施，如营业厅、站点、代收点等。

2. 线路

线路是节点的连接线，包括交通线路（如公路、航空、铁路）和通信线路，主要承担快递流转过程的运输和信息传递功能。

3. 时点

快递网络不仅要解决快递的空间位移，更重要的是实现快递在预定时间点到达预定位置。快递服务各种活动都有具体的、严格的时点要求,快递网络是时间上高度协调衔接的系统,时点则是快递网络不可或缺的一部分。

（二）快递网络特征

1. 整体性

快递网络的节点和线路相互依赖,共同构成一个有机整体,从而实现快递服务的综合功能。快递网络不是各节点和线路的简单连接、整合,节点和线路的连接有一定标准,这种连接是以实现快递网络的整体效应为目标的。

2. 层次性

组成快递网络的节点和线路在规模、地理区位和功能等方面都存在着差异,使得快递网络对外呈现出一定的层次性,如省际快递网络和城际快递网络。

3. 环境适应性

快递网络规模、快递节点规模及线路规模等会随着区域经济、交通、区位环境的变化而变化,因而也带来快递服务能力的增强或者减弱。

4. 复杂性

快递网络的复杂性体现在组成快递网络元素及其关系的复杂性上,有些构成快递网络的元素本身就是一个复杂的集合体。

（三）快递网络结构分析

1. 快递网络的拓扑结构

快递网络中的各快递节点和线路相互连接的方法和形式称为网络拓扑。根据其组成元素相互连接的方式不同,快递拓扑结构可概括为线状结构、简单网络状结构和复杂网络结构三种类型。

1）线状结构

线状结构是指各种快递节点由快递线路连接成线状,节点之间没有形成网。其特点是:连接方式简单,便于管理,基础设施建设投入少。主要出现在专为某一快递项目而制订的服务线路,以及快递网络的建设初期。

2）简单网络状结构

简单网络状结构是指各快递节点和线路以比较有规则的方式连接成网,网络中各快递节点与其邻近的节点基本实现点到点的连接。其特点是:快递基础设施建设投入少,组建速度快。这种结构是我国中小快递企业的主要建网方式,主要出现在同城派送网络、邻近城市之间形成的区域型快递网络等。

3）复杂网络结构

复杂网络结构是指各快递节点和线路能以多种方式连接成网,网络中各快递节点之间基本都有快递线路实现点到点的连接,节点之间的业务频繁。其特点是:网络运行可靠性高,一个或几个快递节点、线路的增减不会影响整个快递网络的运作。这是一种比较成熟的快递网络,是快递网络的发展方向,主要出现在全国性快递网络、全球性快递网络。

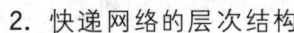

2. 快递网络的层次结构

快递网络的层次结构是基于空间维度对快递网络的服务范围和空间影响力的结构划分。根据快递网络的影响力和服务范围的大小,可将快递网络分为不同的层次,主要可归纳为片区收派网络、地区快递服务网络、区域快递服务网络、国内快递服务网络、国际快递服务网络。

1)片区收派网络

将一个地区(城市)分为多个小范围的区域,每个小区域称为片区。片区收派网络的组织方式主要有两种:一种是在片区内建立站点(网点),以站点(网点)为中心,制订多条收派线路,实现对该片区的完全辐射;一种是不建立站点(网点),以一台收派车辆为单位,制订一条环形的收派线路,以动态收派的方式实现对该片区的覆盖。片区收派网络是快递网络中最小的组织单元,本身并不具备完整的快递服务功能。

2)地区快递服务网络

地区快递服务网络是以一个地区(城市)为单位,通过建立分拨中心(或操作中心)和分公司的方式,对各片区进行有效组织和管理,形成一个有机的快递服务体系。地区快递服务网络是一个快递网络中的基本组成部分及管理单位,但也可以作为一个独立的快递服务网络,具有完整的快递服务功能。

3)区域快递服务网络

区域快递服务网络可分为两种:一种是区域型快递服务网络,一般是指在自然经济区(如珠三角经济区、长三角经济区)内,几个城市通过班车的形式将相互间的网络联通,形成一个完整的快递服务网络;一种是快递营运区,是指快递企业根据快递网络的组织及管理需要,将全国分为若干分区,各分区内设立区域管理机构和分拨中心(转运中心),实现区域内的统协和资源共享,形成一个相对完整且独立的快递服务网络。

4)国内快递服务网络

国内快递服务网络是指基本上能完整覆盖全国的大型快递服务网络。一般是以省会、大型城市为中心,将全国划分为若干营运区,各分区内建立完整的快递服务网络,并通过网络干线将各营运区联通,形成一个完整的、系统化的全国性快递服务网络。

5)国际快递服务网络

国际快递服务网络是指网络范围能覆盖多个国家甚至全球的大规模快递服务网络。国际快递服务网络一般是以大型国际空港为中心,如上海、香港、迪拜、法兰克福等,通过国际航空运输干线将各个国家的国内网络联通,形成一个完整的国际快递服务网络。

国际快递服务网络也可分为两种,一种是国际分区快递服务网络,如中东区、东南亚区等由多个国家级网络形成的跨国的相对完整独立的快递服务网络;另一种是全球化快递服务网络,如四大快递巨头的快递服务网络。

(四)快递网络运作模式

快递网络的运作模式是指为了实现快递网络的运行目标,对快递网络进行组建、扩张和管理的方式。目前快递行业中主要的网络运作模式有自营模式、加盟模式、联盟模式。

1. 自营模式的快递网络

自营模式的快递网络是指快递网络的各类基础设施以及快递网络的组建、扩张基本上是由快递企业自身投资运作形成,快递企业对网络具有完全的控制权、管理权。

快递网络的各类要素均为快递企业所有,且能对快递网络的组织过程实行完全控制,因此,快递企业可根据业务需求和战略发展目标,对快递网络进行资源优化配置,对各类快递服务活动进行严格的组织及控制,实现快递网络整体的最优化。理论上来说,自营模式是最佳的快递网络运作方式。

6-5 典型案例

不过,随着网络的扩张,自营模式的快递网络运作需要大量人力、车辆及营运设施,需要投入大量的资金,营运难度高。因此,一般的快递企业很难建立大规模的自营方式的快递网络。

2. 加盟模式的快递网络

加盟模式的快递网络是指网络加盟总公司和网络加盟者缔结契约,网络加盟总公司将商标、快递网络、经营技术授权于网络加盟者。而网络加盟者在得到上述权利之时,必须支付一定金额给网络加盟总公司,并根据网络加盟总公司的指导、培训及协助,使用相同商标、网络、服务标准和经营技术,使整个网络达到集中管理的效果。同时,加盟网络的建设所需资金大部分(或全部)由网络加盟者负责,加盟网络所需人员原则上也由加盟者负责。加盟模式的快递网络主要特征有统一领导、统一快递服务标准、统一市场策略等。

连锁加盟是当今世界非常流行的一种经营管理模式,快递企业把这种经营管理模式应用到快递网络的经营和管理中,也同样取得了非常好的效果,使之成为我国快递网络运作模式中应用最广泛的一种。

加盟模式中的网络加盟总公司通过授权加盟的方式,实现了以较少的投资,快速建立一个较大的快递服务网络,并从网络的管理和营运中获取利润以及无形资产的增值。而网络加盟者则可以在总公司的支持和协助下,用合理的资金快速建立一个区域(地区、片区)的快递网络,并共享总公司的品牌、网络,取得该区域(地区、片区)专属营运权和经营权,实现了低风险、

6-6 典型案例

高效率的创业。正是这些优势,使得加盟模式的快递网络在我国快递行业取得了迅速发展,我国有相当多的全国性的大型快递服务网络是采用这种运作模式建立起来的,如申通快递、中通快递等快递企业。

不过,加盟模式也存在诸多不足之处,包括网络的稳定性差、结算方式复杂、异常处理协调难度高等。这是由于网络加盟总公司对各加盟者没有行政管理权,无法真正地约束各加盟者,难以实现整个网络的高度协调一致和高效率运作。

3. 联盟模式的快递网络

联盟模式的快递网络是指两个或多个独立的快递网络为了实现网络扩张的战略目标,通过契约形式建立长期合作,从而使合作各方的快递网络实现互联互通、共享,形成一个更大型的快递服务网络。

6-7 典型案例

加盟模式是一种纵向的快递网络运作与整合模式,而联盟模式是一种横向的快递网络运作与整合模式。联盟模式的各方通过制订合作协议及网络对接标准,搭建连接各方网络的网络运输干线,将多个快递网络合并成一个整体,实现网络虚拟化的扩

张。联盟模式的运作过程无须常设机构,结构比较松散,具有较大的灵活性。参与联盟中的各方一般都处于平等且相互依赖的地位,并在经营中保持各自的独立性,可以根据自己的目的和需求开展快递服务活动,获取各自的利益。联盟模式的最大优势就是运作简单、迅速、经济,EMS的国际快递网络就是联盟模式的快递网络运作成功的典范之一。

不过,由于联盟各方都有自己的快递营运标准,网络互通快递互换时需要进行多种标准转换,操作成本高,操作效率低。而且联盟各方是完全独立、平等的,无法实现资源的优化配置及网络内部的协调统一,其总体营运质量差、效率低。

五、路由管理

(一)路由概念

路由在邮政中称为"邮路",是指从快递受理到客户签收的业务环节的总和,包括受理、下单、取件、站点操作、分拨、运输、提货、派送、签收等流程的一体化衔接的过程。快递路由具有唯一性、完整性、可控性等特点。

路由包括三个方面的要素,分别为节点、线路、时间。

广义的物流节点是指所有进行物资中转、集散和储运的节点,包括港口、空港、火车货运站、公路枢纽、大型公共仓库及现代物流(配送)中心、物流园区等。快递企业的转运中心、分拨中心、各级网点等都是节点资源。

线路是指快递运输路线,包括航空、公路、铁路的干线和支线。

时间要素是指各个结点到发时点及路由全程用时,包括受理截单时间、取派送时间、分拨批次时间、区城集散时间、提发货时间、分拨时间、串点快递班车时间。

(二)快递路由确定步骤

1. 确定分拨批次时间和地点

路由确定时首先考虑分拨批次的时间和地点,然后根据分拨批次确定的时间、地点,选择和调整航班的落地时间、提发货车辆发车时间、到达分拨中心的时间。以早航班进港市内派送分拨批次为例,该分拨批次的确定是由所有进港早航班的落地、提货、分拨时间以及市内快递班车到达最后一个网点和取派时间来决定的。

分拨批次设计的核心点有两个:一是航班的落地截止时间,二是到达客户的时间。如要求到达客户的时间是15:00,如果提货时间2.5小时,分拣时间0.2小时,串点班车到最后一个网点2小时,派送1小时,合计6小时,那么航班的截止时间就可以定在9:00。由此,分拨批次的时间可以确定为12:00。分拨批次的时间是指到达分拨中心的时间,所以航班落地时间9:00,再加3小时,即提货时间是12:00。

2. 航班的确定

1)制作航班时刻表

将区域内可以使用的航班资源汇总成一个电子表格,例如表6-1所示。

表 6-1 航班时刻表

发　站	班　期	离 站 时 间	到 达 时 间	航　班　号	机　型	分 拨 批 次
北京	每天	6:05	7:20	CA1845	737	
	星期一、三.五	6:30	7:50	CZ3174	737	
	星期一、二、四、七	6:40	8:00	CZ3180	737	
深圳	星期一、三、六、日	8:30	10:30	CZ3989	320	
	星期二、四、六	8:55	11:10	ZH9843	737	
	每天	20:55	23:10	CZ3974	320	
重庆	星期一、三、五、日	22:10	23:40	CZ3488	737	

2）填列航班

按照表中的格式，分别列出所有的出港早航班、出港晚航班、进港早航班、进港晚航班，并按照"早航班最早，晚航班最晚"的原则选择航班。

3）航班选择原则

由于快递营运的特色及服务需要，快递航班的选择一般以各城市早、晚航班为主要资源。

（1）早航班选择原则：上午航班到达时间或离港时间在规定时间（不同的企业有不同的标准和规定，一般为 12:00）以前的最早几趟航班。

（2）晚航班选择原则：下午航班的离港时间在规定时间（不同的企业有不同的标准和规定，一般为 19:00）以后的最晚几趟航班。

（3）班期原则：班期是指一周内航班固定营运的天数，要求稳定且天数达 5 天以上（最好是每天都有）。

4）出港早航班的确定原则

出港早航班的确定，以到达进港方落地的时间为原则。也就是说，根据进港方早航班分拨批次的时间来确定出港早航班，出港早航班的落地时间必须在进港方早航班的分拨时间之前。将已确定的出港早、晚航班在航班表中标出，并注明航班的舱位、合同类型，最终确定航班的原则是必须保障不能落货。

（三）路由分析

1. 路由数据分析常用软件

路由数据分析常用的软件有 Office 软件中的 Excle 和 Access。Excle 是常用的电子表格，Office 2003 版本的 Excle 每个表单最多能存储 66 000 条数据，可以完成基本的查询、筛选、排序等数据加工。但是数据量一旦过大，运行速度会受到很大的影响，因此，数据量大时，建议使用 Access。Access 是一个小型数据库，可以自定义各种不同的条件或自行编写程序来进行各类处理，数据也可以导入 Excle。

2. 路由数据分析常用资料

（1）路由表；

（2）全国网络表；

（3）某一段时间实际发货的情况。

其包括始发站、到达站、实发方式、到达口岸、快递重量、快递件数。

3. 路由数据整理步骤

1）整理路由始发到站的列表

打开全国网络表，把本单位所在的城市作为始发站，以到达城市片区、网点作为到达地。到达地分别按区域、地区、片区对照基本信息表整理，最后整理出区域、地区、片区路由始发到站的列表。

2）整理路由基础表

在路由始发到站的列表后增加受理截单时间、出港批次、车次、发车时间、到达时间、进港批次、中转线路、实现的快递产品成本，即是本单位的路由基础表。

4. 路由数据分析方法

1）制订分析目标

分析目标一般是指某快递产品所要实现的时限和成本，应根据企业所要发展的目标而制订。

2）达到时限目标的分析

（1）直达路由分析。

第一步：查看该路由所选择的资源，在不加入进、出港批次的前提下，是否能达到预期产品目标。如果资源本身能实现，那么按第二步分析，否则考虑重新设计。

第二步：如果资源本身能实现，则重点查看进港分拨的设计是否合理，即进港分拨时间是否能在要求的时间点送达。如果进港分拨的设计合理，则分析班车的设置或市内派送线路是否最优。

（2）中转路由分析。

第一步：判断中转节点的选择是否合理。中转节点主要选择离该城市最近的分拨中心或机场。如果中转节点的选择合适，则按第二步分析，否则重新更换中转的分拨中心或机场。

第二步：在选择节点正确的情况下，分析资源选择及中转衔接是否合理。查看选用的资源是否合理，原则上是希望快递到港后，采用最快的方式到达目的地。如果是采用最快的方式到达，则分析中转时间衔接问题可转化为确认是否是离最近的一个批次进行中转的。如果不是，则需要在成本方面做资源变更分析。

3）在实现时限目标的基础上，分析是否有更低成本的资源

如果有足够的中转时间，则可以向成本更低的方面考虑资源是否可以变更。当有新的资源时，应找出使用该始发和到站的资源有哪些，其运行时间、航班始发的时刻、成本是否优于原有的资源。如果运行时间优先原有的，则在现有的分拨批次中选择合适的进、出港批次，分析是否可以提高时效。如果成本优于原有的资源，则需判定是否可以在不改动分拨批次的情况下，替换掉原有的资源。

5. 路由数据分析报告

路由分析完成以后应对分析结果制作路由分析报告。路由分析报告的内容包括可以优化的路由数量、已运行线路的改进建议、需要寻找的新线路资源（运行时间段价格等）。最

后,附上一份测算优化路由后的详情表(包括对线路快递产品、成本、汇总测算的影响)。

(四)路由表考核

1. 考核目的

考核目的包括掌握所有快递产品实现的实际时效、实际营运中遵照路由中转运输的情况。

2. 考核方法

1)发运路由遵守界定

考核实际路由与标准路由是否一致。如果实际营运中使用航班/车次与应出港航班车次号相符,则为发运路由遵守,否则为不遵守。

2)派送路由遵守界定

将实际到港时间与进港批次表里的航班落地截止时间进行比对,确定进港分拨批次对应的送达时限。如果签收时间早于应送达时限,则为路由遵守,否则为不遵守。

如:某地区早航落地截止时间是11:20,赶中午的进港批次17:00派送;晚航落地时间是22:00,赶早上的进港批次12:00派送。那么,航班落地时间在11:20至22:00的应该在第二天12:00前签收,如果签收时间超过12:00,就是路由不遵守;晚22:00到次日11:20落地的应该在第二天17:00前签收,如果签收时间超过17:00,就是路由不遵守。

3)路由遵守率计算

路由遵守率是实际营运中按照标准路由派送的快递票数与总票数之比,计算公式如下:

$$路由遵守率 = \frac{遵守票数}{快递总票数} \times 100\%$$

4)考核对象

将不同的快递产品、不同的运输线路、不同的操作单位分别作为考核对象,计算路由遵守率。

六、快递运输优化

快递运输的优化,是指从快递营运的总体目标出发,运用各种优化理论和方法,充分利用各种运输方式优点,合理规划、选择运输路线和运输工具,以最短的路径、最少的环节、最快的速度和最少的费用进行快递运输,避免不合理运输情况的出现。通过对快递运输的优化管理,实现快递运输的合理化,提高运输的时效性,降低运输的成本,从而提高快递服务质量。

(一)快递运输优化的目的

1. 提高快递营运的整体效率和营运质量

合理组织快递的运输,促进快递营运的各环节紧密衔接,协调、高效、快速地进行快递营运,提高其整体效率和营运质量。

2. 节约运输费用,降低物流成本

运输费用是构成快递营运费用(成本)的重要组成部分,在快递运输过程中,运输作业所消耗的活劳动和物化劳动占的比例最大。据统计,快递营运成本中运输费用的支出约占30%。如果把运输过程中的装卸搬运费加上,其比例更大。因此,降低运输费用是提高快递系统效益、实现快递营运目标的主要途径之一。

快递运输的优化管理,就是通过运输方式、运输工具和运输路径的选择,进行运输分类的优化,实现快递运输的合理化。由此,必然会缩短运输里程,提高运输工具的运用效率,从而达到节约运输费用、降低运输成本的目的。

3. 缩短运输时间,加快快递速度

运输时间的长短决定着快递速度的快慢,因此,只有合理组织快递运输,使快递在途时间尽可能缩短,才能达到及时到件的目的,实现提高快递速度的目标。

4. 达到运输合理化

运输合理化不仅可以节约运力,缓解运力紧张的状况,还能节约能源。快递运输合理化能够减少许多不合理的运输现象,从而提高快递的运送能力,起到合理利用运输能力的作用。同时,快递运输的合理性还可以降低运输部门的能源消耗,提高能源利用率。

(二)快递运输优化需考虑的主要因素

快递运输优化需考虑的因素很多,起决定性作用的因素有如下五个方面。

1. 运输距离

运输的若干技术经济指标,都与运距有一定比例关系,运输里程是运输是否合理的一个最基本因素。应尽可能就近运输,避免舍近求远,要尽量避免过远、迂回运输,缩短运输距离。

2. 运输环节

每增加一次运输,不但会增加起运的运费和总运费,而且必然会增加运输的附属活动,如装卸、包装等,导致物流成本上升,收益下降。所以,减少运输环节,尤其是使用同类运输工具的环节,对合理运输有促进作用。

3. 运输工具

各种运输工具都有其使用的优势领域,要根据不同类型快递的特点,最大限度地发挥运输工具的特点和作用,同时还要按运输工具特点进行装卸运输作业。最大限度地发挥所用运输工具的作用,是快递运输优化的重要一环。

4. 运输时间

运输是快递营运过程中需要花费较多时间的环节,尤其是远距离运输,在其全部快递营运时间中,运输时间占绝大部分。所以,运输时间的缩短对整个营运时间的缩短起决定性作用。此外,运输时间短有利于运输工具的加速周转,能够充分发挥运力的作用,有利于运输线路运送能力的提高,实现快递运输合理化。

5. 运输费用

运输费用在全部物流费中占很大比例,运输费用高低在很大程度决定整个快递服务的竞争能力。实际上,对快递企业来讲,运输费用的降低是运输优化的一个重要目标。运输费用的判断,也是各种优化措施实施是否行之有效的最终判断依据之一。

（三）快递运输过程存在的问题

快递运输中的主要问题是存在着不合理运输现象。不合理运输是指在现有条件下未达到可以达到的运输水平，从而造成了运力浪费、运输时间增加、运费超支等问题，其主要表现如下。

1. 返程或启程空驶

因无快递可装造成车辆空驶是不合理运输的最严重形式。在实际运输组织中，有时必须调运空车，从管理上不能将其看成不合理运输。但是，因调运不当，快递量信息了解不准确，各种运输资源使用不合理而形成的空驶，是确切的不合理运输的表现。造成空驶的不合理运输主要有以下几种原因：

（1）线路设计不合理，没有充分利用各种运输资源，往往出现单程重车、单程空驶的不合理运输；

（2）工作失误或计划不周，造成快递货量与预报不符，车辆空去空回，形成双程空驶；

（3）车辆过分专用，无法实现双程运输，只能单程实车，单程回空周转。

2. 迂回运输

迂回运输是舍近求远的一种运输形式，即舍弃可行的短距离运输而选择长距离运输的一种不合理形式。只有当计划不周、地理不熟、组织不当而发生的迂回，才属于不合理运输，而最短距离线路有交通阻塞、路况不好或有对噪声、排气等的特殊限制造成不能通行时发生的迂回，不能称为不合理运输。

3. 重复运输

重复运输有两种形式：一种是指可以直接将快递运达目的地，但在到达目的地之前，将快递卸下，再重复装运送达目的地；另一种是指同一派送批次快递或同目的地的快递，在同一地点运进，同时又向外运出。重复运输的最大问题是增加了非必要的中间环节，延缓了快递速度，增加了货损率及运作成本。

4. 运力选择不当

在运输过程中未选择合理的运输工具会出现不合理现象，包括运输工具承载能力选择不当，不根据快递的数量及重量选择而盲目决定运输工具，造成过分超载、损坏车辆或快递不满载、浪费运力的现象。

5. 托运方式选择不当

（1）不需要发航空快递而选择了航空运输，造成运输成本提高，导致单票快递亏损。

（2）应当发航空快递的没选择航空运输，造成快递延误，影响了快递服务质量。

（3）对于快递企业来说，在可以选择最好托运方式时而未选择，是造成运力浪费及费用支出加大的一种不合理运输。例如，应选择包租方式运输而采取集中托运方式，应当直达而选择了中转运输等，都属于这一类型的不合理运输。

（四）快递运输优化的方法

1. 提高运输工具满载率

满载率是指实际运输的快递重量（或体积）与该运输工具可用的标准载重（或体积）之间的

比例。运输工具的标准载重为：采用整车运输的是该车的标准载重（或体积），采用包租方式的是实际包租舱位的重量或体积。提高满载率的意义在于，充分利用运输工具的额定能力，减少吨位浪费和未满载行驶的时间，降低运输成本，提高运输效率，实现快递运输的合理化。

2. 合理使用第三方运输资源、优化运输结构

随着我国运输业的发展，社会上可供选择的运输资源越来越多，提供的服务也越来越多样化，可以满足企业的各种需求。而快递企业如果单靠自身的运输资源，经常容易出现空驶、运力选择不当（因运输工具有限，选择范围太窄）、不能满载等浪费现象，以及在货量高峰期出现运力不足的情况。因此，快递企业有必要充分利用社会上的第三方运输资源。对于货量少、运输成本高的运输线路，采用第三方运输资源运送，可以避免对流、倒流、空驶、运力不当等多种不合理运输形式的出现。当快递量超过自身运载能力的时候，可以及时地调用第三方的运输工具，保障快递及时发运而不必等待车辆多次往返运送，这样不仅可以保障运输的时效，而且可以追求规模效益。

3. 尽量发展直达运输

直达运输是追求运输合理化的重要形式，其对合理化的追求要点是通过减少中转、过载、换载，从而提高运输速度，省却装卸费用，降低中转快递的风险。直达的优势，尤其是在满载的情况下表现最为突出。特别需要注意的是，如同其他合理化措施一样，直达运输的合理性也是在一定条件下才会有所表现的，不能认为直达一定优于中转，这要根据具体的快递量和运输线路情况而定。当批量大到一定程度时，直达是最佳的选择。当批量较小时，直达的成本往往太高，这时适当地选择中转也是合理的。

6-8 快递运输评价指标分析

4. 加强运输的计划性

在组织运输的过程中，临时运输、紧急运输或无计划地随时运输都会大幅度增加运输成本，因为这些运输不能使车辆满载，会浪费里程。因此，为了加强运输的计划性，需要建立各环节的快递预报制度。运输组织部门通过对快递预报的分析，可以充分了解各环节所需的舱位、车型，对车辆进行统一、合理调配，实现运输合理化。

5. 制订合理的运输路线

采用科学的方法制订合理的运输路线，是运输管理中的一项重要工作。制订运输路线的方法很多，既可采用方案评价法，拟订多种方案，以使用的车辆数、驾驶员数、油量、运输的时效要求等作为评价指标，对各个方案进行比较，从中选出最佳方案，也可以采用数学模型进行定量分析。

第三节 电子商务快递派送管理

一、快递派送业务概述

（一）派送概念及形式

派送是指快递服务组织将快递递送到收件人或指定地点并获得签收的过程。

派送形式主要包括按姓名、地址当面交付和自取两种形式。

（二）派送要求

1. 派送时间

快递服务组织的投递时间应不超出向顾客承诺的服务时限，或者应按照约定的时间投递。

6-9 典型案例

2. 人员着装

负责投递的快递服务人员应统一穿着具有组织标识的服装，并佩戴工号牌或胸卡。

3. 投递次数

快递服务组织应对快递提供至少两次免费投递。投递两次未能投交的快递，收件人仍需要快递服务组织投递的，快递服务组织可以收取额外费用，但应事先告知收件人费用标准。

4. 快递签收

快递签收时要满足以下要求：

（1）快递服务人员将快递交给收件人时，应有义务告知收件人当面验收快递；

（2）若收件人本人无法签收时，快递服务人员可与收件人（寄件人）沟通，经允许后，采用代收方式，但应告知代收人的代收责任；

（3）与寄件人或收件人另有约定的应从约定。

验收无异议后，验收人应确认签收。拒绝签收的，验收人应在快递运单等有效单据上注明拒收的原因和时间并签名。

5. 费用与单据

签收人支付费用时，快递服务人员应将与服务费同等金额的发票交给签收人。

（三）其他派送处理

1. 自取方式

自取方式主要适用于以下几种情况：

（1）投递两次仍无法投递的快递，可由收件人到指定地点自取；

（2）相关政府部门（如海关、公安等）提出要求的，可由收件人到指定地点自取；

（3）收件地址属于尚未开通快递服务的区域，通过与寄件人协商，可采用收件人到指定地点自取的方式。

2. 无法投递

快递服务组织应在投递前联系收件人，当出现快递无法投递情况时，可采取以下措施：

（1）出现首次无法投递时，快递服务组织应主动联系收件人，通知再次投递的时间及联系方法；

（2）再次仍无法投递，可通知收件人采用自取的方式，并告知收件人自取的地点和工作时间，收件人仍需要快递服务组织投递的，应告知收件人费用标准；

（3）若联系不到收件人，快递服务组织应在彻底延误时限到达之前联系寄件人，协商处理办法和费用，主要包括：

①寄件人放弃快递的，应在快递服务组织的放弃快递声明上签字，快递服务组织凭函处理快递；

②寄件人需要将快递退回的，应支付退回的费用。

（4）若联系不到收件人和寄件人，除不易保存的物品外，在对快递保存至少 3 个月后，快递服务组织可以按照相关规定处置快递。

3. 彻底延误时限

彻底延误时限是指从快递服务组织承诺的服务时限到达之时算起，到顾客可以将快递视为丢失的时间间隔。

根据快递服务的类型，彻底延误时限主要包括：

（1）同城快递为 3 个日历天；

（2）国内异地快递为 7 个日历天；

（3）港澳快递为 7 个日历天；

（4）台湾快递为 10 个日历天；

（5）国际快递为 10 个日历天。

二、快递派送作业流程

派送作业流程如图 6-7 所示。

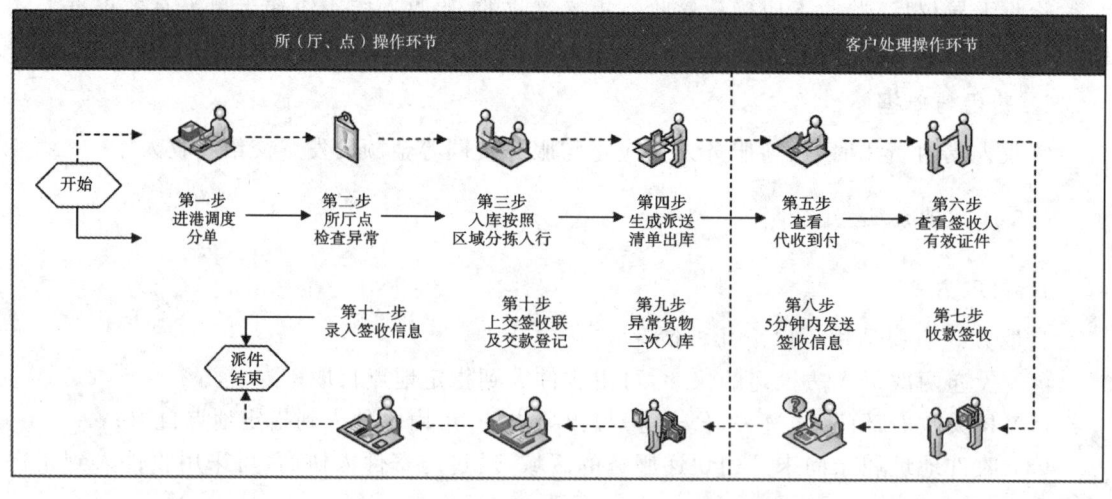

图 6-7 派送作业流程图

1. 进港分单

调度模块——手工分单。

2. 检查异常

（1）查看货物与快递单，检查件数或者货物是否有破损或其他异常情况。

（2）地址错误、包装破损、重量明显有误的货物严禁派送，要将错货信息及时反馈给上级相关人员。

（3）清点货物数量，无误后在交接单上签字确认。

3. 核实派送地址

（1）根据派送地址，结合自己所辖服务区域，合理安排派送线路。

（2）根据派送线路，将小件按顺序进行整理装袋。

（3）对于非正规办公场所（宾馆、学校、私人住宅等）的收货地址，派送之前先电话联系客户，确认客户在此地址并约定派送时间。

4. 查看代收到付

检查工作单并核对派送清单，查看货物箱单到付代收金额，查看箱单款项是否和系统一致。

5. 快递捆扎

为了防止快递在装运过程中散落、遗失，业务员须将一件或多件快递用捆扎材料扎紧，固定为一个集装单元，或者固定捆绑在运输工具上。在捆扎快递时，应根据快递的数量、重量以及体积大小，结合装运快递的工具（如托盘、包袋、手推车等）合理确定捆扎方式。

1）体积较小的快递

对于文件封或牛皮纸袋包装的快递，派送应采用集装的方式，即将快递排序整理后装进随身携带的背包或挎包内。体积较小能装进背包或挎包的其他包装快递，也应排序整理后与文件封包装的快递一起集装。注意背包或挎包的袋口应该封上，如袋口有绳子，将绳子拉紧，打上蝴蝶结或反手结，既便于解开，又可避免快递掉出、淋湿或被盗。

2）体积小但无法装进背包或挎包的快递

按照派送顺序整理，将派送到同地址或相近地址的快递叠放在一起，使用布带等将其捆绑在一起，便于上门派送时携带。如业务员有较大的集装袋，可将快递排序后整齐地摆放在集装袋内。整理摆放快递时必须按照"先派后装、重不压轻"的原则，体积和重量相近的快递集装在同一袋内。体积很大或重量很大的快递须单独捆扎，避免压坏袋中其他快递。使用集装袋装载快递省去捆绑的麻烦，也便于快递的携带。如业务员的交通工具为摩托车，也可将快递放置在摩托车尾箱中，但必须注意，在人离开车时要将尾箱锁好。

3）体积大或重量较重的快递

这类快递无法集装，需要使用绑带直接将快递捆扎到交通工具上。捆扎时注意以下事项：

（1）捆扎前检查快递的重心是否偏移。若重心偏移，必须重新摆放快递再进行捆扎。捆扎时应注意对快递进行轻重搭配，保持运载工具平衡，避免重心偏移。

（2）注意捆扎力度，须确保快递捆扎牢固，同时力度也不要太大，避免损坏快递包装。

（3）在雨雪雾天气捆扎快递时，注意在快递上加盖防雨用具，如雨布、雨衣、塑料薄膜等。

（4）对于不规则的快递，应注意捆扎方式。捆扎较长的快递，应注意与车辆长度方向平行捆扎，不能横着捆扎，以免阻碍路人或车辆行走。

（5）对于特别大、特别重的，超出业务员运载能力的快递，应由专门的派送车辆和人员负责。

6-10 《关于推进电子商务与快递物流协同发展的意见》政策节选

（6）表面有突出钉、钩、刺的快递，需要单独携带，不得与其他快递捆扎。

6. 货物签收

1）货物签收要求

（1）货物签收前一定要仔细看工作单上"重要提示"的操作要求。有特殊操作要求的，应严格按操作要求操作。

（2）提示客户检查货物外包装。若外包装无明显破损，请客户签收货物，同时将签收联撕下装好带走。

（3）签收分本人签收和非本人签收。

①本人签收：核实客户身份或让其提供有效身份证件，居民身份证、户口簿、护照、驾驶证等是客户领取快递的有效证件。

②非本人签收：必须让代签人出示有效身份证件、签上代签人身份证号并在现场与收货人联系，收货人确认代收人后方可将货物交给代收人。公章签收时，收货人必须让收件人出动公章并盖到签收联处方可交货。

（4）客户签收后，必须在5分钟内通过手机短信或相关通信工具回传签收信息，如工作单号、签收人姓名。

2）签收注意事项

（1）查看证件。签收人必须出示本人身份证件。非本人签收时，快递服务人员须电话联系客户确认，并由代签人出示身份证并签上代签人身份证号和姓名。

（2）清点件数。派送货物时必须查看货物是否齐全。项目客户批量派送时，快递服务人员不得分票派送；对于零散业务，快递服务人员应根据客户要求操作。

（3）费重物品交接。贵重物品（手机、电子产品等）在出库派送时，快递服务人员必须单独与出库人员进行交接签字确认。

（4）到付代收。到付代收货物派送前，快递服务人员一定要与派送单核对款项是否相同，发现异常时应及时反馈调度，到达客户处后必须先收到付、代收款后再签字交货。

（5）检查外包装。派送货物时必须查看货物外包装是否完好，避免到达客户处货物出现异常情况。

7. 返单

1）返单操作要求

营业厅、点必须在货物签收后当日录入返单信息返回本部签单科。若有特殊原因，最迟于次日上午12点前到达签单科。客户原单（清单）在客户签收后，应与签收联装订一起并在原单右上角书写单号一并返回分公司签单科。

（1）检查单据。签单上的签收信息是否符合要求，返回的箱单必须要有签收人/签收时间（精确到分钟），箱单上的签收人是否与系统中一致。

（2）简单分类。营业厅、点派送完货物以后，将签单整理好，要求将总公司与分公司自行保存的工作单分开放，并将两边的毛边剪掉。总公司的单子要将条形码上面的白边裁掉，单子上不能有钉，损坏的单子要用胶带粘好，用橡皮筋捆好后派送回本部。

2）原单返回要求

（1）原单分类：原单分总公司项目客户原单和分公司项目客户原单。

（2）检查单据：原单上的签收信息是否符合要求，返回的原单必须要有签收人、公章、签收时间（精确到分钟），原单返回时必须按要求在原单右上方正楷书写工作单号。

3）原单返回注意事项

（1）本部签单管理员接收营业厅、点返回的签单时，如果发现有记录无单或有单无记录的情况必须当时反馈，否则，出现的问题由本部签单管理员承担。

（2）签单在派送方丢失，一切损失由派送方承担。

①如果派送方本部在信息系统中有签单接收记录，且没有任何异常情况，视为签单正常返回。如果出现签单联丢失，责任由派送方承担，具体责任人为本部签单管理员和操作部经理，没有操作部经理的由分公司总经理承担。

②在派送时如果没有客户原单，要及时在信息系统中做好异常记录，并及时和出港方或项目组负责人要原单进行补签，补完后及时返回。分公司在派送时，一定按照重要提示要求让客户签字或盖章，禁止不合格的原单返回给受理方。如果由于原单不合格或原单丢失影响分公司结账的，由派送方负责。

6-11 京东智能物流-无人机配送（视频）

三、快递派送作业异常问题处理

快递派送作业异常问题处理如表 6-2 所示。

表 6-2　派件异常处理

序号	异常类型	应对要求
1	收件人推迟收货	如收件人推迟收货且日期在派送单位第一次入库后 7 日内的，派件人员记录再次派送时间，并将货物粘贴《异常记录卡》带回营业厅、点，调度或操作专员根据再派时间安排派送
2	派件途中遗失	派件人员在派送途中将货物遗失，必须立即报警，并上报本厅、点负责人。时间允许的情况下到可能遗失的地方寻找货物，营业厅、点负责人立即报本单位安保、客服部备案并录入异常
3	派件地址不详	派件时发现地址不详，应立即与调度反馈，调度应立即与出港方受理联系取得详细地址后再进行派送
4	收件人拒付款	如遇到收件人拒交货款，应与客户做好沟通解释工作，并向调度反馈异常情况，派件人员需把货物带回公司，等待调度一进步联系后再次进行派送
5	系统到付款金额与箱单不符	发现系统到付款金额与箱单不符时，派送方必须按照系统内显示金额收取，严禁按照箱单上显示金额收取

"门到门"服务是快递服务的主要特点之一，快递收派网络正是为实现这一服务而精心设计、严密组织的一个区域快递服务系统。快递收派管理就是对收派网络中网点、收派线路、收派人员、收派行为、收派时间等因素进行系统性的组织和标准化管理，保障每一个上门收件（派件）任务的准确、及时完成。

四、网点建设与管理

(一)网点的概念及分类

网点是快递网络最基础的节点,主要负责地区(城市)内某一小区域快递收派,一般分为以下三类。

1. 自营网点

自营网点是企业自行投资建设的网点,主要负责某片区快递的取派、暂存、基础信息录入和收派人员的管理。

2. 代收网点

代收网点是在指定区域内以该企业名义受理快递业务的网点,一般是快递企业与酒店、宾馆、超市等组织合作的网点,代收点的业务范围包括:提供受理咨询、代收快递、代收运费、品牌推广和维护。

3. 代理网点

所谓代理网点,是指具备独立法人资格的快递公司或具备快递取、派能力的个人,以契约的形式取得大型快递企业某一片区的代理资格,负责该片区的快递收派工作所设立的网点。

(二)网点建立条件

1. 区域范围

要求网点的辐射区域达到一定标准,如辐射半径在 3 km 以上、5 km 以内等。

2. 快递量要求

快递量要求是指每天可收派快递业务量达到一定标准或有一定的市场潜力。

3. 成本要求

建点时要充分分析成本收益情况,对于收益不稳定的区域一般不予建点。

(三)网点选址标准

1. 配套设施

各种配套设施要健全,如网络系统、电话线、消防配套、电力、水、冷暖气等方面能达到正常使用的需求。

2. 合法性

房东要有合法的房产证,企事业单位要有出租房屋的证明。

3. 治安状况

治安条件要好,以保证快递暂存的安全性和快递经营不受打扰。

4. 交通便利

在选址前要对该区的交通情况进行全面了解,如出入主干道应比较方便,以免在运输中时常发生交通堵塞,不利于快递的正常流转。另外需考虑交通管制因素,例如,单行道较多的地方不宜考虑。

5. 地理位置

网点选址是否恰当直接影响作业能力,最好选择在业务量高的密度区附近。可根据业务量密度确定网点的位置,业务量密度就是单位面积的取派票数(见图6-8)。也可根据现有操作量及潜在市场确定,满足货量集中和最快原则。服务区域的中心地带,尽量考虑各收派人员回网点距离,这样就可以满足大部分快递的收派时效,也可为快递企业节约收派成本。同时,还要考虑网点到达下一中转环节的路况和车流,以行驶时间最短为宜。

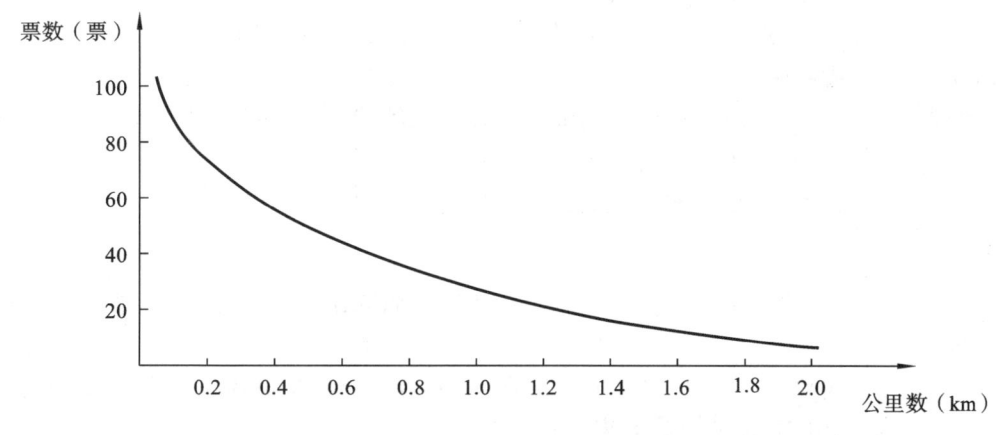

图 6-8 距离的远近与票数的关系

例如,一个高密度区的情况:按业务量和市场潜在情况对整个区域进行整体分析,确定高、中、低业务量密度区。根据高密度货量与中密度货量的比例设定高、中密度区的中心位置(即1位置,应靠近高密度区),再根据高、中密度区的平均货量与低密度区的货量比例确定该区域的中心位置(即2位置,应靠近高密度区),网点位置应选在虚线圈内,最佳位置应为2位置,如图6-9所示。

例如,两个高密度区的情况:按业务量和市场潜在的情况整体分析,如果同时存在两个高密度区,网点的位置应设立在以两个高密度区域中心相连的中点为圆心的虚线圈内,最好的位置是圆心,如图6-10所示。

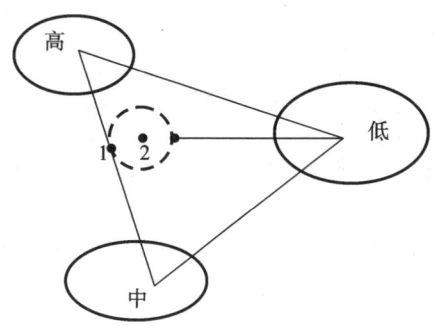

图 6-9 业务量与网点选址关系图

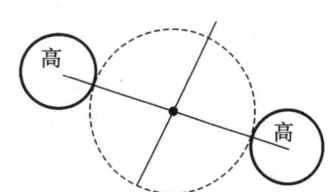

图 6-10 两个高密度区的选址方法图

6. 场地要求

场地要求包括是否有足够的操作空间,是否有适合标准化操作的场地停车位等。

(四)收派人员区域分配及调度

1. 区域分配需考虑的因素

1)业务量

收派人员区域分配应综合考虑该区域的业务量情况、市场潜力以及个人收派能力,做到科学、合理地分配区域。既要保障收派工作量的饱和度,防止收派量过少,造成收派资源浪费、收派成本过高,也要避免超负荷分配,导致收派业务无法及时完成。

2)最大的区域直径

收派人员区域分配还应考虑区域的最大直径。区域的最大直径由快递企业规定的最迟的响应时间和运输工具的正常速度决定。

最大的区域直径＝最迟的响应时间×运输工具的正常速度

2. 人员定区管理

人员定区管理是指将某一区域的收派工作指定一名收派人员专门负责,通过定人定区,可以实现如下目标:

(1)收派人员能够充分掌握该区域的道路、交通、建筑、客户群体等信息,合理地设计收派线路及把控收派时间,提高收派效率。

(2)通过人员定区,将收派人的工号与区域编码绑定,可以实现收派任务自动分配,实时跟踪管理。

(3)能够深入了解该区域的市场情况及客户习惯,有利于开发市场和开展客户维护工作。

3. 收派人员调度

收派人员调度是指在确定业务受理后,根据系统中受理前端提供的委托信息分配任务,下达收派指令,同时协调安排人车资源。调度是执行上门收派件的重要环节,通过与收派人员、客户服务人员以及操作员之间的沟通协调,确保信息完整及时地传达,监督取派件任务的及时完成。

1)调度的职责

(1)及时准确地传达收派指令,合理分配收派任务,安排人车资源执行收派操作。

(2)管理指挥和协调收派人员执行收派任务的作业情况。

(3)密切跟踪收派人员,监控收派任务的完成情况,及时反馈收派任务的进度信息,对特殊情况进行及时的应急处理。

(4)配合基础信息维护人员,完成系统内收派人员信息、排班、区域划分及区域代码等基础信息的设置。

(5)与客户服务、操作等部门保持沟通、配合与协调。

2)调度的方式

收派任务调度的方式主要有信息系统自动调度方式和人工调度方式。

（1）信息系统自动调度。快递业务受理后，信息系统将结合客户的委托地址，与已经设置好的收派区域编码进行匹配关联，自动将收件指令发送到区域对应的收派人员的无线通信设备上，或者自动生成派送任务表。当信息系统无法自动将任务分配到收派人员时，会将任务分配至相应的片区管理调度部门，再由该片区的调度人员进行人工调度。

（2）人工调度。在没有采用信息系统自动分配的快递企业，或者是信息系统无法进行准确分配的情况下，一般采用人工调度方法。人工调度是指专职的调度人员根据接收到的收派任务信息和收派件的详细地址，确定具体的区域及收派人员，设计收派线路和收派方案，生成收派任务表，并将收派任务表、收派指令传达到相应的收派人员。

6-12　典型案例

五、收派线路设计与优化

收派业务量是指对某一片区（或某一收派线路）在一个时间段内收寄和派送的快递总量，反映了该片区（或该收派线路）在某一时间段内的工作量总和、工作效率及经济效益。收派业务量分析是在对收派快递的票数、件数、重量、营业收入等指标统计的基础上进行的，通过分析，可为合理配置人员、车辆，优化收派线路，制订收派计划提供有效依据。

（一）快递运输优化的目的

1. 收派业务量的时间分布分析

在某一地区里，社会活动作息时间基本一致，生产工作习惯非常接近，使得收派业务量在一个周期内呈现有规律的波动起伏，往往在某一时间段内密集发生，而其他时间段则是零散分布。

1）一天的分布规律

一般来说，每天有两个高峰期，一个在 10 点至 12 点，另一个在 16 点至 18 点，这两个高峰期的业务以取件为主。

2）一周的分布规律

一般情况下，周一是派件的高峰期，因为很多在周六和周日两天休息无法派送的快递要求在周一派送，周二、周五则是取件的高峰期。

3）一月的分布规律

一般情况下，月初和月末是业务高峰期，每月中旬业务量较少，而其他时间的业务量变化不大。

4）一年的分布规律

每年业务高峰期都与几个重要的节假日相关，如国庆节、春节前的这一段时间都是业务高峰期，圣诞节前一段时间是国际件的高峰期。总的来说，年底是一年当中快递业务量最密集的时期，而夏季则是一年当中快递业务量较少的时期。

虽然不同地区、不同企业的实际情况可能不一致，但快递业务量会随着社会经济活动的变化而变动，总体上会呈现一定的规律性，而且快递业务量在时间分布上具有明显的不均匀性、波动性、周期性的特点。因此，快递企业应对本企业快递业务量的时间分布情况进行总结和归纳，并根据时间分布规律对收派业务进行优化，科学地配置收派资源，合理安排调度收派人员及车辆,既要保障业务高峰期收派工作质量,也要避免收派资源在业务量低谷期的闲置、浪费。

2. 收派业务量的空间分布分析

收派业务量的大小在空间分布上与城市的规划布局、社会经济活动密切相关。在商业发达的地区或工业区,往往收派业务量大、密度高、发生频率高;在住宅区,往往收派业务量小、分布零散、发生频率低;在同一经济区域里,收派需求时间比较接近。因此,收派管理人员必须根据业务量的空间分布特征,进行区域划分和标注,对不同的区域采用不同的收派方式。

如对于业务量密集的地方,应采用多人多车、小批量、多批次的方式,要求在最快的时间反应、最短的线路收派,以便在同一时间段内进行多个收派任务,保障在尽量短的时间段内完成多个任务。对于业务量分布零散的区域,一般采用机动性较强的运输工具,根据收派业务的时间要求及地点分布情况,合理设计收派线路,以达到在一条线路上,一台车可以完成多个任务的目的,从而在保障及时收派基础上,对收派成本进行合理控制。

(二)收派线路设计

收派线路是指各作业点(或作业中心)向各个客户收派快递时所要经过的路线。收派路线的设计是否科学、合理,对响应速度、送达时间、收派成本和收派效益有直接影响。

收派线路设计的方法有很多,比如直观法、横扫法、克拉克-怀特省时法(the Clarke-Wright savings method)、最短距离启发式算法(nearest neighbor heuristic,NNH)、代克思托演算法(Dijkstra's algorithm)等。

整体来讲,线路设计方法相对较为专业,需要一定的高等数学、数理统计和线性代数等知识。这里只介绍一种简单、实用且在实际应用中比较常用的方法——直观法。直观法是通过经验及直接观察确定的行车路线,例如对于空间层次分明的网点,可采用直观推理法来解决。

第一,车辆行驶路线应尽量形成水滴形运行模式,避免线路的交叉。如图6-11所示,图(a)出现运行线路交叉,图(b)优于图(a)。

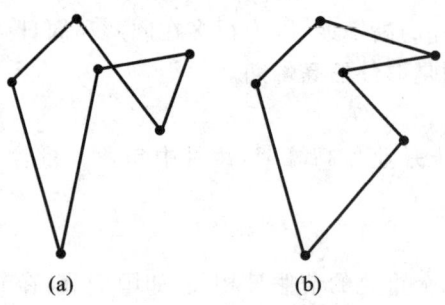

(a)　　　　　　(b)

图6-11　水滴形线路图

第二,班车运行时应使网点间的路线最小化,图6-12中图(b)优于图(a)。

(三)收派系统优化

收派业务优化是根据收派需求的时空分布对收派线路进行优化设计,对收派人员、车辆

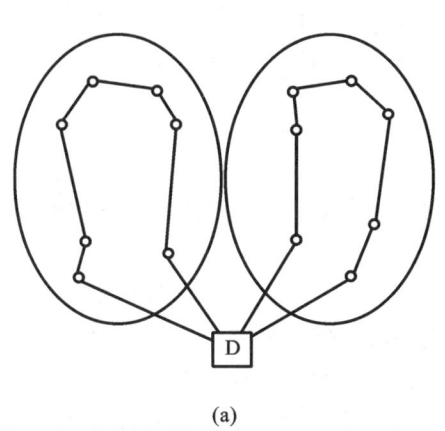
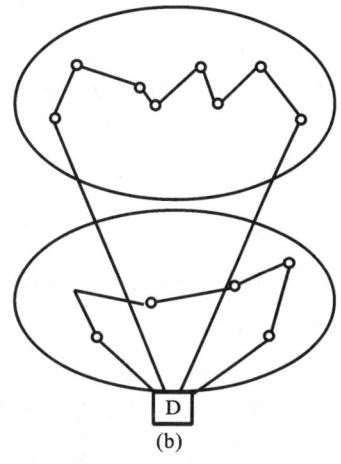

(a)   (b)

图 6-12 网点班车线路图

合理配置和调度,实现"快速响应,准时送达"的目的。

1. 收派线路分析

设计一条收派线路,主要考虑三个因素:一是收派的准点率,二是业务量,三是收派的效益。

1)收派准点率分析

收派准点率是指实际准点完成的任务数与对该收派线路分配的收派任务总数的比例。收派准点率不得低于设计该线路时制定的准点率标准,而且越高越好。若低于准点率标准,就必须对该线路不能准点收派快递的原因进行调查分析,并对该线路进行优化。

2)业务量分析

业务量是指该线路在一定时间内完成的收派快递量。在准点率有保障的前提下,业务量越多越好。业务量超过一定限度,可能会出现超负荷运行,导致准点率下降。如果业务量经常低于最低标准,则说明该线路的覆盖范围不合理,必须对该线路进行优化。

3)收派效益分析

收派效益是指该线路一定时间段内完成的收派任务所花费用与总收入之间的比例。费用占总收入的比例越低越好,费用低则说明效益好。如果费用过高,则说明该线路存在问题,需进行优化。

对收派线路进行分析时应综合考虑以上几点,同时也要考虑业务的发展需要以及收派网络的覆盖范围,尽可能客观地反映收派线路的效益,针对存在的问题深入研究,制订有效的解决方案,不断对线路进行优化。

2. 收派线路优化原则

进行收派线路优化时需遵守以下原则。

(1)时效第一原则。时效是快递服务的生命,优化收派线路时一定要把时效放在第一位。

(2)路线最短原则。只有最短的线路,才能实现合理的时效和成本。

(3)最佳成本原则。在保障时效的前提下,应尽量降低成本,寻找最低成本路线。

（4）一线多点原则。一线多点原则是指一条收派线路尽可能完成多个收派任务，尽可能将收派任务添加到已有的线路中去，尽可能将收件任务添加到派送线路中去。

（5）交通工具最合理原则。优化收派线路时应充分考虑时效、距离以及业务量，合理地选用交通工具。

3. 收派线路优化的方法

在从货物的配送中心输送到货物配送目的地的过程中，由于配送中心数量和客户收货地点的数量不同，配送线路的优化计算也不同。

1）一对一配送

一对一配送是由一个供应点到一个客户的配送，在这种配送运输模式中，要求选择最短的配送路线，实现高效率的配送。在这种情况下，就归结为"最短路问题"。

给出一个图 $A=(V,E)$，其中 $V=\{1,2,\cdots,n\}$ 是图中节点的集合，连接两个节点 V_i 和 V_j 的有向线段称为弧，记为 (V_i,V_j)，E 为图中全体弧的集合。图 A 中的每一段弧 (V_i,V_j) 都对应一个非负数 w_{ij} 称为弧 (V_i,V_j) 的权，w_{ij} 可以是点 V_i 到点 V_j 的距离，或者行车时间，或者运费等，记为 $W=\{(V_i,V_j)\in E\}$，$G=(V,E,W)$ 被称为网络。

对于给定的网络 $G=(V,E,W)$，设 P 是 G 中从点 V_i 到点 V_j 的一条有向路，它通常由若干条首尾连接的弧组成。我们把这些弧的权的和称为有向路 P 的权，并记为 $W(P)$。最短路问题就是要在 G 中所有从 V_i 到 V_j 的路中找出一条权最小的路 P_{ij}，$W(P_{ij})=\min\{W(P)\}$。如果找到了这样的一条路 P_{ij}，即将 $W(P_{ij})$ 记为 $d(i,j)$。如果 V_1 为起点，就将 $d(1,j)$ 简记为 $d(j)$。

寻求最短路的基本思想是从起点 V_1 出发，逐步向外探寻，按规则对所有节点进行标号。标号分两类，一类是永久标号，表示从 V_1 到该点的最小权，并把这个最小权写在方框中置于节点上方。设将已获得永久标号的节点集合记为 X_k，则其余节点为第二类标号节点，即临时标号的节点，它们组成的集合记为 $Y_k（Y_k=V-X_k）$。现在再从 Y_k 中找出一点 V_r，该点的临时标号是 Y_k 中各点的最小者，将其并入 X_k 组成 $X_{k+1}=X_k\bigcup\{V_r\}$。反复这样的过程，直至最后一个节点也并入永久标号节点的集合 X_n。具体步骤如下。

第一步，令 $d(1)=0$，在起点 V_1 上方标上永久标号 $\boxed{0}$。这时 $X_1=\{1\}$，$Y_1=\{2,3,\cdots,7\}$。对 Y_1 中的每一点都标上临时标号 $d(j)(j=2,3,\cdots,7)$。注意：$d(j)$ 为 V_i 到 V_j 的最小权，如果点 V_j 与 V_1 不相邻，则认为 $d(j)=+\infty$（暂不标在点上方）。

第二步，求出 Y_1 中所有临时标号的最小者。不妨设 $d(2)=\min\{d(j)\}j=(2,3,\cdots,n)$，则将点 V_2 并入 X_1 得到 $X_2=X_1\bigcup\{2\}=\{1,2\}$，并将 $\boxed{d(2)}$ 标在点 V_2 的上方，与此同时，将 Y_2 中的每一点标上临时标号。

第三步，设已求得 X_k 和 Y_k，若还有节点不在 X_k 中，则继续求点 V_1 到 Y_k 中各点的最小权，并把它标在点上方。求 Y_k 中各点的最小权的方法如下。

设点 $V_j\in Y_k$，X_k 中与 V_j 相邻的节点有 $V_i,V_p,\cdots,V_q$，则点 V_j 的最小权为 $d(j)=\min\{d(m)+w_{mj}\}$，其中 $m\in\{i,p,\cdots,q\}$。若 X_k 中没有节点与 V_j 相邻，则认为 $d(j)=+\infty$。这样，便可以比较出 Y_k 中临时标号的最小者。不妨设 $d(k+1)$ 为 Y_k 中最小的临时标号，则将点 V_{k+1} 并入 X_k 得到 X_{k+1}。如果 X_{k+1} 包含了全部节点，则终止运算，否则继续进行第三步。

例如,有 7 个节点,节点间的距离及关系如图 6-13 所示,求从点 1 到点 7 的最短路径和最小距离。

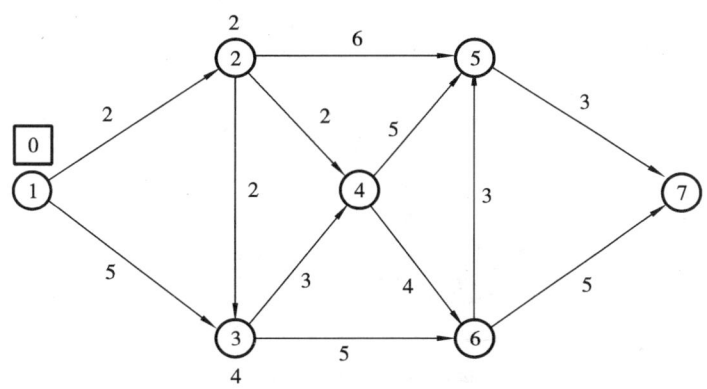

图 6-13　各点间距离关系及第一次标号后的情况

解:第一步,给点 1 标上永久标号 $\boxed{0}$,这时 $X_1=\{1\}$,$Y_1=\{2,3,4,\cdots,7\}$。将 Y_1 中各点标上临时标号。由于点 2 和点 3 与点 1 相邻,它们的临时标号分别为 2 和 4[注意:$d(3)$ 是由点 1 到点 3 的最小距离,所以 $d(3)=4$],而其余节点与点 1 不直接相邻,它们的最小距离 $d(j)=+\infty(j=4,5,6,7)$,暂时都不标出(见图 6-13)。

第二步,Y_1 中各节点的最小临时标号为 $d(2)=2$,于是将点 2 并入 X_1,并在其上标以 $\boxed{2}$,则 $X_2=\{1,2\}$,$Y_2=\{3,4,\cdots,7\}$。Y_2 中点 3、点 4、点 5 与 X_2 中的节点相邻,它们的临时标号分别为 $d(3)=d(2)+w_{23}=2+2=4$,$d(4)=d(2)+w_{24}=2+2=4$,$d(5)=d(2)+w_{25}=2+6=8$,点 6 和点 7 的临时标号均为 $+\infty$(见图 6-14)。

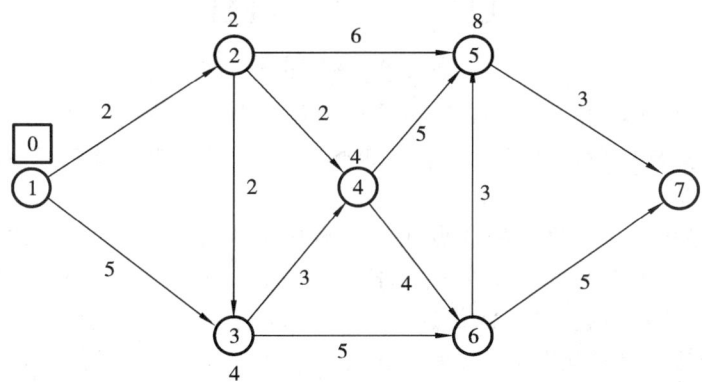

图 6-14　第二次标号后

第三步,$d(3)=d(4)=4$ 为 Y_2 中的最小临时标号。将点 3 和点 4 并入 X_2,则 $X_3=\{1,2,3,4\}$,$Y_3=\{5,6,7\}$。点 5、点 6 的临时标号分别为

$$d(5)=\min\{d(2)+w_{25},d(4)+w_{45}\}=\min\{2+6,4+5\}=8,$$
$$d(6)=\min\{d(3)+w_{36},d(4)+w_{46}\}=\min\{4+5,4+4\}=8 \text{ 而 } d(7)=+\infty \text{(见图 6-15)}。$$

第四步,经第四次、第五次标号后,得到的最后结果如图 6-16 所示。再用粗箭线标出每一个节点获得永久标记的路径,即可看出,由点 1 到点 7 的最短路径为 ①→②→⑤→⑦,最小距离为 11。

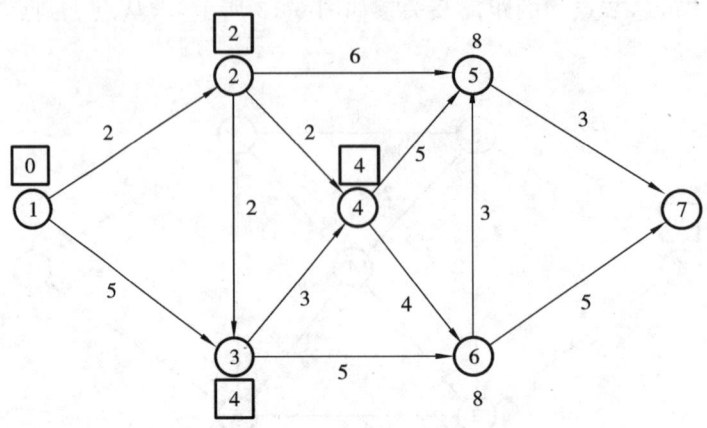

图 6-15 第三次标号后

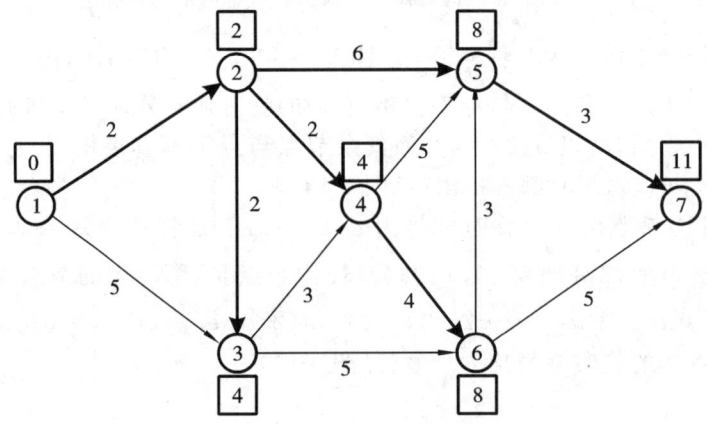

图 6-16 最后结果

实际上,图 6-16 还给出了由点 1 到各节点的最短路径和最小距离,只需沿着图中的粗线行进。例如,到点 6 的最短路径就是①→②→④→⑥,最小距离就是点 6 的永久标号 8。

2) 一对多配送

一对多配送是指由一个供应配送点往多个客户货物接收点的配送,这种配送运输模式要求同一条线路上所有客户的需求量总和不大于一辆车的额定载重量。其基本思路是:由一辆车装载所有客户的货物,沿一条优选的线路,依次逐一将货物送到各个客户的货物接收点,既保证按时送货又节约里程,节省运输费用。

解决这种模式的优化设计问题可以采用节约里程算法(节约算法)。

近年来,由于小批量、多批次的及时配送方式的发展,运输费用正在逐年提升,许多企业的运费已经超过了库存费用,选择有效的配送路线已经成为控制物流成本的主要措施。现代企业已经普遍接受了一种观点,即有效的配送路线实际上是保证货物准时到达客户指定点,并且尽可能减少运输的车次和运输的总里程的路线。在这种指导思想下,节约算法已经成为选择配送路线的主要方法,受到了国内外物流界的青睐。

节约算法的具体步骤如下。

第一步,形成一个初始解。形成初始解时,需要满足所有顾客的需求,而且所有的约束条件,如容量的限制、车辆总数的限制等也得到满足。初始解可以由具体运载限制的最近邻点法求得。形成初始解后,可以得到每个车辆的一个初始的运输方案,$T_k = \{0, i, \cdots, j, 0\}$,其中,$k$ 表示车辆的标号;i, j 表示顾客的标号;0 表示配送中心。

第二步,进行节约度的计算。通常以 Δc_{ij} 表示节约度,也称为节约量。

如图 6-17 所示,假设 P 为配送中心,A 和 B 为客户接货点,各点相互的道路距离分别用 a、b、c 表示。比较两种运输路线方案:一是派两辆车分别为客户往A 和 B 点送货,总的运输里程为 $2(a+b)$;二是将 A和 B 两地的货物装在同一辆车上,采用巡回配送的方式,总的运输里程为 $a+b+c$。若不考虑道路特殊情

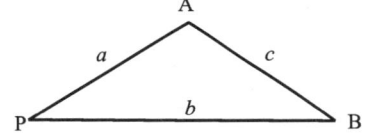

图 6-17　节约算法的基本思想示意图

况等因素的影响,第二种方式与第一种方式的路程差为 $2(a+b)-(a+b+c)$,按照三角形原理可以看出,第二种方式比第一种方式节约的里程数为 $a+b-c$。节约算法就是按照以上原理对配送网络的运输路线优化计算的。两种方案相比,按以下公式计算节约度,然后对计算结果进行降序排列。

$$\Delta c_{AB} = c_{PA} + c_{PB} - c_{AB}$$
$$\Delta c_{ij} = c_{i0} + c_{0j} - c_0, \quad i, j = 1, 2, \cdots, n, \text{且} i \neq j$$

第三步,进行回路的合并。从降序排列的节约度序列中的最上面的值开始,执行下面的步骤。对于一个已知的 Δc_{ij} 先判断这两个关系到 i 和 j 的回路是否存在合并的可能性。如果一个回路以 $(0, j)$ 开始,一个回路以 $(i, 0)$ 结束,则该回路可以合并,并进行下面的合并操作:删除两个回路中的部分路径 $(0, j)$ 和 $(i, 0)$,然后引入新的连接 (i, j),得到新的回路 $(0, \cdots, i; 0, \cdots, j)$。

［例4］　现有一配送网络,如图 6-18 所示。图中 P 为配送中心,其余 A～I 为各客户的接货点,各边上的数字为距离,单位为千米;括号里的数字为需输送到各接货点的货物量,单位为吨。

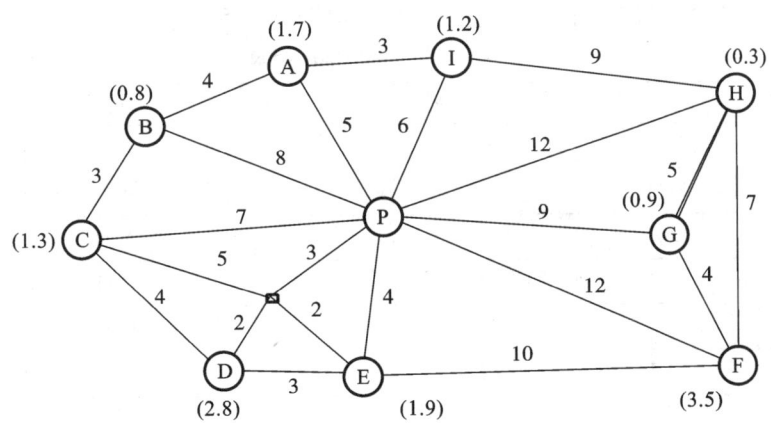

图 6-18　配送网络图

假设该配送中心有最大载重量为 2 吨和 5 吨的两种货车,并限制车辆次运行线路距离不超过 35 千米。

解:第一步,利用前面所述的最短路径法求出网络各节点之间的最短距离,计算结果见表 6-3。

表 6-3　网络节点的最短路径　　　　　　　　　　　　　　　　　（单位：千米）

	P								
A	5	A							
B	8	4	B						
C	7	7	3	C					
D	5	10	7	4	D				
E	4	9	10	7	3	E			
F	12	17	20	17	13	10	F		
G	9	14	17	16	14	13	4	G	
H	12	12	16	19	17	16	7	5	H
I	6	3	7	10	11	10	16	14	9

第二步，根据表 6-4，计算各用户之间的节约里程，见表 6-4。

表 6-4　用户之间的节约里程数　　　　　　　　　　　　　　　　（单位：千米）

	A							
B	9	B						
C	5	12	C					
D	0	6	8	D				
E	0	2	4	6	E			
F	0	0	2	4	6	F		
G	0	0	0	0	0	17	G	
H	5	4	0	0	0	17	16	H
I	8	7	3	0	0	2	1	9

第三步，对节约里程按大小顺序进行排列，结果见表 6-5。

表 6-5　节约里程排序结果　　　　　　　　　　　　　　　　　　（单位：千米）

序　号	连　接　点	节约里程	序　号	连　接　点	节约里程
1	F-G	17	12	E-F	6
2	F-H	17	13	A-C	5
3	G-H	16	14	A-H	5
4	B-C	12	15	B-H	4
5	A-B	9	16	C-E	4
6	H-I	9	17	D-F	4
7	A-I	8	18	C-I	3
8	C-D	8	19	B-E	2
9	B-I	7	20	C-F	2
10	B-D	6	21	F-I	2
11	D-E	6	22	G-I	1

初始解:从 P 向各个接货点配送,共有 9 条,总的运行距离为 136 千米,需要 2 吨货车 7 辆,5 吨货车 2 辆,如图 6-19 所示。

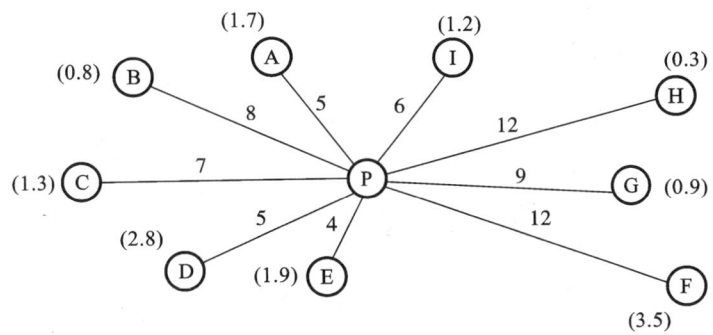

图 6-19　初始解结果

二次解:按照节约里程的大小顺序,连接 F-G、F-H,如图 6-20 所示。

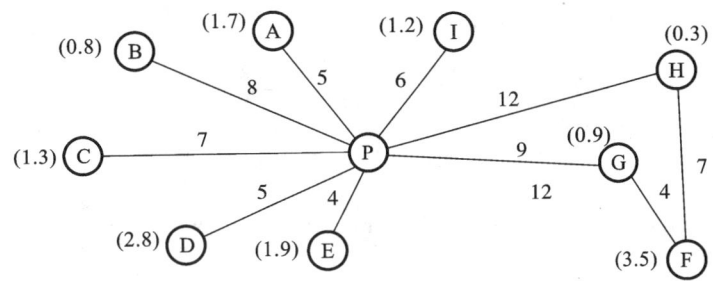

图 6-20　二次解结果

总运行距离 = 2×(6+5+8+7+5+4)+9+4+7+12 = 102(千米),总运行距离为 102 千米,配送线路 7 条,需要 2 吨货车 5 辆,5 吨货车 2 辆,其中,配送线路 1 的运行距离为 32 千米,装载量为 4.7 吨。

三次解:连接 B-C、A-B、H-I,但因为 H-I 加入配送线路 I 后,超过车辆最大载重量 5 吨,所以不予连接,如图 6-21 所示。此时,总的配送线路为 5 条,总运行距离为 81 千米,需要 2 吨配送货车 2 辆,5 吨配送货车 3 辆。其中,配送线路 II 的运行距离为 19 千米,装载量为 3.8吨。

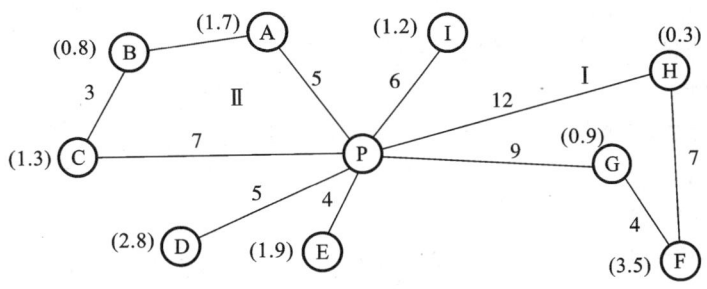

图 6-21　三次解结果

四次解:连接 A-I 到配送路线 II,如图 6-22 所示。总的配送路线为 4 条,总运行距离为

73千米,需5吨货车3辆,2吨货车1辆。

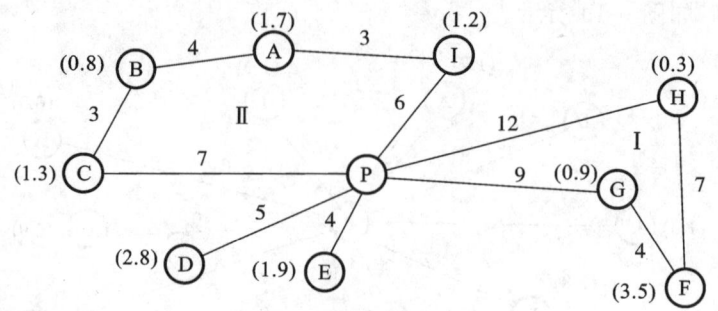

图 6-22　四次解结果

最终解:由于受配载的限制,配送路线不再添加新的节点,连接 D-E。这样就完成了全部的配送路线的设计,总共有 3 条配送路线,总运行距离为 67 千米,需要 2 吨货车 0 辆,5 吨货车 3 辆。其中,配送线路 I 运行距离为 32 千米,装载量为 4.7 吨;配送线路 II 运行距离为 23 千米,装载量为 5 吨;配送线路Ⅲ运行距离为 12 千米,装载量为 4.7 吨,如图 6-23 所示。

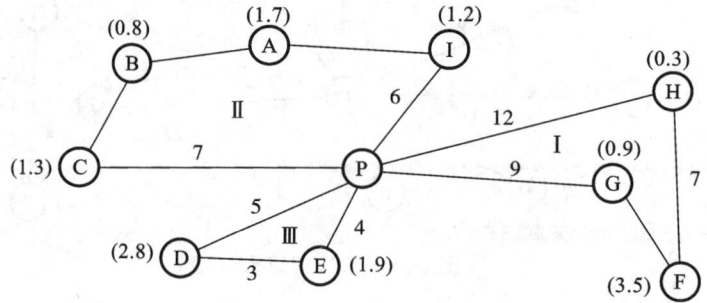

图 6-23　最终解结果

节约法需考虑的因素和注意事项:

(1) 适用于顾客需求稳定的配送中心;

(2) 各配送路线的负荷要尽量均衡;

(3) 要充分考虑道路运输状况;

(4) 预测需求的变化及发展趋势;

(5) 考虑交通的状况;

(6) 可利用计算机软件求解最优解。

3) 多对多配送

多对多配送是指多个供应点向多个客户的配送运输,这种配送运输模式根据供与销是否平衡又分为两种。

(1) 供销平衡模式。

供销平衡模式可以用数学语言描述。设有 m 个产地 $A_i(1,2,\cdots,m)$ 供应同一种物资,产量分别为 $a_i(1,2,\cdots,m)$ 单位;有 n 个销地 $B_j(1,2,\cdots,n)$ 消耗同一物资,销量分别为 $b_j(1,2,\cdots,n)$ 单位。总产量与总销量相等。第 i 个产地运到第 j 个销地单位物资运价为 $c_{ij}(1,2,\cdots,m;1,2,\cdots,n)$。如何调运使运费最小。

用 $x_{ij}(1,2,\cdots,m;1,2,\cdots,n)$ 表示从第 i 个产地调运给第 j 个销地的物资单位数量。该问题可归纳为如下的数学模型：

$$\min z = \sum_{i=1}^{m}\sum_{j=1}^{n} c_{ij}x_{ij}$$

$$\begin{cases} \sum_{j=1}^{n} x_{ij} = a_i, & i = 1,2,\cdots,m \\ \sum_{i=1}^{m} x_{ij} = b_j, & j = 1,2,\cdots,n \\ \sum_{i=1}^{m} a_i = \sum_{j=1}^{n} b_j, & \\ x_{ij} \geqslant 0, & i = 1,2,\cdots,m, j = 1,2,\cdots,n \end{cases}$$

（2）供销不平衡模式。

前面阐述了产销平衡的运输问题，但在实际运输配送的物流活动中，往往是产销不平衡的情况比较多。所谓产大于销是指总产量大于总销量，产大于销可以看成产地有库存，将其假想为一个销地，从产地到假想的销地的单位运价为零，这样不平衡问题就化成了平衡问题。同样，需求大于产量时，可虚设一个产地，其虚产量为总需求与原总产量的差，把问题化为产销平衡问题。

产销平衡和产销不平衡问题是多个供应点向多个接货点供货时遇到的问题，也是配送优化调度的问题，具体算法可参考运筹学的相关内容。

六、"最后一公里"派送模式

基于电子商务的城市配送，除了一般情况下的送货上门外，还有"最后一公里"配送问题。目前，我国电子商务企业或快递企业一般采用了与便利店合作、与小区物业合作、自提点建设和智能快递柜配置等方式。

1. 与便利店合作模式

与便利店合作模式，即电子商务企业或快递企业与社区便利店达成合作协议，将商品配送至便利店，再由消费者到指定的便利店进行自提。便利店一般可以提供 24 小时的自提服务，并支持到店采用刷卡或现金的方式支付货款。这种合作模式下，便利店的信息系统需要同电商企业或快递企业的信息系统进行对接，以便实现快递的跟踪和追溯。考虑到经营场所和货物的安全性等问题，采用该模式的配送会对包裹的大小和货物的价值有一定的要求。例如，上海亚马逊与全家便利店的合作，要求到便利店自提商品的外包装长、宽、高三边之和不超过 120 厘米，单个包裹重量不超过 15 千克，单个包裹价值总额不超过 2000 元。该配送模式也是日本等发达国家在解决城市配送"最后一公里"问题时最普遍采用的一种方式。在国内，还出现了天猫商城与好德便利店、顺丰与良友便利店等电商或快递企业与便利店之间的合作。

6-13 国家邮政局发布《快递进村三年行动方案（2020—2022年)》新闻

2. 与小区物业合作模式

与小区物业合作模式，即电子商务企业或快递企业与居住社区或写字楼的物业公司合作,将商品配送至物业公司指定地点,业主可到物业指定地点自提,物业也可根据需要上门派件。这种模式下,物业公司只是提供快递包裹的暂存服务,对包裹的尺寸和数量没有限制,但是一般不涉及双方更深层次的合作,如信息系统对接、代收货款等。在此模式下,物业公司通常会和业主签订一份授权协议,明确双方的权利、责任和义务,从而避免纠纷的产生。

3. 自提点建设模式

自提点建设模式,即电子商务企业或快递公司根据自身业务的需要,在城市区域内按照网络布局规划,建设自提点,并负责自提点的运营。自提点一般有两种模式:一是除自提业务外,自提点还承担了区域配送的功能,该模式下自提点的建设将会充分考虑电商企业或快递企业的业务范围,并将自提点作为物流网络的一部分;另一种模式不具备配送功能,自提点仅面向消费者提供自提业务,这种模式的自提点多建在人口密集且业务量较大的区域,以高校居多。由于自提点是由电商企业或快递企业管理运营,其信息系统也将与公司的信息系统进行联网,便于货物的跟踪和追溯。自提点可提供货到付款服务,现金和刷卡两种方式均可。

目前,该模式在国内的实践有京东商城在高校自提点、淘宝网在高校的阿里小邮局等。阿里巴巴线下末端物流的重要平台是菜鸟驿站。据菜鸟官方信息披露,菜鸟驿站主要针对社区和校园这两个区域建立末端配送服务网点,至今已在全国布局 4 万多个站点,为消费者提供收寄包裹等服务。阿里巴巴丰富的资源极大支持了加盟菜鸟驿站的商家:首先,加盟店可以通过代收、代寄包裹等服务获得相应的收益;其次,阿里巴巴稳定的电商业务给加盟店带来稳定的客流量,而这些客流量很有可能在该店消费,同时加盟店还能优先享受阿里巴巴线上资源落地,从而带来更多营业额;最后,阿里巴巴提供了强大的系统支持,包括专业操作系统能够免费给客户发送信息,还免费进行业务技能、运营技巧系列培训,不定期进行宣传推广以提升店铺影响力。以上这些支持政策都使菜鸟驿站加盟店更易健康长久发展。

4. 智能快递柜配置模式

电子商务企业或快递企业在地铁、商务楼宇、超市里投放智能快递柜,收件人可根据需要将快递的收件地址填写为指定的智能快递柜,根据系统发送的提货码到智能快递柜自提商品。目前,智能快递柜的配置多以自营物流的电商企业为主,如京东商城在北京和沈阳的社区都投放了智能快递柜。用户在下单时选择"自助式自提"的配送方式,所购商品或快递将会被送至指定的智能快递柜,随后快递公司系统会自动发送短消息提示消费者取货。取货时,消费者仅需输入订单号和提货码,或直接扫描提货二维码,即可完成身份验证,在按提示完成 POS 机刷卡支付后,便可开柜取货。智能快递柜一般可以 24 小时运营,方便客户随时取货。依照目前京东智能快递柜的运营情况来看,商品可以在货柜里保留三天,三天后若无人来提,将重新发回配送中心。智能快递柜投放的选址一般会考虑客流量、客户群素质、取件时间以及安保等因素。顺丰联合申通、中通、韵达等快递公司,共同投资创建深圳市丰巢科技有限公司,致力于研发运营面向所有快递公司、电商物流使用的 24 小时自助开放平台——"丰巢"智能自提柜。

6-14 2020 年中国快递"最后一公里"峰会新闻

6-15 国外电子商务"最后一公里"配送案例概况

6-16 收派质量分析

6-17 典型案例

目前,"最后一公里"配送模式经过许多发达国家和地区十几年的尝试与推广,呈现出多种形式,以适应不同国家和地区的配送需求。

第四节 电子商务逆向物流

一、逆向物流概述

(一)逆向物流的概念及内容

1. 逆向物流的含义

逆向物流也称反向物流,是指物品从供应链下游向上游运动所引发的物流活动。电子商务逆向物流示意图如图 6-24 所示。

2. 逆向物流运行的内容

(1)回收物流。回收物流是指退货、返修物品和周转使用的包装容器等从需方返回供方所引发的物流活动。

(2)再生资源物流。再生资源物流是指对有价值的物品和资源的回收加工所引发的物流活动。

6-18 再生资源物流解析

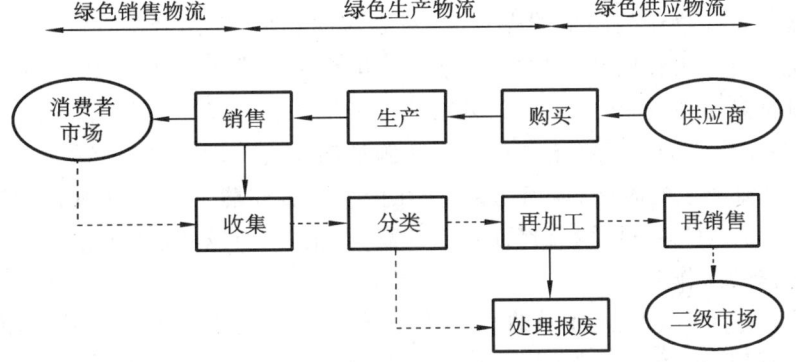

图 6-24 电子商务逆向物流

(3)废弃物物流。废弃物物流是指将经济活动中失去原有使用价值的物品,根据实际需要进行收集、分类、加工、包装、搬运、储存等,并分送到专门处理场所的物流活动。

(二)电子商务逆向物流产生的原因

由于电子商务在线经营的特殊性,引起退换货的原因和传统经营中产生的原因相似但不相同。电子商务中逆向物流产生的影响因素主要有以下 5 个方面。

1. 法律法规

为了保护环境,促进资源的循环利用,同时为了规范网站行为和保护消费者的利益,许多国家已经立法,明确规定电子商务网站必须采取退换货政策。这除了来自政府制定的法律法规外,还可能来自某些协会或者兴趣团体发起的要求规定。

2. 信息不对称

在电子商务模式下,客户往往只能看到商品的电子图片或者电子说明书,从视觉上不能全面了解所购商品的特性。当收到商品时,发现实物与在网上看到的不一致,就会导致大量逆向物流的产生。

3. 消费者驱动

消费者在线购物时,购买了自己不想购买的商品而引起退换货,或者消费者收到商品后,希望获得更好的产品型号而引起退换货。另外,零售商或者分销商将手中积压、滞销或者过季的商品退还给供应商而引起退换货。

4. 竞争驱动

商家为了在激烈的市场竞争中吸引更多的消费者,往往会竞相推出各种优惠的退换货条件,例如"不满意就退换货"等。这些优惠措施在方便消费者的同时,也造成了大量的回收物流。

5. 商品本身原因

引起这类退换货的原因包括商品存在瑕疵或者质量问题,商品接近或超过保质期,在配送过程中产生损伤商品或错配商品等。

(三)电子商务对逆向物流的影响

逆向物流与正向物流的两个端点相同,只是流向相反,但两者却存在着很大的差异,逆向物流不只是简单地将正向物流逆向运行。在电子商务环境下,电子信息技术的推广与应用加速了物流信息化建设,企业电子商务物流与传统的物流发生了很大的变化,有了新的发展和改变,这些变化又为企业在电子商务下实施逆向物流管理提供了有利条件。

(1)逆向物流产生的时间、地点与数量,在传统物流环境下是难以预测、难以运作的,在电子商务条件下,网上客户可以直接面对制造商、经销商,所以就能定制适合自己的服务,很方便地完成逆向物流作业。

(2)电子商务网上零距离接触的特点,使信息沟通的便捷性大大增强,物流企业可以很方便迅捷地了解到客户的逆向物流服务,使本来逆向物流产生地点分散、没有一定的规律性、不可能集中起来处理的难题得到解决,减弱了企业对逆向物流处理的压力。企业可以根据得到的信息对仓库、人员、设施的布局和任务进行调整,实现与逆向物流的对接,完善服务。

(3)信息共享即时,便于上下游企业和客户合作,使原本逆向物流作业系统比正向物流系统复杂很多、难以操作的困难在电子商务条件下变得容易解决,客户、制造商、分销商的交流变得方便,客户出现的问题可以迅速地通过网络在供应链的某个环节得到解决。制造商和经销商可以借助网络在较大范围内进行资源配置,将更多的回收中心和逆向物流终端分布在各地,企业与客户之间的距离感逐渐减小。电子商务打破了时空的界限,通过全球性的联网作业,简化了贸易流程,改善了物流系统,从而降低了贸易成本,推动了企业的业务重组,极大地提高了生产力,为传统的物流配送观念带来深刻的革命。例如,传统的企业需要配备大面积的仓库,而现代电子商务企业则不需要,因为电子商务系统可以将分布在各地的分属不同所有者的仓库,通过网络系统连接起来,统一管理,服务范围和货物存储空间都放大了。由网络对物流配送进行实时控制,代替了传统的物流配送管理程序,效率大大提高,简化了物流配送过程,提高了处理速度。

二、电子商务逆向物流的作用

1. 提高顾客满意度,增强企业竞争能力

在传统的商业活动中,投诉退换货与维修退回是否有效率是顾客最终所关注的,进而也是评价企业信誉的重要指标。在顾客有可能无法接触到商品实物的网络活动中,逆向物流的可行性与方便性更成为影响顾客购买的重要因素。顾客满意是企业的无形资产,它可以按"乘数效应"向有形资产转化,从而增强企业竞争力。

2. 节省资源,保护环境,塑造良好的企业形象

进入网络经济时代,人们的生活水平和文化素质有了很大提高,环境保护意识也日益增强,为了改善企业的环境行为,在消费者心中赢得良好的声誉,许多企业纷纷采取退换货逆向物流战略,以减少产品对环境的污染及资源的浪费。退换货逆向物流能对产品进行再加工或报废处理,从而实现环保。企业不仅要重视经济效益,还要注重社会效益。

3. 促进企业优化与整合自身管理系统

逆向物流恰好处于企业管理活动的检查和改进两个环节上,承上启下,作用于两端。企业在退换货中暴露出的问题,将通过逆向物流信息系统不断传递到管理层,为企业减少退换货与维修比例提供参考依据。良好的逆向物流系统还能帮助企业分析退换货产品,为产品的改进设计提供反馈信息,使企业可以设计制造出富有特色的产品,提高产品竞争力,以根除产品隐患。

4. 可观的社会效益和经济效益

企业实施逆向物流可以在最大程度上利用资源,降低企业成本。产品符合环保的要求,可以提高企业产品的竞争力,扩大产品市场份额,获得最大利润。回收所生产、销售的产品,运用专业技术与设备对其进行集中报废销毁或再次回收利用,是企业节省社会资源与保护环境直接和有效的行为,能为企业赢得良好的声誉。

5. 借助互联网获取有效信息

在互联网环境下可以通过 E-mail 或销售网站问卷等方式收集消费者信息、退换货信息,记录有害产品的召回、过期产品的提醒等数据,以便企业能够及时掌握产品的销售、使用状况以及消费者预期等信息,从而进行科学分析,做出相应经营决策。

当然,逆向物流在给电子商务带来竞争优势的同时,也对电子商务提出了特殊的挑战。退换货的增加造成正向物流产生的效益被不合理的逆向物流支出抵消。

三、逆向物流活动

逆向物流大致可以分为回收逆向物流和退换货逆向物流。回收逆向物流一般是指将最终消费者所持有的废旧物品回收到供应链上各节点企业,进行分类处理和再利用的过程。

退换货物流一般是指因为各种原因而产生的从消费者处回到销售商的退换货,以及从零售商手中返回生产厂家的商品。电子商务中的逆向物流大多数是指退换货逆向物流。

(一)退货物流处置

退货是指由于产品出厂后,经储存、运输过程中损坏及消费需要变化等原因而退回企业的产品。与正向合格品物流相比,它有着自身明显的特征:①退货物流产生的地点、时间和数量是不确定的;②发生退货物流的地点较为分散、无序,不可能集中一次向接收点转移;③退货物流发生的原因通常与产品的质量或数量的异常有关;④退货物流的处理系统与方式复杂多样,不同处理手段对恢复资源价值的贡献差异显著。

在很大程度上,退货并没有丧失使用价值,可以采取综合开发的方式解决,例如为退货开辟新的市场;对退货进行简单的流通加工、更新包装等,挖掘退货新的使用价值再销售;将退货捐赠到有关机构等,以发挥其应有的作用。

退货可以纳入本企业生产经济计划统筹管理,几个相关企业也可以联合起来建立一个退换品处理基地,或者由社会第三方物流外包解决。退货物流的类别与特点如表6-6所示。

表 6-6　退货物流的类别与特点

类　别	特　点	周　期	驱动因素	处理方式	例　证
投诉退货	运输短少、偷盗、质量问题、重复运输等	短期	市场营销、客户满意服务	确认检查,退、换、补货	电子消费品,如手机、录音笔等
终端退回	经完全使用后需处理的产品	长期	经济市场营销	再生产、再循环	电子设备的再生产、轮胎修复
			法规条例	再循环	白色和黑色家用电器
			资产恢复	再生产、再循环、处理	计算机元件及打印机硒鼓
商业退回	未使用商品退回还款	短期到中期	市场营销、客户满意服务	再使用、再生产、再循环、处理	零售积压库存、时装、化妆品
维修退回	缺陷或损坏产品	中期	市场营销、法规条例	维修处理	有缺陷的家用电器、零部件、手机
生产报废和副品	生产过程中的废品和副品	较短期	经济法规条例	再循环、再生产	药品行业、钢铁行业
包装回收	包装材料和产品载体	短期	经济	再循环	托盘、条板箱、器皿
			法规条例	再使用、再生产、再循环、处理	包装袋

(二)废弃物物流处置

废弃物是指企业在生产过程中不断产生的基本上或完全失去使用价值,无法再重新利用的最终排放物。废弃物这一概念不是绝对的,只是在现有技术和经济水平条件下,暂时无法利用。目前,许多发达国家的最终废弃物为原垃圾的 50% 以下。我国也在加强这方面的研究,如我国许多地区对生活垃圾用于堆肥、制肥,尽可能地使之资源化。

1. 废弃物的种类及其物流特点

(1)固体废弃物。固体废弃物也被称为垃圾,其形态是各种各样的固体物的混合杂体。这种废弃物物流一般采用专用垃圾处理设备处理。

(2)液体废弃物。液体废弃物也称为废液,其形态是各种成分液体混合物。这种废弃物物流常采用管道方式处理。

(3)气体废弃物。气体废弃物也称为废气,主要是工业企业,尤其是化工类工业企业的排放物。大多情况下,气体废气物是通过管道系统直接向空中排放或回收利用。

(4)产业废弃物。产业废弃物也称为产业垃圾。产业废弃物通常是指那些被再生利用之后不能再使用的最终废弃物。产业废弃物来源于不同行业,第一产业最终废弃物为农田杂屑,大多不再收集,而是自行处理,目前很少有物流问题;第二产业最终废弃物则因行业不同而异,其物流方式也各不相同,多数采取向外界排放或堆积场堆放、填埋;第三产业废弃物主要是生活垃圾和基本建设产生的垃圾,这类废弃物种类多、数量大,物流难度大,大多采用就近填埋的办法处理。

(5)生活废弃物。生活废弃物也称生活垃圾。生活废弃物排放点分散,所以需要专用的防止散漏的密封的物流器皿储存和运输。

(6)环境废弃物。企业环境废弃物一般有固定的产出来源,主要来自企业综合环境中。环境废弃物产生的面积大,来源广泛,对环境危害大。其主要处理方式是收集掩埋,完成收集并输送到处理掩埋场。另外,有些环境废弃物要流通加工,不过这种流通加工的目的不同于一般产品的流通加工,主要不是为了增加价值,而是为了减少危害。

2. 废弃物的物流处理方式

(1)废弃物掩埋。大多数企业对其产生的最终废弃物,在政府规定的规划区内利用原有的废弃坑塘或用人工挖掘出的深坑,将其运来倒入,再用土掩埋。掩埋后的垃圾场,还可以作为农田进行农业种植,也可以用于绿化或作为建筑、市政用地。

(2)垃圾焚烧。垃圾焚烧是指在一定地区用高温焚毁垃圾,这种方式只适用于有机物垃圾。

(3)垃圾堆放。垃圾堆放是在远离城市的沟、坑、塘、谷中,选择合适位置直接倒垃圾。

(4)净化处理加工。对垃圾进行净化处理,以减少对环境危害。

废弃物的几种物流具体处理方式如表6-7所示。

表6-7 废弃物物流的具体处理方式

处 理 方 式	优 点	缺 点	适 用 范 围
废弃物掩埋	不形成堆场,不占地,不露天污染环境,可防止异味对空气污染	挖坑、填埋要有一定的投资	对地下水无毒害的固体垃圾
垃圾焚烧	可燃性	容易发生生物化学作用,是造成空气、水及环境污染的主要原因	有机物含量高的垃圾或经过分类处理将有机物集中的垃圾

续表

处理方式	优　点	缺　点	适用范围
垃圾堆放	简单方便	容易发生生物化学作用,是造成空气、水及环境污染的主要原因	物流距离较远,但垃圾无须再处理,通过自然净化作用使垃圾逐渐沉降风化,是降低成本的处理方式
净化处理加工	减少对环境造成危害。废水的净化处理是这种物流方式代表性的流通加工方式。在废物物流领域,这种流通加工是为了实现废弃物无害排放	投资大,有生产周期	能够净化处理的废水及能够加工处理成无害排放物的废弃物

3. 废弃物的物流合理化

企业废弃物的物流合理化必须从能源、资源及生态环境保护三个战略高度进行综合考虑,形成一个将废弃物的所有发生源包括在内的广泛的物流系统。

1) 生产过程中产生的废弃物的物流合理化

(1) 建立一个对废弃物收集、处理的管理体系,要求企业对产生的废弃物进行系统管理,把废弃物的最终排放量控制到最小的限度之内。

(2) 在设计、研制、产品开发时,要考虑废弃物的收集及无害化处理的问题。

(3) 加强每个生产工序变废为宝的利用,并鼓励员工群策群力。

(4) 尽可能将企业产生的废弃物在厂内合理化处理,暂时做不到厂内处理的要经过无害化处理后,再考虑向厂外排放。

2) 产品进入流通、消费领域产生的废弃物的物流合理化

(1) 遵守政府有关规章制度,鼓励商业企业和消费者支持产品废弃物的收集和处理工作,如可以采取以旧换新等方式。

(2) 要求消费者对产品包装废弃物纳入企业废弃物的回收系统,不再作为城市垃圾而废弃,如购买产品对回收部分收取押金或送货上门时顺便带回废弃物。

(3) 教育企业员工增强环保意识,改变价值观念,注意本企业产品在流通、消费中产生的废弃物的流向,积极参与物流合理化的活动。

3) 企业排放废弃物的物流合理化

(1) 建立一个能够被居民和员工接受,并符合当地商品流通环境的收集系统。

(2) 有效地收集和搬运废弃物,努力做到节约运输量。

(3) 在焚烧废弃物的处理中,尽可能防止二次污染。

(4) 对于最终填埋的废弃物,要尽可能减少其数量和体积,使之无害化,保护好处理废弃物场地周围的环境。

(5) 在处理最终废弃物的过程中,尽可能采取变换处理,把不能回收的部分转换成具有其他用途的物品,如用焚烧废弃物转化的热能来制取蒸汽、供暖、供热水等。

四、逆向物流运作模式及选择

(一)逆向物流运作模式

1. 自营模式

逆向物流的自营模式指生产或销售企业建立独立的逆向物流体系,自己管理退货和废旧物品的回收处理业务。在逆向物流自营模式下,企业不仅重视产品的生产销售和售后服务(包括退货的管理),还重视产品在消费之后的废旧物品及包装材料的回收和处理。企业建立遍及所有本企业产品销售区域的逆向物流网络,以回收各种回流物品,并将其送到企业的回流物品处理中心进行集中处理,逆向物流自营模式如图 6-25 所示。在这种模式下,产品回收和处理各环节,企业都没有借助任何的外部力量和资源,仅依靠自身组织独立地实现逆向物流运作。

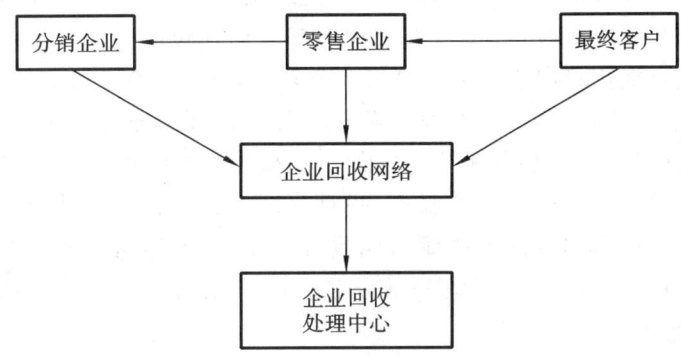

图 6-25 逆向物流自营模式示意图

采用自营模式来有效地实施企业逆向物流,通常需要具备三个最基本的条件。

(1)逆向物流量要达到一定的规模。逆向物流系统从收集到处理的各个环节的规模效应都特别明显,如果回收物品的数量过少,则企业难以承受巨额成本,甚至日常的运行成本都难以弥补。

(2)具备应有的技术力量。企业不但要熟知产品结构和相关处理技术,而且要具备运行和维护废弃产品处理设备的技术力量。

(3)拥有雄厚的资金实力。建立一个逆向物流运作系统,不仅在软件、硬件两方面均投资巨大,而且投资回收期相对较长。

2. 外包模式

逆向物流的外包模式指生产或销售企业,为集中精力增强核心竞争能力,通过协议形式将其回流产品的回收处理业务,以支付费用等方式交由专门从事逆向物流服务的企业负责实施,逆向物流外包模式如图 6-26 所示。外包是一种长期的、战略的、相互渗透的、互利互惠的业务委托和合约执行方式,这种方式的承担者就是第三方物流公司。

企业将逆向物流外包,可以减少企业在逆向物流设施和人力资源方面的投资,将巨大的固定成本转变为可变成本,降低逆向物流管理的成本。外包服务的专业化运作,可以提供更高质量的服务,此外,逆向物流外包之后,企业可以集中精力在自己的核心业务上,更有利于提高企业的竞争实力。

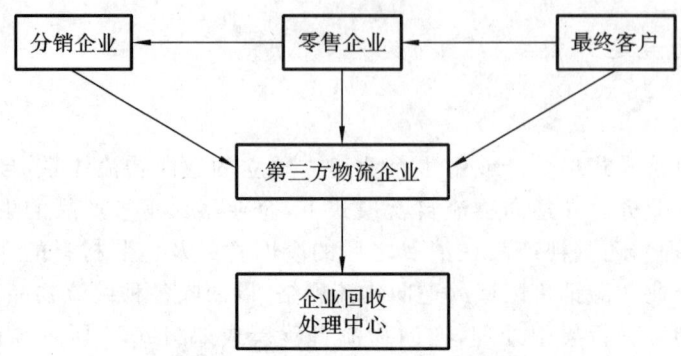

图 6-26　逆向物流外包模式示意图

逆向物流的外包模式适合于逆向物流的绝大多数情况,无论是产品退货、维修(召回),还是报废之后废旧物品的回收,都可以部分和全部采用外包的方式。那些技术和经济实力比较弱的中小企业可能更趋向于将逆向物流业务外包,以降低企业经营成本;而对那些实力强的大企业来讲,将逆向物流外包,更是实施专业化运作,增强核心竞争力的重要手段。

随着环保理念的深化,一些有远见的厂商会进入逆向物流服务行业,专门为生产企业提供逆向物流服务。虽然从事逆向物流服务的初期投资较大(特别是从事回收物流),环保要求很高,初期回报率不是很高,甚至可能出现暂时的亏损,但是这是社会发展必不可少的行业。随着社会的发展,政府的环境管制措施越来越严格,这个行业的前景会非常广阔。

3. 联合运作模式

逆向物流的联合运作模式是指生产相同或相似产品的同行业企业进行合作,以合资等形式成立联盟组织,建立共同的逆向物流系统(包括回收网络和废弃产品处理工厂),并且负责各合作企业的逆向物流,同时也可为非合作企业提供逆向物流服务。逆向物流联合运作模式如图 6-27 示。

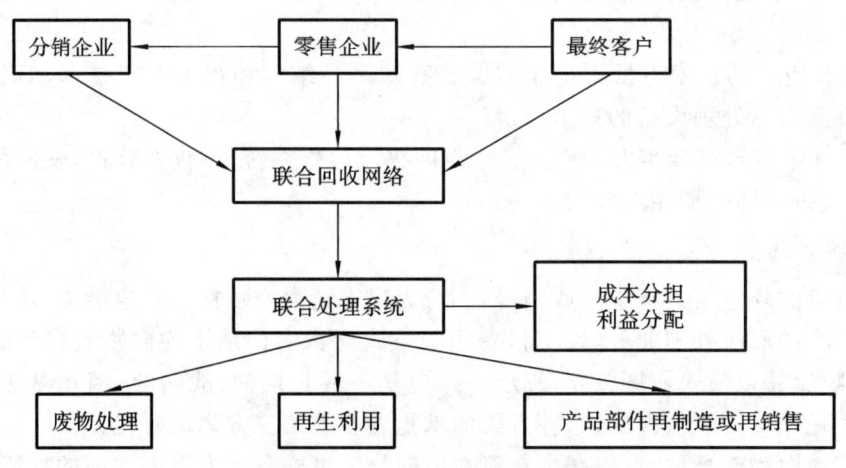

图 6-27　逆向物流联合模式示意图

　　在政府管制的条件下,建立联合的逆向物流系统,不仅可以减轻单个企业在建立逆向物流系统上的投资压力,集合专业技术优势,实现规模经营,还可以为各合作企业提供廉价的原材料,保证这些企业运作过程中的原材料来源,实现企业间合作共赢。

　　适合于这种模式的物品主要是生产或消费之后的废旧物品,例如,消费后的废旧家用电器、电子产品、家具,生产过程中报废的金属器具、塑料制品、橡胶制品、纸张和玻璃等。这些物品的回收利用价值较高,有些回收之后经过简单修理可以进入二手市场,有些经过分拆之后可以作为零件重新使用,有些可以作为工业原料重新进入生产领域。因此,对于生产企业来说,废旧物品可以作为重要的零件或原料来源,其中蕴藏着巨大的商机。这些废旧物品如果处理不当可能会对环境产生巨大的潜在威胁,因此法律规定生产企业要对产品的整个使用周期负责,承担回收处理的责任。

　　一般来讲,建立联合逆向物流系统的行业集中度比较高,行业内的一些领先企业具有比较大的影响力,可以推动多家企业进行合作。

(二)逆向物流运作模式选择的影响因素

　　企业在选择逆向物流模式时,一般要考虑以下四个方面的因素。

1. 企业规模和实力

　　企业的规模和实力是影响逆向物流模式选择的重要因素,一般来说,大中型企业由于实力较雄厚,涉及一系列产品的生产、销售等多个环节,拥有优秀的物流管理人才,有能力建立自己的逆向物流系统,制订合适的物流需求计划,保证物流服务的质量。另外,还可以利用企业原有的物流网络资源和商品分销渠道,拓展逆向物流业务,通过回收利用效率的提高,降低成本,提高企业自身的市场竞争力。而小企业则受人员、资金和管理的限制,物流管理效率难以提高,很难有效管理和运作自己的逆向物流体系,此时企业为把资源用于自己主要的核心业务上,就应该把逆向物流业务外包给第三方逆向物流代理公司经营。

2. 实施逆向物流的成本

　　成本是逆向物流管理中一个不可忽视的因素,同时也是影响企业选择逆向物流模式的因素。如果企业采用自营模式,就需要为逆向物流业务支付较高的成本,主要因为这些商品通常缺少规范的包装,又具有不确定性,难以充分利用运输和仓储的规模效益。另一个重要原因在于许多商品需要人工分类、检测、判断和处理,不可避免地增加了人工费用。而如果采用外包模式和联合经营模式,企业也需要向合作方支付一定的回收处理费用,同时,还有企业之间合作时的"交易成本"。这就需要企业从各个方面衡量各种方式给自己企业带来的成本有多大,从而选择成本较低的运营模式。

3. 企业产品自身的物流特点

　　由于从事的行业不同,不同的行业要考虑的侧重点也不同,所以不同行业的企业选择逆向物流的模式也应该有所区别。例如,从事常规性的、相对稳定的产品制造销售的企业通常规模较大,就应该采用自营模式,一方面通过设立专业化的专职物流管理组织协调生产,以保证价值链上下游的稳定性和企业生产的稳定性;另一方面由于企业使用的原材料和生产的产品结构是相对稳定的,投入适当的资金保证设备的标准化,可以提高企业的作业效率并可以长期使用而不会产生资源的浪费。而如果企业从事的是波动性的产品生产和销售,在逆向物流模式选择时可以考虑采用外包或联营的模式，不至于造成转型时人力、物力的浪费。设备也可以采用普通的、专业性不强的，以免造成设备的闲置和固定资金的占用。

4. 对信息反馈的要求

逆向物流信息包括回收产品的质量、数量、成本等，不同逆向物流模式对信息反馈的时间、质量等存在差别。产品回收信息的及时反馈，有助于企业获得产品质量及特性方面的第一手资料，进而改善产品技术，延长产品生命周期，并制订合理的生产计划，这在节约资源、增加利润方面的优势是非常显著的。企业可以根据对信息反馈的不同要求，选择不同的逆向物流模式。如果企业要求产品的信息反馈速度及时，就可以考虑选择自营模式或外包模式，否则可以考虑联营模式。

6-19 逆向物流运作模式的比较

五、逆向物流的管理

逆向物流面向终端顾客，代表着企业的经营水准和信誉形象。电子商务逆向物流管理需要从事前和事后两个视角，以预防和减少逆向物流为基础，同时采用合适的方式高效处理不可避免的逆向物流。

1. 优化网上交易环节，预防或减少逆向物流

为有效降低可避免的逆向物流，在线零售商必须完善和优化在线购物环节，减少逆向物流量，从源头减少退换货现象的发生。

1）全面展示在线商品的相关信息，消除信息不对称的弊端

除了做到语言描述准确、商品图像清晰、服务项目（标准）完备之外，还应该综合运用平面式、互动式以及360度全景展示等技术，向顾客全面展示商品的性能、外观、特点等相关信息。

2）采取有效措施，避免顾客冲动购买产品

例如，通过网页或产品包装提供详细的退换货说明和政策，在"购买"键旁边创建"取消"键，允许顾客在一定时间内取消自己的订单，提供商品对比功能，使顾客在充分的对比选择过程中，挑选到最满意的商品。

3）提供自助式在线补救措施

当顾客有退换货意愿时，可登录退换货系统，系统根据顾客要退换的商品和原因，为其提供一些解决问题的有效策略，由顾客自行选择。一般来说，这些策略可以减少20%～40%的退换货逆向物流。

4）增强在线交易的互动性和体验性

对于计算机等特殊的商品，可提供在线自主配置的互动功能，对于服装、鞋、帽等需要充分体检才能做出购买决定的商品，可创设"网上试衣间"在线体验系统，以帮助顾客挑选自己真正需要的商品。

除此之外，还要注意加强逆向物流的起点控制，企业可以通过对其销售人员进行培训以及建立退换货控制系统，在逆向物流流程的起点入口对有缺陷或无依据的回流商品进行审查，把好逆向物流的入口关。

2. 完善退换货管理体系,提高逆向物流管理效率

对于不可避免的退换货逆向物流,在管理上应实行积极的退换货政策,在操作上要加快退换货的处理速度,并采用合适的返品处理方式。

1) 实行积极的退换货政策

一方面要制订合理的退货价格,如按原批发价进行全额退款或按批发价打折等方式确定退货价格,使供应商和零售商的总体利益达到最优;另一方面要确定最佳的退换货比例,通过采用发货时给予数量折扣或价格折扣,协商确定退换货的比例,以降低退换货逆向物流的不确定性,较好地平衡成本和收益。

2) 建立逆向物流信息系统

一个成功的逆向物流计划在很大程度上取决于收集有意义的信息,这些信息可以在追踪成本时帮助管理退货过程。逆向物流信息系统将会由于退货而为公司赢得信用,改进现金流管理,从而挖掘新的利润源,增强客户的满意度。一个有效的逆向物流信息系统应该具备以下功能:①能够对退货信息归类和分别处理,能够追踪每次退货的原因,并且为最后处理分配一个编码,如设立退货原因代码和处置代码等,实现退费商品的实时跟踪和评估;②建立基于 EDI 系统设计的信息系统,实现制造商和销售商之间退货信息的交流共享,以便双方随时查询到其所需要的信息,提高退货的处理速度,使退货在最短的时间内得以分流,节约大量的库存成本和运输成本。

3) 建立集中退货中心

CRCS(centralized return centers,集中退货中心)是一个逆向物流渠道上的所有产品的集中设施,这些退货在 CRCS 进行分类、处理,然后被装运到下一个目的地。CRCS 的运用使得快速高效地处理退货成为可能,它不仅有效地改进退货处理,而且降低库存水平、提高库存周转率,在处理过程中还形成了目标一致、富有经验的专业团队,并且改善最终的绩效。目前,已经有越来越多的零售商和制造商开始意识到它的价值。与传统退换货流程相比,基于第三方的集中式退换货中心不需要自己建立退换货仓库,顾客也不必将退换货商品运到在线商家,能够大大减少运输费用,缩短退换货周期,提高退换货效率。

4) 做好返品的再处理工作

对于缺乏最新功能,但可以使用的商品,应及时入库以备更新后再次使用。对于尚处在保修期的返回商品,要在比较维修成本和新建成本的基础上,进行直接调换或集中整修后另行销售。对于返回的状态良好的零部件,要整理入库供维修使用,也可通过二手零部件销售渠道进行处理。对质量、包装状态良好的返回商品,应及时进行再次销售。

典型案例 6-3

近日,广州英德城镇茶园中路刘先生一直在使用的微信支付收费终端设备出了点小问题,他联系了设备商家,希望给予维修。京东快递接到微信支付的订单,上门取件并现场进行校验,确认完毕后协助微信支付完成了刘先生所购商品的逆向售后服务。

为了更精准、有效地完成售后服务,微信支付选择与京东快递合作,将对商品的校验、检查工作前置,例如,为了判断商品是否被调包,京东小哥在揽收快递时,可以对产品进行 SN

码校验,取消以往的手工录入、人工判断方式,通过设备进行扫描,系统进行强校验,保障准确率100%。为了判断商品是否符合售后要求,一方面采用京东快递自主研发的一体机内置示意图检查功能,从商品明细图片(主商品和附件)、封箱后的包裹图片、商品内包装三方进行多角度拍摄;另一方面对快递员进行多轮业务培训,现场对商品进行专业检查,全方位提升操作的准确性。

6-20 快递运营质量的监控与分析

6-21 综合案例

"与京东快递的合作,提高了公司售后服务的效率,避免了一些不必要的人力和资源的浪费。"微信支付相关负责人对京东快递的服务给予了充分肯定。

除了协助商家高效完成退换货服务,京东快递的逆向服务正在打造循环经济下高品质逆向物流以及后市场供应链,根据商家不同的需求,提供行业一体化解决方案。现阶段公司已合作囊括电商平台、回收、公益、二手、维修等多类型商家,能提供行业领先的产品化、标准化服务,包括检查塑封包装、检查外包装、检查商品外观、检查使用情况、检查附件等十余项标准增值服务。

据悉,京东快递的逆向售后服务已经支持全国取件,最快1小时上门揽收。京东快递将持续致力于提供优质的逆向物流,帮助商家缩短售后服务路径,减少中间环节,提高效率,降低成本。同时也将通过低碳环保的绿色物流解决方案,推进供应链与消费端的绿色结合,与环境共生,为全社会创造更大的环保效能。

(资料来源:中国物流与采购联合会,有改动)

【思考与分析】

1. 请结合案例思考逆向物流的运作模式。
2. 请结合案例分析逆向物流对整体物流的影响。

 本章思考题

一、选择题

1. ( )适用于体轻、贵重、易损、鲜活或急需的商品。

A. 铁路运输   B. 管道运输   C. 公路运输   D. 航空运输

2. 零担货物以( )为一批。

A. 每张运单   B. 每车货物   C. 每箱货物   D. 每张货单

3. "近路不走走远路"是对( )形式的描述。

A. 重复运输   B. 迂回运输   C. 过远运输   D. 对流运输

二、判断题

1. 逆向物流也称反向物流,是指物品从供应链下游向上游运动所引发的物流活动。( )

2. 快递信函、小件物品,短途一般使用汽车运输;长途一般使用飞机运输;没航班的地方,可以使用火车;不通火车的地方没有业务。( )

3. 快递准点率是指在承诺时间内或客户合理要求时间内准时送达客户并正常签收的快递票数与快递承运总票数之比。（　　　）

4. 快递破损率是指快递营运过程发生破损的票数与快递企业受理的快递总票数之比。（　　　）

5. 快递品质合格率，是指收寄的快递中不含违禁品、危险品等不符合快递承运快递标准的物品的票数与收寄的总票数之比。（　　　）

三、思考题

1. 简述快递运输优化的目的。

2. 简述快递作业流程。

3. 如何处理运输作业的异常问题？

4. "最后一公里"派送模式有哪几种类型？并简述各自的优势。

5. 逆向物流的作用有哪些？

第七章
跨境电商物流与关境

 本 章 导 读

了解海外仓选址经营的原则和流程，了解海外仓的运作管理方式和未来发展趋势，理解和掌握常见的海外仓模式的作用、适用范围和第三方海外仓的优劣。

引言案例

2020 年 7 月 30 日，牡丹江保税物流中心成功完成跨境电商进口商品首单出区，这意味着牡丹江保税物流中心已经具备进口商品货源、本地申报、本地查验、本地派送的跨境电商包裹进口全链条通关能力。据牡丹江保税物流中心相关人士介绍，2020 年 1 月 17 日，商务部等六部委联合印发了《关于扩大跨境电商零售进口试点的通知》，牡丹江市名列其中，根据通知要求牡丹江市可以开展网购保税商品进口业务，这意味着牡丹江市跨境电商企业迎来了"通关流程进一步简化、扩大进口清单范围、提高免关税商品额度上限"等三大政策红利。

当日，客户在牡丹江保税物流中心展厅完成商品选购、扫码下单支付，跨境电商海关业务单证经由"龙贸通"平台完成数据申报，商品经过理货、打包、分拣、查验、放行、装车出区等环节，顺利送达客户手中。

对外贸企业来说，借助国家优惠政策，企业通过跨境电商方式进口商品，可以免交相关职能部门的证件、批文，享受进口商品零关税、增值税 70% 征收的税收优惠，解决市场销售难题，形成完整的产品供应链条。对消费者来说，选购跨境电商进口商品可以减少支出，在单次购物 5000 元以下、全年购物 2.6 万元以下享受国家税收优惠政策。

（资料来源：牡丹江日报，有改动）

【思考与分析】

1. 请结合案例思考与跨境电商进口相关的政策有哪些。

2. 请结合案例思考跨境电商进口的流程有哪些。

第一节　跨境进口物流渠道

一、进口直邮渠道

跨境电商进口涉及海外转运、海外集货、产品采购、进口清关、国内派送等环节,每个环节都充满了挑战,目前物流依然是跨境电商进口业务的发展瓶颈之一。受进口保税等政策影响,政策的不确定性增加了风险。本节重点对进口直邮、行邮物品渠道、快件物品渠道、跨境直购等进口直邮渠道进行分析。

(一)进口直邮

进口直邮,也称跨境 BC(business to consumer)模式,主要是指用户通过跨境电商下单后,经由境外的货站、海外仓和分拨枢纽进行履单,直接形成包裹,转运回国内,再进行派送,涉及海外仓储、收件打包、跨国运输、报关清关、国内配送等环节。进口电商邮件、快件一般具备批次多、品名繁杂、敏感物多等特点,甚至混有禁止进口物,为防止商家将在国内有现货的进口商品虚假为海外发货,对消费者产生误导,进口商可以应用中检、宁波跨境购等认证溯源系统。国内较大的 B2C 进口跨境电商平台主要有天猫国际、京东全球购、聚美海外购、唯品会全球特卖等,各电商平台对代购的监管也日趋严格。商家是否适合做直邮取决于交易形态,从消费端来看,跨境直邮能够通过灵活的供应解决市场碎片化、多元化个性需求,快速响应市场,如表 7-1 所示。直邮模式占跨境电商全部进口额的 10%,直邮模式包括商业快递直邮和两国快递合作直邮。

小批量入海外仓,长尾毛利率较高的商品无法入保税区的季节性产品,适合用空运直邮做小批量试,例如,使用传统贸易方式进口的化妆品的备案周期很长,无法将境外新品同步于国内做在线销售。

表 7-1　主要跨境包裹进口渠道对比

	快　件	邮　件	跨境 BC	行 旅 购 物
优点	支持个人物品; 快速清关一单到底	查验率低	电子化清关报税; 马上清关、马上放	货物可随身携带; 可简易通关
监管	身份证复印件; 申报价值; 严格归类 B 类快件	邮件电子化申报; 查验率高	免税额度; 跨境身份核验	出境代购严查货值; 机场购物免税限额

(二)行邮物品渠道

邮路是最传统的跨境运输模式,价格非常亲民,线路覆盖广。邮关与商关是相对独立的两套体系,各国对于个人物品都有一定的免税额,公民从海外购置自用物品,享有一定的免税额。UPU 公约规定,申报义务人是他国寄件人,进出口邮包必须由寄件人填写申报单,列明所寄物品的名称、价值、

7-1　进口直邮渠道解析

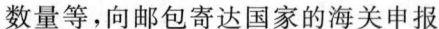

数量等,向邮包寄达国家的海关申报。

《中华人民共和国邮政法》规定,任何邮件在未投交收件人之前,归寄件人所有,即未签收邮件的收件人不是进境物品的所有人,客观上在邮件进境清关过程中的申报环节收件人不是法定申报义务人。《中华人民共和国海关法》规定了申报义务人是物品所有人。

《中华人民共和国进出口关税条例》则定义进口纳税义务人为收件人,虽然邮件申报的主体是发件人,但海关难于追查境外发件人的责任,如果邮件涉嫌违禁违法物品,收件人也可能会承担责任。国际邮件实行的是一种非主动的建议报关制度,不纳入海关贸易统计,申报流程相对简单,运单兼报关签条上只需要写内件品名与价值即可。海关根据报关签条上写的包裹价值和品类进行抽检,发现可疑包裹才进行人工拆封查验。海关在认定包裹性质时有一些公开标准,如二手物品邮寄的申报价要参照新品售价,但"自用合理数量"邮件的封发、运输、处理及报关全部使用 UPU 和 WCO 规定的格式单据。一般采取简易申报的模式,不进行提供品牌或认证等的申报,报关条件限制少。需要详细申报或缴纳税款的国际邮件,收件人会收到邮局代发的海关面洽通知或办理手续通知,待收件人备齐材料即可到海关邮办处办理清关手续。凡是经海关开封查验过的包裹都会在邮件内放置"海关查验通知单"或贴上海关监封封条。在海关扣件估价后,邮包一旦被认定不是个人物品或超限额的,就需要转为按贸易货物办理报关手续,这时需要找一家进出口代理商或邮政代办清关手续(个人无进出口经营权)。收件人如果不想申报或缴税,可选择退运,邮局会将包裹退回发件人。按照《中华人民共和国海关法》的规定,邮包自进境之日起超过 3 个月未向海关办理手续的,将被视为无主物,由海关依法进行处理。海关对进境邮件实行非侵入式检查,电商代购产生的邮件进口量越来越大,由于实际场地与人员条件等限制,很多超限值包裹被直接退运。

(三)快件物品渠道

快件或快递报关,在清关和海关监管方面,可适用于 A 类(文件)、B 类(个人物品)和 C 类(价值≤5000 元且不含运费、保费、杂费等的低值货物,也不涉及许可证、检验检疫及税汇等手续)物品等不同清关类型。

快件的报关主体是快件运营人,也是承担责任人,对于个人物品类快件需要向海关提供完整的信息,必须如实申报清单里的每一件物品,用中文申报物品数量、品名、价值、税号、品牌、毛重等详细信息。按 B 类快件申报,收件人必须是自然人,物品要满足"数量合理、生活自用、不超限值、不属违禁"等条件。在征税方面,口岸海关根据海关总署的《中华人民共和国进境物品归类表》和《中华人民共和国进境物品完税价格表》计算进境物品需要缴纳的行邮税额,对税额 50 元以下物品予以免征。如果发现申报情况与实物不符,则会开箱检查,重新确定税额或手续。个人税款由快件承运人统一代收、代缴,快递商会根据情况要求客户预付或后付。如果是一批货物整体清关,则转运公司不会提供单个快递包裹的税单。

国际快递入境也按商业快件清关,正规、快速、高价,适合对时效非常敏感的高价值商品,税费由快递商代缴,用户补缴。

(四)跨境直购

直购模式,是指国内消费者通过与海关联网电子商务交易平台购买境外商品,电商平台将订单、支付、物流数据实时传送给海关,境外商品通过邮件、快件等物流运输方式进口至跨境电商专门的监管场所,跨境电商或其代理人向海关申报入境,逐个核发配送的跨境电子商务模式。商品在海外仓完成打包,以个人包裹的形式入境,包裹通过跨境电商直购进口"9610"的方式完成申报、查验、征税等环节,最后配送到消费者手中。包裹承运人、物流企业应为邮政企业或者已向海关办理代理报关登记手续的进出境"快件运营人",即要有国际货物运输代理备案资质,不仅要有快件资质,还要获得国家邮政管理部门颁发的"快递业务经营许可证"。

跨境电商全国统一版系统涵盖"企业备案、申报征税、查验、放行"等各环节的自动化申报、审核对碰等内容。商品的准入门槛,同一 SKU 商品,无须进行重复备案,小型电商如果未与海关"单一窗口"做技术对接,可由入驻的电商平台代推,或将海关备案的数字证书授权给口岸从事跨境综合服务的平台,订单数据自动转化为申报数据,电子加签后向海关发起申报代推,在平台上查看申报回执。

直购进出口场站,场地可能是独立的跨境电商海关监管区,也可能是国际邮件或商业快件的监管场所,同一场地不同查验线,不同时段可共享查验线。跨境电商的综合税没有免税额度,并且要按照进口的到岸价作为交易价格缴税,销售跟随完税价格走,不能做 0 元促销(赠品也必须赋予价格)。

税费由电商企业代缴(提前设立税费代缴保证金账户),按增值税 70% 计,大部分消费品的跨境综合税率在 9.1% 的跨境电子商务零售进口商品的备案价和前台售价,单次交易限值为 5000 元(税前),年度交易限额为 2.6 万元/人,消费者年度交易总额超过年度交易限值的,按一般贸易管理。

为了防止用户身份被盗用,电商企业要对交易真实性和跨境网购的个人消费者身份证进行审核校验并承担责任。已经被购买的进口商品,属于消费者个人使用的最终商品,不得进入国内市场做二次分销。从税收法定的角度,只有消费者的真实购买行为才能享受个人物品的税收优惠,如果出现冒用消费者个人信息清关、盗用其跨境免税额度,都将同时涉嫌侵权和走私。

 典型案例 7-1

考拉海购目前是阿里旗下以跨境业务为主的综合型电商。

2015 年 1 月 9 日,跨境电商商务平台"网易考拉"上线公测。

2015 年 5 月 20 日,考拉海购上线"爱购狂欢节",海外商品从母婴用品扩展到美妆个护、美食保健、家居日用等全品类。

2016 年 3 月 29 日,考拉海购宣布正式上线。

2019 年 9 月 6 日,阿里巴巴宣布与网易达成战略合作,阿里巴巴集团以 20 亿美元全资收购网易旗下跨境电商平台考拉。

2020 年 3 月 16 日,考拉海购宣布升级商品全链路溯源系统——在原有的防伪、防恶意拆封技术上,新引入区块链溯源技术,实现一键对商品溯源防伪,进一步提高消费者对考拉海购的信任。

业务模式:考拉自成立起一直以 B2C 自营和保税区模式为主,自己掌控从商品、定价、仓储、物流到售后等各个环节,自营直采+入仓全检+物流全程可溯模式树立了正品保障的典范,也因此获得了广大的平台粉丝。

正品保证:产品覆盖日本、韩国、欧洲、美国、澳洲、东南亚等 5000 多个品牌,国际一线品牌 1000 多个。考拉海购一直坚持采取自营模式,所售商品均由采购团队从海外原产地批量直采,并以此压缩中间环节,保证正品,在消费者心中,考拉海购的正品保障信任度也是最高的。

仓储物流:考拉海购拥有行业最大保税仓资源+物流云系统,建立了国外直邮—海外采货—国内保税进口在内的三级跨境物流仓储布局。有 15 个国内自营保税仓(建成面积超过 30 万平方米),并在全球范围内建立了 18 个海外仓;还有先进的物流云系统,建立了涵盖海外直邮—海外集货—国内保税进口在内的三级跨境物流仓储布局;除国内保税仓和海外仓布局之外,还自行开发了智能化管理系统"祥云"和 TMS 系统"瑞麟",并对上下游合作商全面开放。

时效保障:2020 年 5 月,考拉海购宣布"全球开仓日"在国内全面落地,物流全面提速,15 个海外仓商品从下单到收货,最快只需 3 天。在此之前,一般海外直邮商品的平均时效为 7 至 14 天。为保障"全球开仓日"订单,考拉海购联合菜鸟,通过海外仓提前备货、规划专属航线、提前报关等方式,使得海外直邮平均物流时效小于 7 天。其中,从日韩直邮最快可 3 天到达,美国、德国、法国最快分别可 4 天、5 天、6 天到达。此次海外直邮的提速,也是为给消费者带来全球极速消费体验。

(资料来源:搜狐网,有改动)

【思考与分析】

1. 考拉海购是如何给消费者带来全球极速消费的体验?

2. 考拉海购的跨境电商进口仓储物流系统的优势有哪些?

7-2 2020 年 9 月起新增 12 个跨境电商 B2B 出口监管试点(视频)

二、保税备货

保税备货,BBC(business to business to consumer)模式,是跨境电商企业将境外批量采购的商品集中运送至国内的海关特殊监管区域或保税物流中心暂存,海关实施账册管理,当企业接到消费者的网上订单之后,保税仓履单拣货,在逐票清关后,由国内快递直接取货并配送到门。保税备货的时效快,能更好地配合企业的线上营销,在国家推出跨境电商试点城市以后,保税备货模式具有高效的优势,使得原装成柜进口,无须加贴中文标签即可配送国内让消费者体验,便于电商促销打开市场,极大地促进了跨境进口消费。

保税备货清关手续类似于跨境直邮,电商、支付及物流等备案企业将订单、支付凭证、运单等数据传输给海关,电商企业或其代理人向海关提交清单,海关征收跨境电商综合税,验放后账册自动核销。没有能力自建保税仓的电商,需要与区内第三方公共保税仓合作,区内保税仓运营公司一般具备代理清关资质,能够完成订单申报、代缴税费、订单作业、境内派送等工作。

从 2019 年起,有保税区或 B 型保税物流的城市都可以操作保税进口项目,为了防止部分贸易改走跨境电商,海关要获取真实的电商支付信息,由实际快递商发送物流数据,原仓储企业将无法向公服平台代发、转发。保税仓退换货,符合二次销售的商品在海关放行 30

天内可以原状退回监管场所。不征收税款保税仓内不可再售的退掉的货物,可以原厂回收;若没有原厂回收,则放到国内指定地点进行销毁处理。保税区的货物不设存储期限,每年区内企业向海关备案存储期限超过两年的货物。

典型案例 7-2

2009 年底成立,2011 年上线的洋码头是一家面向中国消费者的跨境电商第三方交易平台。该平台上的卖家可以分为两类,一类是个人买手,即 C2C(consumer to consumer)模式,另一类是商户,即 M2C(manufacturers to consumer)模式。洋码头帮助国外的零售产业与中国消费者对接,让海外零售商将商品直销给中国消费者,让中国的消费者能够直购,而中间的物流是直邮,因此是三个"直":"直销、直购、直邮"。强大的海外买手团队、跨境直邮、成熟的服务保障体系、海外律师团队,构成了洋码头的竞争优势。

买手生态:覆盖 83 个国家,3 万多个认证买手,对于买手,平台提升了买手的入驻门槛,并会不定期核查海外买手的信用情况,海外的买手也将接受当地国家法律监管。

品类覆盖:目前平台有 400 多个品类,每天有 60 万种的商品在售。

物流布局:有官方的国际物流贝海国际,在全球建立了 17 个大型国际物流中心,覆盖美国、欧洲等多地,服务于 20 多个国家和地区,每周 90 多个全球班次航线入境。

清关方式:一般的海淘逻辑是,假设自己是一个身处美国的中国消费者,在美国的购物网站上购物,然后再由自己找到适合的转运公司将商品运到中国。在这一流程中,有三个痛点:一是物流的中间状态是不透明的;二是运费价格昂贵;三是在物流过程中一旦商品出现破损或丢失,将无从申诉。为了解决这些问题,也是为了配合电商的节奏,洋码头选择在海外建立仓库,并自建国际物流公司——贝海国际速递,帮助美国商家把商品国际直邮送往中国消费者手中。该流程为,中国消费者在洋码头平台上点击购买之后,美国商家或是个人买手就可以把订单打包后发到洋码头海外搭建的仓库货站,再委托贝海国际速递直接国际直邮配送给中国消费者。

在整个交易及国际配送过程中,消费者可以通过网站后台、短信、邮件全程跟踪整个订单及国际包裹的实时状态,例如,海外仓库配货打包、国际直邮发往国内、入境关报报检等,包括之前不易查询的海外快递阶段。为了实现全程物流可跟踪,洋码头打造跨境进口物流系统,通过不同信息系统间 API 端口对接,整合整个过程中的服务商,并且打通环节,实现信息共享。

系统化不仅是指订单处理、生成面单这样最基本的仓储配货层面操作,洋码头所强调的是对整个供应链的上下游系统的无缝对接。从用户下单开始,海外商家的企业资源计划 ERP(enterprise resource planning)系统就将来自中国客户的订单进行自动化处理,海外仓储配货系统实时针对订单进行配货打包,而全程所有的订单信息及物流信息都会通过洋码头官方物流服务商贝海国际速递,对接中国海关的清关系统和境内物流合作伙伴。

洋码头这种创新性的做法简化了整个过程,环节的无缝对接大大地提升了服务效率。消费者往往下单付款 4～7 天就能收到由海外直邮回来的包裹,优于一般海淘的半月甚至月度周期。

洋码头上的商品是通过个人包裹自用通道清关的,每个消费者第一次在洋码头上购物时都需要提交个人身份证信息,海关会在系统上记录每次购买的量是否超过个人自用的范围,防止二次售卖。而且,洋码头实行无条件退换货的政策,消费者如果有退换需求,只需要把商品邮寄到其设置在国内的售后处理中心即可,不需要承担昂贵的国际快递费用。

(资料来源:网经社)

【思考与分析】

1. 请结合案例谈谈洋码头跨境进口具有哪些优势。

2. 请结合案例分析洋码头如何实现跨境电商进口物流系统化。

第二节　跨境出口物流渠道

跨境电商出口物流按照操作环节来划分,一般分为前端揽收、库内操作、出口通关、国际干线、境外清关、中转分拨、海外仓储、尾程派送、退件处理等核心环节,不同的模式发货流程有所不同。其中,海外仓模式涉及头程运输、海外仓储、尾程配送等多个物流阶段,整个物流系统跨越多个国家或地区,且与国际贸易的报关报检、国际货物的保险等业务紧密相关,物流环节众多,作业流程复杂。图7-1所示是跨境电商物流的发货流程。

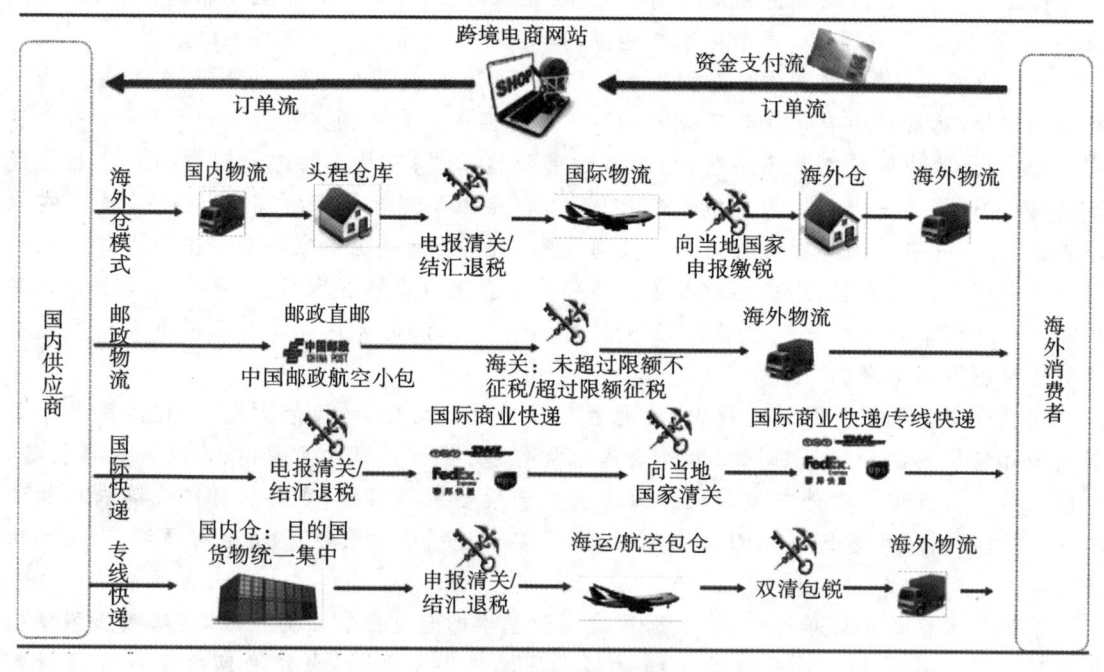

图7-1　跨境电商物流的发货流程

高毛利产品用优质物流方式,有利于提升品牌体验,两者相得益彰;大部分低价产品可选择的余地不大,除去营销费、内陆运输费、价格波动、退货撤单等刚性成本,多数直邮能满足基本的交货时限及运输安全,大部分卖家已无力去提升物流体验。出于对成本和时效的综合考虑,卖家可以用 ERP 等工具针对每个 SKU 特性,如规格尺寸、重量、价值及综合成本,设定发货规则,从而选择最优发货途径。海外头程的重货直发,其特点接近于传统外贸普货,支持 FOB、到付及进口人的其他收货条件,除了运输方式,要着重考虑目的地清关条件。表 7-2 是主要跨境电商物流模式的优缺点比较。

表 7-2　跨境电商物流模式的比较

模　　式	优　　点	缺　　点	价格和时效
中国邮政小包	邮政网络基本覆盖全球,比其他任何物流渠道都要广,价格便宜	重量(限重 2 kg)、尺寸限制;不便于海关统计,也无法享受出口退税;速度较慢;丢包率高	以 0.5 kg 到美国为例:53.3 元;20～50 天。(速卖通)
四大国际快递直邮:DHL/FedEx/UPS/TNT	速度快、服务好、丢包率低,适合高附加值、体积小的产品,发往欧美发达国家非常方便	价格昂贵,且价格资费变化大	以 0.5 kg 到美国为例:90～280 元;3～7 天。(速卖通)
中邮 EMS 及国内快递公司国际快递业务	速度较快,费用低于四大国际快递巨头	对市场的把握能力有待提高,路线有限	以 0.5 kg 到美国为例:85 元;10～20 天
epacket,EMS	速度较快,费用低于普通国际 EMS,出关能力强	仅限 2 kg 以下的包裹;路线少,上门取件城市有限	以 0.5 kg 到美国为例:47 元;7～20 天。(速卖通)
专线物流	集中大批量货物发往目的地,通过规模效应降低成本	相比邮政小包而言,运费较高,且在国内的揽收范围相对有限	俄罗斯快线/专线:55 元/票起,8～15 天。英国快线/专线:23/票起;5～9 天(速卖通)
传统外贸物流＋海外仓	传统外贸方式走货到仓,物流成本低;可提供灵活可靠的退换货方案,提高海外客户的购买信心;发货周期较短	有库存压力;对卖家在供应链管理、库存管理、动销管理等方面提出了更高的要求	从当地海外仓发货,价格即当地快递价格;平均时间 1～7 天(环球跨境通)

一、邮政包裹系列产品

如果对跨境电商出口物流不了解,无论去向是哪个国家,必然首先从邮政入门,简化通关、全球发货。邮政包裹本着保证各国公民之间通邮权利而存在,通达范围最广,在海外通过各国邮政网络进行清关派送。邮件与快件贸易是不同的体系,邮件申报通常有最低免征额,DDU、DAP 税费未缴,如果进口海关认定为高价值货物,或超过一定价值后就会转为商业清关。就前端揽收能力、上网速度、通关便利、航班资源等方面来说,中国邮政具备绝对的本土优势,是目前跨境电商出口直邮最大的物流服务商,占出口直邮 40% 以上的份额,在出口旺季,单日小包量最高达千万件。邮包的计费方式十分简单,首重与国内揽收和处理的基本费用有关,续重主要与国际航空运价有关,而挂号费是境外邮政固定收取的环节处理费,一般没有额外附加收费,对于换货也不将体积换算重量计费。

7-3 跨境出口物流渠道解析

货量大的卖家可采用预充值扣费发货,邮局会提供一定的优惠折扣。中国邮政有自己的揽客方式,如在线发货、一体化面单、查询轨迹、平台对接等。大的电商卖家,在有了一定的货量支撑后,可以直接与邮局对接。慢速低价,邮政在很长一段时间内还会是对价格敏感的轻小件的主要物流方式,但它不太适合大件、高重量的商品,而且因为转运环节过多、申报形式过简,导致丢包和破损的概率相对较高。从产品角度,传统直邮小包"平邮、挂号"属于邮政体系的基础服务,而e邮宝、跟踪小包属于专线类的经典产品,也可以归类为 Airmail 邮政航空小包,EMS 与 e 特快则属于时效类快递类产品。

1. 平邮小包

平邮小包,简称平包,是资费水平最低的跨境物流产品,只计实重,不计首重,按克计费,小于等于 2 kg,没有单票处理费。一些跨境平台上大量 5 美元以下的低值轻小件商品,发货渠道只能选择平邮小包。包裹进入目的国邮政网络后,无法全程跟踪查询,没有签收记录,也不承诺妥投,卖家只能通过收货人评价和订单退款率来评估签收情况。平台给予的收货确认期也较长,丢件率略高,丢件后只能重发,遇到旺季邮寄过程可能长达几十天。境外邮政不做条码扫描,只能查到中国出关的出口交航信息,在这一点上中国邮政较好,已经实现了所有邮件的条码化。

2. 国际挂号小包

国际挂号小包,简称挂包,即每个环节登记交接,可以查询轨迹跟踪。这项服务需要额外收取挂号费,适用于货值低、重量较轻、时效性要求不高的商品。平台对订单有跟踪率的考核,它时限稳定,计费方式统一,清关能力强,覆盖全球,一单一件,挂包服务的准时运达率虽不及快递或专线,但签收纠纷比率最低。应市场所需,部分国家将平邮小包升级为"简易挂号、平邮+"等服务,提供境外主要交接点查询。

3. e 邮宝/跟踪小包

e 邮宝/跟踪小包,业内惯称 EUB(epacket),最初是中美邮政打造的跨境电商专线,属于两个国家邮政之间的"双边协议"价格,相比较而言,不受 UPU 的"多边协议"价格波动影响,可通达主流的跨境目标国家和区域提供全程跟踪查询,不提供收件人签收证明。国内 e 邮宝发往美国,一般需要 15 天送达,发口岸城市最快在一周左右,与挂号小包在操作和服务的标准上是一样的。

使用邮件发货方式,也要看产品类型和目的国家。国际平邮的产品特点是价格较低、运输周期长、无签收节点、不承诺妥投,基于此产品特性和行业惯例,邮政会明确约定不承诺送达时效,以防平邮因退款率高而要求索赔。邮政能够做端到端全程管理,必须注意出货口岸,不同口岸境内接货、海关查验、国际航班、发运时间等略有差异。通常,小包出境后不会被退回境内,境外拒收退回成本较高,按弃件处理;部分国家邮政会定期集中退给中国邮政;若出境前安检退回,则可以退一半运费。随着 UPU 国际终端费大幅上涨,挂号费比原来翻了一倍,对于中国邮政小包的低客单价市场有所冲击,可能利好专线类小包及外邮代理业务,因为小包专线在欧美国家清关完成以后,则进入其本土的邮政派送网络,属于其国内包裹操作,而并非国际邮件。

二、国际快递及其代理

传统商务快件市场相对成熟,客户黏性高,清关安全可靠,有着高效便捷的门到门服务,但定价权在国际快递手上。不求低价、只求最快的高价值跨境商品,选择每票详细申报的快递渠道,速度快,服务好,丢包率低,跟踪实时准确,尤其是发往欧美发达市场非常快捷。由于价格高,少数品类且在客户强烈要求时效性的情况下,商家才会直接使用国际快递。商业服务的任何非标准化操作都需要付费,快件的计费方式比邮件复杂。商业清关以贸易买卖为目的,清关主体是快递商,从商业风险及口岸信用出发大快递会正规纳税,运费需叠加在货值里面乘以税率计算,税费也会偏高。

国际快递分为快线和慢线两种。快线渠道适合走体积重量小、单品利润大的新品,通常快递商自有航空运力,也是旺季海外补货的最佳选择,保证时效在3~5个工作日;适合走大件,是常用的集货运输方式,参考时效不稳定。各大快递自有常规优势领域和地区,很多区域性国际快递商,优势地区基本上承诺时效抵达。北美FedEx的快件清关和派送能力强,美洲方向的慢线IE经济小货价格不错,UPS空运普货是强项,大货价格经常有促销。在前端市场快递商更注重城市点的覆盖,保证高效集散,如FedEx在广州设立的亚太转运中心,实施预清关——"提前申报、运抵验放",DHL国际快递在国内覆盖400多个城市,中国是其全球七大独立运营区之一。

快递清关对于产品本身有一定的要求和限制,对涉及个人用品安全和健康的货物查得很严,5 kg以上的大包或重货资费变化较大,附加杂费较多。在目的市场清关条件不确定的情况下,邮政EMS及e特快是时效不错的渠道,例如,一些商业快递不接的货物或受限地区,如俄罗斯、巴西、印度等不容易清关的国家,邮政通关能力强,可以接受大包,有免费退回的优势。

快递如果被退回,退货费只能由卖家承担。快递一般都会做关税预估、预付,无论货代还是承运商,一般不包税。快件的重量和资费计算较严格,但大快递公司仍可能出现卖货、串货、卖舱等不合理的情形。尤其是当代理的价格大幅低于官方时,可能经转多个口岸或几经倒手,转包容易造成物流环节过多,安全性很难保证,很容易导致丢包现象。在选择快递代理商时,要了解其主要的交接流程和赔付标准。

典型案例 7-3

据了解,从2020年6月22日开始,最先从印度金奈发出对中国货物100%查验的通知后,印度多个港口(如孟买港等)所有中国货物的入境申报单被锁,清关暂停,截止到7月1日,所有进口到印度的中国货物全线滞留各港口。而对于此次的清关限制,印度海关并没有明确发文。不久后,印度各港口已经重新启动对中国货物的清关,但一些港口依然需要100%查验,而这依然会导致通关时间变长,给跨境卖家带来一系列连锁反应。

据悉,此次清关延误扰乱了小米、Oppo、Vivo、Realme和OnePlus等中国智能手机制造商的制造和销售计划,但影响最大的还是依赖从中国进口的印度本土制造企业,造成包括电子、汽车零部件、药品、化学品等领域的一些企业生产中断。

据了解,在过去的 11 个月中,中国是印度进口的最大来源,占印度进口总量的 14.3%。根据官方数据,在 2019 年 4 月至 2020 年 2 月,印度从中国的进口总额达 624 亿美元。

据跨境物流综合服务商全和悦创始人林世豪介绍,由于清关延误,一些卖家陷入了货"发与不发"的两难境地,库存短缺,导致销量萎缩、listing 排名下降,卖家前期的投入打了水漂,只能重新花时间投入广告、资源等,此外,还造成物流成本增加。此前印度政府的暂停清关举措,造成小包和专线物流费以及物流中间环节费用超过了 50% 涨幅,由原来每千克 40 元的价格,涨到了 60 元左右。货物到达港口之后的仓储费是卖家成本提高最"重"的地方。"按照各个码头的置仓费的标准核算,一千克货物仓储费一天需要将近两块钱,一个货柜的置仓费可能要几百块钱一天。按照过往的经验,将导致卖家增加 30%～50% 的物流成本。"林世豪指出。

所以,不论后续物流清关政策如何,为了将后续物流成本损失降至最低,林世豪建议,卖家可以少量多批次发货维持销售库存、迂回将货物中转到其他国家再发往印度,需要注意的是,这也会使物流成本至少提高 40% 以上。

此外,据预计,下一步印度很有可能还会提高其本国的进口关税。所以,不管是从眼前还是长远来看,受关税等因素影响,卖家布局全球供应链才是长远之计,比如在孟加拉国、泰国、越南、马来西亚、印尼等地布局供应链以及制造工厂。

(资料来源:亿邦动力网,有改动)

【思考与分析】

清关延误对出口印度的跨境电商企业造成了哪些不利影响?

三、外邮代理与小包专线

中国电商充分利用低值免税上限,用低廉的邮费来运货,很多国家的邮政并没有因为包裹多了而赚到钱,反而不堪重负。尤其在电商销售旺季期间,很多国家的邮政服务质量下降严重,包裹延误的情况屡见不鲜。很多外邮因公务员体系、劳工权益的保护等因素,邮费价格没有体现出其实际的合理价值。基于中国跨境包市场之大,直接渗透到前端客户市场的价值链路径最短,所以,市面上的外邮小包不下几十种,如新邮、荷邮、比邮、马邮、芬邮、瑞邮等,每家都提供两种以上不同等级的产品。掌握了 UPU 的运行机制后,有些本土大货代直接在国外与外国邮政合作获得代理身份,拿到一手的渠道价,在中国境内揽货之后,包裹贴上该外国邮政的运单,自己安排出口空运到相对应的邮政所在国口岸,清关后再交由该国邮政网络配送或转运他国。

多数外邮渠道都属于这类操作模式,也有少数外邮不仅由代理帮它揽货,还在香港或珠三角设立了自己的分拨中心和办事机构,直接与跨境电商平台对接在线发件。事实上,对于跨境包裹寄递的监管,境内企业提供商业快件或包裹等跨境寄递服务的,要依法取得快递业务许可证,而且在包裹出境前禁止贴用外国邮政面单。为此很多主流外邮产品,在集货、分拣及航空干线、运单格式、系统对接及轨迹追踪等方面做了很多商业化改造。

在做跨境物流捞到第一桶金的货代中,有很多是做小包代理起家的,发展壮大后,直接盈利点不仅是差价,还有运能优势。如今做邮政小包已到了规模化竞争阶段,单件微利,前端服务良莠不齐,通道交接不稳定,影响全程效率外邮要求的预分拣颗粒度以及运输线路的安排,都需必要的处理场地和仓库、车辆,大量操作工进行打包、预分拣、补打标签、安检等前置服务,系统软件也必须兼容。通过细节管控减少误差,以效率换成本,稳定运营质量,这样才能从邮局拿到更好的折扣或返点,支撑更广的货源。对于货代而言,没有自营渠道,就需要同时代理多家外邮及快递产品,选择最有利的销售组合,诸如云途-德邮小包、中外运-西邮小包、出口易-比邮小包等。可以明显看出境外原渠道,但有些大代理已隐去具体配送商,只显露冠以自己品牌的经济小包、追踪小包、带电专线等小包专线。

当前跨境电商物流对把控运力和时效诉求强烈,客户关注的是包裹的时效性与可追踪特性。批量整袋交航交运的过程有交代理、过安检、交地服等,在上飞机前有个交货真空期,可能被安检退回或停飞改航,而上了飞机也仍有可能停在原地;在抵达目的港后,地服提货至航空公司暂存仓,交海关,代理取货送至邮政处理中心,直至进入外邮境内配送网之前也有多个延误点。很多欧美热门小包专线是常规的跨境电商出口直通车,但需要卖家有一定的销量和销售数据作为预判和支撑,对热销品类进行海外仓备货,很多新卖家直接使用亚马逊FBA,大幅挤压了直邮小包份额。小包是空+派到门,低值包裹一般是双清无税的,但也有不少"被税"情况。

四、跨境专线"空+派"

跨境物流专线,是"特定的国际运输线路",也是运作链条的优化组合。跨境专线的货源很广,介乎快递与邮政之间,包括配送到门的小包及到仓的重货。专线一般是集中大批量到某一特定国家或地区的货物/包裹,通过航空包舱、海运拼箱等方式运输到国外,目的港商业清关或货转邮,再通过合作物流公司进行目的国的派送。跨境专线的卖点,是能够在经济性和时效性之间找到一个契合,实现高性价比。跨境专线商家多是以固定渠道起家,专注擅长的线路,注重平台和上下游渠道的打通。

随着新市场、新平台的开辟,自建站、直播及社交电商等流量的增长,服务于细分领域卖家、商品的专线增多,打造了很多有特色和针对特定路向的优质小包专线及"空+派(空运加派送)"物流服务。市面上有上千条发往全球各地的跨境专线,其中从珠三角发出的专线最多。品牌专线或大庄发货价格比较透明,既对接平台也接收同行货,做同行客户要比做终端客户容易。如国内仓储代发,速卖通在许昌建立综合发制品仓库兼具仓储和转运的功能,让发制品卖家都备货到该仓,当地采购、当地发货,提供产品进仓前的验货检测、托运受理、打包贴标等一系列服务,库内不同货主的商品,经过拼箱后可降低运输成本。

(一)专线的运营模式

从经营角度来看,境外物流商在国内销售服务,有直营、代理、合作等多种方式,在国内的操作主要是揽货、集货,在国外的操作则交给海外合作伙伴来完成。由于很多国家的末端配送是各国邮政,服务及价格可回旋余地很少,造成很多专线小包并无突出优势。提升跨境专线的时效与客户体验,要从揽货范围、分拣、空运及清关时效、规范理赔等方面着手。专线在收货段,除了快递和邮政拥有无缝揽收网络,即便较大专线的上门提货范围也仅限于沿海重点城市，很多是卖家自送货到代收货点或集货仓。包裹量大的需要按邮编预分拣到指定目的口岸或投递区，分拣打包后交给空运代理操作。空运代理承接的小包专线客户增多，专线规模越大则议价能力越强，在达到一定规模后还可以绕开代理直接与航空公司接洽，包板直飞。

与小包专线不同，头程入仓类的大货专线接近于传统货运代理，业务重点是集约化的跨境运输，关税实报实销，前提是要能解决合规报关及清关税务等问题。海外仓及 FBA 头程大货在增加，没有国外合作轨道的中小货代，只要开了 UPS-SCS 这类代理账户，就可以在市场上营销 FBA 空派专线，在揽货后将货物交给 UPS 完成后续流程，直达派送仓库最近的机场，单票清关，卡车提货送仓。

"空＋派"的运输分为直飞和转飞。空运直飞一单到底，价格高、速度快；转飞因环节有所增加，价格低、时间长。转飞环节越少越好，最好使用整板转运、无缝接驳的航班资源，避免二次换单。如果转运机场是航空公司的基地，也能降低丢包率。"海＋派"（海运加派送）是更便宜的渠道，适用于体积大、重量大的货源，可派送到仓，速度比"空＋派"慢。

逆向海淘出口集运类专线，海外消费者在国内电商平台网购，发到集货仓库或保税仓然后从中国出口，集运拼箱再发往国外派送。国内电商的国际化发展，如京东售全球、天猫出海、严选出海、Lazada 淘宝精选频道等"一店卖全球"项目，推动了逆向海淘、出口集运、平台直发等一系列专线物流的发展。这种需求最早是被海外的华人、留学生及华侨带动起来的，全球有上亿的海外华人成为大的逆向海淘大军，国内产品既丰富又便宜，海量的国际转运及代购包裹催生了巨大的物流需求。点点淘、四方格、优贝等具备一定规模的转运公司直接进入电商平台，成为官方认证的专业集运物流商，为境外消费者提供包收发货，甚至帮客户做仓储和代发货等服务。客户群体都在国外，且加正向专线小包，逆向海淘集运在整个东南重的出口电商包中占了相当大的比例。

外贸货物有正式出口报关单，退回流也有规范流程。出口货物被重新进口国更换修理，物流商可以利用出口时的报关单帮助卖家填报一个临时进口单，缴纳保证费或提供保函，卖家只要在规定时间内（通常半年内）完成同规格、同数量产品的出口，即可拿回保证，且不会产生任何税费。如果不能按期核销/销保，则转一般贸易征税，除了邮政 EMS 无退回返程费用外，其他渠道的包裹被退回都有费用，且包裹往往只能先退到中国香港或保税区。通常，包裹退回海外仓的运费由客户自己承担，但如果退回国内，那么产生的国际物流费用只能由卖家自己承担。原则上，先退货再退款国内自发货的，如果包裹货值不高，退货退款的事情需慎重斟酌。

（二）各类跨境专线物流商

与国内电商快递相比，跨境物流行业的集中度较低，龙头企业较少，区域化的小型服务商多，资本介入谨慎。邮政网络或商业配送发达的市场，是跨境专线的目标。例如，在东南亚、印度、非洲、中东等市场，专线货量增长迅速。在东南亚跨境专线基本上都可以做到当天下午在深圳交货，晚间将货物发车过港，直接上当晚或次日凌晨的航班实现次日递。

下面具体解释主流的几种专线。

1. 境外渠道上游

外邮渠道有很多，典型的代表是 DHL，其把原全球邮政包 GlobalMai 业务更名，授权以品牌 DIIL Pareel（欧洲）和 ILeCommeree（美洲/亚太中东/非洲）开发全球电子商务业务。DHL 跨境电商包类产品是一类经济、适用于小型、重量小的订单的产品，可在全球市场中进行运输递送,已占其邮政板块业务量的一半,提供包裹到站节点追踪服务。还有很多境外商业渠道,如澳航 Qantas 专线,联动澳航旗下的国内快递 AAE、Startrack 等配送资源,提供快递、空运及托运行李一站式的清关、转运及派送服务。

2. 快递企业延伸

快递企业延伸,如德邦欧洲电商小包、圆通东南亚专线、申通日韩专线等跨境快递产品。顺丰国际走出去的时间比一般民营快递要早,是自建型的海外扩张形式,先做跨境商务快件,后开办顺丰国际小包,是为跨境电商 2 kg 以下包裹而推出的经济类服务,通达欧洲、美国、澳洲等,高重量段的业务有欧洲专递。

3. 传统货代转型

传统货代转型具有庞大的货代客户基础。市场上这类专线最多,如万色、佳成、大森林、UBI、易联通达、易脉、京华达、CNE、巴西忠进、印度邦太等,很多是亿级规模的企业。4PX 早期以代理中国香港 DHL 为主业,最早把新加坡邮政的产品引入中国,主打自主品牌的全球专线,合作多个外邮渠道跨境包机每年几十架次,一直在做战略性亏损布局。目前,4PX 是这类跨境物流服务商中最大规模的企业,营收规模达百亿元级,获得菜鸟网络、新加坡邮政的投资,成为阿里全球的核心物流伙伴,在深圳机场有大规模自动化处理场地。

4. 大卖起家

云途物流是电商卖家成功转型跨境物流的代表,迅速成长起来的特色专线,专注做小包和专线,在海外收购商业清关行、卡车公司,靠着专线物流的全程跟踪服务和优质的清关和落地配送,服务同行及行业大卖家,努力把专线各个环节的细节把控在自己手上。棒谷公司下属的飞特物流、三态股份等,都是既做跨境电商卖货,也做物流服务。这类专线都比较注重稳定性。

5. 外邮代理做大

顺友专注做多个邮政小包物流代理,在行业中有很多卖家都用它的马邮代理服务,主打顺邮宝品牌专线,过港车＋空运包舱,每个环节都把控得较好。如燕文物流是国内最大的小包物流服务商之一,销售规模二三十亿元,从 2005 年开始在北京做出口包裹服务,主营中国邮政大小包,后拓展了欧洲等多个外邮代理专线。

第三节　境外清关及配送

一、清关的概况

清关是进口跨境物流的关键一环,全程运输时长常取决于清关流程的快慢。清关即结关,是指进出口或转运货物在出入国关境时,依照各项法律法规应当履行的手续,海关有权让任何货品做正式报关,报关流程应符合进口国的法规管制、进口主体、申报要素、认证检验等准入要求。报关常用方式如表 7-3 所示。海关通过"监管方式代码"(如 3010 为货样广告品、0110 为一般贸易等)对进出口的商品实施监管和统计,对不同商品,不同商品编码 HSC 实施不同的监管关税和增值税的征缴等工作。

7-4　境外清关及配送解析

表 7-3　跨境电商物品出口报关常用方式

贸易方式	监管码	适 用 情 况
邮件包裹	无	个人合理自用,运单及简易报关单,征行邮税,超出按货物正常申报
旅游购物	0139*	申报主体外国旅游者或外商采购货值在 5 万美金以内的出口订单
旅游购物	3010	广告品、货样等,货值小于 5000 美金,由发货人或代理人正式申报,不收税。
商业快件	3339	发货方或报关公司,非货样广告品,礼品等,不收汇
	110	货值大于 5000 美元或申报物品,发货方或报关公司,正式报关,等同于"一般贸易"
跨境电商	9610	集货模式,汇总申报、清单核放,发货方或电商平台正式申报
	1210	经监管区先出口,每月汇总数量之后,再一次性集报,生成一份正式报关单
	9710	B2B 出口,电商平台代码(对于境外平台等无法提供情况)可填写"无",电商平台名称按实际填写。货值 5000 元及以下且不涉证、不涉检、不涉税的情况
	9810	B2B 出口的订单类型为 W,电商平台代码填写"无",电商平台名称填写海外仓名称,备注填写海外仓地址。要求货值 5000 元及以下且不涉证、不涉检、不涉税的情况。清单的收发货人或生产销售单位,提前在海关完成申报关区 + 海外仓业务备案。
市场采购	1039	小额 B2B,贸易采购,发货方或报关公司,认定的市场集聚区内采购的、单票报关单商品货值小于 15 万美元,并在采购地办理出口商品通关手续的贸易方式
一般贸易	0110	发货方或报关公司,正式报关,货值高、结汇退税,无货值限制

*:货物简化归类"一般贸易"已于 2017 年 8 月被取消。

　　在 9610 一般出口模式下,跨境电商采取"清单核放、汇总申报"的方式办理报关手续,电商包裹直接申报、查验、放行、出境,无票免税。在 1210 特殊区域出口模式下,商品先批量运进综保区/保税港区等,若是海外订单,则从特殊区域形成包裹发货。在实际出口操作时,凭电子清单申报,海关凭清单验放,之后再根据企业备案申请,跨境电商企业或其代理人提交《申报清单》,将放行清单内的商品简化归类,归并汇总形成《出口报关单》向海关申报结关。跨境综试区可采取"清单核放、汇总统计"的方式通关,不用再汇总报关单,《申报清单》与《出口报关单》具有同等法律效力。快件报关需要在专门的快件监管中心封关,通常是机场海关。国务院批准了义乌小商品城、海门叠石桥国际家纺城等 8 家特定区域的资质,小额外贸也可交由这些有资质的贸易企业按"市场采购 1039"申报出境。

　　海关对涉及关务的企业有一套完整的认证体系,会采取差别化防控策略,"自动审放、重点稽核",减少开拆率及通关干预。信用认证标准有多种类型,如 AEO 高级认证企业可享受最低进出口货物查验率、优先办理通关及验放手续,海关查验率在 20% 以下,而对失信的企业货物查验率则提高到 80% 以上。海关已引入关税保证保险政策,以进口企业作为投保人,海关作为被保险人,企业实现"先通关后缴税、汇总征税,关税保险费率为 3‰ 左右,无须按每月税额全额交纳保证金"。

　　选择入境口岸,即选择属地海关、监管区及配套等,要根据不同的国际段运输线路、清关资源、不同进口主体、HSC及申报价值、对应时效的腹地配送等条件而定,且要考虑用多口岸布局来降低清关通道受阻的风险。目前,海关总署有直属42个关区下辖的数百个外贸通货口岸。多口岸选择的另一个重要因素与空运直航的运价及配送有关。

此外,还存在某些"灰色清关",在形式上利用监管漏洞走不合规通道。一类是主观上故意逃税监管规则及税务条款,以低、少、谎、瞒报等方式逃避监管;另一类是客观上存在偶然漏税的现象,比如邮件类,在邮件类报关没有完全电子化申报或申报信息不完整的情况下,查验存在很多偶然性。无论哪种清关类型,发货人和承运人都要如实合规来申报,只有遵纪守法才能畅通顺利。

7-5 海关总署支持跨境电商发展,畅通中欧班列物流通道临时邮路

二、扣关种种情况

在国际贸易的规则下,合规是关务工作的基本点、立足点和价值所在,跨境卖家要保证操作合规。多数国家在进口清关、查验、税收认证等方面有着严格的规定,不少新卖家由于在认证和物流方面操作不当而遭受损失。很多卖家误将清关问题认定为物流商的清关能力不行,对自家产品的合规性、国际贸易规则及目的国营商环境等缺乏基本认识。货物被扣关多半是商家自身原因造成,要使货物顺利清关,要注意以下三点。一是产品合规,保证自己的产品无侵权且非违禁品或非敏感限制类产品,在产品销售前先了解所售产品与当地的监管制度有无冲突,同时产品认证、授权、专利、相关检测等手续和文件都要俱全。不同产品被海关查验的概率不同,贵重物品、重件包裹的扣货率是较高的。二是手续齐全,要求进口单证齐全,包括进口许可证、入关单、商业发票、产地证、装箱单和货运单等,结合产品属性出具相应认证及产地标签。需要协助清关的货物收货人一般存在以下问题:无进口权、个人物品限值、网购限额或商业进口私人税号行不通等。三是如实申报。物流商一旦申报价和海关估价不一致,就要补缴差额,可能还有罚金。也有物流商为了节省目的港的费用,整板拼货一个主单去申报,大大增加了扣关风险。另外,海关提高开箱查验比例与本国对待跨境包裹的政策有关,寄往不同的国家,申报策略也有所不同。在海关扣货后,货件退回太贵,而清关税费太高,商家就只能弃货。

(一)知识产权与认证许可

知识产权成为贸易保护或贸易摩擦的关注领域。根据日本关税局统计的数据,日本93%的侵犯知识产权的行为以及超过70%的假药流入都因跨境电商引起。相关产品认证、授权、鉴定,都要申报品牌类别、授权书或加工合同等法律文本。著名品牌在海关都有备案,知识产权权利人已向海关申请保护,假冒途径早已被封堵,电商平台对售卖侵权商品的卖家处罚也很重,所以销售品牌产品必须有授权认证。众多无牌仿造的大宗侵权,多为权利人举报,海关在接到举报后会通知当事人补充申报知识产权证明。如果当事人无法提供合法购买凭证或权利人许可文件,海关则会暂扣货物并通知权利人确权。若权利人确认货物侵犯其商标专用权,并提出保护申请,则海关依法没收侵权货物并对当事人处以罚款。

物流企业最好在派送货物清关前及时收齐关税及运费,签署因产品本身问题引起清关风险的免责条款。要处理好清关中的疑难问题,对于货物申报要求以及如何处理扣关等突发情况需要目的港的清关行,及时向客户反馈第一手信息,并请客户提供相关资料协助清关。海关通常对涉及安全和健康的货物查得很严,因为产品质量事关消费者生命财产安全,对社会影响大,所以物流商对产品的预审十分重要。

在出货前要和卖家确认好目的国家的监管准入要求。若发货人无法提供食品药品、医疗卫生、检疫证明等资料,则不要发货。因为货物在目的港被久拖不放行,则物流商要支付各类罚金、仓储费及码头杂费等高额的滞港费,所以要及时对滞港的货物进行转卖、退回等减损处理。各国海关都会对在规定时间内未清关又不缴纳各类费用的货物进行充公拍卖,以收回各种港口费用。例如:英国 CPSC(消费品安全委员会),管辖多达万余种用于家庭、体育、娱乐及学校的消费品。当目的国为美国时,这类货物一般在向美国海关申报后,会被要求提供产品的检测报告,或由 CPSC 进行人工查验,检验产品的认证标签标识、安全吊牌、检测证书等。儿童用品一般都需要美国当地公司提供紧急联系方式或回收地址。没有通过的产品直接被查没、销毁或退运,或在条件下放行,即货物暂存在货代仓库,但必须要按 CPSC要求,在产品质量完成达标后,才可真正放行。

(二)进口 VAT 及税务

合规、贸易合规、税务咨询与清关代理等业务并非物流货代的主营,在传统外贸中,在通关时货主发生转移,则无税务问题,海关内外是两个不同的主体,外国的采购商是清关时的税务主体。但跨境电商的全新贸易模式,与现有的国外传统线下零售业态存在税制不公之争,且在清关前后物权不发生转移,货物依然属于卖方,这就需要卖家在当地注册进口人的身份,在通关过程中根据申报货物的价值缴纳税金,否则无法完成进口闭环。以出口货物到欧洲为例,卖家以进口方的名义发货至海外仓,入境报关单必须要有 EORI,并提供有效的VAT,即货物的利润税。EORI 相当于企业的经营执照号,与 VAT 注册绑定,海关通过EORI 确定申报主体,就可以追溯到进口方缴纳的进口税及对应的产品信息。当货物进入欧洲,商家通过申报产品 HSC 及价值来确定进口税(VAT),当货物销售后可以申请进口税的退税,再按销售额缴纳相应的销售税。若没有 VAT,则属于非法运营,这就近乎将跨境电商与本地零售商等同看待了,即要进行真实、及时、准确的税务申报。

海外仓要保管好清关申报、报税留档信息,保证申报与销售的物品的价值对应,因为后期还要接受税务局的审计。如果税务局从电商平台得到直发货的销售数据与申报货物的价值不符,或者商家故意延误、错误或虚假报税,都会受到税务执法部门包括追缴罚款及货物查封等不同程度的处罚。申请 VAT 和 EORI 及日常报税,并不需要注册本地公司,可委托境外专业税务代理人申请及合理正常报税。

直邮包裹的税务风险是最小的,许多跨境电商的高毛利就来自于直邮免税,不超过一定限额的包裹无须做 VAT 申报,超限邮件也是买家自己承担进口税。从欧洲海外仓发货,不管企业选用的是亚马逊 FBA 还是第三方海外仓,都需要在货物存储地注册 VAT 并做税务申报,在一国注册 VAT 可以在其他欧盟国家清关,但货物仍要转到该国存储和销售。有些商家为了规避货物在当地直接清关时被扣税,试图从其他国家中转,这是不可行的,配送到欧洲其他国家是否需要在当地再注册 VAT,取决于卖家是否超过远程销售额。从英国仓销往德国,德国远距离销售限额是 10 万欧元/年,超过此额需要另外注册德国 VAT。欧洲提高了关税门槛,矛头直指跨境电商,提出更严苛的零门槛税务规范,在电商平台上,要求卖家必须在 listing 中展示 VAT 税号,否则线上封号、禁售、货款被冻结,线下物流亦不能幸免地被连带扣货查封。

在跨境市场有大量卖家涌入、品类迅速扩展的情况下跨境卖家对于税务制度要有清晰的了解。如果卖家没有 VAT 账号,就要了解清楚物流商的资质和操作机制,物流公司只是提供货物的运输服务,并不涉及货物的买卖环节,没有进项和销项,直接导致后续的报税工作无法合理、合规地申报,很难简单地闭环解决上述问题。各国关税缴纳的规则会经常改变,税率也会经常变化,这些规则变化通常以保护本国商业或消费者为目的,没有预先通知,因此跨境商家与本土物流商或深耕本地的华人企业合作必不可少。

除了关税问题之外,跨境电商还涉及很多问题,全球都在强化针对电商的通关审查。2019 年 WTO 启动电子商务谈判,着手制定全球数字经济规则;2017 年底世界海关组织在埃及发布了卢克索宣言的 8 条原则决议,承认了跨境电商是经济发展的动能和新引擎,制定了"跨境电子商务标准框架"全球统一建议,在确保跨境包裹快速通关的同时符合所有监管、税收、安全、统计等要求。中国也开始实施 CRS 全球税务信息自动交换,各国政府通过"相互交换税务信息"的方法,掌控国民或机构资产状况,使逃税者无所遁形。

典型案例 7-4

2019 年 11 月 26 日消息,亚马逊欧洲站跨境物流服务开通英国、德国目的港一站式清关服务。今后,亚马逊跨境物流服务能同时提供"独家向亚马逊卖家提供整箱散装直送"和"英、德两国目的港一站式清关"等两项服务。

据《电商报》了解,亚马逊欧洲一体化物流网络由遍布欧洲 7 国(英、法、德、意、西、捷克、波兰)超过 40 个运营中心组成。得益于欧洲的地理特点和高度智能化的物流系统,亚马逊率先在欧洲启用统一配送网络,实现商品库存在整个欧洲境内的互联共享和高效调拨。

升级后的亚马逊跨境物流欧洲站服务包括欧洲五国免费锁仓、快速入仓、一站式门到门解决方案、海空运全链路跨境物流解决方案、欧洲整箱散装直送等。此外,亚马逊跨境物流通过全球供应链系统及仓储能力,可实现境内境外无缝对接,为卖家提供一站式的物流解决方案。

(资料来源:电商报,有改动)

【思考与分析】

请结合本章内容探讨亚马逊欧洲站跨境物流开通英、德一站式清关服务的优势。

三、邮件与快件清关

海关对进口邮件的监督较为宽松,根据邮件单上面所填写信息申报,如果海关认为申报的信息不太明确,则会拆开包检查,若邮件没有违禁品且不超限值就会被放行。低值包裹类,目前一般使用国内邮政小包 DAP 直邮,产生的税一般由收件人自行缴纳。若使用商业快件 DDP 直邮,则由物流商代为缴纳。例如:美国 FBA 的快件,尽量选样 DTP 关税预付贸易条款,否则容易被海关退回。快递商和一些专线小包普遍使用快件清关,即使收件方为居民也会被限制收货次数。批量商业性质的大包货物,使用私人税号是行不通的,会被要求转为正式清关。例如:韩国海关要求,所有通过豁免限额(小于 150 美元)的个人物品,在过关时都需提供个人的海关编码 POC 进行实名验证。而在正式进口报关时,通常需要正本发票并随货附带供收货使用,形式发票只能用于出口被退回或临时进口等情形。"反倾销产品名录"下的商品,除了要被征收进口税之外,再加收"反倾销税"。

以美国邮政(USPS)为例,USPS 每天进口的邮件量巨大,海外进口件每天大概 50 万件,主要是从五大国际邮件处理中心 ISC(International Service Center)进口,分别是纽约 JFK、芝加哥 ORD、旧金山 SFO、洛杉矶 LAX 和迈阿密 MA。这五大国际邮件处理中心接收他国进口的航空小包、水陆路邮件、EMS 及商业代理件等,还有两个规模较小的邮件处理中心在新泽西和夏威夷。美国海关会入驻 ISC,对邮件进行监管、过机抽查及开箱查验。按现行政策,单件申报价在 800 美元以内(含 800 美元)的邮件免并直接放行,绝大多数跨境包裹不会超过此值;在 2500 美元以内(含 2500 美元)的邮件,如果需要缴纳关税,那么海关会开具税单,由 USPS 向收件人收取关税和清关手续费;对于申报价大于 2500 美元的邮件,邮件会在 ISC 被转出,USP 会通知收件人做正式进口报关。

邮件渠道对于品牌商监管相对宽松,但长期大量的商业行为,比如某个地址经常接受大量的品牌货物,或收/发件人是企业的,海关可能会认为这是商业侵权,会追究法律责任。海关要履行食品药品监督管理局(Food and Drug Administration,FDA)职责,对食品类的监管较严,涉及检验检疫,肉、蛋、奶类制品禁止通过国际邮件寄递。海关对于进口邮件抽查的比率不断提高,当查到禁限品会直接没收,若经常邮寄禁限品,海关会把收件人列入黑名单或采取法律措施。

商业快递入境清关的时效高,按预申报先放货,在航班起飞之前,清关数据预先传送到目的国当地海关,航班抵港时海关已经审核完毕。如果一个主单中的其中一票被查验,不会影响到其他货物的清关。快件监管中心通常设在主要口岸机场附近的公共监管区。当快件清关完毕,不具备快件清关资质的公司不能从监管中心提货,也不能在监管中心里操作换单,海关要监控包裹的最终去向。普通清关代理只能为每个客户分别清关,若要一次批量清关多货主的集拼货,则需要更高级别的快件清关资质。美国海关对于设立第三方快件中心非常谨慎,因为第三方快件中心容易出现拆单、伪造进口人与收件人等关务风险。在集拼模式下的尾程派送的关键是看进口人,若整票货清关完毕了,进口人就可以在美国国内分发了。

各国海关对快件都有规定细则要求,提供包括完整的客户资料及清关文件,同时申报价值低于免征额的包裹免于征税。如果申报或被估货值超过一定额度,则需准备原产地证、进口许可证。有些国家,不接受无费用弃件,若目的地清关失败,即使发件人选择弃件,也需要支付弃件费,否则国外会安排到付退回。

四、头程入仓货运清关

海外仓头程属于重货范围,跨境卖家可选择快递直发、空运专线、海运整柜 FCL(full container load)及拼箱 LCL(less than container load)等多种运输方案。按照传统普货及快件的清关流程,以贸易商的名义进口,在目的国进口清关时,进口商或固定税号信息会显示在箱单/发票/提单上。通过向海关申请 IOR(import of record)就可以获得一个外国进口商的 EIN(税号),进行美国进口商备案。通常货代或海外仓仅作为提单的接货人,一旦进口的货被海关查出了问题,产生的费用和责任就由具体的 IOR 承担。只要进口商不变,这个税号就永久有效,今后无论用哪家报关行办理美国的进口都可以使用该税号。IOR 的政府申请费用为 150 美元,递交资料后的 5 个工作日内可以办妥。

客户拥有自有税号的可单票清关、打税单,税单显示客户的税号,关税实报实销,收件方是直接收件人的,并不要求其必须做预付或者到付,可以自由选择。进口商品没有实际的贸易收货人,除非有些电商卖家设立了自己的境外公司作为收货人,物流商、第三方海外仓或境外货代是不愿意作为贸易进口人来承担税务和法律风险的。但即便是较大的电商公司,也不愿意在海外开设公司,因为一旦如此,又会套入另一个更复杂的境外企业税务问题。因此,与货代合作,介于海外仓和国内卖家的中间物流商,尽量与有国际网络、熟悉国外的法律法规、操作规范并知道如何规避风险的公司合作。

五、双清、包税、包派

在国际货代中,"双清"是指出口国清关和目的国进口清关,"包税"是指包目的国进口的税费,"包派"即包送货到门。货代为了迎合电商卖家低价、省事的需求,对发货人报一个总价格,提供交货后的一体化服务。包裹计费本身单一,这种报价主要针对头程送仓,卖家无须提供任何凭据甚至报关单据,也无须提供进口人税号,坐等货物入仓即可开卖。货代一般专做某个国家或线路的清关报税,但很难擅长多条线路,多是转卖同行,毕竟这种"冲货"需要目的港有较强的代理关系。

六、物流代收活动款

物流代收活动款,即在货物送达时由物流公司代收款项,通俗解释为"一手交钱一手交货"。跨境物流 COD(cash on delivery)模式主要集中在东南亚、中东和印度等市场,以适应当地网络支付不成熟、网络信用基础尚不完善的消费环境。COD 的核心问题是签收率低,大部分市场的平均签收率只有 70%～80%,也就意味着有 20%～30% 的货物被退回,大量的退件容易造成仓库旧货堆积,后续处理退货的费用高,因此很多退货只能被销毁。即使包裹被妥投,很多消费者也会因为商品质量问题,在线下直接要求物流商退货退款。各大电商为了平衡货到付款低签收率造成的额外成本,会加收一笔 COD 交易费,并设定客单价门槛,客单价达到一定额度才可以选择 COD 方式。对于普通发货,物流商要考虑签约账期的垫资成本以及产生坏账的风险。若出现运输配送问题,应付运费就可能被拖欠,而代收货款现金流的运作流程颠倒过来,变成了物流商要给商家返款。如果使用电商平台认证的物流商,本地物流商收款后先汇缴给电商平台,再结算给卖家。如果是卖家自发货,境外物流商将货物送到国外的客户手中后,当场收取货款和运费。物流商一般会承诺在收取货款后两三周以内,将货款返还给国内卖家。货款如何正规合法、快速地回流到国内是一个很大的难题,资金大多只能汇到中国香港。

7-6 综合案例

本章思考题

一、选择题

1. 出口直邮通常由（　　）三段操作组成。

A. 境内集货　　　　　　B. 国际运输　　　　　　C. 客户收货　　　　　　D. 境外配送

2. 若想货物顺利被清关,要注意（　　）。

A. 手续齐全　　　　　　B. 产品合规　　　　　　C. 如实申报　　　　　　D. 相关报关顺序

3. 商品在海外仓完成打包,以个人包裹的形式入境,包裹通过跨境电商直购进口（　　）方式完成申报、查验、征税等环节,最后配送到消费者手中。

A. 9810　　　　　　　　B. 9510　　　　　　　　C. 9610　　　　　　　　D. 9710

二、判断题

1. 公民从海外购置自用物品,享有一定的免税额。（　　）

2. 快件的报关主体是快件运营人,对于个人物品类快件不需要向海关提供完整的信息。（　　）

3. 物流清关可按情况选择"灰色清关"。（　　）

4. 小批量入海外仓,长尾毛利率较高的商品无法入保税区的季节性产品,适合用空运直邮做小批量试销。（　　）

5. 跨境物流专线,是"特定的国际运输线路",也是运作链条的优化组合。（　　）

三、思考题

1. 简述进口电商邮件、快件特点有哪些。

2. 简述如何选择入境口岸。

3. 简述国际平邮的产品的优缺点有哪些。

4. 简述什么是跨境物流专线。

5. 简述保税备货的流程。

第八章
海外仓建设运营

本章导读

了解境外清关基本概念及配送模式、跨境电商物品出口报关常用方式，熟悉邮件与快件清关基本操作流程，掌握跨境进口物流渠道模式及各渠道优缺点。

引言案例

2020年上半年，在全球疫情笼罩下，龙祥集团（以下简称"龙祥"）入驻eBay平台三个月销售额即破百万美元，其主营的手机产品增长迅猛，成为eBay大中华区成长最快的新卖家之一，龙祥也迎来自己在eBay乘风破浪的第一个"高光时刻"。

疫情导致航班减少，舱位紧缺，空运价格暴涨，尾程派送延迟等问题，不仅带来物流成本上升，还有可能影响用户体验。因疫情导致欧洲尾程派送出现不同程度的延误，针对这种国际突发情况，龙祥积极联系物流服务商，预估延误到达时间并积极联系买家与卖家沟通解决问题。

8-1 海外仓运营商日处理超100万订单 疫情下跨境电商爆发

根据产品特性与顾客需求，龙祥还提供特殊的服务。针对高货值手机在头程备货中会出现丢件的情况，为此龙祥与物流商专门开辟了一条全程监控的线路，避免货物丢失。为了确保用户体验，龙祥安排专门的客服人员处理消费者的退货、退款等售后问题。此外，龙祥为消费者提供海外当地的退换货地址，手机提供两年的保修服务，解决消费者的后顾之忧。

"因为前期对eBay平台不了解，所以选品备货是一个非常大的挑战，手机品类比较适合海外仓，这也是我们从事跨境业务，第一次备货如此大货值去海外仓库。"Sasha说道。

龙祥在德国市场选择使用万邑通海外仓，主要考量如下：一是作为eBay官方认证仓，万邑通的服务水准有保障；二是万邑通能为龙祥这样的品牌手机卖家提供定制化解决方案——"海外仓3.0"服务，包含高货值商品存储管理专区、全节点360度高清视频监控，还有上架和出库的优先级服务等,能更有效地保障货物安全和派送时效,提升消费者购物体验。

同时,在万邑通的建议下,龙祥采用"小批量、多批次"的模式,并且采用空运备货海外仓,10～15个工作日发货到仓,压缩备货周期,分散头程风险,加快资金周转,不仅很好地控制了整体的资金占用成本,而且大大降低了缺货率,在销量极速上升的情况下,还能很好地稳定出货销售。

这些在物流供应链方面的成功策略,也反哺了前端的流量获取和客户体验,让龙祥的eBay店铺和品牌在瞬息万变的竞争环境中成功突围,顺利扬帆出海。

(资料来源:eBay,有改动)

【思考与分析】

1. 请结合案例思考龙祥如何应对疫情带来的突发情况。
2. 请结合案例思考使用海外仓的优势。

第一节　海外仓"用户画像"

随着跨境电商的飞速发展,跨境电商市场的竞争愈发激烈,其中跨境物流直接影响跨境电商企业的综合竞争力。在跨境物流业的生态结构中,电商(源)、运输商(流)及邮政/配送(汇)是基础层,货代、专线、小包及代理属于中间层,海外仓的门槛更高,国际快递属于塔尖。早期,传统货代在涉足跨境物流时,以直邮为主线。因为在全球布局海外仓储需要大量资金,所以只有少数融资能力强的大卖家有能力自营海外仓。直到亚马逊FBA向全球开放,带动了整个海外仓市场,货代、专线、快递商及国企中邮、中外运等纷纷拓展海外物流中心,构建一个联动的多渠道跨境物流体系,让"跨境电商"升级为真正意义上的"境外电商"。随着亚马逊FBA物流增长迅猛,大量传统货代企业纷纷切入亚马逊FBA物流的空派和海派市场。根据跨境电商物流细分业态企业数量占比的行业问卷调查,2020年有30%以上跨境物流的主营业务收入来自FBA物流(见图8-1)。

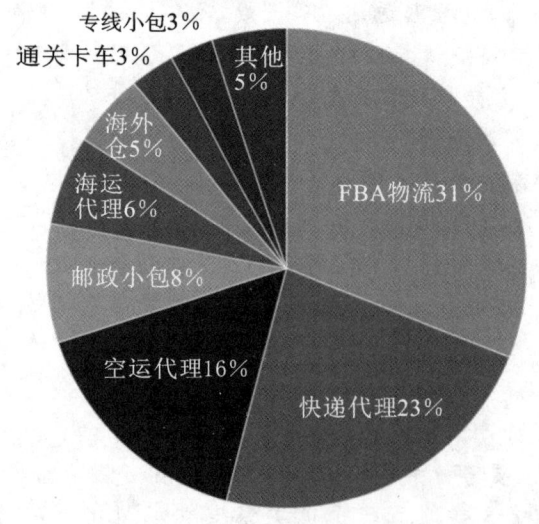

图8-1　2020年跨境电商物流细分业态企业分布情况

2019 年 11 月 19 日，国务院在《关于推进贸易高质量发展的指导意见》的总体要求中，指出构建高效跨境物流体系，鼓励电商、快递、物流龙头企业建设境外仓储物流配送中心，逐步打造智能物流网络。为打通高质量外贸发展的"最后一公里"，海外仓成为高效跨境物流体系上的关键节点。海外仓，是国内卖家在其他国家或地区建立或租赁仓库，通过国际物流先把商品运送到该仓库中，当顾客下单购买后，通过此类仓库即时配送的一种仓储方式，是提升跨境电商企业竞争力的有效手段。跨境电商海外仓的运作模式可概括为两大主体、一个仓储、三段运输。两大主体，是指商品的国内卖家和海外买家两大交易主体，双方在跨境电商平台上完成商品的交易。一个仓储，是指海外仓，通常国内卖家将商品在自己仓库内完成集货（无须在国内港口城市集货），通过海运运往海外仓，再由海外仓发货给海外买家。海外仓根据海外买家的位置，遵循就近原则从海外仓给海外买家配货，以减少配送时间与成本。三段运输，是指头程运输（含卖家至海外仓）、尾程运输（海外仓至海外买家）、逆向物流（退换货）。

头程运输即备货到仓这一段流程，头程的运输主要是快递、空运及海运，清关合规是头程的关键。尾程运输多采用"海运＋派送到门"模式，具有通关快捷、船期稳定、舱位充足的优点，整箱货物从卖家指定仓库装货，海运至目的国码头，整箱申报，在清关放行后，将整箱或拆箱卡车派送至海外仓，运费低，但资金周转周期被拉长。海运按货物体积收费，适合体积大的重货，配送是按重量计算的，产品必须按要求打托盘，购买货运保险，计材积重。对小型或是刚入行的卖家而言，在店铺未来销量没把握、资金储备不充裕的情况下，"派到门"更高效快捷，可以成为发货首选方式，这种方式可以提高货物库存周转率。

一、海外仓的作用

海外仓作为当前跨境电商物流新方式，是解决我国跨境电商发展瓶颈的重要手段。海外仓实际上是一种"先入境后配送"的物流模式，卖家先将商品运输至海外仓，待国外客户下订单后直接由海外仓发货，不仅将传统的长距离跨国运输转化为"最后一公里"配送，还为跨境电商物流服务本土化提供了可能。海外仓的内涵也已由传统境外仓储逐渐丰富为涵盖跨国运输、高端仓储、个性化流通加工、快速配送、订单管理、通关服务、信息获取、金融支付等为一体的综合跨境物流服务体系，能够提供运输、仓储、配送、信息等完善服务，相较于传统的国际快递和邮政小包，海外仓具有诸多优势。

8-2 海外仓，打通跨境物流"最后一公里"

（一）海外仓的优势

（1）第三方海外仓的广泛使用，进行规模化发展，有利于节约资源，避免重复建设。跨境电子商务卖家外包第三方海外仓物流服务，一方面可以降低自身建设与运营成本，集中精力进行产品研发与客户维护，另一方面也可以让第三方海外仓企业进行规模化发展，从而避免重复建设。

（2）有助于提高单件商品利润率，从整体上提高卖家的利润水平。采用海外仓物流，卖家可以提前备货至海外仓，等到顾客下单后，再由海外仓发货。一方面可以在订货前进行集中发货，形成规模经济，另一方面可以实现本地发货，大大缩短消费者从订单发出到收到货物的时间。以一件空运美国 600g 的货品举例，FedEx、UPS 需要 121 元人民币（3～5 天），EMS 需要 118 元人民币（7～15 天），而以海外仓的模式进行操作，总费用为 30 元人民币左右，且收货时间也仅有 2～3 天，相较之下，使用海外仓储的物流成本优势就相当明显了。同时，eBay 数据显示，存储在海外仓中的商品平均售价比直邮的同类商品高 30%。例如，美国买家网上订购 iPhone 手机屏幕贴膜，美国当地发货隔日到，9.95 美元，中国本土发货 2～15 天到，3.39 美元，免运费。从这一案例可以看出，海外仓储不仅节省物流成本，而且能够大幅度提高卖家的利润率。

（3）海外仓有助于稳定供应链，有助于增加商品销量。相较于国际快递等其他的物流方式，海外仓模式实现了本地发货，同时还可以为卖家提供良好的包装服务和便捷的退换货服务。据统计，在同类商品中，从海外仓发货的商品平均销售量是从中国本土直接发货的商品销量的 3.4 倍。

（4）第三方海外仓采取的集中运输模式突破了商品重量、体积和价格的限制，有助于扩大销售品类。如果采用传统的快递方式，跨境电商在发大、重货物时往往受到重量和体积的限制，以中国邮政 EMS 为例，发往美国的货物，邮件单边长度不超过 1.52 米，长度和长度以外最大横轴合计不超过 2.74 米，并且重量不超过 31.5 千克。而采用第三方海外仓的方式，货物多采用海运的方式，几乎不受重量和体积方面的限制。

（二）海外仓的劣势

海外仓在快速发展的同时，也面临一些问题。

（1）海外仓竞争激烈，价格战愈演愈烈。随着海外仓企业的增多，竞争也进入白热化的阶段。在物流领域，一个需求会有十几家服务商来竞争，竞争非常激烈，在此背景下，第三方海外仓企业往往会陷入价格战的怪圈，不利于良性发展。另外，海外仓建设与管理需要高昂费用，如英、德、澳等国家海外仓工人工资最低每小时 3 美元，而美国的仓库工人最低每小时 15 美元，比我国仓库工人工资高了 5 倍。在仓储仓库租赁上，租金高，如德国海外仓每平方米年租金为 60 美元～100 美元，美国的为 100 美元～125 美元，澳洲的高至 130 美元，再加之其他水电等杂费，很多跨境电商企业在提供相关证明时还要缴纳高额担保金，资金压力也让企业不堪重负，甚至出现资金链不稳的风险。

（2）跨境支付不畅，资金结汇难。海外仓业务多为国外用户服务，由于国内支付品牌在海外的认知度有限，导致境外支付主要依赖 Visa、万事达等国际卡。尽管我国外汇局也对跨境支付牌照进行发放，并允许第三方支付机构提供外汇资金结算业务，但从现有跨境支付平台来看，多被 Visa、Master-card、PayPal 等垄断。这些国际信用卡组织所设定的支付手续费率较高，如 Visa 每笔收取 2%～3% 的手续费，PayPal 每笔手续费高达 3%～5%，这些额外的手续费，多由电商平台或商户承担，无形中增加了支付成本。

（3）法律监管不健全等。跨境电商海外仓建设还面临诸多法律屏障，特别是法律规范标准的差异化，国外监管体系不健全等问题。如在俄罗斯海外仓，有企业选择"灰色清关"方式，逃避正常通关手续和费用。但"灰色清关"不受法律保护，随时可能遭受俄罗斯检察机关、海关的追查。此外，一些国家针对中国跨境企业的商品制定严苛的规定，例如：巴西对中国的商品超过 50 美元则征收 60％的关税；俄罗斯对我国免税入境包裹进行限价，超过限价部分征收 30％的关税。另外，因法律制度不完善而带来的不法偷税漏税问题频发，也影响了海外仓的国际形象。

二、海外仓的适用范围

海外仓从经营企业维度主要分为四种：第一种是跨境电商平台型企业，如 FBA；第二种是传统的外贸企业，主要是为了开拓自身跨境业务发展及为跨境电商企业提供一站式跨境海外仓服务；第三种是行业的出口头部卖家自营海外仓，主要为解决揽、干、关、仓、配、售等作业效率与品质问题而自建海外仓服务体系；第四种是第三方物流企业，主要擅长国际物流服务，专注服务于跨境卖家的物流服务企业。如何选择更优的海外仓模式，也是企业困扰的问题，应从以下三个方面进行评估。

1. 产品、物流和服务情况

卖家是否适合海外仓，首先要看产品情况，再看物流和服务的问题，市场不确定、长期卖不掉的"死货"是最大风险，有些产品的特点决定了其不适合海外仓发货。低单价、轻小件、长尾产品，可以从国内直发，一旦切换至海外仓，这些产品的利润很容易就会被海外仓配成本抵消。海外仓选品务必精选、精简，首要原则是产品的市场需求量要大，寻找畅销品，因为即便畅销品被积压仍可清掉，而低转化率的产品一旦被积压则容易变成死库存。

2. 物流渠道与直邮发货情况

没有物流渠道或国内直邮发货困难的大、贵、重的产品，要切入产品品类打开销路，海外仓是破冰利器。大件货仓内管理难度小，能减少人工费用，但操作费和物流费较高。电子、家居家电、户外园艺、汽摩配件、机电仪表和工业品等细分品类，是海外仓最常见的备货种类，能兼顾利润率及转化率，通过高单价、高周转来拉升总收益。如果一个产品从中国发货的利润率是 30％，海外仓发货的利润率是 15％，但平台给有海外仓的用户 3 倍的引流和一些免责条款，海外仓的转化率将达到跨境直发的 4 倍，那么同样时间内获得的总利润就是直邮的 2 倍。

3. 营销服务升级的情况

没有一种物流解决方案是完美的，海外仓也不是全能的，要综合考虑到卖家的资金周转、产品的销售周期性，结合其他物流渠道并用。除了一般仓配外，有些大件还需要送货上门安装、维修以及逆向物流等专业化延伸服务，才能满足买家购买的诉求。对于卖家而言，海外仓的核心仍是服务市场，采购补货、提高周转、避免滞销、旺季备战等供应链管理，物流的核心是执行落地。国内物流企业走出国门，进行跨国运营和管理资产，需要一个相当长的周期。对于海外仓服务商而言，仓是投资，海外仓以电商物流管理和技术来改造和整合国外已有的物流仓储资源，境外要有合法的经营主体、稳定合法的租约，以保障仓库货物安全，还可以整合运营，即将头程拼箱、空运、清关等委托给国际货代，将国外上门服务委托给当地邮政及快递。

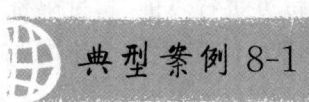

典型案例 8-1

　　易单网是中建材国际贸易有限公司在传统外贸基础上升级转型而来,基于现代服务业理念和供应链整合,通过线上线下相结合,打造专注于材料及设备的 B2B 产业跨境电商平台和外贸综合服务平台。

　　中建材国贸有着 20 多年的传统外贸历史,客户遍及 146 个国家,传统国际贸易特点是交易周期长(1 个月~3 个月)、关联方多、外汇结算周期长、风险控制难、物流专业化程度要求高、获客成本高等。为了解决国际贸易中的各种痛点,易单网应运而生。

　　易单网跨境电商平台聚焦材料与设备行业,包含 1500 个品类,20 多万种产品,与国内 3 万多优质工厂建立合作关系,为海外客户提供一站式采购服务。易单网通过数字化营销精准匹配海外客户,通过专业的外贸业务团队+互联网技术,完成客户的转化、留存、复购。

　　海外买家首先通过易单网跨境电商平台实现客户对产品的在线购买,然后利用易单网在全球范围内布局的本地化海外仓储、物流系统实现货品的及时运输和配送。通过规模化采购和集约物流,降低采购成本和运输成本,为海外买家节约采购周期,缩短资金占压成本,并提升购买效率和便利性。

　　易单网通过强化商业模式创新和管理创新,为客户创造更多价值。将生产、检验、报关报检、跨境物流、出口结算、保险金融和海外仓等各环节整合到电商平台,发挥自身积累的资源优势,为更多生产企业提供一站式外贸服务。

　　为提升国际化服务水平,易单网在迪拜建立了 52000 平方米的海外仓,推进南非海外仓、越南海外仓、津巴布韦海外仓建设,与集团下属北新坦桑公司合作,通过属地化经营策略,深耕国际市场。

　　物流服务方面,易单网海运招标系统已整合全国各口岸 200 多家货代,与全球排名前 10 的集装箱船东建立了紧密合作关系,可以为国内生产企业提供更加便捷完善的物流服务,同时从验厂到港口集货全国范围提供 24 小时及时响应服务。利用遍布全球的合作海外仓储资源,提供海外仓储配送、备件、寄售等服务。同时打造易单网物流在线系统,建设国内集装箱运输平台。与集团下属平台"我找车"进行深入合作,实时跟踪货物流向,确保货物全程可控。

　　质检服务方面,利用"共享经济",易单网在供应链细分领域进行服务模式的创新。"网络+培训+管理"各地质检员,为外部贸易商、平台商提供"一站式质检服务"。利用海外质检资源,提升海外货物质量跟踪及售后等服务水平。

　　利用大数据、区块链等技术实现产业跨境电商全产业链构建,易单网有全流程的闭环交易场景,正在搭建基于真实贸易背景的区块链平台,平台搭建完善后,将与银行、物流等外部机构合作搭建联盟链,完善数据流,提供供应链金融服务。

　　易单网"跨境电商+海外仓"的商业模式,突破传统模式,不断创新发展。

　　(资料来源:亿邦动力网,有改动)

【思考与分析】

1. 请结合案例思考易单网蓬勃发展的原因。

2. 请结合案例思考易单网如何打造"跨境电商+海外仓"模式。

第二节　建设海外运营中心

一、选址与经营

跨境电商海外仓的布仓不单要考虑订单市场，还要考虑地理位置、仓库资源丰富程度、时效要求、运费经济性、免税政策及当地劳务资源等综合因素。

（一）海外仓选址应遵循的原则

1. 系统性原则

海外仓的选址，应确保全面统筹物流运输以及仓储能力，使配送区域的基础设施能够满足一定时期内电商企业发展的需求，并为构建系统化物流网络奠定基础。

2. 适应性原则

海外仓的选址应该充分调研，掌握当地经济的发展趋势和潜力，同时结合该地区的物流资源以及政策法规，确保海外配送中心具有较强的适应性，使消费者与卖家双方都能够通过海外仓实现最佳收益。

3. 协调性原则

海外仓的选址要平衡好物流网络的各个环节，建成后的生产、运营和管理各模块都能够相互协调支撑。构建海外仓选址标准体系，通过定性（扎根理论）及定量（启发式算法和层次分析法）相结合的分析方法，选出最适宜的选址方案。

4. 经济性原则

海外仓的布局规划要遵循经济性原则，尽量控制海外仓的建设成本。通常来讲，地址多选择在地价相对较低、交通便利且与客户或供应商距离较近的地段，能够较好地服务辐射区域，实现经济与效率的平衡。

（二）海外仓选址的流程

1. 充分做好前期市场调研工作

海外仓选址意义重大，因此首先要做好相关的信息收集工作，例如，收集当地国家的政治、经济发展现状及前景等信息，尤其要掌握和了解当地消费人群的特征及市场动态与潜力。另外，还要集思广益，不仅要得到股东的支持，而且要广泛征集基层员工的想法，最终结合专家的指导，为海外仓建设提供信息保障。

2. 运用 SWOT 模型分析法

SWOT 模型是分析跨界电商海外建仓可行性的关键依据，该模型能够针对电商企业外在与内在的优劣势，分析得出企业建设海外仓的机会与威胁。表 8-1 是海外仓选址时应考虑的外部环境因素，通常选择较发达城市的机场和港口附近的郊区，交通便利，配套服务齐全有较大的辐射范围，是消费者聚集的地方，也方便制订 FBA 头程方案。例如，欧洲海外仓多设在捷克、波兰、匈牙利等成本较低的东欧国家，或在荷兰、比利时等国建立边境仓，主要为了有效规避税务和政策风险。

表 8-1　海外仓选址时应考虑的外部环境因素

基础条件	气候、地质等自然环境，交通出行、陆空港运输及水电网等公共设施
经营环境	治安、法律、税务、招商政策、人力市场、配送范围及土地升值率等
仓库硬件	面积、层高、场院、承重/立柱、月台/装卸台、消防、采光防雨及利用率等

　　在成本方面，自建海外仓模式在海外仓选址时主要考虑海外仓直接相关的运输成本、建仓成本、仓储成本，而第三方海外仓在海外仓选址时需要额外考虑跨境电商企业（卖家）到国内集货仓的运输成本、国内集货仓的建仓和仓储成本。在运营杂费方面，欧美的水/电/网费相对便宜。在人工成本方面，人工成本是海外仓的主要变动成本，有些海外仓的人工支出成本高达总成本的60%，在找场地的时候就要考虑进去。欧美市场人工成本高，很多是劳力紧缺的状态。外国操作工人普遍工作承压低，排斥加班，只能安排分工明确、要求低的直线型工作，质检、客服、审单等这类灵活性工作，最好由可靠的工人做。招聘途径除了网站外，还可以发挥华人社区、同乡会、商会和华人电商圈的力量，一方面招聘当地人做管理员，发挥沟通和管理上的优势；另一方面招聘华人仓储经理，要求熟悉当地法律法规，有较强的合规意识和安全操作管理能力，以及熟悉操作流程及较强的语言能力等。在业务增长后，不能仅仅依靠招聘去解决劳动力短缺的问题，还应通过加大使用自动化、智能化的信息、机械设备来提升效率。此外，因海外法律及工会对员工的保护相当健全，应尽量避免因解聘员工带来的损失和不良影响。

　　在仓库面积方面，国内通常按订单量和面积1∶1的关系来评估租仓面积，即1000单约要1000 m² 的仓库面积，但大多数电商其实低于这样的配比。实践中，对仓库面积产生影响的因素有很多，如订单类型、货物尺寸、SKU数量、进出频率、区域划分、货架高度和层高以及拣货方式等。第三方海外仓还要考虑扩容性，随着企业的发展，仓库扩张和搬迁在所难免，所以在选址之初，尽可能选择有一定空置面积的园区，并确认企业对空置仓有优先承租权。

　　在仓库周边配套方面，选址时还应选择设在仓库较集中的地区，周边有相同类型的仓配中心会降低快递商的取件成本，从而易于和快递商签订较低运价。此外，还应选择周边生活配套齐全的地区，好的工作环境、食宿生活配套是海外仓招聘员工的必要条件，尤其是在仓库满负荷运转时，后勤到位则能保证稳定生产。

　　在仓库的建筑结构方面，租仓务必要考虑仓库的建筑结构，注意仓库的设计质量，同区域不同结构的平面仓与多层仓的价格相差30%～50%。多层仓多以厂房为主，费用较平面仓低，大面积的平面仓在特大城市较稀缺，单层仓的优点是同层操作可视化，便于协调管理，流水线规划较简单，但整体空间利用率低于多层仓。

　　在仓库租金方面，应提前获取市场上仓租价格的大致水平，在租仓时业主需要提供企业信用证明，或由银行做担保，使用仓库押金、水电费为仓库开设初期交付的租金，在仓库合同终止后可以退回。

二、仓库规划设计

平面仓库造价成本较低,存量大;楼库的建筑结构是多层设计。规划是基于需求的设计分解,仓储规划主要包括区域布置货架选型、货位设定、堆砌及作业流程等,下面详细介绍。

设计库内功能区域、操作台、设备类型和数量等。设计内容包括收货区、储存区、复核打包区、退货处理区、发运交接区及杂物区等。多数仓库至少有 20%～30% 的空间未被合理规划使用。自动化仓与普通仓的流程逻辑完全不同,库区功能划分、流水线设计、补货上行和发货下行等管理也不同。通常月台在一侧采用 U 形库区,分开两侧的为直线形库区,以提高仓容利用率。除了尽量减少死角、充分利用货架层高外,区域规划还要配合存拣分离、ABC 分区、大小件分区、分类存放及随机存放等存储策略的设计。

按照设备工艺要求确定作业方式,如单元货格、货到人、AS/RS 等形式。根据货物的库存、仓库的吞吐量、订单的特性,来选择托盘、货架、搬运及辅助设备。根据机械形式和设备参数、数量、尺寸、安放位置、运行范围等库内布置,尽量使用简单合适的设备,采用标准的设备零部件和系统,以便易于操作、扩充和升级,充分考虑人员安全和系统安全。在存储货物和零拣货位时应合理使用不同高度、承重规格的货架,货架高度、通道数量对拣货效率有一定影响。针对不同产品的体积合理设置、调整储位,如轻小件使用多层储位盒、阁楼式货架,在系统中维护好货区号、货架号、层次号、储位号等。

合理规划作业流程环节。为了便于快存快取货物,应围绕跟单模式而设计,保持直线作业,避免逆向迂回和交叉运输,强调统一的物流出口和入口,便于监控和管理。使用自动化系统可以提高工作效率并提高空间存储利用率,但自动化仓库比较考验仓库的综合规划能力,因此需要对仓库人员的工作能力进行仿真计算,确定存取模式、工艺流程及货架类型。在设计物流中心时,应尽量避免跨楼层的物料搬运、垂直运输。规划作业流程环节的目的是为后续仓储管理的空间结构、时间组织、过程连续达到最优,消除无效搬运,减少商品流动环节,提高作业效能和仓容利用率。实际运营和生产计划是不断优化的过程,按托盘、周转箱、物料等不同层级单位做流量分析,不断分析优化货位位置。规划也要适当考虑余量,如在旺季订单激增时,应有最大负荷的余量。

三、美国仓

美国是最大、最成熟的境外市场,日均收发包裹量超过 5000 万个。据麦肯锡研究显示,美国最后一公里投递的费用,已经超过其跨境包裹总运费的 50%,消费者越来越倾向于更快的网购体验,美国次日同城投递的包裹量占投递总量的 15%,因此,仓库离人口聚集区越近,越有优势。

美国三大工业带分别位于美国的东北部、南部和西部,这三个地区的人口密度分布、仓储设施布局相似,港口和交通枢纽处的仓库存量多。美国西部因为人工成本和仓租成本适中,航班多、港口集中,交通运输方便,头程时效快等原因,卖家自建仓或第三方海外仓服务商多选择在洛杉矶建立第一个仓库。

海外仓跟 FBA 看起来是竞争关系,实际上是一种互补关系,FBA 头程中转、退换货、换标是很多海外仓的重要业务。亚马逊与自营、第三方海外仓对比如表 8-2 所示,选用 FBA

还是第三方海外仓,要根据卖家店铺所在的平台及品类情况而定。

表8-2　亚马逊与自营/第三方海外仓对比

类　别	亚马逊FBA仓	第三方海外仓/自营海外仓
头程服务差异	不提供清关服务	部分提供清关服务,包括代缴税金、派送到仓等服务
发货方式	空运、快递、海运	空运、快递、海运
客户群体	亚马逊卖家使用	可以储存任何平台的产品
仓储费用	依据卖家入库数量及存放时间计费,费用相对较高	固定库房租赁费用,费用相对优惠
物流费用	费用相对较高	费用相对优惠
仓储方式	混合仓储	专属仓储
服务语言	英语	中文
产品入仓前的要求	不提供产品组装服务,卖家须在入仓前将产品的外箱标签及产品标签都粘贴好	提供上架前整理、组装产品的服务
退货	支持买家无条件退换货,不进行二次销售	可替卖家更换标签或者重新包装,进行二次销售
选品	产品的尺寸、重量、类别有一定程度的限制,所以选品偏向于体积小、高利润、质量好的产品	选品范围比FBA仓广
产品推广	平台会对增加卖家产品的曝光度,如提高卖家的Listing排名等	卖家需要自己做站内外的推广来增加店铺的业绩
其他服务	亚马逊移除由FBA导致的中差评	海外仓服务商不一定能提供售后与投诉服务
平台账户	亚马逊平台账户出问题后,货物无法处理	无影响

四、第三方海外仓

跨境电商海外仓,分为自建海外仓与第三方海外仓。首先,实力强的跨境电商多自建海外仓,根据易仓科技研究,月销50万～100万美金的大卖家55%自建或计划自建海外仓,月销100万美金以上的大卖家69%自建或计划自建海外仓。因为自建海外仓能更好地满足卖家个性化的需求,并且能最大程度表现企业实力,树立企业良好的品牌形象。

其他卖家在考虑成本等因素之后,选择第三方海外仓物流服务。卖家在寻找第三方海外仓之前,首先要明确自身的需求,结合服务商资源能力、运营标准大致判断该海外仓是否符合自身需求。此外,要确定合理的报价,避免第三方物流公司隐性收费。第三方海外仓相关配套服务如表8-3所示。卖家要计算自己的物流成本,在库存、周转率和买家体验之间取一个平衡,以实现利润最大化。在选择第三方海外仓的过程中,一般会对比各服务商服务内容的差异性,如是否能够承担部分中转仓的功能,是否提供清关服务、退货换标、调仓(换标、SKU 映射、储位对照)等增值服务。除此之外,服务过程的可追踪性、服务态度、理赔的响应及时性、渠道的多样性、价格和时效的经济性、长期合作的意向度等都在考虑之列。

表 8-3　第三方海外仓相关配套服务

关注内容	配套服务
头程	商品运至海外仓,或委托承运商发货,这段国际货运可采取海运、空运或者快递送仓
履单	按照卖家指令对货物进行存储、分拣、包装、配送等操作,同步单号
中转仓	具备一体化操作,源头入仓把握风险,避免在海外产生额外费用
系统	IT 系统成熟,卖家在线远程管理海外库存,完成整个流程,对接主渠道,信息实时更新
团队	本地税务、法律、客服团队,熟悉电商运营、当地潜规则,本地团队负责仓内管理和操作
费用	合理化仓储费用及账期,明确计算方式,减少压货资金压力
规模	单一仓库规模,架构多个海外仓,形成网络化的布局
客户	共用仓储平台要选择客户及品类,关注税务或安全法律连带风险

第三节　海外仓储管理

一、现场管理

现场管理是根据现场状况统一调度管理生产,保证生产连续稳定。制造业对产品质控有严格要求,对生产的要求远高于对成品物流的要求,可以将车间 JIT 看板引入仓库作业。"工厂化"5S 管理代表了一个物流中心的精神面貌、管理水平,利用"目视化管理",使用形象直观的各种视觉感知信息来组织现场活动,规范活动秩序并做好安全提示,如颜色、数字、线条、标识、声音等,形成标识性、警示性、保护性、禁止性的界限定位。

在人员组织上,首先应落实组织人员结构,再落实精神层面的要求,最后落实行动。没有合理的组织结构,流程无法合理运转,指令无法有效传达。海外仓系统可以一次性根据整仓任务量和人员岗位进行作业分配,规划仓库生产计划,以便仓库能够有条不紊地处理完所有订单。通过电子看板实时监督工作人员的工作状态,合理制定各组人员的班次、人数及比例搭配,保证订单生产均衡,设计多重防错措施,实现无间隙、无停顿的流水线作业。

二、入库理货流程

如果货物缺乏国内头程审查,则可能会影响货物入库,导致货物上架慢,耽误销售和发货。收货是库内流程的起始,需要从源头上确保库存准确。如果货品包装不规范、条码错误、分批到仓或 SKU 混装,则会造成货物数量差异、质检问题。入仓前,创建 ASN(abstract syntax notation)预到货通知,可支持补货单、调拨单、退货单等多种货物入库单据。海外仓收货异常及处理方式如表 8-4 所示,上架延误多由补货、备货疏漏和 SKU 标识有误等原因造成。

表 8-4　海外仓收货异常及处理方式

类　型	收货常见异常	仓库及卖家措施
标签	条码与 ASN 不一致、无标签或标签模糊损毁	拍照反馈、汇总差异、修改 ASN、贴换标
数量	到货无预告、来货超量、短少或未到货	系统补录 ASN，或按实收入库
内件	SKU 规格、重量与实际差距较大，或品名不符	拍照反馈，修改 SKU 属性后再收货上架
质量	外箱拿货内件损毁、受潮	拍照记录，将次品放入坏货区

三、履单拣货

传统的仓内拣货的耗时占处理所有订单时间的 40%～50%，而拣货行走占拣货时间的 50%，人工拣货费时、费力最多的就是行走，这也是拣货效率的瓶颈所在。人工拣货应熟悉拣货流程，在相关配套系统的支持下了解货物库存的大致位置，并自己合理安排拣货路径，单人日均极限拣货量在 1500 件左右。近年来自动化及机器人等新技术取代了传统的人工拣货方式。

拣货都要经过选取、运送集中的过程，在传统的"人到货"的拣货方式下，人动物静，由拣货员带着拣选容器按照拣货清单或在系统的指引下到达待拣货物的储位处进行拣选；而在"货到人"的拣选系统里，人静物动，由 AGV（automated guide vehicle）货架或自动分拣系统将待拣货物送至拣选作业台，再由人工或自动的方式挑出待拣货品，人在拣选工位无须行走，日拣货量达 3000 件以上，并且改善了工作场所安全状况。

"波次"管理也被称为配货作业，通过规则分类订单，筛选"拣货单"。波次创建的好坏关乎拣货效率。每个波次包含多个"订单"，每个订单可能有多个"订单行"，即 SKU 数，可以生成一张或多张拣货单，即波次单。波次在本质上是基于一些规则对订单池的组合优化，系统自动完成波次安排，产生拣货指令发送至 PDA（personal digital assistant，掌上电脑），拣货员一键领取分发任务。创建总拣波次有一些通用原则，如减少行走、减少搬运、减少寻找、避免重复。常见方法有如下几种，系统根据货物的 ABC 分类优先进行拣货排序，自营仓 A 类产品集中在 10%～20%，将整箱存储、大件、零件等分区，PB 分析整箱整托出库；针对 SKU 设置不同的波次策略，决定哪些订单可以放在同一波次；EIQE 分析，利用订单条目、商品规格、商品数量和配送渠道来进行仓配出货特征的分析；将前置打单和后置打单的订单分开波次；播种（按批拣货）法的效率总体高于摘果（按单拣货）法，能将摘果法转化为播种法的一定要尽力转化；将产品重合率高的订单合并拣选，零散订单可以边拣边分；大型仓库分波次拣选，叠加分区拣货。

海外仓常见理货方法包括"摘果"式按单拣货、边拣边分（"摘果"式）、"播种"式先拣后分、汇总分播（"播种"式）、单品作业与分区拣货，在同一波次内也可以将多种方法混用。要结合本仓库的场地、销量、品类、人员、设备等进行综合考虑所采用的拣选方式。海外仓可集中针对隔夜订单整体分析、分类再处理。如果批次过大，则二次分拣工作量就会大；批次过小，需要走动的频率就会增加。

四、打包出库

打包工作约占整理仓库总工作量的 20%，对货架单元格或周转箱里面的货物进行打包，还能起到播种后的二次复核作用。在包装时,可以通过外印宣传、促销或返利传单进行二次促销。包装是一个系统工程,不当的包装会使成本上升、运输破损、产品失效,甚至导致严重的客户投诉。垂直市场的海外仓 SKU 不多,可以简单地固定几种规格箱子与 SKU 做关联,系统自动推荐对应订单的箱型和填充包数量,实现对耗材的库存管理,如"三维装箱"最优打包算法,从数量、重量、体积对商品的摆放位综合计算。

包装方式有手工包装、半自动包装和自动包装。手工包装柔性大、效率低,半自动包装速度快、效率高,自动包装进行植入、称重、包裹封装打印贴单、检核及分拨等。如表 8-5 所示,在工作台复核、打印、称重、包装这几个先后动作中,最耗时的是包装。很多跨境电商企业在大促销前,都会将热销爆品提前打包。为了预包装、节省运费,需要控制包裹体积,可选择拆单的模式,将包裹通过传送带或笼车、分拣线分配至各个发货道口或集货位,码放在出货区待揽收。在产品出货时若发生异常,例如出现单货不符、串发错发、产品有问题、内包装破损等情况,则可将产品放到异常区域由人工处理,有时需要返工拆开一个批次的包裹进行复核。

表 8-5　打包台主要操作流程

项目	操 作 流 程
复核	扫描确保拣货 SKU 数量和订单一致,对于单件订单,可以把分货和复核一起做,复查质量
打印	每个包裹对应一个"装箱清单 Packing List"或"发票单 Invoice",以及"运单 Shipping Label"
称重	将箱子放在电子秤上,扫描快递单,称重自动记入系统中。称重也有复核的功效
包装	装箱、封袋,将出货单、货品、赠品及宣传材料放在包装箱/袋内,将面单贴在外箱/袋上

最后的环节是发运,在快递商来取货时,仓库最好已预报发货数据,可以按货箱、笼车、托盘或包袋等批量交接,每个容器附上发货清单,运回分拣中心后再复核。也可以在现场逐件扫描复核,快递员在到达仓库后使用 PDA 扫描面单进行揽收,核对包裹交接清单,避免漏发、错发。这是对发货错误进行校验的最后一道关卡,也是拦截订单的最后节点。大多数网购订单是在下午及晚上产生的,海外仓库内截单较少,所以,通常在产生"截单指令"后,系统随时拦截需要取消、修改、误拣、误包、贴错运单、重复二次发货等的订单。大型仓配中心,在货物出库时应用包裹自动分拣线,可以自动剔除、分拨不同承运商的包裹。在收货完成确认无误后,仓库方在交接清单上签字,装车出库,装车时使用自动伸缩机或叉车工具。最后在系统中记录出库完成,给客户提供快递单号,让客户掌握后续配送进度。货物发运后,就离开了仓库管理的范畴,进入运输环节。

五、库存及补货

库存是维持企业经营活动必要的成本,跟仓储管理是不同的概念,虽然两者之间有交集,但在组织管理上没有从属关系,是供应链部门管辖之内的。在资产负债表中,库存/存货被记在流动资产项里。若库存增加,则现金就会减少,切忌盲目铺货。库存与资金、客户、销售、供应商、采购、物流等活动密切相关,在跨境电商运营中多级库存部署的方式已不可取,仓库管理系统(WMS)和店铺系统(ERP)及电商平台的商家后台的库存要建立同步机制。库存太多或太少都不是最优的,库存管理有如下几个要点。

1. 确保库存安全

理论上,当产品库存量不足时卖家无法申请出库,海外仓要确保过程和结果都是准确的,所以店铺超卖的责任不在海外仓。卖家应补充库存,设定安全库存,预防超卖风险。如当产品库存降为零时,实施库存同步机制,由 ERP 触发货物从店铺后台下架,或自动将产品所在地改为直邮地点,防止缺货纠纷影响店铺账号的表现。畅销品备货应考虑在途延误情况,通常在一批畅销品入仓后即为下次备货做准备。

2. 提高库存绩效

利用 ABC 分类法及帕累托原理,将"关键少数找出来重点管理",动销率高的 A 类畅销品是最适合海外仓的,要严控 C 类产品的备货。先进先出的原则适用于容易过时、市场价格普遍处于下降趋势的商品。期末存货余额按最后的进价计算,使期末的存货估值接近于市场价格,更客观地反映经营状况。严格的 FIFO(先进先出)作业需要进行批次管理。如果 SKU 没贴批次号,则不同批次货无法混放。通常,先到期的先出库 FEFO 或先生产的先出库 FPF 更合理,需要 ASN 预警在货物入库时采集相关日期。

3. 降低库存

控制库存从某种意义上来说就是控制经营活动现金流。应借助专业件,实现全部库存的可视化,否则在不同环节、不同平台、不同仓库的库存将难以统一管理。在实际下达采购订单前,要综合海外仓库存、头程在途、国内仓存量、采购在途、销售计划、促销及淡、旺季等因素来分析。

4. 保证库存的准确性

盘点是仓库重要的日常工作,包括产品的存放数量、位置及质量等的情况,也是仓库质量管理的要点。鉴于仓库条件、商品特性、进出频繁及人为操作等因素,仓库在每次盘点时都盈亏不定,收货、发货两个环节的准确性最重要。在作业停止时,仓库管理系统每日定时(据仓库所在时区而定)生成库存比对报告,与店铺 ERP 进行库存比对,把两边的库存比对差异生成报告,或自动生成盘点任务,在仓库盘点后对库存进行调整。将盘点结果同步给商家 ERP 和店铺后台,更新店铺上架产品的数量。

六、增值服务

8-3 增值服务解析

海外仓的基本运营流程简要总结为:集货环节,合作卖家、揽收(送/提)、入库(收、验、换标、打包);报关环节,商品归类、申报清关、结汇退税;国际运输(空/海/中欧班列);清关环节,清关申报、代缴关税 VAT;境外运输,干线卡车预约送货;海外仓环节(收/验/上/存/拣/包/发/退);配送环节,境外快递渠道资源;消费者订单定价、重量分段及地址库维护策略。此外,海外仓还应该提供高端增值的服务,比如金融服务、通过大数据信息技术提供本土个性化服务和个性方案制定,来满足跨境电商卖家和消费者日益提高的服务需求,如表 8-6 所示。

表 8-6 海外仓常见的增值服务

流　　程	增 值 服 务
退换货	制订一套产品质检、加工处理、上架销售等的服务标准,辅助专业维修
本土售后	本土客服,为不同的卖家输送有专业素养、懂产品、能和消费者之间顺畅沟通的客服

续表

流　　程	增 值 服 务
商务税务	VAT 注册/申报、税务代理、公司注册、法律合规咨询等，本地采购及员工招聘
包装贴标	需将产品标签更换为 FBA 商品码、外贴箱唛退换货，SKU 贴标 2～5 元/件
FBA 中转	把放在第三方海外仓的货品转发到 FBA 仓，海外仓接力派（虚拟海外仓）
VE/VC 中转	亚马逊 VE 中转代发、尾程派送（VC 代发、FBA 补仓）等，清点装箱封箱

　　换包装、贴标是海外仓的一个广泛的需求。FBA 货物是欧美海关重点查验的对象，为了避免因 FBA 收货地址引起额外查验，可以在境外中转后再贴 FBA 标签。通常，货物未贴 FBA 标，由第三方海外仓配合收货，在出库时选择 FBA 订单，按要求更换 SKU、贴标后再打包出库送 FBA 仓，以满足小批量调拨到不同账号下的贴标。此外，有些 FBA 头程货因标签不合规、外箱破损等问题造成 FBA 拒收，此时可在海外仓进行二次贴标、重新包装，二次派送仓。而需求最大的是 FBA 退仓、店铺转移，在因审查造成产品下架、账号关停或产品滞销的时候，都会有大量"僵尸"库存，这些库存不但无法进行销售，还要缴纳高额的仓租费用，为了尽快止损，要立即把积压货物清出，贵重大货可退到第三方仓库做集中检查。

　　本土化服务，售后解决方案成为跨境电商的发展趋势。基于海外仓的本地物流和售后已成为出口电商标配，各种小众需求、非常规业务，渐入主流市场。通常，仓库要为退货预留出 20%～25%的专门空间，配备专职人员处理退货。当退货较多时，操作流程需要更加细分，如筛选、测试、清理、换条码、包装、合分箱等。有些货品被退回来，在被简单整理翻新后可重新上架，例如顾客买错尺码的鞋履，并无质量瑕疵，可以再售。遇到滞销、侵权、残次品或质量难界定的退货，需要定制处理方案，查验检测货物更为复杂。可以和卖家高效互动，远程提供高清照片、视频让卖家判断产品是否可用，在系统中添加备注，防止不良货品上架销售造成二次损失。有条件的，可提供简易的电子类产品测试服务，如能否正常开关机、通电、亮灯等，减少弃件。根据欧盟远程销售的规定，消费者网购商品拥有 14 天内无条件全款退货的权力，并将物品退到指定地点。通常，买家应承担退货所产生的运费，卖家可以在平台"退货政策（Return Policy）"的相关设置中设置运费的承担方。第三方海外仓为退货提供几周不等的免仓期寄存，无人认领的情况，最多帮客户保留 30 天，若超期还没有预报，则直接销毁货物。

七、计费与纠纷

　　仓储服务费，一种是按工作量进行收取，出、入、存、退等按件计费；另一种是按资源使用合同收取，按面积、储位、人员、设备、耗材等计费。海外仓运营的成本包括固定成本、可变成本。固定成本包括库房租金、设备折旧等，可变成本包括薪资、耗材、水电网费、运费等。在定价模式上，排除头程可能由卖家自送，费用大致可以分为仓储费、操作费和派送费等几部分。不少海外仓公司延续传统货代业务员的销售方式，以折扣作为卖点，对不同体量的卖家价格不一样，在不同时间会推出一些优惠活动。随着行业竞争越来越公开化，盈利点主要基于提升仓库吞吐规模，依靠劳动产出。涉及代发头程的，货物从中国到海外仓的运输、提货、仓储及清关等费用结构更为复杂，组成涉及不同产品、不同路向、不同渠道的价格矩阵。在合作初期，大部分第三方海外仓都可以免 1～3 个月仓租费；操作费按包裹 3～5 元/件，按重量递增；占比较大的部分是派送费，快递折扣取决于海外仓整体出货量。提高资产设备的利用率及资金占用，订单达到一定量才能获得更好的配送价。为了吸引卖家，海外仓通常按实价报，仓内增值服务按工作量不同另行计算。多数海外仓为了避免坏账，采用储值预付费发货的模式，充分利用上下游账期差，财务人员负责当地税务、渠道费用的对账、付款及对进销异常的处理，与国内外对接好费用流程，输出财务报表，分析资金周转。

八、退仓及尾货清仓

跨境电商企业利用海外仓免租期政策在销售失利时快速退仓，寻找其他物流渠道，导致在退仓时仓内来不及对库存进行细致的管理和反馈，发生纠纷，影响存储费或滞仓费核算。此类纠纷会耗费双方业务和结算人员大量的精力去举证、判责，影响双方的合作。限于地域、时差沟通、虚实等因素，双方在合作前，一定要签订详细的服务协议，在合同里约束好双方贸易合规流程、"权责利"及定价赔偿方式并附上操作流程。

卖家退仓前首先将商品从店铺下架，进行系统封库，以免退仓单生成后店铺仍有订单流入，对仓库的退仓工作造成干扰。此外，仓库必须对要退仓的商品进行盘点，在系统中进行同步更新，及时通报给卖家。卖家确认退仓数量，按照盘点的结果生成准确的退仓单。在实际操作过程中，基于盘点结果，不会因对退仓数量有争议而延迟退仓，以交接为界，双方对退仓数据进行签字确认，交给卖家指定的接货物流商。

滞销库存向来难以处理，据不完全统计，平均每个海外仓卖家有十万元的滞销库存，有的甚至达到几百万元，其中约70%的库存选择折价销售，19%的库存会被销毁，11%的库存会被退回或以其他方式处理。将这些滞销库存处理得当也能得到不菲收益，处理不好则会成为要花钱处理的废品。对于多数尾货，卖家可以进行本土化大幅广告促销或站外折价清仓。在欧美弃货，需要由正规机构去清理，销毁也是要付费的。鉴于库存风险不可控，有些海外仓瞄准境外分销代发货，节约运营及仓储成本，支持卖家无须囤货销售。

九、移仓搬库

仓库搬迁是一种非常规性活动，也是非常系统化的复杂项目。海外仓的回本周期长，通常租仓签合同的期限是3~5年，合同期限较长，需充分考虑未来发展规划。

因业务规模变动，仓库变得拥塞或闲置，随之而来的就是移仓搬库或开分仓。与IT系统中的"双机热备"机制类似，迁移要平滑过渡。在大规模搬库过程中，布局、流程及设备可能都会有变化，库位命名、系统设置等需按新建仓实施，并出具一整套缜密的搬仓计划，让前端客户在转换环节能够无感知切换，减少纠纷。在搬迁期间要维持出/入库不中断，旧仓继续发货，产品迅速运往新仓库，新到的货入新仓库。根据老库到新库运输距离，安排运输车型车次，分批库存下架、商品打包、装载容器、货位拆装，人员分组各履其事，注意避免搬迁中的人员伤害、货物损失、运输故障等，做好安全防范，针对搬迁中断的异常做好预案。第一批库存移仓完成后进行库内整理、测试订单处理，将少部分订单下拨到新仓库，测试无误后，新库开始全面发货，老库停止接单，将老仓库余下的零拣货物移运到新仓库，这样发货和移仓行为两不误。但如果新老仓库距离太远、库存零散，则中断订单作业两三天也不可避免。

十、云仓系统

事实上,国际物流企业加快数字化改造已是大势所趋,包括在线透明智能报价、实时线上沟通、货物追踪和供应链成本及时效分析等在内的多种数字化产品及服务已经在领先的国际供应链及物流企业中率先引入并实施,进而为客户提供更大价值。海外仓逐步将供应链上的各利益相关方接入数字化信息平台,加大在数字化信息系统上的投入,同时逐步开发相应的数字化服务产品,为各环节提供底层平台、硬件及可视化技术支撑,帮助卖家更好地了解自身商品结构、货物的进出情况、补货历史的情况、行业平均水平等。通过数字化、信息化改造,有利于跨境出口卖家更好地进行整体供应链计划,基于信息交互平台的大数据分析和预测,进行产品和服务的迭代开发,整个系统高效、有序和稳定。

海外仓至少需要面向客户的 OMS(order management system,订单管理系统)、面向渠道的 TMS(transportation management system,运输管理系统)及库内部作业的 WMS(warehouse management system,仓库管理系统),更多的附加服务或延伸操作可能还需要其他系统或与其他系统接口。OMS 主要解决 SKU 审核、ASN 预报、充值计费、下单发货、库存监控等面向客户的管理和操作,可以跟客户内部 ERP、客服 CRM 进行 API(application programming interface,应用程序接口)集成。TMS 更多的是对头程运输、尾程配送、清关过程、物流计费等渠道口径的集成,很多衍生于货代、快递和小包等代理系统。WMS 负责库内过程管理与执行控制,集成自动化设备、劳动力绩效、场院管理、简易加工、计费与跟客户系统及电商平台等形成互动。如果要管理多国仓储,软件系统必须实现"云化架构",以便达到多仓、共享、互联的目的。

WMS 核心功能有广泛适用性,通过不断积累行业方案,从个性化逐步走向标准化,通过规则配置和行业模板来实现不同行业、不同货主、不同仓库类型、不同产品的差异化需求。很多仓库并不需要复杂的 WMS 功能。SaaS(software-as-a-service,软件即服务)软件可以多用户共同在线租用,让 WMS 具有功能和计算资源可配置性,托管式的服务解决了系统、设备、部署和人才等问题,可定期升级。但是否完全舍弃 WMS 本地化部署还存在争议,WMS 与其他管理软件不太一样,既要通过对货品、订单及操作数据进行分析计算,还要将一些物理性操作实时地集成到软件中,物理设备需要系统的高响应、高并发,而采用云仓系统,有些问题无疑会被显著放大。因此,云仓免安装、轻实施的低成本方案广泛被中小仓库接受,业务量小、需求简单。大仓库往往还要将手持终端、测量称重、自动控制等硬件接口集成应用部署在库内。WCS(warehouse control system)是仓库控制系统,是介于 WMS 和 PLC(programmable logic controller,可编程逻辑控制器)之间的一层管理控制系统,接收 WMS 系统的指令,并将其发送给 PLC,从而驱动作业线产生相应机械动作。

WMS 软件有几类,Oracle 和 SAP 等是典型的大型商业套件,WMS 是 ERP 中的一个组件;JDA、MA 及 Infor 等是传统零售及第三方物流等领域独立的专业软件。这两类商业软件费用高、缺乏灵活性,功能很难变通,在跨境物流领域罕有使用。国内软件开发带有浓厚的互联网气息,求快、求新、求变,电商及新兴中小企业众多,自开发的跨境物流软件不胜其数,与常见外贸 ERP、物流商、平台都对接成熟。海外仓远程实施,要提前充分收集信息,避免实施过程反复,配备本地 IT 要做好后期运维。

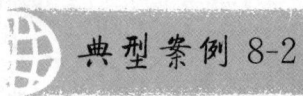

在保税港区,西南地区自动化立体仓储于 2019 年上半年正式投用,迅速成为两江新区发展智能物流的一大亮点。

该仓储设施由保税港区入驻企业——某公司研发设计,据某相关负责人介绍,该仓储高 9.4 米,库位 4.7 万个,配有堆垛机、机械手、智能 AGV 机器人、RFID 门禁等一系列智能化设备,将人力成本节省到原有仓储所需三分之一,效率提升 30%,仓储利用率提升 2～3 倍,收发货准确度可达 100%。

"这套智能化仓储设备,在西南地区目前是唯一一个。"相关负责人介绍,该仓储的智能化程度,在全国范围内都位居前列。

同样在保税港区,依托智能化升级,港区跨境电商货物出区效率正进一步提升。自动称重、智能分拨、根据订单生成拣货任务的智能化场景随处可见。2019 年上半年,保税港区实现跨境电商交易额 13.42 亿元,占全市同期交易总额 22.37 亿元的 60%;成交订单 840 万票,占全市同期业务订单总量的 76%。

事实上,保税港区内的跨境电商业务量已连续多年增速超 100%。这不仅得益于港区全国一流的仓库硬件条件,更有赖于保税港区近年来抢抓大数据智能化发展,建立智能化分拣打包作业系统等。

(资料来源:界面新闻,有改动)

【思考与分析】

1. 结合案例分析智能化在物流中的作用。

2. 结合案例分析智能化升级如何影响港区跨境电商货物出区效率。

第四节　海外仓发展趋势

8-4 快递业迎战双十一海外线上订单井喷海外仓轮番爆仓(视频)

中国跨境电商物流行业受益于跨境电商行业的迅猛增长,特别是移动互联网带来的流量红利。随着物联网、云计算、AI 等新技术在 5G 环境下的加快普及,整体业态升级速度呈加快趋势,也推动了跨境电商行业格局深度洗牌,为更多物流模式的创新提供了更广阔的市场空间。全球化布局的主流海外仓储服务商,需要大量资金和具备较强的融资能力。早期传统货代在涉足跨境物流时,以直邮为主线,海外仓集中在少数自营的大卖家,直到 FBA 全球开放,带动了整个海外仓市场,货代、专线、快递商及国企中邮、外运等纷纷拓展海外物流中心,构建一个联动的多渠道跨境物流体系,让"跨境电商"升级为真正意义上的"境外电商"。

商流决定着物流,物流制约着商流,从跨境电商 B2C 发展趋势来看,成熟市场海外仓配一体化比直邮将更重要。海外仓助推整体供应链,将数据后台变为数据中台通过推动增值业务形成服务平台,让卖家享有更好的服务配套,改善卖家经营体验。

一方面是精益运营。行业从无序状态趋于理性,除了需要大量资金、前端开发、设立本地企业等"市场门槛",清关法务、客服、结算、时效等"运营门槛"以外,海外仓的"科技门槛"也已显现,更加注重技术工具对效率的支持,实现资源与服务的系统化整合。在竞争同质化的今天,无论是海外仓还是直邮,无论是"大而全"还是"小而专",市场最后拼的都是服务、团队和精细管理,流程要执行到位,学会管理用户的期望,精益物流效率至上,为客户筛选更合理的落地配产品,谨慎管理库存,清理滞销货物,提高产品周转率。总之,成本管理、运营质量管控应往精细化的方向发展。

另一方面是服务拓展。从传统意义上的仓配发展为多功能的海外运营中心,破解跨境电商海外本土化诉求,实现全球化的业务整合,更好地融入境外流通体系。打造"出口贴近消费市场、进口贴近采购市场"物流运作枢纽。由于每个国家的政策法规、税务、交通等环境因素不同,从递送全球到服务全球转变更加困难,依托海外仓与国内保税仓联动,为跨境电商、外贸进出口商和海淘用户提供双向本土化客服、质检维修、滞销品处理、备货 VMI(vendor managed inventory,供应商管理库存)、质押融资等供应链延伸服务。

8-5　综合案例

 ## 本章思考题

一、选择题

1. 海外仓选址的原则有(　　　)。

A. 系统性原则　　　　B. 适应性原则　　　　C. 协调性原则　　　　D. 经济性原则

2. 第三方海外仓的优势有(　　　)。

A. 管理自由度高　　B. 专业化程度高　　C. 灵活性高　　　　D. 平台联动性好

3. "海运＋派送到门"的模式具有的优点是(　　　)。

A. 舱位充足　　　　B. 船期稳定　　　　C. 会员优惠　　　　D. 通关快捷

二、判断题

1. 海外仓适合低单价、轻小件、长尾产品。(　　　)

2. 海外增值服务一般都包括海外仓垫付运费、换包装、贴标代收货款、到付运费、签单返还、预约投递、改址再投、自提等。(　　　)

3. 外仓运营的成本,固定成本包括库房租金、设备折旧等,可变成本包括薪资、耗材、水电网费、运费等。(　　　)

4. 库存管理有确保库存安全、提高库存绩效、提高库存、保证库存的准确性几个要点。(　　　)

5. 海外仓只需要面向客户的 OMS 系统即可。(　　　)

三、思考题

1. 简述"海运＋派送到门"的模式有哪些优点。

2. 简述海外仓在跨境电商物流中的作用。

3. 为选择更优的海外仓模式,应从哪些方面进行评估?

4. 简述第三方海外仓相关配套服务。

5. 简述跨境电商海外仓的发展趋势。

第九章
O2O 模式物流体系

本 章 导 读

　　了解 O2O 商业模式的基本知识,掌握 O2O 的概念、特点及分类;了解 O2O 运行基础,对参与主体、支付系统和物流系统有整体把握;了解 O2O 模式物流体系,掌握 O2O 模式物流的特点及优势;理解 O2O 模式物流体系的四大参与方及其需求;掌握 O2O 物流的 3 种主要模式,并能够准确将 O2O 企业与 O2O 物流模式相匹配;理解 O2O 模式物流体系的实质,学习传统业态企业与电子商务平台物流信息整合方案;掌握 O2O 模式物流体系规划设计的总目标,理解 O2O 模式物流体系规划设计过程中各个环节的要点及难点。

引言案例

9-1　由京东到家看 O2O 模式下的众包物流

　　作为中国 B2C 电商的代表,京东的发展过程也是其不断拓宽品类的过程,但 B2C 电商很难"低成本"实现对生活核心品类——生鲜的拓展,而生鲜的高频次对京东当时的"平台"战略有重要的流量价值;同时,以"90 后"为代表的消费群体中,"即时消费"正成为一种快速增长的新型消费需求,这些因素都促使刘强东下决心探索快消品,特别是生鲜的 O2O 模式。

　　在经过不断探索后,"大店模式"成为京东 O2O 战略的新选择。头部商超成为京东 O2O 的合作目标,它们拥有丰富的 SKU 和区位优势,为一小时到达提供了保证;同时京东 O2O 的定位更新为"本地生活服务平台",除商品外还提供服务的匹配连接。

　　但问题也逐渐显现出来,O2O 订单波动性强的特点使得传统配送模式力不从心;除运力不足外,传统配送模式每单 20 元的高昂配送成本阻碍了"拍到家"商业模式的确立;此时,亟需一种新的运力模式突破瓶颈。

　　"这一段时间(大店模式)的试验,让我们看到了 O2O 的需求很强劲,但是如果使用京东自营体系的配送员,配送成本很高,每单成本在 20 多元,而且订单也较少,所以损失很高。"京东到家的技术负责人何辉剑提到了传统配送模式的成本困境。

"众包物流"进入了京东的视野,其灵活和开放的特点有可能同时解决运力与成本问题。2015 年 4 月,"拍到家"更名为"京东到家",京东众包物流团队也随之成立。虽然明确了方向,但众包物流对于京东来说是一个全新的事物,经验的缺乏和对 B2C 模式的路径依赖,使得其很难放开手脚去进行业务创新。为了真正跑通"到家"模式,京东将目光放在了成立短短两年但发展最快的同城即时配送服务平台——达达身上。

2016 年 4 月 15 日,京东到家与达达正式合并,成立"新达达",原达达 CEO 蒯佳祺成为这个团队新的领导人。这一合并意味着京东到家平台上的优质超市商家、京东品牌流量、达达众包物流体系的三者融合。除了运力的大幅提升,这一合并也解决了京东到家的运费刚性问题,每单运费降低了近一半,使得每单盈利成为可能。京东到家的商业模式初步确立。根据艾瑞咨询数据显示,在 2020 年前 9 个月,京东到家稳居中国本地零售商超 O2O 平台市场份额第一,从 2019 年的 21% 提升至 24%。

(资料来源:《中国管理案例共享中心库教学案例》,有改动)

【思考与分析】

1. 请结合案例谈谈京东开拓 O2O 业务的原因。传统的 B2C 业务为什么不能支持京东业务的进一步发展?

2. 请结合案例谈谈你对京东众包物流的理解。

第一节　　O2O 模式

一、O2O 基础知识

(一) O2O 的概念

2010 年 8 月 7 日,美国 TrialPay 公司创始人 Alex Rampell 在 TechCrunch 上发表的一篇文章中正式提出 O2O(Online to Offline)这一概念。O2O 早期是指通过线上平台向线下消费者提供产品的优惠信息和预订等服务,然后引导其去线下体验消费,让线上平台成为实体店交易的前端,最大限度地实现线上到线下产品、服务与信息的连接,为线下创造商机。目前我国对 O2O 概念已经广泛延伸,线下到线上是近年来新出现的 O2O(Offline to Online)模式,是指商家利用其线下积累的消费者数量、强大的线下资源和良好的服务体验,让消费者在线下进行体验,然后将消费者从线下引导到线上平台进行购买,促进线下与线上互动。

随着 O2O 的发展和创新,其内涵更为丰富、更加深刻。现在的 O2O 更加强调线上与线下双向流通、融合互补。O2O 打通了线上和线下渠道,不仅可以将消费者从线上引流到线下,也可以将消费者从线下引流到线上,实现双向的引流。O2O 模式中,线上和线下主要的侧重点有所不同。对线上企业,需要帮助线下实体店吸引消费者,同时也帮助消费者筛选实体店,然后把消费者带到线下实体店完成交易,通过在线交易量评估线上的有效性,侧重利用线上的优势,起到宣传推广、在线支付等作用。对于线下企业,需要让线上与线下的连接更加便捷,体验更加通畅,让消费者获得更好的服务,甚至是创新体验,侧重利用线下优势,起到线下体验、物流配送和增值服务等方面的作用。

2011年,O2O一词被引入中国,受到传统零售业、互联网巨头、风投等的高度重视和积极参与。百度糯米、赶集网、饿了么、小猪短租以及苏宁云商等O2O网站纷纷出现。互联网巨头百度、阿里巴巴、腾讯等也纷纷布局O2O,如百度收购去哪儿、糯米等企业;阿里巴巴通过口碑等探索线下本地生活服务,后又推出盒马鲜生以加入生鲜O2O市场;腾讯投资收购大众点评,投资滴滴打车等。同时一些传统的大型零售商业也开始转型进军O2O,如银泰与天猫合作打造O2O链条,在系统、库存和会员信息等方面深入合作;苏宁线上线下同价,大力推动线上线下融合;国美推出的线下实体店+线上电商+移动终端零售战略等。

(二)O2O的特点

O2O模式是在电子商务高速发展的大背景下应运而生的新型商务模式,它的出现给传统行业实现"互联网+"战略提供了一条发展路径。相比于B2C、C2C模式,O2O不仅将线下的商家搬到线上,更重要的是其实现线上和线下之间的互动。O2O存在以下四项特点。

1. 以用户体验为服务内容

传统企业强调一种二维经济关系,即为付费的用户提供服务。而作为O2O模式的服务商,则以用户需求为核心,对产品和服务进行整合,并针对用户本地需求进行线下实体店引导,无论用户是否付费,只要应用其产品或服务,就为其提供完善贴心的服务。用户可以通过O2O网站,获取更丰富、全面的商家及其服务的内容信息,并得到相应的优惠或配套的增值性服务;通过移动终端、二维码等方式获取商品信息,吸引高黏性用户,从而满足线上线下用户需求。O2O模式是传统企业在开拓市场中的一种重要营销渠道,通过数据分析提供符合用户需要的产品或者服务,将企业传统的商业模式通过电商平台,进行线上线下互动式营销,从而充分利用互联网来拓展自身业务,成为应用企业的重要营销渠道和重要的经济增长点。

2. 以在线支付为核心

O2O模式运作的核心在于提供在线支付功能,在线支付不仅包括支付主体的完成,也指某次消费最终形成的唯一标志,是考核获取消费数据唯一可靠的标准。尤其是对提供线上服务的电商企业而言,主要是通过用户在线支付的行为从中获得效益,从而把精准的用户需求信息传递给线下的商业伙伴。在以提供服务性消费为主,且不以广告收入等为赢利的O2O模式中,在线支付显得更为重要。通过多种线上支付手段为企业有针对性地对用户展开进一步的营销推广起重要作用,尤其对生活服务类企业来说应用O2O模式的线上支付功能更能提升用户体验,获得用户的满意度。通过智能手机和移动网络,利用第三方电商平台所提供的丰富支付手段实现快速安全支付成为打通传统企业与互联网经济的一条重要纽带,也成为应用企业利用电子商务提升销售业绩,扩大市场份额,进行多营销渠道发展的重要手段。

3. 以效果评价为基础

在互联网时代,只有以一个巨大的用户群为基础,极低的付费率才能产生足够的利润。

作为传统企业的重要营销渠道,O2O 模式通过对线上交易的记录及追踪,不仅获取了用户流量、消费行为、产品销售信息等,更为实现大数据挖掘做好推广及营销策略安排。通过获取客户的在线营销的投资回报率数据,对应用企业提供个性化的营销服务体系有强大的推广作用及可衡量的推广效果,进一步帮助企业进行精准营销。因此,通过将支付模式和客流引导相结合的模式,大大提升企业营销效果,有利于应用企业的长久发展。

4. 以经营个性化为手段

O2O 模式发展的又一重要特征是面对用户的多样化及个性化需求,及时采取多元化的营销手段,促进线上线下的有效互动。O2O 模式是支付模式和线下门店客流量的一种结合,通过整合大量商业信息促进提升交易量,实现电子商务企业对数据流量的获取;采取与微信、二维码、微博、百度地图等公司联合推出的快速搜索功能、团购、打折优惠券、支付宝支付手段等为用户提供便捷的服务体验;企业通过应用 O2O 模式还可以与其他第三方平台营销站点进行信息整合,协助企业通过电子商务拓展其营销和采购渠道。建立与物流、信息流、商流一体化联动体系,形成综合交互性服务平台。

(三) O2O 模式分类

现今 O2O 模式主要可以划分为四种:团购网站模式、二维码模式、线上线下同步模式和营销推广模式。

1. 团购网站模式

消费者在 O2O 电子商务的团购网站模式下,主要是通过登录线上的团购网站来获取线下商家有关商品和服务的优惠信息,接着挑选商品或服务并进行支付,然后从线下实体店中获取商品或享受服务,如美团网。美团网是一个平台型的网站,只是负责组织两端的用户和商户进行对接,向商户收取交易的佣金。万一交易没能达成,商户就当做了一次免费广告,用户也只是免费玩了一次竞购游戏。

2. 二维码模式

二维码模式指的是消费者在线下实体店进行体验时,消费者通过用手机等移动终端对商家的二维码进行扫描即可获得相关商品和店家信息,从而进行线上交易的商业模式。扫描二维码的 O2O 形式是把线下引入到线上,这种模式与团购网站模式在操作方向上是相反的。二维码主读业务是二维码在我国的商业模式的主要应用,即用手机来识读二维码,然后登录商家的网站,就可以直接在线上购买商家的商品或者服务。这就实现了从线下到线上的快捷接入,同时省去了手机输入网址带来的麻烦。扫码之后可以关注商家的官方微博、微信公众号等,二维码模式另一个优点就是可以随时获取商家推出的最新促销消息。这种二维码模式在淘宝和实体商家十分受欢迎,成为实体店开拓互联网业务的主要渠道之一。

3. 线上线下同步模式

线上线下同步模式是指商家在实体店销售和线上销售同步进行的模式,这种模式的优点就是消费者可以先在线下实体店体验,对产品有一定了解之后,再到线上购买,下单后在既定时间内可回到线下实体店去提取货物,这种模式加强了线上和线下之间的沟通。线上线下同步模式通过在线上和实体两种环境下同步销售,可以减少消费者的购买顾虑,因为消费者可以在下单前先体验产品,亲身感受产品的质量,同时进一步保障了售后服务。目前消费者较为偏好这种模式,苏宁、国美和京东是采用这种模式的典型代表。

4. 营销推广模式

O2O 的营销推广模式,指的是利用互联网营销和推广传统线下实体经济,从而促进线上和线下的良性互动,进一步增加线下销售额的形式。日本 AEON 集团开幕的"AEON 幕张新都心店",商场的整体面积逾 40 万平方米,分为 Grand Mall、Pet Mall、Family Mall 及 Active Mall 四大部分,而店铺面积则只有 12.8 万平方米。在这里,AEON 大胆尝试不同的做法,利用手机、APP、商场内的海报、装置、商品本身等方法和顾客互动,刺激消费,从而提高营业额。重要的是种种尝试没有一项以"低价""杀价"作为促销手法,而是通过提升用户体验,让消费者自动的花钱。从店铺面积只占整体商场约 32%,就可以看到 AEON 有多重视消费体验。

二、O2O 运行基础

(一) 参与主体

大数据时代,O2O 的产生对传统服务业商业模式具有颠覆性,是新型产业产生的信号灯。服务业 O2O 主要包含三部分——线上、线下、CRM,其中核心是 CRM 的应用。

更具体地来说,服务业 O2O 包含以下三部分主体:首先,线上需要网上店铺信息的发布与推广,高效快捷的移动支付;其次,线下需要实体店、体验店、高效的物流体系;最后,通过结合线上线下的各种销售搜索数据,进行数据的处理与跟踪。这些都依赖于信息技术的快速发展、传统产业内部融合、传统产业与新兴产业融合所带来服务业升级与创新。由此可知,在整个 O2O 运行体系中每一环节都将对传统商业模式进行改进与创新。

O2O 具体参与主体如表 9-1 所示。

表 9-1　O2O 参与主体分类

线　　上	核　　心	线　　下
平台体系	CRM 营销	实体/体验店
支付体系	CRM 评论	物流体系
评价体系	CRM 反馈	移动终端

由表 9-1 可知,O2O 的参与主体主要包括商家、线上店铺、支付体系、物流体系、评价体系、移动终端、消费者以及 CRM 数据收集等。在 O2O 运行过程中,需要所有主体相互配合。首先,在交易完成与消费者评价之后,CRM 应用将反馈信息保存与处理;其次,将信息提供给其他潜在消费者与商家;最后,商家再根据所获得的反馈信息进行一系列的改进与完善。

(二) 支付系统

手机的存在改变了人们的生活消费习惯,为人们消费、联络提供了方便。更重要的是,它开发了潜在的各种消费需求,促使商家针对这些新型需求开发及创新更多的服务模式。

移动支付最初来自网购。消费者通过转账、汇款等方式支付,在这过程中往往手续复杂烦琐,并且存在许多"信任"问题,不论是消费者还是商家都不愿意提前支付或者发货,所以很多即将达成的交易都会为此失去机会。在信息技术的推动下,移动终端、供应商、信息行业与金融行业融合形成移动第三方支付,在支付与发货两者之间延长了时间差,通过第三方来保证消费者与商家的"相互信任",同时也为消费者提供了消费及缴费的方便。目前最为普遍的移动支付创新工具主要有支付宝、翼支付、微信、财付通等。

O2O 与传统消费服务模式最大的区别在于,它是集平台支付及实体店面消费为一体的商业模式。其最根本的目的是方便消费者,节省消费时间并且简化交易过程。线上支付由快捷方便、安全可靠的支付系统取代以往的转账、刷卡等烦琐操作,为此移动支付创新的存在为 O2O 的产生与发展提供了基础。手机的使用已经普及,拥有手机的消费者都可能是线上消费的潜在客户,消费者出行就像随身带着移动支付终端,不再需要烦琐的刷卡、现金支付。更重要的是,在支付过程中,往往仅需对方账号或者"二维码"图片就可以完成支付行为,不但为消费者提供了方便,更为商家提供了一种快捷安全的收费方式。移动支付的优势被商家和消费者认识与选择,逐步替代了传统的消费支付模式,使消费者潜移默化地改变了一些消费习惯,也使商家改变了原有的商业模式,这些都为 O2O 发展打下了不可或缺的基础。所以,若没有移动支付,O2O 则无法实现其自身的优势,更无法健康快速地发展。

（三）物流系统

在信息技术的推动下传统物流业逐步发展为现代新兴物流产业,由以往机械化单一物流发展成集信息技术、GPS 定位、交通运输、仓储管理、包装等综合为一体的集成式物流,不仅降低物流成本,而且能够更好更快捷地服务客户。

O2O 的运行与发展离不开现代物流技术。首先,消费者在线下体验、线上购买之后,可以根据商家给出的物流订单信息一直跟踪查询,等待商品送货上门。其次,在这个过程中,由于现代物流采用先进的技术、设备管理,大大缩减了运输过程所需要的时间,消费者满意度会有较大的提高。最后,如今许多较为成功的 O2O 企业拥有自身的物流体系,许多供应店相互连接成一个巨大网络并有各自的商品存储网点。这些物流网点可以根据消费者下单位置就近发货,很大程度上节约了商品在途时间,既保障了消费者的购物体验,又可以保证一些特殊产品的质量。所以总的来说,现代物流为 O2O 的产生与发展提供了必要运行基础与技术支持。

同时,一些传统的物流企业也开始发展自己的 O2O 商业模式,将上门取件与送货上门都以信息技术为支持,智能化管理。例如,顺丰快递发展自身快递系统,在已有线下系统的基础上发展线上业务,消费者可以通过在顺风系统中填入相关信息便可等待取件人员带着已经填好的快件单上门,替代且简化了往常电话口述或者手写的烦琐方式。

典型案例 9-1

2004—2011 年,可以说是苏宁最辉煌的 8 年。在全国连锁扩张的过程中,苏宁坚持稳扎稳打的方针,营业收入高速增长,2006—2011 年复合增长率达 29%。2009 年,苏宁电器全面超越国美电器,成为中国家电连锁第一品牌。

但好景不长,国内网络零售开始以惊人的速度蓬勃发展,苏宁迎来了自创立以来的最大挑战,在这场电子商务大战中落在了竞争对手之后。直至 2010 年 2 月,苏宁电器网上商城才正式改版升级为苏宁易购,而此时已是京东完成 3C 布局后的第二年。同年 3 月,京东推出"211 限时达"极速配送,引领并建立了中国 B2C 行业的全新标准,树立起家电网络零售第一品牌的形象。苏宁网上零售业务已全面落后于京东。

苏宁高层集体反思,作为拥有庞大线下零售网络的全国性连锁企业,一味向互联网转型是行不通的。如果完全复制京东的发展模式,苏宁势必要舍弃前期构建的零售网络,这将使苏宁损失大批优质资产。电商经过多年发展也进入分化期,传统 B2C 模式虽然使消费更加方便快捷,但也使消费丧失了配套服务、消费体验等带来的快感,成为困扰电商的一大难题。如何利用苏宁在线下的优质资产,同时融合线上零售优势,走出一条适合自身发展特征的转型之路,是摆在苏宁面前的首要问题。

历经几次调研和多轮高层探讨,苏宁最终确定了其互联网零售战略——一体两翼三云四端,运营模式开始从全国零售连锁向线上线下融合发展的 O2O 模式转型。

经过三年摸索后,苏宁的 O2O 转型全面落地,但业绩成效却不尽如人意。2015 年,苏宁电器营业收入再次回归两位数增长,当年增速达 24.44%。但对比京东,虽然京东增速有所下滑,但绝对增速仍远超苏宁。对比国美,与苏宁相反,国美提出线上服务于线下的 O2M 策略,选择收缩电商业务,重回线下扩张模式,近两年营收增速与苏宁并驾齐驱。但苏宁"转型"的代价是高昂的营销费用,2015 年,苏宁云商营销费用达 166 亿元,是国美电器的 2.14 倍。营业收入的增长是得益于 O2O 转型还是频繁的促销,难以判断。日益激增的营销费用再加上双线同价造成的毛利率下降,使苏宁利润空间大幅下降。至 2014 年,苏宁扣除非经常性损益后净利润转负,亏损 12.5 亿元。为维持上市条件,苏宁云商不得不通过资本运作获得巨额非经常性损益弥补亏损,维持净利润。2016 年一季报,苏宁云商净利润首次出现亏损,引发投资者担心,苏宁云商股价开始维持低位运行。

转型路漫漫,历经几多波折,苏宁的 O2O 转型已经步入正轨。2020 年,苏宁易购和抖音建立深度合作关系,同时苏宁开启了明星直播矩阵打造计划,签约一系列明星,进行直播带货合作,创下了单场直播带货 2.4 亿元的抖音直播带货记录。

(资料来源:《中国管理案例共享中心库教学案例》,有改动)

【思考与分析】

1. 苏宁向互联网转型过程中,为何选择 O2O 模式?

2. 与纯电商模式相比,O2O 有何优势,有何劣势?

第二节 O2O 模式物流体系

一、O2O 模式物流体系介绍

(一)O2O 模式物流的特点

物流配送是 O2O 模式下极致客户体验的关键,类似京东的极速配送服务,或者零售现场购买快递到家的服务,都是提升客户体验的服务项目。同时在全渠道 O2O 业务平台中,物流配送是将线上或线下的订单快速地交付到消费者的关键。O2O 模式下的物流配送有如下特点。

1. 更快的时效性

在 O2O 模式中,消费者更注重体验,如果在线上下单,线下却不能及时拿到实物,那就失去了 O2O 的意义。根据知名调研企业艾媒关于网购客户对物流质量的调研数据显示,55％的调查者认为 O2O 模式下物流期限为一天,40％的调查者认为 O2O 模式下物流期限为两天,仅仅 5％的调查者认为 O2O 模式下物流期限可以为三天。从调查结果可明显看出,电子商务客户,尤其是 O2O 模式下的客户对时效性极其重视。像京东、苏宁易购等电商平台,因为其拥有自己的物流配送系统,知道消费者的需求,所以特别注重提供企业的配送时效。特别在 O2O 模式下,不管是拥有自建物流的企业,还是外包物流的企业,均在追求速度,不断推出当日达、半日达、三小时达,发展到现在已经一小时送达。对于消费者来说,对物流的时效性的要求没有最快只有更快。

2. 更多的配送需求

第一,在 O2O 模式中,有直达配送需求,即在顾客下单后,企业直接进行配送,避免了物流中心环节。以生鲜 O2O 为例,电子商务平台因为拥有强大的仓储系统和先进的配送系统,在顾客下单后就可以直接送到顾客手中。

9-2 中国生鲜 O2O 行业市场现状

第二,有预约配送。客户可以通过提前在移动端直接下单,随后与商家预约,商家根据消费者的需求进行准时配送。如此可避免时间上的不对称,提高消费者满意度的同时也提高物流企业的效率。

第三,有准时配送。消费者在线上下单后,根据消费者的时间要求,企业会准时甚至提前给消费者提供实物。根据知名调研企业艾媒关于网购客户对物流质量的调研数据显示,85％的调查者要求商家应当在承诺的期限之内实现送达,15％的调查者认为商家可以在承诺的期限外晚一天送达,充分说明消费者对配送时间的要求并非越快越好,而是商家能够切实有效地做到配送服务的时效性。

3. 更高的逆向物流

在 O2O 模式中,消费者更重视体验,在线上下单后,线下拿到的产品存在退货、维修、二手回收的需求。在 B2C 模式下,由于没有线下服务,这种逆向物流服务也只能在线上完成,造成退货和维修难、等待时间长等问题。而 O2O 模式的线下服务为顾客提供实实在在的售后服务,从而消费者有更高的逆向物流需求。

(二)O2O 模式物流的优势

随着移动电子商务的飞速发展,O2O 模式除了受到以餐饮、娱乐为主的服务性行业青睐以外,也引起了大量传统以实体经营为主的流通及生产企业的兴趣,纷纷开始尝试通过利用 O2O 模式来实现自身的互联网战略。对于这类企业来说,对物流系统进行相应的信息化改造也就成为一个需要面对的重要问题。

从电子商务的角度来看,O2O 模式与传统的电子商务模式有着明显的不同,它可以充分发挥线下的实体资源的优势,使顾客既能在线上享受到信息搜寻、价格对比和便捷支付等电子商务的优势,又能在线下完成对实物商品和服务的体验。因此,O2O 模式最大的优势就在于更加注重用户的互动体验,使线上的电子商务与线下的实体商务融为一体,实现三个融合。

1. 仓库融合

同品牌线上线下销售渠道可共用仓库,网络销售可达到就近发货,更好地发挥品牌多仓多点的优势。

9-3 打造O2O智慧零售门店,互联网企业探索消费场景全新打开方式

2. 门店融合

线上虚拟店铺与线下实体店铺相辅相成,可以实现资源共享、销售同步、使线上线下的管理相互融合。

3. 服务方式融合

将线上线下消费者、商品的数据信息融合,进行客户信息管理,可以拓展多样化的售后服务方式,完善用户体验和整个服务流程。

另外,O2O模式还有利于提高物流利用率,通过线上和线下资源整合,缩短物流配送时间,提高物流服务质量;减少商品库存周期,降低商品的库存成本。

(三) O2O 模式物流的参与方及需求

系统服务的开展是以满足系统服务对象的业务需求为目的的。为了更好地完善物流系统,提高物流业务的执行力,需要对业务参与各方的需求进行分析。基于O2O电子商务模式的物流需求,主要涉及对象包括电子商务企业、作为电商平台客户的实体商家、物流服务商和最终用户。

1. 电子商务企业

作为第三方电子商务平台的提供者和运营方,电子商务企业担负着对交易全过程的管理和监督职责,因此也是完成O2O业务全程物流服务的监管方。这种监管职责包括对物流服务提供者的信用资格认证、物流信息跟踪、物流资源整合、流程监控、库存协调,以及在途查询等功能。在整个物流流程中,电子商务企业需要帮助客户企业整合线下物流资源、协同库存、建立物流信息共享机制、提供系统间数据交换功能及满足多种配送模式下不同参与者差异性物流需求能力。希望获取更多的O2O模式下的数据流量,增加流量转化率,吸引更多的传统实体卖家进驻平台,增加用户黏性,降低物流成本。能够利用电子商务数据储存、处理方面的优势,通过对交易、业务、物流等数据进行深度分析与数据挖掘,为参与O2O的线下实体商家提供更加精确的市场及物流决策等增值服务。

2. 实体商家

实体商家参与O2O模式的动机主要在于降低成本与扩大销售。因此,通过电子商务提高物流服务效率,降低进货及物流成本,获取更多客流量,利用网络与电商进行协同库存调配等成为实体商家实施电子商务战略的期望与目标。与纯粹的电商卖家不同,实体商家是O2O电子商务中连通虚拟与现实的重要媒介,一般情况下自身也具备商品展示、流通、结算、仓储配送等完整的商务功能。

大量传统企业通过原有渠道提供实物配送、仓储等物流服务,在O2O模式下开展电子商务就需要打通与电子商务企业及物流服务商间的信息共享,并利用信息技术进行大量的订单处理、商品交接、在途商品监管和追踪服务、安排仓库出入库及配送方式规划、车辆调度等。

3. 物流服务商

这里指的物流服务商是为 O2O 模式下的中小电子企业开展业务提供相关物流配送服务的第三方企业。物流服务商协同不同企业与不同客户实现物流配送服务，以实现高效、经济目的的需求。

4. 最终用户

O2O 模式下，最终用户即可以通过网络享受高效的电子商务、通过实体门店获得真实的用户体验。因此可以说，O2O 模式的出现不但搭建了一条连接实体经济与虚拟经济的桥梁，也是未来实体经济和电子商务融合的方向。作为最终用户在物流方面最大的需求，就是可以购买线上的任意商品，而不会出现因地理位置限制无法配送不能下单的情况，同时也希望在电商平台购物后能够了解货物准确、及时的实时信息，并尽量缩短物流时限。在接受物流服务时，用户通常希望从其交易的电商平台直接获得相关的物流信息，便于其做好接货准备。但就目前的状况来看，对大量中小城镇的 O2O 用户而言，除用户自提外，通常物流服务商还只能将货物配送到某一节点，而不能提供送货服务，这样会大大降低用户的消费体验。因此，用户希望电商平台可以在不明显增加支出的前提下提供更多的配送方式，使 O2O 购物更加方便、快捷，提升用户服务的满意度。

二、O2O 物流的主要模式

（一）入驻式

京东开通 O2O 业务，最大的优势之一就是多年来投入巨资打造的自建物流体系。2010年 3 月，京东建成华北、华东、华南、西南四大物流中心。京东涉足 O2O 市场的最大支持就是辐射全国大部分区域的物流体系，京东拥有 1400 个配送站和超过 1.5 万名的物流配送人员。京东商城之所以能够实现线上手机下订单，线下利用自建的强大的物流系统为实体店配送商品，就是通过线下实体店信息系统、商品系统、服务系统、支付系统、会员系统、供应链系统和京东商城进行全方位无缝对接。京东宣布在上海、北京、广州等 15 座城市的上万家便利店进行 O2O 合作，计划覆盖全国所有省会城市和地级市。京东 O2O 模式充分利用门店、连锁店、互联网的优势，并将其结合，打造新兴的连锁业态，利用京东的模式，把货先运到京东自建的仓库里，最后再配送货物到买家。

京东的 O2O 业务主要集中在商超商品，即油盐酱醋、蔬菜等中低价生鲜等方面，在生鲜 O2O 模式下，京东可以共享连锁零售企业低成本的物流和供应链体系、采购能力和仓储能力。

京东针对 O2O 业务有三个新的物流体系，即同城配送体系、三级网络配送体系、本地点对点实时配送体系。京东首创本地点对点实时配送体系，自建物流体系使京东有能力提供"个性化"服务，在此物流体系支持下，京东的 O2O 业务可实现定时达、1 小时送达、15 分钟极速达。

目前，京东着力打造的自营物流已覆盖全国 1000 余个区县，使得京东有能力成为电商领域内自有物流覆盖最广的企业。相对于其他使用"四通一达"等第三方物流的企业来讲，自建物流增强 O2O 模式的开放性、灵活性。

（二）门店仓式

作为国内 O2O 模式的先行者和领导者，苏宁在其 O2O 模式下的实体店不再是只有销售功能的门店，而是一个集展示、体验、物流、售后服务、休闲社交、市场推广为一体的新型互联网化门店，利用互联网、物联网技术收集分析各种消费行为，推进实体零售进入大数据时代。

在北京、广州、深圳、南京、成都等重点城市，苏宁的妥投率已经达到了99%。同时苏宁全国1600家实体门店都成为其物流配送网点，为线上销售提供服务。

苏宁在全国拥有的物流仓储及相关配套总面积接近400万平方米，5000多名快递员，由8个采购枢纽中心、57个区域配送中心、352个城市配送中心、1583个快递网点构成的仓储配送网络初具规模，可覆盖全国90%的区县，形成物流系统平台。

苏宁的物流部门推广进一步实现社会化开放，由企业物流部门转变为物流企业，各种信息流在平台上无缝对接，仓储、出库、入库、干线运输、支线运输、"最后一公里"配送等环节，彼此信息透明，高时效对接，减少无效等待时间，提高物流效率，降低物流成本。

苏宁是将门店直接化身为门店仓，通过用户选购商品和配送地址的智能匹配，优先从门店仓直接进入"最后一公里"的配送。苏宁拥有的1600家门店资源，正是苏宁在物流建设上独一无二的一大优势——O2O模式优势使苏宁的物流配送更省时高效。苏宁线下门店不仅是门店仓，更是一个个快递点。用户订单生成后，苏宁会立刻以消费者的地址为中心开始进行大量的数据检索和智能匹配工作，优先在距离该地址最近的门店仓选货，其次是附近的门店仓，最后才是中心仓。这既保证了商品永远从离用户最近的地方出发，节省配送成本、仓储成本，也保证了只要区域内任何一个仓库里有货，用户都可以下单，方便用户体验和购买。

苏宁在物流中推进营销和服务，将线上与线下互动相融合，拓展了营销空间。利用门店仓直接发货的快捷物流，以贴近消费者的方式，既缩短了消费者购物后的等待时间，又为消费者提供了优质服务。

值得一提的是苏宁根据客户需求不断开发拓展服务能力，注重提供个性化、细节化的服务。苏宁的每个配送员都是其物流服务的延伸，配送员戴白手套验货、代扔垃圾、上门手机贴膜、上门装系统、上门调试无线网络等也提升了用户体验。苏宁模式还善于根据用户订单分析用户需求，配送员在送货的同时可以携带其他互补产品、替代产品完成二次销售，并同时实现消费者信息搜集、售后服务等功能，实现了物流的价值增值。

9-4 与邮政合作对阿里巴巴有何帮助？

（三）平台式

阿里巴巴一直以交易平台参加电子商务运营，其最大优势在于汇聚了巨大访问流量的平台，可以为客户提供良好的信息服务，并且帮助商家解决入口和流量问题。阿里巴巴完善的金融支付体系，可以方便地进行资金转账、支付等。

阿里巴巴在线下没有真正的自营物流资源，因此迫切需要整合优质的物流资源。为建设中国智能物流骨干网络，并将在物流、电子商务、金融、信息安全等多领域进行合作，阿里巴巴与中国邮政前后两次战略合作，这都有利于阿里巴巴在O2O电商市场整合物流资源，弥补阿里线下物流弱势，对接线上线下，打通虚实结合的服务链。阿里巴巴借助中国邮政遍布全国的物流仓储、分拣中心，联合建立电商公共物流体系。阿里巴巴把互联网技术、电商数据与中国邮政遍布全国城乡的十多万服务网店相结合，在服务网点提供网络订购、快件自提等服务，还将服务体系拓展到更广泛的城镇市场和农村市场。另外，为开拓社区便民服务，抢占民生物流市场，阿里巴巴通过中国邮政的服务店，把菜篮子工程等民生网购服务搬进了城镇社区和乡村。

阿里巴巴通过投资银泰商业,整合双方优势资源,构造打通线上线下的未来商业基础设施体系,实现线上线下的商品交易及会员服务无缝接通,并对社会开放,为所有的线下各大商业集团、零售品牌及零售商服务,推动实体商业与互联网经济融合。这是传统百货企业与纯电商的合作,这种银泰＋阿里"混搭 O2O 模式"的物流服务有三种:一是传统的线下体验线上物流中心发快递,二是客户线下自提,三是店发快递。这有利于引领线下商圈庞大的用户资源,依托实体店铺,双方利用各自优势,取长补短,实现 1＋1＞2 的效果。

三、传统业态企业与电子商务平台物流信息整合方案

我国大多数传统业态中的中小流通企业一般采用独立经营,服务对象主要为当地城镇居民,覆盖面小,信息化水平较低,多为人工作业,缺乏支持资金、商品配送、管理等方面的信息能力,导致资源利用率较低。通过采用 O2O 模式,借助电商平台可以扩大服务范围,提高信息化水平,整合自身资源。

传统企业现有信息流程通常依据订货信息、库存信息进行商品需求汇总,再与各供应商实现现金交易采购,在这一过程中,企业对商品信息的实时获取存在一定的偏差,包括对商品库存的监管、在途的监控以及物资调配等方面都会存在缺陷。在交易流程中,难以对用户信息进行采集和管理,也就无法针对不同消费者偏好进行商品促销及采用恰当的营销策略。

在现有交易流程中(见图 9-1),作为 O2O 电商平台主要用户的中小企业不仅承担着向周边区域内顾客完成商品供应的职责,也是该区域内消费者物流职责的主要承担者。但分散、小规模的传统经营模式不但使物流运作效率低下,也增加了社会物流的总成本。电子商务的出现无疑给传统流通业态带来了巨大的冲击,如果不能及时转变经营策略以适应由信息技术飞速发展带来的变革,势必被市场淘汰。

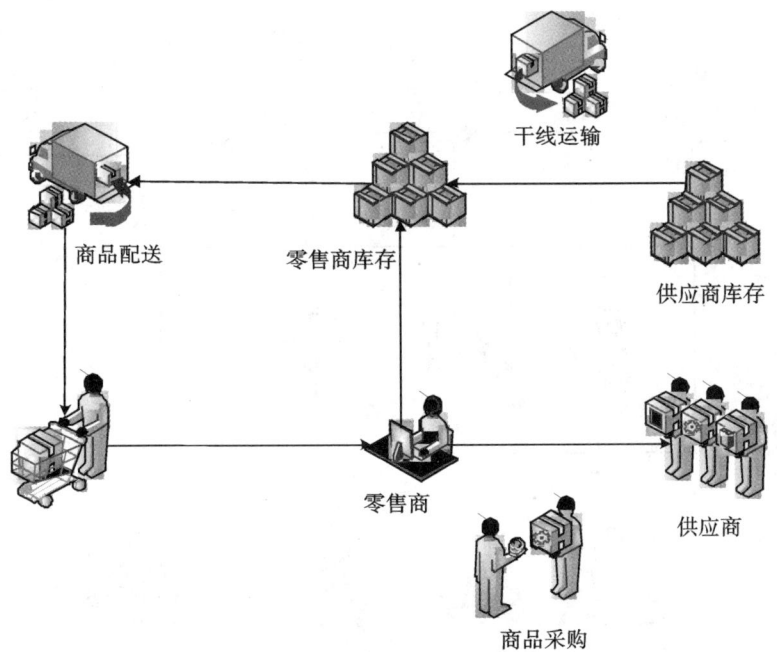

图 9-1　传统零售企业运营模式

利用电子商务平台的信息优势,实现物流服务的高效组织与运作,是中小传统企业实施O2O电子商务战略的重要目标之一。要实现这一目标,就需要电商平台能够整合用户企业现有的物流资源,并进行科学有效的配置。如运用交易数据,增加区域内运输需求与运输能力的匹配度,提高返程车的满载率;整合优质产品的供应商资源建立协同库存,扩宽中小流通企业进货渠道,再通过扩展经营范围增加盈利点,才能使O2O电商模式成为中小企业实现"互联网+"战略的重要推手。

通过打通电商平台中同一区域内的用户企业、第三方物流服务商和O2O电商平台的信息系统,使得用户企业和第三物流服务商在不改变原有业务信息处理方式的前提下,通过系统接口实现其业务信息与电商平台数据的共享,将大大提高商品供需信息的流通以及传输效率。并且可以帮助物流服务商完成物流业务系统与平台用户企业交易系统的对接,实现业务、物流数据的交互与集成,降低交接货物等流程信息的传递延迟,也可以避免由于货物、交接时间、地点等信息沟通不畅而导致的无效物流问题。

对于消费者来说,所选商家不必再自配货物到物流商指定节点,而由电商平台整合线下物流资源后提供统一的配送服务,还可以基于O2O模式开展线上线下协同库存调配。这样,既可以避免顾客因地理位置原因而无法下单的情况,也可以实现更为高效、精准的配送服务,改善消费者的购物体验。

传统零售企业运用O2O电商模式的物流运作模型如图9-2所示。

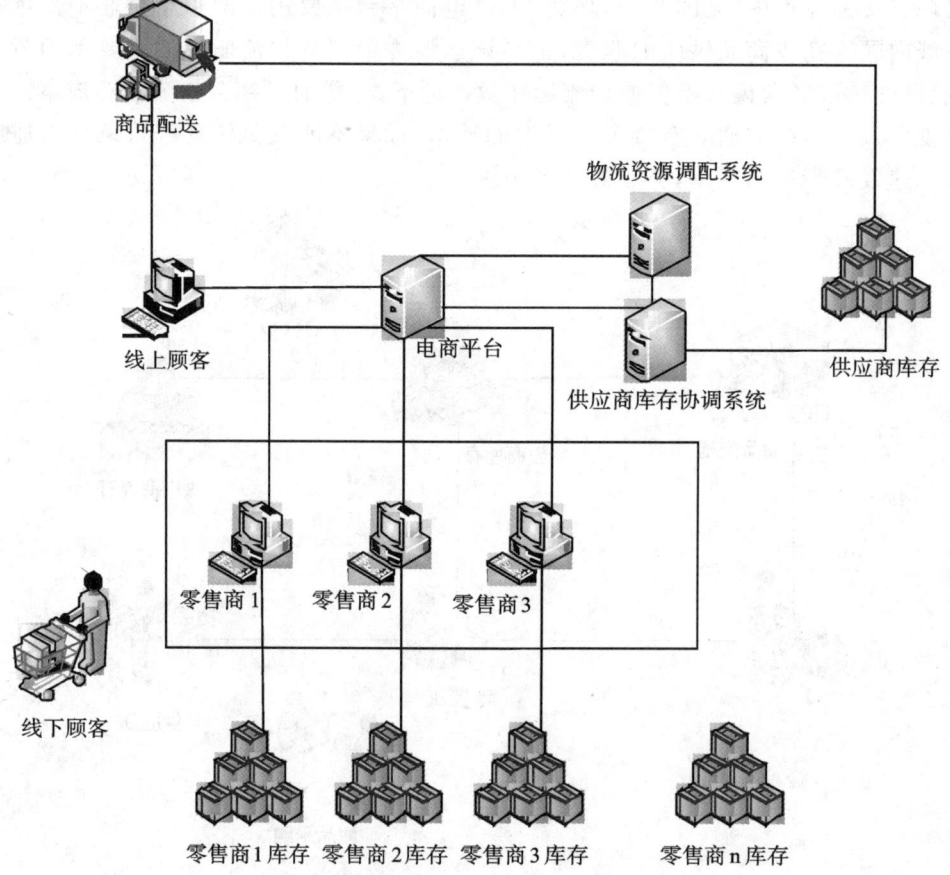

图9-2　基于O2O的零售企业运营模式

总之,通过整合各方信息,对交易信息进行转换、集成、协调与处理,是建立用户企业、物流服务商及电商企业有效合作机制,实现共赢目标的基础。

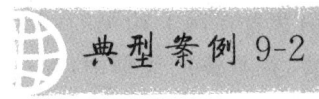

"饿了么"是 O2O 上门服务领域集流量、物流、支付场景三位一体的综合性平台。一直以来,人们都将"饿了么"划分为轻模式外卖平台。易食淘 CEO 张洋说:"轻模式和重模式并没有一条泾渭分明的界线。相对来讲,我们属于轻模式。但具体来讲我们是轻中有重,重中有轻。我们的重模式不是重在物流上,是重在商务的运营上。我个人认为,如果模式太重的话,那它不是一个商务公司,而是类似于物流公司。如果模式太轻,仅仅是对接商家和用户,为了流量不得不陷入疯狂的烧钱大战。其实有点类似团购和打车的竞争一样。"

在 O2O 战场上,在比拼价格和执行力之外,自建物流十分重要,后者相当于为企业构筑了一道护城河。一方面,随着业务的不断发展,在高校用户之外,白领用户规模也在持续扩大,而且用户对外卖服务的要求已越来越高,但国内很多餐厅并不提供外卖服务;另一方面,对于"饿了么"来说,如能将完成交易的必备环节掌握在自己手上,商户离开"饿了么"就无法继续与客户达成交易,那么他们对"饿了么"的依附程度会更高。

"在市场大热时,一定要做前期准备,一定要构筑自己的护城河。如果我们没有在 2014 年 4 月就已开始组建自己的物流团队,现在就会很被动。""饿了么"物流体系负责人李立勋说,他们接下来的工作重心是对物流服务进行更严格的培训和把控。2020 年 7 月 10 日,饿了么宣布全面升级,从餐饮外卖平台升级为解决用户身边一切即时需求的生活服务平台。随后的 7 月 17 日,饿了么 App 全新改版上线,此次升级涵盖四大方面:从送餐升级到提供同城生活全方位服务、个性化推荐、内容化互动、会员体系升级。

(资料来源:《中国管理案例共享中心库教学案例》,有改动)

【思考与分析】

1. 如何理解"饿了么"的模式是"轻中有重,重中有轻"?

2. 请结合案例思考,自建物流配送体系是如何助推"饿了么"达成战略目标的。

第三节　O2O 模式物流体系规划与设计

O2O 电子商务模式下物流的职能还是为商品或服务提供配送服务,但是目标不同,物流工作的重点是提高客户的满意度,让消费者能够对一次完整的消费过程满意,最终建立长期稳定的消费行为。在这样的前提下,物流体系的规划与设计需要遵循的基本原则与传统电商模式有很大区别,既要注重控制配送的成本,还要保证配送的效率与服务的质量。

一、O2O 模式物流体系规划与设计总体目标

O2O 模式物流体系规划与设计的总体目标主要是以下几个方面:利用 O2O 平台整合自建物流与其他物流,构建区域网格化配送网络,为配送效率提供保障;实现物流一体化建设,根据不同的物流形式建立不同的物流响应机制,实现供应链整合;综合运用多种物流与配送

方式,根据不同的商品类型实施不同的配送模式,解决物流"最后一公里"的难题。

1. 构建网格化配送网络

在传统电子商务模式中,配送是物流环节的主要职能,负责将消费者在网上购买的商品从供应商运送到消费者手中。在 O2O 模式下,物流的配送同样重要,在具体的规划中,配送需要达到的目标是能够像城市路网一样,将配送网络覆盖到城市每一个角落,部分地区可以实现急速递的效果,构建的总体思路是根据不同的配送层级划分。

2. 供应链一体化

物流供应链一体化环节是整个 O2O 物流体系构建的重点,构建这样一个一体化的供应链体系需要实现各种资源的整合,包括客户信息整合、无配送能力供货商信息整合以及拥有自我配送能力供应商信息整合。在这个系统中需要实现信息的及时处理与传递,能够使商品在整个物流系统中运行时及时追踪,达到全程可控性。

3. 仓储与配送管理

在 O2O 模式下,电子商务企业需要让整条供应链的反应速度加快,因此对产品的仓储与配送环节也有非常高的要求。要求货物在从进入仓库到离开仓库、装运与在途运输的环节能够在非常短的时间内完成,而且整个流程要能够实现全程监控,能够将货物的信息实时反馈到控制中心,控制中心也需要针对相应的货物运输情况对相关部门发出操作指令。

4. "最后一公里"决策

物流"最后一公里"决策拟定达到的目标是能够实现多样化的最后一公里配送解决方案,首先能够保证配送的效率,然后保证配送服务的质量,最后保证配送过程的多样化。设计过程中要考虑到消费者对不同配送方式的需求,为注重隐私的消费者提供自提点自取的方式,为注重便捷的消费者提供便利店自取的方式,为注重效率的消费者提供送货上门的方式。通过多样化的配送方案组合,解决 O2O 电子商务物流的"最后一公里"难题。

二、构建区域网格化配送网络

构建区域网格化配送网络的核心需要 O2O 企业建立属于自己的物流部门以及依赖于O2O 平台中的其他物流单位。由于 O2O 商业模式是基于本地化的商业模式,因此在物流建设方面将不会像传统 B2C 企业那样花费巨大的精力来投资建设物流相关设施。构建区域网格化配送网络主要有以下两种方式。

(一)自建物流配送网络

1. 干线支线分级配送

根据不同的城区划分为不同的配送中心,这个流程使用货车作为配送主体,实现规模化配送;然后以每个城区配送点为中心,继续向周围细化出下一级配送点,以普通机动配送车辆为准(如电动三轮车、摩托车等)实现零散到户式配送,如图 9-3 所示。

2. 商品分类专业配送

物流配送系统需要按商品的体积、重量划分小件商品配送中心、中件商品配送中心、悬挂高价值商品配送中心、大件和超重商品配送中心。

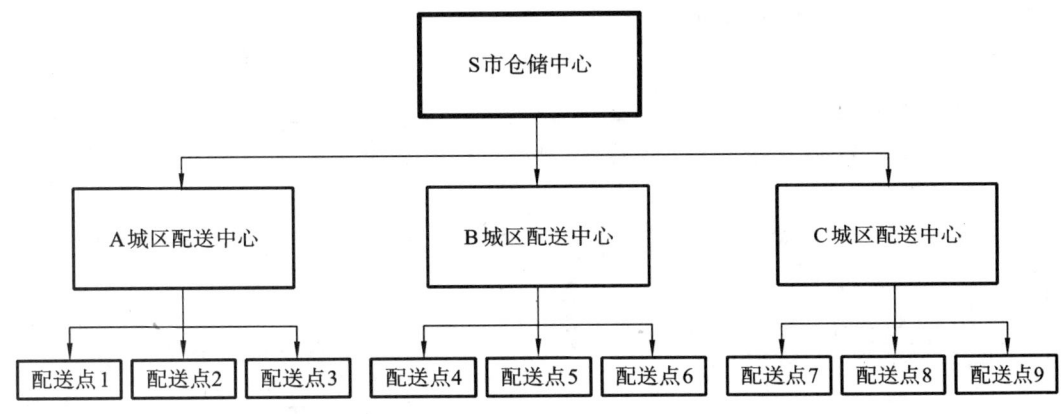

图 9-3　网格化配送示意图

小件商品配送中心主要为一些零散的小型包装的商品提供配送。在配送中心采用电子订货系统（EOS）和电子数据交换（EDI）技术来处理订单,利用条形码、二维码等技术分拣商品实行配送;中件商品配送中心主要负责整件商品进行配送;悬挂高价值商品配送中心主要针对需要熨烫的高档服装类或其他需要特殊处理的商品配送;大件和超重商品配送中心则主要针对家具、大家电等商品进行配送。

这种配送网络的构建主要是为电商企业自有商品提供服务。在配送服务中,为了强化配送过程中的品牌意识,物流配送中心需要有统一的标示、服装以及服务流程,在配送人员上岗前需要对其进行统一的岗前培训。

（二）其他形式物流配送网络

这种物流配送方式与传统的第三方物流相似,但是有一定的差别。这种方式的配送主要出现在有自我配送能力的 O2O 加盟企业,这类企业拥有独立的配送能力,能够自行将商品配送到客户手中。

该类企业在具体的配送中可以有三种配送方案:第一,如果客户离商家距离在可配送范围内,并且消费者选择商家送货上门服务,则商家自行配送;第二,由消费者自己选择是否到该商家门店或指定自提柜自取,如果消费者选择自取,商家取消相应配送产生的费用;第三,如果买家离商户太远,超出了商家配送职能覆盖的范围,商家可以委托 O2O 企业自建物流部门实行配送。

三、供应链一体化

供应链一体化概念与分段式物流管理模式相区分,多用于传统制造企业,指企业需要对采购、生产、销售等流程实行一体化管理。在 O2O 商业模式下,电子商务企业也需要利用供应链物流管理模式,实现销售一体化,对分配和管理控制等方面进行整合,从而实现服务的集成,提高销售效率,提升消费者的购买体验。

（一）自建物流供应链一体化

自建物流的供应链一体化运作非常重要,尤其是在电商企业当中。电商企业的优势在于有互联网技术的支持,能够准确、迅速掌握客户订单状况,在客户下单之后可以快速反应,完成出库与配送。其运营模式如图 9-4 所示。

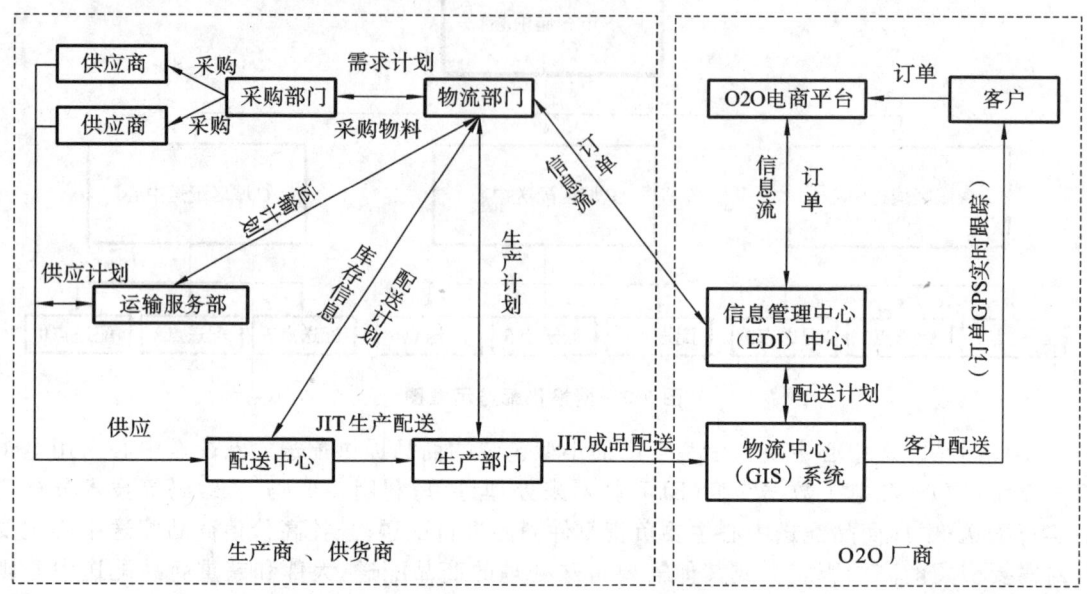

图 9-4　自建物流供应链一体化

这种供应链的一体化主要是由两个管理中心来统一调配完成的,一个是 O2O 厂商的信息管理中心,一个是生产商、供货商的物流管理部门,根据这两个部门的协调组织,实现商品的快速高效运转。具体的运作过程如下。

(1)首先客户通过 O2O 电商平台浏览并下单购买或根据二维码提示进入相关页面购买某商品,在平台上生成订单信息。这一信息以订单的形式进入信息管理中心。同时信息中心将记录消费者对于该商品购买决策的相关信息,便于后期的数据分析与未来销售预测。

(2)信息管理中心根据订单需求,利用 EDI 技术向自建物流中心发出配送计划指令,物流中心利用 GIS 技术实行配送,并实时监控,以订单号为依据生成货物实时在途状态,将相关信息反馈到管理中心,方便管理中心与客户实时了解商品的运输状态。同时,信息管理中心根据现阶段仓储与销售状况利用 EOS 系统向生产商、供货商发出新的订单信息。

(3)供应商的生产部门制定生产计划,根据订单信息安排生产,同时把生产计划通过信息平台传送给物流部门。根据订单信息进行物流管理,生产计划和库存信息给采购部发出采购物料信息,备品备件需求计划、物料配送计划下达到配送中心。采购部门通过与供应商共享的信息平台向供应商发出需求信息,供应商答复之后完成采购订单。

(4)运输服务部根据供应商的供应计划和物流管理部下达的运输计划统筹调配车辆,优化运输路线,将需要的原材料以成本最低的方式准确快速运达配送中心。配送中心根据生产部门的生产计划,合理对原材料进行调配,并将原材料送到所需生产线上。

(5)生产部门按照订单需求生产产品,在完成产品批次生产的同时,物流配送部门调配车辆及时将成品运送到 O2O 厂商的物流中心。

这个模式实现了物流从供应商、生产企业到电商企业再到客户的一体化,能够保证物流的顺畅、效率化和有效化。

这种模式最大的优势在于电商企业能够对整个供应链进行更好的控制,不会因为受到环境变化的影响而丧失抢占市场的主动权。而且供应链高度的融合有利于 O2O 企业能够将精力投入产品与配送中,保证产品的质量与销售服务的质量。最大的劣势在于物流设施、设备以及信息管理系统建设的高投入以及后期运营管理的复杂性。

(二)第三方物流供应链一体化

O2O 企业对于产品的物流服务要求非常严格,但是在实际销售活动中,很多产品的厂商自己拥有独立的配送能力,或借助于其他专业的第三方物流(TPL)企业实行外包式配送。在这样的前提下,O2O 企业为了实现服务一体化,需要针对这一类企业采用第三方物流供应链一体化管理模式。其运营模式如图 9-5 所示。

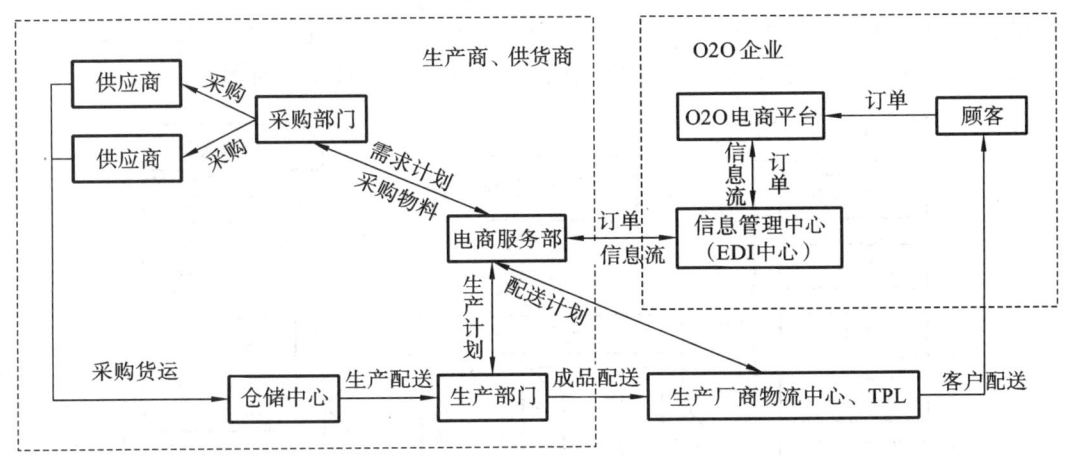

图 9-5　第三方物流供应链一体化

这种一体化模式下,O2O 企业与生产商、供货商之间建立一种战略合作关系,整合双方的信息系统,实现资源共享,两者之间不仅建立关于产品的契约关系,而且针对销售服务、物流配送服务提出较高要求,并定期考核,定期筛选。其运作过程如下。

(1)第一步与自建物流供应链一体化步骤相同,客户通过 O2O 电商平台浏览并下单购买某商品,在平台上生成订单信息。这一信息以订单的形式进入信息管理中心。同时信息中心将记录消费者对于该商品购买决策的相关信息,便于后期的数据分析与未来销售预测。

(2)O2O 企业信息管理中心将所得到的订单数据通过信息系统共享,传递到厂商的相关电商服务部。厂商的电商服务部将订单信息进行处理,根据库存状况生成配送计划,由厂商自己的物流中心或第三方物流公司实行统一配送。同时将产品的需求信息与采购计划反馈到采购部门,将生产计划下达到生产部门。

(3)采购部门将收到的信息处理成为采购订单,向供应商发出采购。供应商提供相关原材料,同时生产部门根据生产计划进行产品生产。

(4)生产部门在完成产品生产后将产品送至企业物流中心或第三方物流中心,完成整个销售过程。这种一体化配送模式比 O2O 企业自建物流配送体系要相对简单,因为 O2O 企业需要负责的只是客户的订单接收,其他销售部分都是由供货商来提供,这种模式能够提高整个流程中各个环节的专业度,每一个环节都将重心放在自己负责的领域。同时对 O2O

企业的成本控制方面也有一定的积极作用。

这种模式的最大缺点是很难保证整个物流配送环节的服务效果。如果生产厂商自建物流中心的配送在效率和服务态度上都不能令消费者满意的话，将会使消费者对 O2O 企业的形象产生负面影响，不利于建立消费者的忠诚度。

四、仓储与配送管理

在仓储与配送环节，基于 O2O 模式的物流规划设计的核心在于能够实现信息高度共享、全程跟踪以及快速反应等特点，要达到这样的效果，需要有一系列的技术支撑。

（一）基于 RFID 技术的仓储管理

以供应链一体化构建系统为基础，在仓储管理环节，要实现快速反应与全程跟踪，需要对产品从入库时就开始进行相关的操作。具体的操作流程如图 9-6 所示。

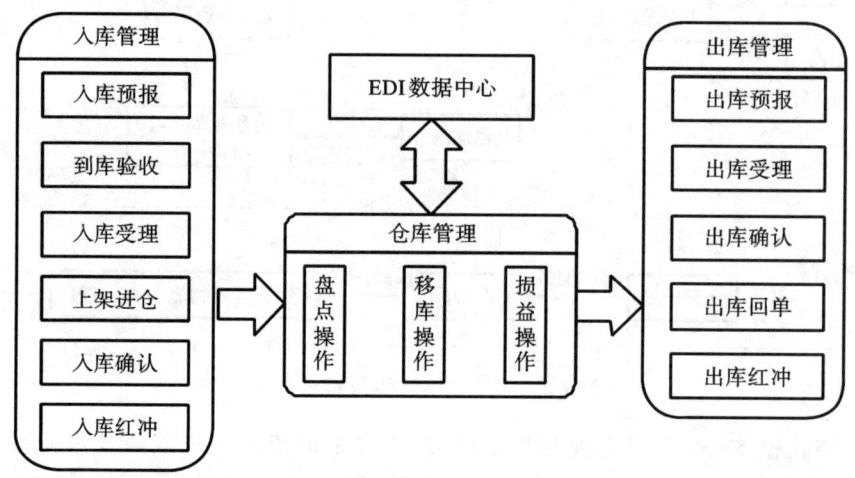

图 9-6　O2O 物流仓储管理

当产品生产出来或采购完成之后，进行货物的入库操作。在入库时，首先根据产品的类型与数量，为每一个货物制作一个独立的 RFID 标签，将带有 RFID 标签的货物从红外读取区域通过，读取标签中的数据，然后将货物放到指定仓储位置，并将相关信息录入仓储数据库中；在仓储管理环节，首先利用便携式 RFID 设备对仓库中的货物进行盘点操作，确认信息是否有误，在确认无误后将相关产品的库存信息反馈到 EDI 信息管理中心，然后在商品展位显示相关产品的相关型号库存量信息。当消费者选择了某件产品并下单购买之后，由 EDI 数据中心迅速处理订单信息，并将这一信息反馈到仓库管理中心，仓库管理中心收到信息后进行相关货物的出库操作，首先是到达指定位置提取货物，然后扫描商品的 RFID 标签，提出出库操作，在完成出库操作的同时，仓储中心将出库的商品 RFID 信息反馈到 EDI 数据中心，EDI 中心将反馈的信息传达到 GIS 系统中心，完成配送流程的监控操作。

（二）配送流程设计

配送流程的设计需要达到的效果是能够让配送流程变得全程可追踪，而且能够实现路径最优,配送时间最短。借助地理信息系统(GIS)以及全球定位系统(GPS)技术能够很好地实现 O2O 物流配送流程的可追踪。具体流程如图 9-7 所示。

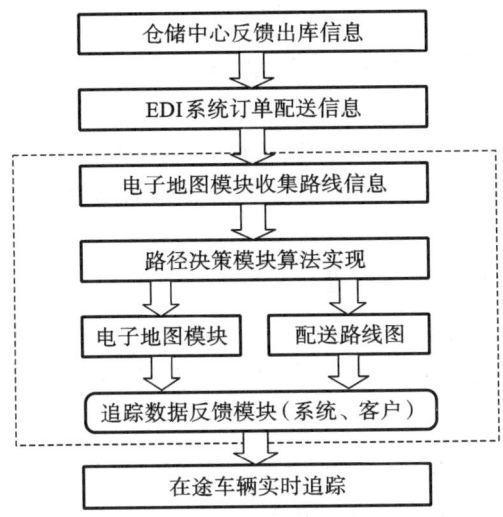

图 9-7　GIS 系统下 O2O 配送流程

由仓储中心根据 EDI 中心传来的订单信息进行货物出库操作,将带有 RFID 标签的商品信息反馈到 EDI 中心,EDI 中心将这些信息传递到 GIS 系统中。GIS 系统根据目的地进行电子地图模块收集线路相关信息,根据路径决策模块分析后生成相应的配送路径;将生成的配送路径信息分别传达给负责实时监控的电子地图模块以及实施配送的司机;司机根据收到信息进行 GPS 导航行驶,监控模块对车辆实施追踪;在追踪过程中将相关信息实时反馈给追踪数据反馈模块,信息直接反馈到 EDI 系统中心以及消费者个人用户中心,让企业和客户同时实现对所购商品的实时定位追踪。

五、物流"最后一公里"

(一)物流"最后一公里"难题

物流的"最后一公里"配送也叫落地配或送货上门,指客户在电子商务企业进行网上购物之后,购买的物品被配送到配送点后,从一个分拣中心,再将货物送到客户手中,实现门到门服务的过程。这一公里只是一个象征意义的概念,实际指的是货物从物流分拣中心到客户手中这一段距离。这个过程是整个物流环节的最末端环节,也是唯一一个直接与客户直接接触的环节,在 O2O 模式中,有着非常重要的作用。

物流中的最后一公里配送一直是一个难题,配送过程中有很多的困难因素需要克服,主要表现在技术上的落后、设备上的不完善、制度和政策法规方面存在盲点等,具体表现如下。

1. 配送车辆选择难

最后一公里配送困难,主要是因为没有合适的交通运输工具。目前最后一公里配送多采用电动车、摩托车等,这些配送工具不安全且效率不高,装载量有限。而一般的 O2O 消费者都希望商品能够送货上门,这对送货人员的配送工具要求较高。为了满足最后一公里配送的需求，不仅需要很多的车，还需要大量的配送人员。找到适合的最后一公里配送车型对于电商企业来说非常重要。

2. 配送人员难招

第一点提到了最后一公里配送需要大量的配送人员，而 O2O 模式下的最后一公里配送对于配送人员的素质要求也非常高。O2O 模式下的物流除了负责配送基本的产品，还需要提供送货上门、货到付款、开箱验货以及其他额外服务。这对配送人员的要求较高，既要当配送员，还要当解说员以及搬运工等。从事配送工作的人员多半是年轻人，年轻人对薪酬要求较高，且人员流动性大。

3. 最后一公里配送车辆停靠装卸难

因为配送车辆经常要进入小区或者各种公共场所，但是这些场所均没有为配送车辆提供专门的停靠点，而且车辆里包裹大小、规格各有差异，加大了装卸的难度。

4. 仓储困难

在最后一公里的配送中仓储困难主要体现在隔夜包裹问题上。隔夜包裹指的是客户无法在约定的时间签收包裹，需要暂时寄放在配送点。由于最后一公里的配送点一般受到地理位置限制，空间都不会太大，如果有太多的隔夜包裹产生，会给配送点造成不小的仓储压力。

5. 信息技术问题

由于信息技术落后，配送人员大多用自己的手机以短信或者电话的形式通知客户取包裹的时间和地点。这使得顾客无法与配送人员畅通交流，经常出现消费者漏看短信、漏接电话导致包裹无法及时送达的情况。

（二）配送方案解决途径

前文分析了 O2O 模式下电商物流最后一公里配送的重要性以及难点。最后一公里配送是直接面对消费者的一个环节，是 O2O 企业需要格外重视的环节，它不仅能使消费者满意度达到最高，同时还能降低物流的配送成本，为企业创造无形利益。

1. 自建物流送货上门

这种方式是最直接的配送方式，即前文介绍构建网格化区域配送网络的模式。O2O 企业根据客户订单，直接通过自有物流将商品配送至客户手中。这种模式有利于保证商品质量、配送服务质量。其优点在于方便配送重量大、体积大的大件货物；对整个配送环节有绝对的掌控权，能够确保服务的质量。缺点是成本高昂，对于一般中小型 O2O 企业压力较大；对配送员的素质要求高，要求配送员服务态度好且能够回答客户关于产品的提问；对配送时间要求高，需要配送员与客户协商送货的时间。

2. 便利店升级

这种模式的核心是通过信息化提升便利店的信息处理能力，然后借助便利店的区位优势方便消费者提货。其中涉及的信息技术主要包括订货及销售信息记录分析、货架管理、订单处理的信息化等。具体操作流程为：便利店以客户端的方式为消费者提供产品陈列，然后通过信息系统搜集商品的销售信息，其中包括产品的种类、数量、购买日、购买时段以及消费者年龄、性别、收入估计等信息,然后对销售进行预测,确定订货周期;总部通过信息共享系统分析各便利店的订货信息,然后生成订单信息传给生产商和批发市场;配送中心接收来自总部的产品相关信息,完成相关产品的配送;最后消费者在网上下单之后,直接到就近的便利店自提自己购买的商品。这种模式的优点是能够实现供应链快速响应,能够准确定位目标消费群体,实现精准营销。缺点是成本大,投资回收周期较长。

3. 快捷点合作联盟

快捷点是能够作为客户接收电商货物的就近站点,例如小区物业、百货商店、便利店、干洗店等。这种加盟模式将快捷点纳入自营或共建的配送网点,优点在于避免了快递加盟方式的诸多不足,能够为配送方和消费者都提供一个相对合适的缓冲空间,增加产品配送中的柔性;通过减少中间环节,节约企业大量物流成本;顾客能够随时随地取货,提高配送效率。缺点是与快捷点的合作模式难以确定,以及快捷点作为 O2O 企业服务的延伸,无法保证服务质量,从而影响顾客的购物体验。

4. 社区自提柜

社区自提柜是一种全自动自助式包裹存储箱,与超市存储箱相似,可以在任何时间,在有包裹达到的时候,客户就会收到相关的信息,客户在到达指定存储箱时,在存储箱的显示屏上输入相关密码信息就可以取走快递。不同快递公司的包裹可以一同处理。这种形式的自提柜优点在于能够 24

9-5 综合案例

小时全天取件,方便客户灵活取件,且全部的包裹投递信息发送工作需要的人员不多,一般一组自提柜只需要 3~4 人就可完成全部的操作。这种方式的不足在于自提柜的建设主体不够明确,建好了之后如何进行管理与操作,各个快递之间能否协调使用等。此外,如果快递不能够按照规定时间取走,将会造成一定程度的积压,占用存储箱资源。

本章思考题

一、选择题

1. O2O 模式的特点不包括以下哪项?(　　　)

A. 以用户体验为服务内容　　　　　　B. 以商品运输为核心

C. 以效果评价为基础　　　　　　　　D. 以经营个性化为手段

2. O2O 模式的分类不包括以下哪项?(　　　)。

A. 团购网站模式　　　　　　　　　　B. 二维码模式

C. 线上线下分离模式　　　　　　　　D. 营销推广模式

3. 京东实行的 O2O 物流的模式是以下哪项?(　　　)。

A. 入驻式　　　　　B. 门店仓式　　　　　C. 平台式　　　　　D. 以上均不对

4. O2O 物流体系的参与各方中担负着对交易全过程的管理和监督职责的一方是(　　　)。

A. 电子商务企业　　　B. 实体商家　　　　C. 物流服务商　　　D. 最终用户

5. O2O 物流可以将线上线下消费者、商品的数据信息融合,进行客户信息管理,这是O2O 物流优势中的(　　　)。

A. 门店融合　　　　B. 仓库融合　　　　C. 服务方式融合　　　D. 顾客融合

二、判断题

1. O2O 模式以经营个性化为核心。（　　）

2. 实体商家参与 O2O 模式的动机主要在于降低成本与扩大销售。（　　）

3. 苏宁实施的是平台式 O2O 物流模式。（　　）

4. O2O 物流模式会使顾客拥有更少的物流需求。（　　）

5. O2O 模式物流体系规划与设计的总体目标包括构建区域网格化配送网络。（　　）

三、思考题

1. 简述 O2O 商务模式有何特点与优势。

2. O2O 物流模式有哪些参与方？各参与方有何需求？

3. 举例说明当前 O2O 物流主要模式有哪些。

4. 简述一个完整的 O2O 模式物流体系需要哪些组成部分。

第十章
电子商务物流质量管理

本章导读

　　理解物流质量的内涵和内容,掌握物流质量的特性;理解电子商务物流全面质量管理的内涵及观点、要求;会用电子商务物流质量管理常用的工具;掌握 PDCA 工作循环的含义、特点;熟悉 6S 管理的内涵及步骤;掌握电子商务物流质量管理体系的概念及原则,了解质量管理体系的建立与实施;了解电子商务物流质量管理体系认证的程序。

引言案例

　　"百世汇通"是百世集团旗下国内知名快递品牌,服务网络覆盖全国,业务辐射至西藏、新疆等偏远地区,并以信息化和自动化建设为核心能力,是一家在国内率先运用信息化手段探索快递行业转型升级之路的大型快递公司,综合实力位居全国快递企业前列。

　　由于快递件量大、分拣的方向很多,传统的人工分拣需要根据面单的地址,匹配到对应的快递网点进行分拣。因此,需要分拣员对大量的地址与快递网点对应关系进行记忆,但由于快递业的快速发展,地址与网点的对应关系常常发生变化,出现了分拣难、分拣慢、分拣错等问题,这直接影响快递公司的服务质量。

　　百世针对这一情况,设计开发了基于大数据分析技术、智能算法、自动化技术、计算机软件技术、图像处理技术、移动互联网技术、自动分拣系统。该自动分拣系统以分拨运营中心的快递分拣业务操作为切入点,提供末端分拣、中转分拣、混合分拣等多模式功能的分拣。其中,末端分拣模式是指分拣小件给对应的派送站点;中转分拣模式是指,经过分拨中心将快递中转分拣给其他分拨中心;混合模式是指,同一自动分拣线进行双模式操作。自动分拣可以替代原人工手持分拣的工作,具有很高的分拣效率和很高的分拣准确性,是分拨中心所必需的设施条件之一,是提高物流配送效率的一项关键因素。通过轻型自动化流水线便于建立柔性连接,生产操作更灵活;初期投入成本较低,项目风险小。

自动分拣系统推广后,很大程度上提高了分拣效率和分拣准确性,降低了操作强度,减少了人力投入的成本;在投入产出、提高服务质量、提高企业的竞争力方面都有很积极的影响。

(资料来源:中国物流与采购联合会,有改动)

【思考与分析】

1. 请结合案例谈谈电子商务物流质量管理包含哪些内容。

2. 电子商务物流质量的提升能够给企业带来什么好处?

第一节　电子商务物流质量管理概述

一、物流质量的概念

物流质量是一个系统概念。一方面,在物流活动过程中,各工艺环节、各种资源、技术、设备等的质量有具体定性定量的质量标准描述,可以直接地确定质量规格和操作规程;另一方面,物流是为客户提供时间、空间效应的物流服务,需要根据客户的不同需求提供不同的服务。电子商务物流必须有一套完整的服务质量考核体系,物流服务质量将直接由客户根据满足其需求的期望来评价。

物流质量是指物流服务活动本身固有的特性满足物流客户和其他相关方要求的能力。物流质量既包含物流对象质量,又包含物流手段、物流方法的质量,还包括物流协作质量,因而是一种全面的质量观。

物流质量具体包含以下内容。

1. 物流产品的质量

在生产企业严格的质量保证条例的要求下,产品出厂即具有本身的质量标准。物流过程中,必须采用一定的技术手段,保证产品的质量(包括外观质量和内在质量等)不受损坏,并且通过物流服务提高客户的满意度,实质上是提高了客户对产品质量的满意度。

2. 物流服务质量

物流服务质量,指物流企业满足物流客户要求的能力水平。物流活动本身并不是目的,而是为了达成某种生产或流通目的而进行的一项服务性附属活动。产业化的物流,即第三方物流,属于第三产业范畴,它的主要作用就是通过提供这种服务,满足客户要求来获得相应的报酬和利润。无论内部还是外部的"客户",他们要求的服务质量都各不相同,因此,在物流服务的过程中需要掌握和了解"客户"的需求,如商品质量的保持程度、流通加工对商品质量的提高程度、批量及数量的满足程度、配送额度、间隔期及交货期的保证程度、配送和运输方式的满足程度、成本水平及物流费用的满足程度、相关服务(如信息提供、索赔及纠纷处理等)的满足程度等方面现实的和潜在的需求,以最大限度地实现客户的需求为导向。此外,物流服务质量是变化发展的,随着物流领域绿色物流、柔性物流等新的服务概念的提出,物流服务也会形成相应的新的服务质量要求。

3. 物流工作质量

物流工作质量是指物流服务各环节、各工作、各岗位具体的工作质量。这是将物流服务质量的总目标分解成各个工作岗位可以具体实现的工作质量,是提高服务质量所做的技术、管理、操作等方面的努力。为实现总的服务质量,要确定具体的工作要求,以质量指标形式确定下来作为工作质量目标。提高物流系统各组成要素的工作质量是确保物流服务质量的基础。物流系统非常庞杂,工作质量内容也十分复杂,但它对物流服务质量的提高起直接作用。所以,提高物流服务质量要从工作质量入手,把物流工作质量作为物流服务质量管理的主要内容及工作重点。通过建立科学合理的管理制度,充分调动员工的积极性,不断提高物流工作质量,物流服务质量也就有了一定程度的保证。

物流工作质量与物流服务质量虽不相同但又相互联系。物流服务质量水平取决于各个工作质量的总和。物流工作质量是物流服务质量的保证和基础,重点抓好工作质量,物流服务质量就有了一定程度的保证。

4. 物流工程质量

物流工程质量是指把物流质量体系作为一个系统来考察,用系统论的观点和方法,对影响物流质量的诸要素进行分析、计划,并进行有效控制。物流工程是支撑物流活动的工程系统,它受到物流技术水平、管理水平、技术装备、工程设施等因素的影响。物流工程是支撑物流活动总体的工程系统,任何物流企业的物流运作都必须依靠有效的工程系统来实现这种运作。工程系统既包括自建的工程设施,如自建仓库、配送中心、机场等,也包括已建好的工程设施,如国家建设的物流设施基础平台等。

二、物流质量的特性

反映物流质量要求的质量特性有功能性、经济性、安全性、时间性和文明性。

(1)功能性。物流服务实现的效能和作用。例如,交通运输的功能是把货物送达目的地,邮政通信的功能是传递有关信息。使顾客得到这些服务功能,是对服务的最基本要求。因此,功能性是服务质量的最基本的特性。

(2)经济性。客户为了得到相应服务所需费用的合理程度。这里所说的费用是指服务周期总费用,即客户在接受服务的全过程中,直接、间接支付的相关费用总和。只有正确了解所有费用,被服务对象才可能对服务的经济性做出正确的判断。

(3)安全性。物流企业在提供服务的过程中,保证货物不受损坏的能力和水平。安全性的提高或改善与服务设施、环境有关,也与服务过程的组织、服务人员的技能和态度等有关。

(4)时间性。物流企业能否及时、准时、省时地满足服务需求的能力。在服务对象对服务质量的感觉或评价中,时间性质量特性常常是一个敏感因素。

(5)文明性。客户在接受物流服务的过程中,满足精神需求的程度。能否营造一个自由、宽松的环境气氛和友好、和谐的人际关系,是物流服务竞争的一个重要手段。

三、电子商务物流质量管理的含义及内容

物流活动主要解决产、需在时间和空间上的分离问题,从而创造出时间及空间上的效用。物流往往被认为是补足产、需之间的产品数量差额的主要手段,从而忽视了物流质量在创造时间以及空间效用中的重要作用。在物流领域中,质量管理水平低,直接导致质量隐患

增多,质量事故不断。例如,车祸造成货物及人员装备的损失,沉船造成全面巨大的损失,物流过程中丢失、损坏、变质、延误等导致参与物流的各方企业经济损失严重,经营效率低下。所以,电子商务物流必须认识到物流质量直接与客户相关,也影响本企业的市场占有率;低劣的物流质量会使客户另寻其他合作伙伴,从而使电子商务物流发展受挫。

1. 物流企业管理理论中电子商务物流质量管理的含义

(1)电子商务物流质量管理就是依据物流系统运动的客观规律,为了满足物流顾客的服务需要,通过制定科学合理的基本标准,运用经济办法实施计划、组织、协调、控制的活动过程。

(2)电子商务物流质量管理是现代质量管理理论在物流作业和运筹优化全过程中的运用,是供应链上的一个满足顾客要求的环节,是物流服务特性满足客户需求的程度。

(3)电子商务物流质量管理是现代物流管理的核心,运作质量直接关系到物流整体绩效。

电子商务物流质量管理主要包括质量保证和质量控制。质量保证就是要对客户实行质量保证,维护客户的利益,使客户满意,并取得客户信任的一系列有组织、有计划的活动。质量保证是电子商务物流全面质量管理的核心。而质量控制是针对物流运作方内部来说的,是为保证某一工作过程和服务的质量达到作业技术标准所采取的有关活动。质量控制的目标就是确保物流服务质量能满足客户、法律法规等方面所提出的质量要求,质量控制是测量实际的质量结果,与标准进行对比,对某些差距采取措施的调节管理过程。质量控制是质量保证的基础。

2. 电子商务物流质量管理的具体内容

(1)物流商品质量管理,即保护商品质量,通过物流加工和物流过程改善商品质量。

(2)物流服务质量管理,是对物流生产过程的管理,就是按照客户的需求,提供物流服务。物流生产的主导产品就是服务,其产品质量就是服务质量。保护货物质量和改善货物质量都是物流服务质量的重要组成部分。

(3)物流工作质量管理,是指企业内部对物流质量的控制,具体体现和反映在各个物流环节、各工序的质量控制上。

(4)物流工程质量管理,是指物流系统运作中,由人员、设备、材料、方法、测量器具和环境等所体现的物流服务质量水平的管理过程,包括对人员素质、体制因素、设备性能、工艺方法、计量与测试和环境等因素的稳定性的控制和调整。

四、电子商务物流全面质量管理

(一)电子商务物流全面质量管理的概念

随着社会的发展及人们对质量要求的提高,质量管理科学得到了不断的发展与完善。质量管理科学自产生至今经历了三个阶段:质量检验阶段、统计质量管理阶段和全面质量管理阶段。电子商务物流质量管理的发展同样也符合这样的发展规律,在物流管理中必须建立全面物流质量管理概念。我国将全面质量管理概括为"三全",即全过程、全员和全性能的质量管理,其含义远远超出了一般意义的质量检验,而成为一种综合的、全面的经营管理方式和理念。

全面质量管理(total quality management,简称 TQM)就是为了能够在最经济并考虑到充分满足顾客要求的条件下进行市场研究、设计、制造和售后服务,把企业内各部门的研制质量、维持质量和提高质量的活动构成一个有效的体系。全面质量管理是指企业全体职工及有关部门同心协力,把专业技术、经营管理、数理统计和思想教育结合起来,建立起产品的研究、设计、生产(作业)、服务等全过程的质量体系,从而有效地利用人力、物力、财力、信息等资源,提供符合规定要求和用户期望的产品或服务,以最经济的手段生产出顾客满意、组织及其全体成员以及社会都得到好处的产品,从而使组织获得长期成功和发展。全面质量管理的核心是提高人的素质,调动人的积极性,促使人人做好本职工作,通过抓好工作质量来保证和提高服务

10-1 全国政协召开双周协商座谈会围绕"优化电子商务监管"建言献策(视频)

质量。电子商务物流全面质量管理就是运用全面质量管理的理念和方法,对电子商务物流企业运营的全过程进行质量控制。

电子商务物流全面质量管理体系的建立,不但有利于服务质量的提高、服务模式的改善、物流过程速度的加快、运营成本的降低以及责任事故的减少,而且在鼓舞员工的士气和增强员工的质量意识方面也有很大的积极作用;不仅能促进不断改进服务,还能提高市场的接受程度。

电子商务物流全面质量管理的特点是:把过去以事后检验为主转变为以预防为主,即从管理结果转变为管理因素;把过去就事论事、分散管理转变为以系统的观点为指导进行全面综合治理;把以产值为中心转变为以质量为中心,围绕质量开展组织的经营管理活动;由单纯符合标准转变为满足客户需要,强调不断改进过程质量来达到不断改进物流服务质量。

(二)电子商务物流全面质量管理的观点

1. 质量第一、以质量求生存、以质量求繁荣

任何物流服务都必须达到客户所要求的质量水平,否则就将给客户带来损失。从这个意义上讲,质量必须是第一位的。贯彻"质量第一"就是要求企业全体职工,尤其是领导层,要有强烈的质量意识;要求企业在确定经营目标时,首先应根据客户的需求,科学地确定质量目标,并安排人力、物力、财力予以保证。当质量与数量、社会效益和企业效益、长远利益与眼前利益发生矛盾时,应把质量、社会效益和长远利益放在首位。

"质量第一"并非"质量至上"。质量不能脱离当前的消费水平,也不能不问成本一味讲求质量。应该重视质量成本的分析,把质量与成本加以统一,确定最适宜的质量。

2. 系统的观点

既然电子商务物流服务质量的形成和发展有个过程,这个过程包含了许多相互联系、相互制约的环节,那么不论是保证和提高服务质量,或是解决质量问题,都应把企业看成是一个开放系统,应当运用系统科学的原理和方法,对暴露出来的质量问题实行全面诊断、辨证施治。人们常说"质量是企业各项工作的综合反映",就说明了系统对质量的影响。因此,要保证和提高电子商务物流服务质量,就应当建立系统的观点,并运用系统科学的理论和方法。

3. "客户至上",客户第一,下道工序就是客户

电子商务物流属于服务性行业,一定要把客户的需要放在第一位。电子商务物流必须保证服务质量能达到客户要求,把客户的要求看作服务质量的最高标准,以客户的要求为目标来制定企业的质量标准。

在全面质量管理中,"客户"的概念是广泛的,它不仅仅指企业的客户,企业内部经营过程中的每一个部门、每一个岗位也是客户。于是,在全面质量管理中,提出了"下道工序就是客户"的指导思想。上道工序将下道工序作为客户,为下道工序提供合格的服务,下道工序对上道工序进行质量监督和质量信息的反馈。每道工序的质量都要经得起下道工序的检查,保证其质量使下道工序满意。这个观点,不但适用于各道工序,而且也适用于企业的一切工作。把这种对用户高度负责的观点应用到企业内部的各个方面的工作中去,就能增强每个职工的责任心,提高工作的严肃性。只有每道"工序"都为下道"工序"服务,做到每项工作都为与它有关联的工作着想,在质量上高标准、严要求,才能保证优质的服务。

4. 预防为主的观点

电子商务物流全面质量管理要求把管理工作的重点应从"事后把关"转移到"事前预防",把从管理质量"结果"变为管理质量的影响"因素",真正做到防检结合,以防为主,把问题消除在质量的形成过程中。在电子商务物流企业生产经营过程中,应采取各种措施,把影响质量的有关因素控制起来,以形成一个能够稳定的可控的物流系统。

5. 数据是质量管理的根本,一切用数据说话

实行全面质量管理,要坚持实事求是,树立科学地分析、控制质量波动规律的工作作风。一切用事实和数据说话,用事实和数据反映质量问题。一定要尽可能使质量特性数据化,以利于对产品质量做出准确的评价,从而进行有效的管理。

6. 经济的观点

全面质量管理强调质量,但我们必须考虑经济性,建立合理的经济界限,这就是所谓经济原则。因此,电子商务物流在制定质量标准和进行质量控制时,都必须考虑其经济效益。从 20 世纪 80 年代以来,国际市场的竞争异常激烈,质量管理发展的新方向之一即经济质量控制,在推行全面质量管理时追求经济上最适宜的方案。1986 年德国乌尔茨堡大学成立了以冯·考拉尼教授为首的经济质量管理研究中心,就是这种趋势的一个明证。

7. 突出人的积极因素

在开展质量管理活动中,人的因素是最积极、最重要的因素。全面质量管理格外强调调动人的积极因素的重要性。这是因为现代物流系统多为大规模系统,环节众多,流程繁杂,联系密切,远非单纯靠质量检验或简单统计方法就能奏效的。必须调动人的积极因素,加强质量意识,发挥人的主观能动性,以确保服务质量。电子商务物流全面质量管理的特点之一就是全体人员参与的管理,"质量第一,人人有责"。

(三)电子商务物流全面质量管理的基本要求

(1)电子商务物流全面质量管理要求全员参与,各部门各层次的人员都要有明确的质

量责任、任务和权限,各司其职,各负其责,形成一个群众性的质量管理活动,把质量管理提高到一个新的水平。质量保证体系是一个系统,在这个系统中不仅需要企业各个阶层各个部门为提高服务质量采取行动,更需要互相协作,共同发挥作用。因为只有这样,才能把全面质量管理落到实处,为客户提供高质量的物流服务。

(2)电子商务物流全面质量管理的范围是服务质量的产生、形成和实现的全过程,包括从物流系统设计与运作、物流解决方案规划和执行等全部有关过程的质量管理。任何服务的质量都有一个产生、形成和实现的过程,电子商务物流全面质量管理就是要对这一过程的各个环节加以管理,形成一个以达到客户满意为目标的综合质量体系。

(3)电子商务物流全面质量管理要求的是全企业的质量管理。从过程方面考虑,要建立运输、存储、包装及增值服务等全面的质量保证体系;从部门方面考虑,要建立全公司的、全程的、全面的质量保证体系;从职能方面考虑,则要建立质量教育系统、标准化系统、质量信息反馈系统、计量检定系统、质量监督系统及组织保证系统等;从组织管理方面考虑,要求企业各管理层次都有明确的质量管理活动内容。这样,一个电子商务物流就组成了一个完整的质量管理体系,充分发挥分散在企业各部门的质量职能的作用,齐心协力保证和改善物流服务质量。

(4)电子商务物流全面质量管理要求采取多样的管理方法。实事求是、科学分析,把电子商务物流全面质量管理建立在科学的基础上,用客观数据和可靠数据结合最新科技成果研究高效的质量管理方法和技术。

10-2 典型案例

以上要求可以归纳成"三全一多样"的物流质量保证体系,这是电子商务物流全面质量管理的基本要求。推行电子商务物流全面质量管理,必须建立一个完善的高效率的质量保证体系。企业要想既提高客户对服务质量的满意程度,又有效地降低成本,就必须建立一个明确的、结构完善的体系,用来标识、记录、协调和维持在企业的全部服务经营过程中,为确保服务质量进行的全部关键性活动。质量保证体系,用文件的形式明确质量管理的组织结构,落实质量管理职责,规定质量管理程序,控制质量管理过程,有效分配人力、物力及信息资源,使企业的各项质量管理工作相互协作、互相促进,形成完整的质量管理网络。

第二节　电子商务物流质量管理的基本方法

一、电子商务物流质量管理常用的工具

电子商务物流质量管理不仅有一套严密的质量管理体系,而且采取了一整套科学的质量管理的基本方法,即以 PDCA 循环为总框架,广泛运用建立在数理统计、价值分析、运筹学等数学原理基础上的科学管理方法,以便找出服务质量存在问题的关键,为电子商务物流质量问题的解决指明方向和途经。

电子商务物流质量管理常用的统计方法有调查表法、排列图法、因果分析图法、分层法、直方图法、散点图法、控制图法。它们都是以概率论为基础的图表方法,可以相互结合,灵活运用,从而有效控制和提高服务质量。下面分别介绍这 7 种方法。

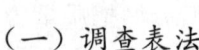

（一）调查表法

调查表是利用统计图表来记录和积累数据，并进行整理和粗略分析影响产品质量原因的一种常用图表。因服务对象、服务特点、调查和分析目的不同，其调查表的形式也有所不同。

制作调查表一般分为以下步骤和方法：

（1）明确收集资料的目的，并确定所需搜集的资料和问题；

（2）选择对资料的分析方法（如运用哪种统计方法），并确定负责人；

（3）根据目的不同设计用于记录资料的调查表格式，其内容应包括调查者及调查的时间、地点、方式等栏目；

（4）对搜集和记录的部分资料进行预先检查，以审查表格设计的合理性；

（5）评审调查表格式，如有必要，可作适当修改。

常用调查表有：缺陷位置调查表、不良品原因调查表、频数分布调查表。

管理人员日常点检调查表，如表 10-1 所示。

表 10-1 管理人员日常点检调查表

项　　目	1 日	2 日	3 日	4 日	5 日	6 日	……	31 日
人员服装								
工作场地								
机器保养								
机器操作								
工具使用								
……								
查核者								
异常处理								

物流设备故障频数调查表，如表 10-2 所示。

表 10-2 物流设备故障频数调查表

检 验 项 目	设备 A	设备 B	设备 C	设备 D	设备 E
机器故障					
人工操作不当					
电脑系统故障					
工作环境杂乱					
其他					

（二）排列图法

排列图又叫帕累托图，是建立在帕累托原理的基础上。帕累托原理是意大利经济学家帕累托在分析意大利社会财富分布状况时总结出的"关键的少数和次要的多数"结论。在电子商务物流质量改进的项目中，只有少数项目产生主要的、决定性的影响。所以，只要找出几个影响较大的原因,并加以处置和控制,就可以解决 80％ 的问题了。排列图就是根据整理的数据,以不良原因、不良状况发生的现象,有系统地加以分类,计算出各项目所产生的数据(如不良率、损失金额等)以及所占的比例,并依照大小顺序排列,再加上累计值的图形。

1. 制作排列图的步骤

(1) 选择要进行质量分析的项目(将要处置的事),以状况(现象)或原因加以分类。

(2) 选择用于质量分析的量度单位,如出现的次数(频数)、成本、金额或其他量度单位。

(3) 选择进行质量分析的数据的时间间隔。

(4) 画横坐标。依频数递减的顺序从左至右在横坐标上列出项目。

(5) 画纵坐标。在横坐标的两端画两个纵坐标。在左边纵轴上标上件数(频数)的刻度,最大刻度为总件数(总频数);在右边纵轴上标上比率(频率)的刻度,最大刻度为 100％。左边总频数的刻度与右边总频率的刻度(100％)高度相等。

(6) 在每个项目上画长方形,其高度表示该项目量度单位的量值,长方形显示出每个项目的作用大小。

(7) 由左到右累加每一项目的量值(以％表示),并画出累计频数曲线(又名帕累托曲线),用来表示各项目的累计作用。

(8) 确定对电子商务物流质量改进最为重要的项目。

例如,某配送中心为客户提供产品的简单加工服务,通过检查,记录各种不合格产品的数量及相应的成因,并进行统计,按照缺陷项目出现的频数从高到低填入频数频率分布表,如表 10-3 所示。根据表 10-3 可画出如图 10-1 所示的排列图,从图中可以判断,A 项缺陷是产生不合格的主要原因,因此,质量改进的措施就要从 A 项缺陷入手,才能解决主要问题。

表 10-3　缺陷项目频数频率分布表

缺 陷 项 目	频数(件)	累　　　计	累计(％)
A	3367	3367	69.14
B	521	3888	79.84
C	382	4270	87.68
D	201	4471	91.81
E	156	4627	95.01
F	120	4747	97.47
其他	123	4870	100

2. 制作排列图的注意要点

(1) 分类方法不同,得到的排列图不同。通过不同的角度观察问题,把握问题的实质,需要用不同的分类方法进行分类,以确定"关键的少数",这也是排列图分析方法的目的。

(2) 为了抓住"关键的少数",在排列图上通常把累计比率分为三类:在 0％～80％ 间的因素为 A 类因素,也即主要因素;在 80％～90％ 间的因素为 B 类因素,也即次要因素;在 90％～100％ 间的因素为 C 类因素,也即一般因素。

(3) 如果"其他"项所占的百分比很大,则分类是不够理想的。如果出现这种情况,是因为调查的项目分类不当,把许多项目归在了一起,这时应考虑采用另外的分类方法。

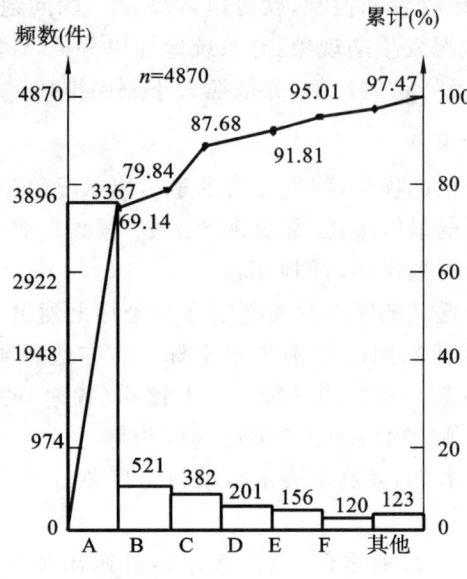

图 10-1　缺陷项目排列图

（三）因果分析图法

因果图又叫特性要因图，是一种用于分析质量特性（结果）与可能影响质量特性的因素（原因）的一种工具。许多可能的原因可归纳成原因类别与子原因，画成形似于鱼刺的图，所以该工具又称鱼刺图。

因果图主要用于分析质量特性与影响质量特性的可能原因之间的因果关系，通过把握现状、分析原因、寻找措施来促进问题的解决。

绘制因果图不是一件轻而易举的工作，可以说质量问题能否顺利解决，绘制因果图是关键。在介绍因果图的绘制方法之前，用一个示例（见图 10-2）来说明因果图的结构。

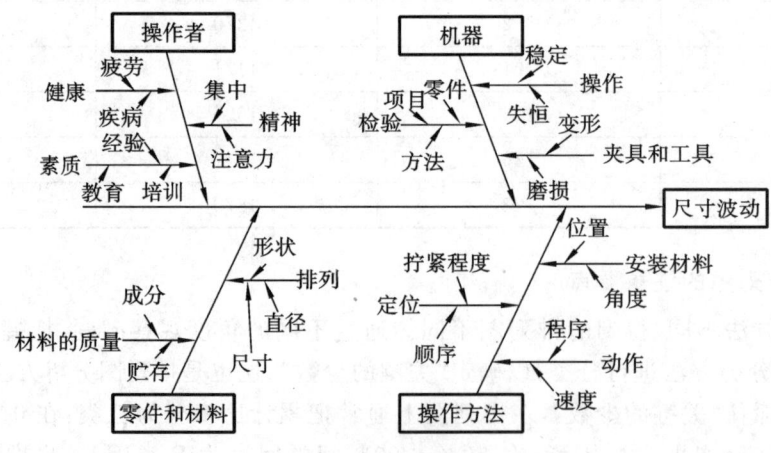

图 10-2　因果示例图

1. 利用逻辑推理法绘制因果图的步骤

（1）确定质量特性（结果），因果图中的"结果"可根据具体需要选择。

（2）将质量特性写在纸的右侧，从左至右画一箭头（主骨），将结果用方框框上；接下来，列出影响结果的主要原因作为大骨，也用方框框上。一般主要原因可以从以下 6 个方面入手分析：人员（man）、机器设备（machine）、材料（material）、方法（method）、测量（measure）和环境（environment），称为 5M1E。

（3）列出影响大骨（主要原因）的原因，也就是第二层次原因，作为中骨；接着，用小骨列出影响中骨的第三层次的原因，如此类推。

（4）根据对质量特性影响的重要程度，将认为对质量特性有显著影响的重要因素标出来。

（5）在因果图上记录必要的有关信息。

因果分析图完成以后，下一步就是要评价各因素的重要程度。因果图中所有的因素与结果不一定紧密相关，将对结果有显著影响的因素作出标记。

最后，在因果图上标明有关资料，如产品、工序或小组的名称，参加人员名单、日期等。

2. 绘制因果图的注意事项

（1）确定原因时，大家集思广益，充分发扬民主，以免疏漏。

（2）确定原因，应尽可能具体。

（3）有多少质量特性，就要绘制多少张因果图。比如，同一批产品的长度和重量都存在问题，必须用两张因果图分别分析长度波动的原因和重量波动的原因。

（4）要验证。如果分析出的原因不能采取措施，说明问题还没有得到解决。要想改进有效果，原因必须要细分，直至能采取措施为止。

实际上，注意事项的内容分别要实现"重要的因素不要遗漏"和"不重要的因素不要绘制"两方面的要求。

（四）分层法

分层法又叫分类法或分组法，它是一种把收集来的原始质量数据按照不同目的加以分类，并进行重新统计作出频数频率分布表，以便分析影响产品质量的具体因素的方法。分层的目的是分清责任，找出原因，它要求同一层的数据波动较小，不同层的数据波动较大。

分层法没有独立固定图表，可利用统计图表中的排列图和直方图等进行统计分析。一般情况有以下分层标志。

（1）按时间：例如按日期、季节、班次等。

（2）按操作者：例如按性别、年龄、技术等级等。

（3）按使用的设备：例如按机床的型号、新旧程度等。

（4）按原材料：例如按原材料的成分、规格、生产厂家、批号等。

（5）按操作方法：例如按工艺规程、生产过程中所采用的温度等。

（6）按检测手段：例如按测量方法、测量仪器等。

（7）按其他：例如按使用单位、使用条件等。

例如，某公司生产系三班轮班，使用来自三个供应商的材料，其生产的不良品率统计结果见表 10-4 和表 10-5。

表 10-4　按轮班统计的不良率

项　　目	班别 A	班别 B	班别 C
不良率	0.3	0.4	0.2

表 10-5　按使用材料的供应商统计的不良率

项　　目	供应商 A	供应商 B	供应商 C
不良率	0.2	0.3	0.4

（五）直方图法

直方图是从总体中随机抽取样本，将从样本中获得的数据进行整理后，用一系列等宽的矩形来表示数据。宽度表示数据范围的间隔，高度表示在给定间隔内数据的数目，变化的高度表示数据的分布情况。通过对数据分布形态和与公差的相对位置的研究，可以掌握过程的波动情况（见图 10-3）。借助直方图可以对资料中心值或分布状况一目了然。

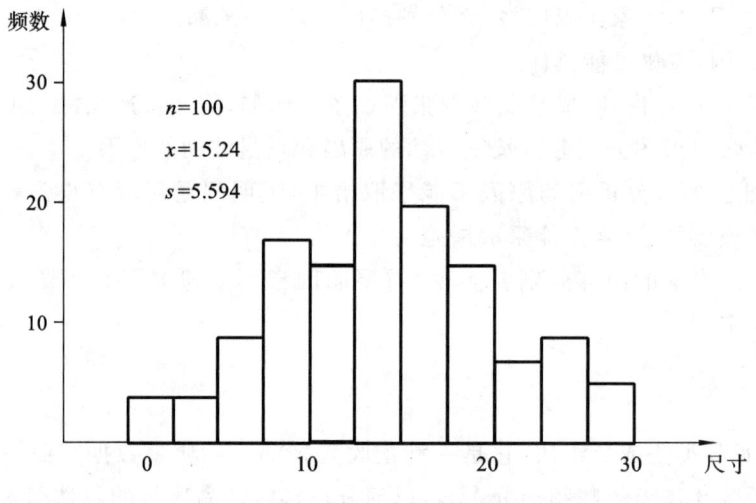

图 10-3　某种形态的直方图

1. 直方图的绘制步骤

（1）收集数据，数据个数一般为 50 个以上，最少不得少于 30 个。

（2）求极差 R。在原始数据中找出最大值和最小值，计算二者的差值，就是极差。

（3）确定分组的组数和组距。一批数据究竟分多少组，通常根据数据个数的多少而定，可参考表 10-6。分组时，若组数取得太多，每组内出现的数据个数很少，甚至为零，作出的直方图过于分散或呈现锯齿状；若组数取得很少，则数据会集中在少数组内，而掩盖了数据的差异。所以分组组数取得太多或太少都不合适。分组组数 K 确定后，组距 h 也就确定了，即 $h = R/K = (x_{max} - x_{min})/K$。

表 10-6　常见直方图分组组数

数 据 个 数	分组数 K
50～100	6～10

数 据 个 数	分组数 K
100~250	7~12
250 以上	10~20

（4）确定各组界限。为避免数据落在组界值的末位数，可取测量值单位的 1/2，即测量值的最小位数的 1/2。分组界限应能把最大值和最小值包括在内。在决定组界限时，可先从第一组起，一般参考下面的公式确定：

第一组的上下界限值为 $x_{\min} \pm (h/2)$。由于第一组的界限值向下移动了半个组距，所以实际组数比一开始选定的组数多一组，从而防止最大值落到组界之外。

第一组的上界限值就是第二组的下界限值，加上组距就是第二组的上界限值，也就是第三组的下界限值……依此类推，可定出各组的组界。

为了计算的需要，往往要决定各组的中心值。每组的上下界限相加除以 2，所得数据即为组中值。组中值为各组数据的代表值。

（5）制作频数分布表。将测得的原始数据分别归入相应的组中，统计各组的数据个数，即频数 f_i，各组频数填好后检查一下其总数是否与数据总个数相符，避免重复或遗漏。

（6）画直方图。以横坐标表示质量特性，纵坐标为频数（或频率），在横轴上标明各组组界，以组距为底，频数为高，画出一系列的直方柱，就成了直方图。

（7）在直方图的空白区域，记上有关数据的资料，如收集数据的时间、数据个数 n、平均值 x、标准差 s，等等。

2. 直方图的常见类型

一般电子商务物流服务质量特性值的分布大多为正态分布，从中获得的数据的直方图具有中间高、两边低、左右基本对称的特点。但实际问题中还会出现其他形状的直方图，根据直方图的形状，可以对总体进行初步分析。

下面介绍直方图的几种类型（见图 10-4）。

（1）正态型。又名标准型或对称型。数据的平均值与最大值和最小值的中间值相同或接近，平均值附近的数据的频数最多，频数在中间值向两边缓慢下降，以平均值左右对称。这种形状也是最常见的。

（2）锯齿型。作频数分布表时，如分组过多，会出现此种形状。另外，当测量方法有问题或读错测量数据时，也会出现这种形状。

（3）偏峰型。数据的平均值位于中间值的左侧（或右侧），从左至右（或从右至左），数据分布的频数增加后突然减少，形状不对称。当下限（或上限）受到公差等因素限制时，由于心理因素，往往会出现这种形状。

（4）陡壁型。平均值远左离（或右离）直方图的中间值，频数自左至右减少（或增加），直方图不对称。当工序能力不足，为找出符合要求的产品经过全数检查，或过程中存在自动反馈调整时，常出现这种形状。

（5）平顶型。当几种平均值不同的分布混在一起，或过程中某种要素缓慢劣化时，常出现这种形状。

（6）双峰型。靠近直方图中间值的频数较少，两侧各有一个"峰"。当有两种平均值相差大的分布混在一起时,常出现这种形状。

(7) 孤岛型。在标准型的直方图的一侧有一个"小岛"。出现这种情况是夹杂了其他分布的少量数据,比如工序异常、测量错误或混有另一分布的少量数据。

当观察到直方图不是正态型的形状时,需要及时研究,发现问题,采取措施,改进质量。

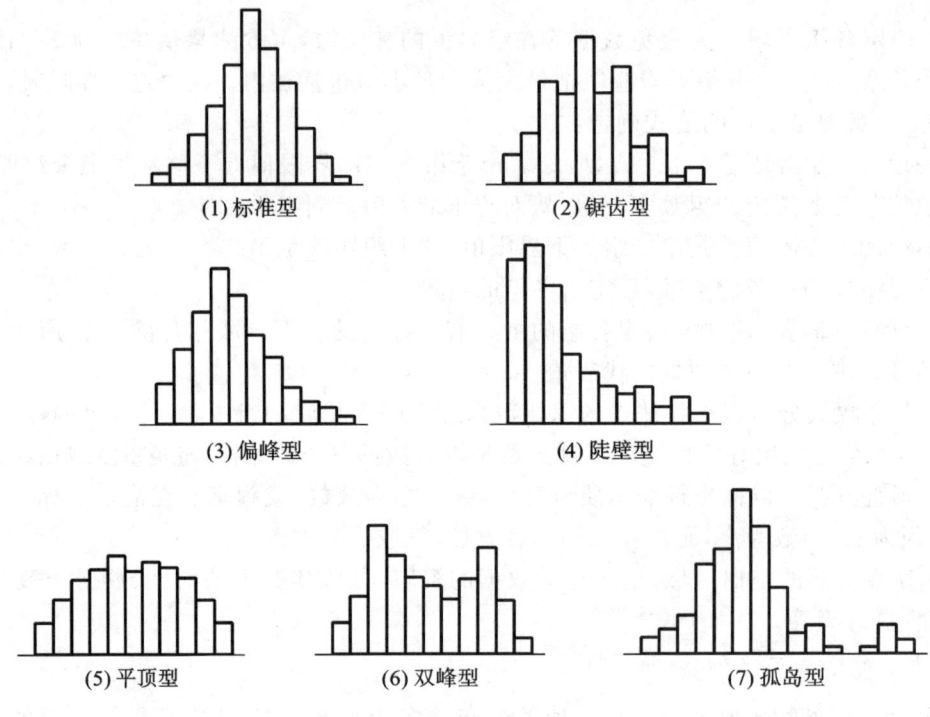

图 10-4　常见的直方图形态

（六）散点图法

散点图是把两个变量之间的相关关系,用直角坐标系表示的图。这种方法是用影响电子商务物流质量特性因素的每对数据,将点描画在直角坐标图上,以观察判断两个变量特性之间的关系,对质量进行有效控制。

1. 散点图的绘制

在作散点图时,一般以坐标横轴表示原因 X,坐标纵轴表示结果 Y。如果所研究的是两种原因或两种结果之间的相关关系,那么在作散点图时,对坐标轴可以不加区别。此外,应当使数据 X 的极差在坐标上的距离,大致等于数据 Y 的极差在坐标轴上的距离。

2. 散点图的类型

根据两个变量 X、Y 之间的不同关系所绘制的散点图常见的类型如图 10-5 所示,说明如下。

(1) 当变量 X 增大时,变量 Y 随之显著地增大。X 与 Y 之间的这种关系称为强正相关,见图 10-5(a)。

(2) 当变量 X 增大时,变量 Y 也随之增大,但不明显。X 与 Y 之间的这种关系称为弱正相关,见图 10-5(b)。

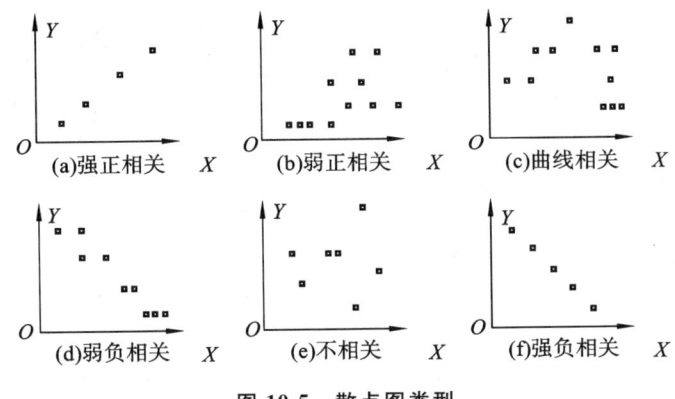

图 10-5　散点图类型

（3）当变量 X 增大时，变量 Y 先随之增大，当增大到某个界限值之后，Y 又随之减小。X 与 Y 之间的这种关系称为曲线相关，见图 10-5（c）。

（4）当变量 X 增大时，变量 Y 随之减小，但不明显。X 与 Y 之间的这种关系称为弱负相关，见图 10-5（d）。

（5）当变量 X 增大时，看不出变量随之增大还是随之减小的任何趋势。对于这种情况，就称 X 与 Y 之间不存在相关关系，见图 10-5（e）。

（6）当变量 X 增大时，变量 Y 随之显著地减小。X 与 Y 之间的这种关系称为强负相关，见图 10-5（f）。

例如，某加工厂为了调查某种规格的机器零件的淬火温度与硬度之间的相关关系，于是从最近的生产日报表上收集到 30 组有关该机器零件的淬火温度 X（℃）与硬度 Y（HRC）之间的对应数据。

淬火温度与硬度的对应数据如表 10-7 所示。

表 10-7　淬火温度与硬度的对应数据

数　据　号	温度 X/℃	硬度 Y/HRC	数　据　号	温度 X/℃	硬度 Y/HRC
1	810	47	13	830	51
2	890	56	14	830	45
3	850	48	15	820	46
4	840	45	16	820	48
5	850	54	17	860	55
6	890	59	18	870	55
7	870	50	19	830	49
8	860	51	20	820	44
9	810	42	21	810	44
10	820	53	22	850	53
11	840	52	23	880	54
12	870	53	24	880	57

续表

数 据 号	温度 $X/℃$	硬度 Y/HRC	数 据 号	温度 $X/℃$	硬度 Y/HRC
25	840	50	28	860	52
26	880	54	29	860	50
27	830	46	30	840	49

淬火温度与硬度关系如图 10-6 所示。

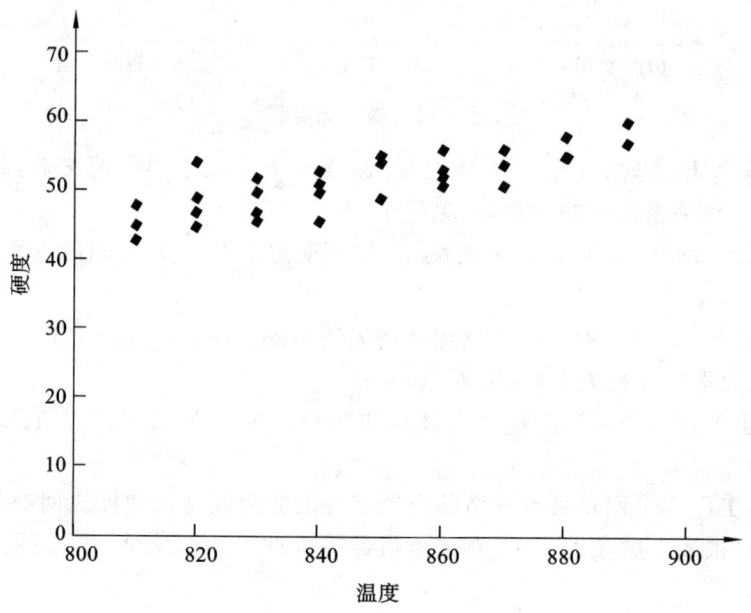

图 10-6　淬火温度与硬度关系图

3. 研究散点图的类型时需注意的事项

第一，观察有无异常点，即偏离集体很远的点。如有异常点，必须查明原因。如果经分析得知是由于不正常的条件或测试错误所造成，就应将这些异常点剔除。对于那些找不出原因的异常点，应慎重对待。

第二，观察是否有分层的必要。如果用受到两种或两种以上因素影响的数据绘制散点图，那么有可能出现下面这种情况：就散点图的整体来看似乎不相关，但是，如作分层观察，发现又存在相关关系。因此，绘制散点图时，要区分不同条件下的数据，并且要用不同记号或颜色来表示分层数据所代表的点。

第三，假相关。在质量管理中，有时会遇到这样的情况：从技术上看，两个变量之间不存在相关关系，但根据所收集到的对应数据绘制成的散点图，却明显地呈现相关状态，这种现象称为假相关。假相关现象可能是结果（或特性）与所列的原因（或特性）之外的因素相关而引起的。因此，在进行相关分析时，除观察散点图之外，还要进行技术探讨，以免把假相关当作真相关。

（七）控制图法

控制图又称管理图，是对过程质量特性值进行测定、记录、评估，从而监测过程是否处于控制状态的一种用统计方法设计的图。这种方法是利用控制图所提供的信息,把一个过程维持在受控状态,一旦发现异常波动,分析对质量不利的原因,采取措施加以消除,使质量不断提高,并把这个过程从失控状态变为受控状态,以保持服务质量稳定。

控制图是工序过程质量控制的主要手段,是一种动态的质量分析与控制方法。控制图不仅对判别质量稳定性,评定作业过程质量状态以及发现和消除作业过程的失控现象,预防废品产生有着重要作用,而且可以为质量评比提供依据。控制图的基本结构形式,如图10-7所示。

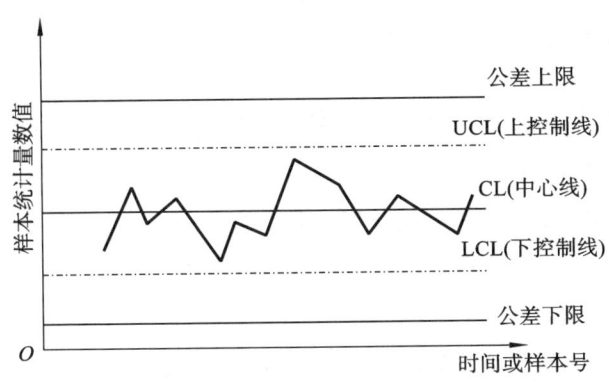

图 10-7　控制图基本形式

控制图中的上控制线、下控制线、中心线是通过收集过去一段时间生产处于稳定状态下的数据计算出来的。控制线的范围应比技术标准(公差)的范围要窄。在作业过程进行中,按规定的时间抽取子样,测量质量特性值,将测得的数据用点描在控制图上,并将点连接起来就得到控制图。在正常情况下,统计量相应点分布在中心线附近,在上、下控制界限之内,表明生产过程处于稳定状态。如果点落在上、下控制界限之外,就表明出现了异常现象,生产过程处于不稳定状态,需要及时查明原因,采取调整措施,确保生产过程处于稳定状态。

根据实践,出现异常有如下几种表现:①连续7个点落在中心线一侧;②连续3个点中有2个点接近控制线;③点发生倾向性变化,连续上升或下降;④点出现周期变化,例如,从上到下,再由下而上,周而复始。总之,凡出现上述情况,就应引起注意,查明原因,及时解决问题。

总之,上面介绍的是常用的7种质量管理工具,随着质量管理实践和理论的不断发展,还产生了7种新的质量管理工具,包括箭线图法、关联图法、系统图法、KJ法、矩阵图法、矩阵数据分析法、PDPC法等。

二、PDCA 工作循环

电子商务物流管理是一个过程,即在不同的时间内完成不同的工作任务。美国质量管理专家戴明博士在管理这个过程中总结出计划(plan)、执行(do)、检查(check)、处理(action)四个阶段,简称PDCA循环,也叫作"戴明环"。PDCA工作循环是企业质量保证体系运转的基本方式。电子商务物流质量管理工作循环,即按照这四个阶段的顺序不断循环进行质量管理。

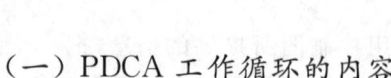

（一）PDCA 工作循环的内容

在质量管理中，根据现场实践经验，又把 PDCA 循环细化为八个步骤，称谓"四个阶段、八个步骤"的循环方式。

1. 计划阶段

经过分析研究，确定质量管理目标、项目和拟定相应的措施。具体包括四个步骤：

第一步：分析现状、找出存在问题并确定目标。

第二步：寻找影响质量问题的各种原因。

第三步：在这些原因中找出主要原因。

第四步：针对影响质量的主要原因拟定措施、计划。

2. 执行阶段

根据预定目标和措施计划，落实执行部门和负责人，组织计划的实施。其工作步骤：

第五步：执行措施，实施计划。

3. 检查阶段

检查计划实施结果，衡量和考察取得的效果，找出问题。其工作步骤：

第六步：检查效果，发现问题。

4. 处理阶段

总结成功的经验和失败的教训，并纳入有关标准、制度和规定，巩固成绩，防止问题重新出现，同时，将本循环中遗留的问题提出来，以便转入下一个循环中加以解决。其工作步骤：

第七步：总结经验，把成功的经验肯定下来，纳入标准。

第八步：把没有解决的遗留问题，转入下一个循环。

PDCA 循环就是不停地周而复始地运转以上四个程序、八个步骤。

（二）PDCA 工作循环的特点

PDCA 工作循环具有以下特点，用图示可表示为图 10-8。

（1）整个电子商务物流的质量管理体系构成一个大的 PDCA 循环，而各部门、各级单位都有各自的 PDCA 循环。上一级 PDCA 循环是下一级 PDCA 循环的依据，下一级 PDCA 循环是上一级 PDCA 循环的保证，大环套小环，小环保大环，环环相扣，有机地组成一个整体，推动 PDCA 循环的不停转动。

（2）管理循环螺旋上升，PDCA 四个阶段每循环一次，就上升一步，就像爬楼梯一样。这样循环往复质量问题不断得到解决，工作质量、管理水平和服务质量不断得到提高。

（3）PDCA 循环的四个阶段紧密相连，不可分割，有些阶段甚至可以同时交叉进行。电子商务物流质量管理就是在这样的循环往复中逐渐提高服务质量，达到让客户满意的目标。

（4）PDCA 循环的"处理"阶段十分关键，它起着重要的承接作用，只有很好地总结、肯定、纠正、完善已有经验，并把成功和失败的经验教训标准化，才能有效防止旧错重犯，并快速提高电子商务物流质量管理水平。

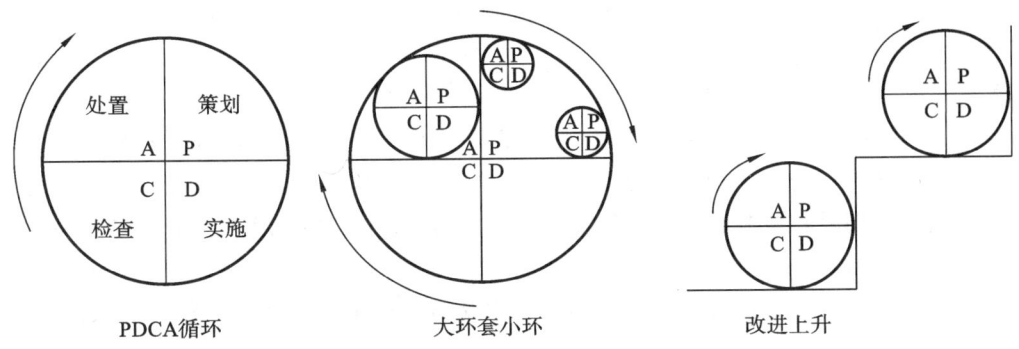

图 10-8　PDCA 工作循环的特点

（三）PDCA 工作循环与质量管理常用工具的关系

在 PDCA 八个步骤中，需要利用大量的数据和资料才能做出科学的判断，对症下药。如何搜集与整理数据呢？这就要利用工具、技术。具体内容见二维码。

10-3　PDCA 与
质量管理工具
的关系和典型
案例

三、企业 6S 管理

6S 管理由日本企业的 5S 管理扩展而来，是现代企业行之有效的现场管理理念和方法。5S 活动源于日本，它指的是在生产现场中，对材料、设备、人员、方法等生产要素进行相应的"整理（seiri）、整顿（seiton）、清扫（seiso）、清洁（seiketsu）、素养（shitsuke）"等有效管理活动，为其他管理活动的开展打下良好的基础。5S 活动针对企业中每位员工的日常行为方面提出要求，倡导从小事做起，力求使每位员工都养成事事遵守标准的习惯，从而达到提高整体工作质量的目的。5S 管理是日本企业独特的一种管理方法。

根据企业发展的需要，我国企业在 5S 管理的基础上，结合安全生产活动，相应增加了"安全（safety）"的内容，就有了 6S 的管理活动。

（一）6S 含义

整理——将工作场所的任何物品区分为有必要和没有必要的，除了有必要的留下来，其他的都消除掉。其目的：腾出空间，空间活用，防止误用，塑造清爽的工作场所。

整顿——把留下来的必要用的物品依规定位置摆放整齐并加以标示。目的：工作场所一目了然，消除寻找物品的时间，工作环境整整齐齐，消除过多的积压物品。

清扫——将工作场所内看得见和看不见的地方清扫干净，保持工作场所干净、亮丽的环境。目的：稳定品质，减少伤害。

清洁——将上面的 3S 实施的做法制度化、规范化。目的：维持上面 3S 成果。

素养——每位成员养成良好的习惯，并遵守规则做事，培养积极主动的精神（也称习惯性）。目的：培养具有良好习惯、遵守规则的员工，营造团队精神。

安全——重视全员安全教育，每时每刻都有安全第一的观念，防患于未然。目的：建立安全生产的环境，所有的工作应建立在安全的前提下。

6S 管理的 6 项活动之间彼此关联。整理、整顿、清扫是具体内容;清洁是制度化、规范化,保持前面 3S 水平;素养是养成习惯,遵守纪律和规则,严谨认真;安全是基础,尊重生命,杜绝违章。

实施 6S 管理活动,通过改善工作环境、人文环境提高工作效率,加强人性化管理。它的精髓在于全员参与、全过程管理、全效率工作。全员参与即从董事长到一线员工,从生产到后勤各工作部门都要积极参与进来;全过程管理即改善—保持—管理这个不停循环的周期活动永不停息;全效率工作即在 6S 管理环境下员工最高效率工作。执行 6S 管理不仅可以提高电子商务物流企业形象、减少浪费、提高工作效率,还有助于提高服务质量保证、提高安全保障、延长设备寿命,为企业带来显见的综合效益。

(二) 6S 与其他管理活动的关系

(1) 6S 是现场管理的基础,是全面生产管理(TPM)的前提,是全面质量管理 TQM 的第一步,也是 ISO9000 有效推行的保证。6S 管理水平的高低,代表着管理者对现场管理认识的高低,这又决定了现场管理水平的高低,而现场管理水平的高低,制约着 ISO、TPM、TQM 活动能否顺利、有效地推行。通过 6S 管理活动,从现场管理着手改进企业"体质",则能起到事半功倍的效果。

(2) 6S 管理能够营造一种"人人积极参与,事事遵守标准"的良好氛围。有了这种氛围,推行 ISO、TPM 及 TQM 就更容易获得员工的支持和配合,有利于调动员工的积极性,形成强大的推动力。

(3) 实施 ISO、TPM、TQM 等活动的效果是隐蔽的、长期性的,一时难以看到显著的效果,而 6S 管理活动的效果是立竿见影的。如果在推行 ISO、TPM、TQM 等活动的过程中导入 6S 管理,可以通过在短期内获得显著效果来增强企业员工的信心。

(三) 6S 推行步骤

理解 6S 管理的内容与要义,是开展 6S 管理的基础。但是,仅仅知道 6S 的内容是远远不够的,获得显著效果的关键在于加强 6S 管理推行的过程控制。一般说来,6S 管理的推行包括以下 11 个步骤。

步骤 1:成立推行组织

主要包括成立推行委员会及推行办公室,确定组织职责,明确委员的主要工作,划分责任区。建议由企业主要领导出任 6S 活动推行委员会主任职务,以视对此活动的重视。具体安排上可由副主任负责活动的全面推行。

步骤 2:拟定推行方针及目标

首先,制定推行方针,如"推行 6S 管理、塑造一流形象""告别昨日,挑战自我,塑造新形象""于细微之处着手,塑造公司新形象"。方针的制定要结合企业具体情况,要有号召力。方针一旦制定,要广为宣传。

其次,制定推行目标,如"第四个月各部门考核 90 分以上""有来宾到厂参观,不必事先临时做准备"。预先设定的目标是活动努力的方向及活动过程中的成果检查依据。目标的制定也要与企业的具体情况相结合。

步骤 3：拟定工作计划及实施方法

包括：拟定日程计划作为推行及控制的依据；收集资料及借鉴其他企业的做法；制定 6S 活动实施办法；制定要与不要的物品区分方法；制定 6S 活动评比方法和奖惩办法。通过计划，使大家对整个推行过程有一个整体的了解，使项目责任者明确自己及其他承担者的工作是什么及何时要完成，相互配合造就一种团队作战精神。

步骤 4：教育

包括：每个部门对全员进行教育，让全体员工明确 6S 的内容及目的、实施方法和评比方法。同时，对新进员工进行 6S 训练。通过教育，让员工了解 6S 活动能给工作及自己带来好处从而主动地去做，这与被别人强迫去做其效果是完全不同的。教育形式要多样化，讲课、放录像、观摩他厂案例或样板区域、学习推行手册等方式均可视情况加以使用。

步骤 5：活动前的宣传造势

6S 活动要全员重视、参与才能取得良好的效果。因此，要利用一切可以利用的手段进行宣传造势，如在晨会、海报、内部报刊、宣传栏等进行宣传。

步骤 6：实施

（1）前期作业准备，包括召开方法说明会和准备道具；

（2）工作现场"洗澡"运动（全体员工彻底大扫除）；

（3）建立地面划线及物品标识标准；

（4）定点摄影；

（5）做成"6S 日常确认表"，每日将检查情况填写表中；

（6）"红牌"作战。

步骤 7：活动评比办法确定

步骤 8：查核

通过现场查核，明确 6S 问题点，并解答，同时通过举办各种活动及比赛（如征文活动等）宣传、完善推行办法。

步骤 9：评比及奖惩

步骤 10：检讨与修正

各责任部门针对缺点项目进行改善，不断提高。

步骤 11：纳入定期管理活动中

（1）对已标准化、制度化的内容进一步完善；

（2）实施各种 6S 强化月活动。

需要强调的一点是，企业因其背景、架构、企业文化、人员素质的不同，推行时可能会有各种不同的问题出现，要根据实施过程中所遇到的具体问题，采取可行的对策，才能获得满意的效果。

典型案例 10-1

为营造舒适、整洁、安全的办公环境，加强规范化管理，树立"高效、自律、整洁"的企业形象，2020 年徐工电商公司深入贯彻王民董事长提出的 6S 管理指示，根据徐工集团 6S 管理标准要求，成立专项工作领导小组，全方位细化 6S 执行标准，每周由管理团队实施检查、督促整改落实,持续推动现场管理水平提升。

徐工电商公司 6S 管理要求主要覆盖公共区域、个人办公区域、会议室、卫生间等区域的卫生清洁、防疫消杀、物品摆放、安全用电、绿植养护等方面,确保无死角、无遗漏。每周开展严格的 6S 标准检查,并对违反管理规定的现象进行通报,确保 6S 管理全面深化,要求 6S 管理成为日常工作的常态。

经过持续检查和通报,员工深入贯彻"整理、整顿、清扫、清洁、素养、安全"六大原则,积极落实 6S 管理工作,公司整体办公环境得到明显改善。公共区域物品摆放井然有序,个人办公桌面物品定量定置、标识清晰,桌面整洁一尘不染,茶水间等非办公区域无杂物、无灰尘、无水渍,公司整体环境焕然一新。部门内部及时整改、养成良好卫生习惯的同时也以公司 6S 管理为契机,加强了部门各项基础工作的管理。

徐工电商公司自成立以来,以"登高望远,创新发展"为指导,全力出击跨境电商市场。原则上严控平台入驻商品质量,让客户跨境采购更加放心;细节上严格执行 6S 管理制度,为员工打造一个有利于身心健康的工作环境。不积跬步无以至千里,不积小流无以成江海。6S 管理细致且严格,更是从一定程度体现出企业的管理水平。6S 管理从点滴做起,打造全球最大的工程机械在线市场、世界一流的机电产品电子商务网站,从基础管理做起。

(资料来源:中国工程机械商贸网,有改动)

【思考与分析】

1. 请结合案例分析徐工电商公司是如何深入贯彻"6S"管理的。

2. 请结合案例思考电商企业在"6S"管理过程中可能会遇到哪些阻碍。

第三节　ISO9000 标准在电子商务物流管理中的应用

10-4　ISO9000:
2000 版标准
简介

一、ISO9000 族标准简介

1947 年,国际标准化组织(ISO)成立,目前已有 100 多个成员国。1979 年,国际标准化组织成立质量管理和质量保证技术委员会(TC 176)。1986 年,ISO/TC176 发布了 ISO8402《质量——术语》,1987 年,发布了 ISO9000《质量管理和质量保证标准——选择和使用指南》、ISO9001《质量体系——设计开发、生产、安装和服务的质量保证模式》、ISO9002《质量体系——生产、安装和服务质量保证模式》、ISO9003《质量体系——最终检验和实验的质量保证模式》、ISO9004《质量管理和质量体系要素——指南》等 6 项标准,统称为 ISO9000 系列(族)标准。该标准发布之后分别在 1994 年和 2000 年进行了两次修订。2000 版 ISO9000 族标准进一步吸收了管理实践的科学经验与原则,更加全面、系统地说明了对企业和行业的质量管理和质量保证,一经发行即被普遍接纳和采用。目前全世界已有 140 多个国家和地区采用了这套标准,很多公司纷纷将这套标准列入其质量计划、合同或订单履行。随着全球经济的持续发展和信息技术的突飞猛进,电子商务物流企业已经不再只追求眼前利益,而是将目光长远化,ISO 质量管理体系的重要性日益凸显。随着当前物流业的全球化、网络化、信息化发展,我国物流业亦积极引进国际先进管理模式和物流理念,贯彻和实施国际通行认可的 ISO9000 标准,通过质量管理体系认证,早日进入国际市场。

二、电子商务物流建立质量管理体系的重要性

自从 1987 年 ISO9000 系列标准问世以来,为了加强质量管理,适应质量竞争的需要,企业家们纷纷采用了 ISO9000 系列标准在企业内部建立质量管理体系。申请质量体系认证,成了世界性的潮流,而实施 ISO9000 族标准对促进质量管理体系的改进和完善、提高组织管理水平能起到良好的作用。

电子商务物流一直是以为用户提供优质服务、满足用户要求为宗旨的,而 ISO9000 系列标准具有系统性、实用性和规范性,能指导用户选择满意的服务,给用户带来信誉和更大的利润。当前有些需方企业已经将是否取得认证作为接受物流服务的必要条件。

电子商务物流实施 ISO9000 标准认证的重要性主要有以下几点。

(1) 经济全球化要求电子商务物流不断改进和提高物流服务质量,通过实施 ISO9000 质量标准融入世界经济市场。

(2) 电子商务物流获得 ISO9000 认证可强化质量管理,获得了通往一体化市场的通行证。

(3) 电子商务物流实施 ISO9000 标准,有利于提高管理水平,增强企业的竞争能力。

三、电子商务物流质量管理体系的内涵

(一)电子商务物流质量管理体系的概念

ISO9000:2000 版给出的质量管理体系的定义是:在质量方面指挥和控制组织的管理体系。电子商务物流的质量管理包括物流服务咨询质量管理、仓储质量管理、配送质量管理、流通加工质量管理、信息管理、行政管理、客户关系管理等。因此,电子商务物流质量管理体系是指在物流服务质量方面指挥和控制组织的管理体系。

(二)八项质量管理原则在电子商务物流中的应用

八项质量管理原则是由 ISO"质量管理和质量保证技术委员会 TC176"下设的一个工作组用了两年时间整理、编撰的体系。在撰写中吸收了世界上著名的质量管理专家的意见,总结了先进的质量管理经验,是最基本、最通用的一般性原则,体现了科学的管理思想,被广泛接受和应用。

为了适应国内、国际市场的变化,使我国电子商务物流质量管理向国际质量管理模式转换,加强电子商务物流的质量管理,提高质量管理水平,应将八项质量管理原则应用到实际管理工作中去。质量管理八项原则是一个组织在质量管理方面的总体原则,这些原则可以体现在具体的活动中。

1. 以顾客为关注焦点

组织依存于顾客,组织应当在满足顾客要求的基础上争取超越顾客期望。电子商务物流的产品不是有形产品,它是通过一种活动和承载体来完成的一种服务产品。电子商务物流要发展、要生存,就一定要关注顾客、了解顾客、服务顾客,企业的各项工作也应紧紧围绕

着"使顾客满意"来展开。让顾客满意成为电子商务物流管理应树立的管理理念,成为判断工作好坏的最高标准,成为企业利润的源泉。实施这一原则应考虑:

（1）明确电子商务物流的客户;

（2）了解客户的需要和期望;

（3）评价客户的需求和期望;

（4）采取措施满足客户要求和期望;

（5）超越客户期望。

2. 领导作用

领导者确定本组织统一的宗旨和方向,应当创造并保持使员工能充分参与实现组织目标的内部环境。在电子商务物流中,领导者的主要作用是决策、组织、指挥、调动、协调、控制。领导应抓好经营和管理的主要工作,从长远利益出发,经济目标和质量目标两头抓。

根据2000版ISO9000标准,电子商务物流企业领导应按如下标准要求全面履行质量管理职责:

（1）根据电子商务物流的特点和实际工作要求,制定并保持质量方针和质量目标;

（2）建立、实施质量管理体系,持续、稳定地提供满足客户要求的物流服务;

（3）增强全体员工的质量意识,调动员工的积极性和参与性,在电子商务物流组织内促进质量方针和质量目标的实现;

（4）确保电子商务物流组织内以客户为关注焦点;

（5）确保实施适宜的过程以满足客户和其他相关方的要求;

（6）确保电子商务物流服务提供所需的必要资源;

（7）定期评审电子商务物流质量管理体系,包括评审电子商务物流组织的质量方针和质量目标;

（8）决定改进电子商务物流质量管理体系的措施。

这些职责应通过质量策划、质量控制、质量改进等活动来完成。

3. 全员参与

各级人员都是组织之本,只有他们充分参与并充分发挥他们的才干才能为企业带来收益。

物流业主要的业务是服务性的,这尤其强调了人才的重要性,因为它要求物流人才既有宏观的视角和眼光,又有实践的技术能力,如利用综合管理与数学等学科帮助实现物流路线的最优化、物流成本的最小化、物流利润的最大化。电子商务物流的人员管理包括对物流咨询顾问、销售代表、业务接待、仓库管理、运输管理、流通加工、包装、行政后勤、技术服务等多方面人员的管理,既有服务类型,又有技术类型,存在很大的管理难度。因此,电子商务物流的全体员工必须树立全局整体意识,全员参与和配合才能实现组织的质量方针和质量标准。领导者要充分发挥各级员工的积极性和创造性,以人为本,让员工认识到个人利益与组织利益是密切相关的,让他们自觉参与、寻找、创造提高自身能力的机会,从而更好为组织服务。

具体要求员工做到:

（1）了解自身贡献的重要性及其在企业中的作用;

（2）了解每个人的职责、权限、工作内容、要求、程序等;

（3）识别对其活动的约束；

（4）每个人根据分解到本岗位的目标评价其业绩；

（5）主动寻找机会增强自身的能力、知识和经验；

（6）在团队中分享知识和经验。

4. 过程方法

将活动和相关的资源作为过程进行管理，可以更高效地得到期望的结果。过程就是一组将输入转化为输出的相互关联或相互作用的活动。过程方法即系统地识别和管理组织所应用到的过程，尤其是这些过程之间的相互作用。

依据 2000 版 ISO9001 标准的质量管理模式，任何一个电子商务物流都应以过程管理为基础，通过许多相关过程和过程的组合来完成物流服务，如运输、装卸搬运、仓储、包装、配送、信息服务等几个大过程。在这些大过程中还需要经过许多小过程才能实现客户的物流需求。在物流服务中有效地实施过程方法，可以提升电子商务物流服务水准。

实施这项原则要求：

（1）识别物流服务中所需的过程，如与服务质量有关的过程、与客户要求有关的过程及法律法规要求有关的过程；

（2）明确电子商务物流服务管理活动的职责和权限，确定各部门、各岗位的物流服务的质量管理职责；

（3）识别和管理好物流服务中的特殊过程和关键过程，如验证包装是否合格等特殊过程，配送、信息及向客户提供服务等关键过程；

（4）识别组织职能之间与职能内部活动的接口；

（5）注重能改进组织活动的各种因素，如资源、信息、方法和材料等。

5. 管理的系统方法

管理的系统方法，即将相互关联的过程作为系统加以识别、理解和管理，这样有助于提高实现目标的有效性和效率。在电子商务物流中，若想成功领导和运作电子商务物流服务质量管理，应针对企业制定的方针和目标确定过程，分析过程之间的关系、作用及相互影响，按某种方式和规律将过程有机地结合起来，组成一个系统，并对这一系统进行管理，使之协调运行。

电子商务物流运用管理的系统方法可采取的措施：

（1）根据实际情况建立一个体系，以最佳效果和最佳效率实现组织的目标；

（2）了解系统的过程之间的相互关系；

（3）理解目标，明确各自的作用和责任，减少职能交叉造成的障碍；

（4）了解组织的能力，确定所需资源；

（5）设定各过程的分目标；

（6）通过测量和评审，持续改进电子商务物流服务过程。

6. 持续改进

持续改进是任何一个企业都应奉行的一个永恒主题，当然也是电子商务物流全体员工不变的工作目标。为了改进电子商务物流的整体业绩，提高物流管理的总体质量，满足顾客和其他相关方日益增长和不断变化的需求和期望,电子商务物流应建立一种监督—约束—激励机制,不断发现问题、解决问题,不断完善、不断提高电子商务物流的竞争力,以适应电子商务物流外部环境日新月异的变化需求。在应用持续改进原则时,电子商务物流可以采取以下措施:

（1）在整个电子商务物流范围内使用一致的方法持续改进组织业绩;

（2）为员工提供有关持续改进的方法和培训的手段;

（3）将质量管理体系、服务过程、服务品种的持续改进作为组织内每一位成员的目标;

（4）建立目标指导、测量和追踪持续改进工作。

7. 基于事实的决策方法

有效决策是建立在数据和信息分析的基础上的。决策者的成功与否取决于活动实施之前的精心策划和正确决策。决策作为一个行动前选择最佳方案的独立过程,必须以数据和信息作为基础。决策方案是否正确,取决于数据和信息的准确程度以及采用正确的分析方法。电子商务物流的管理者在进行决策时,应注意以下几点:

（1）确保数据正确性和信息可靠性;

（2）使用正确的方法分析数据;

（3）基于事实分析、权衡经验与直觉,做出决策并采取措施。

8. 与供方互利的关系

组织与供方是相互依存的,互利的关系可增强双方创造价值的能力。随着物流业的逐渐成熟,供应链在生产、服务中发挥着越来越重要的作用。电子商务物流完成物流服务需要供方或合作伙伴提供物流服务所需材料、零部件、设备、设施、服务等,所以贯彻与供方互利的关系在电子商务物流服务中有着非常重要的作用。对电子商务物流来讲,所有的物流服务未必都由本企业完成。与其他物流企业合作,向客户提供集成的一站式物流服务就非常重要。集成化的物流服务需要整合物流服务资源,而这些物流资源也是我们的供方。管理好这些特殊的供方,对于提高电子商务物流的服务水平以及竞争优势就显得特别有意义。

实施这一原则需要注意的方面有:

（1）选择合格的供方;

（2）在对短期和长期利益综合平衡的基础上,确立与供方的关系;

（3）与供方或合作伙伴共享专门技术和资源;

（4）加强与供方的沟通。

四、电子商务物流质量管理体系的建立与实施

（一）质量管理体系的建立

为了成功地领导和运作一个企业,需要采用一种系统和透明的方式进行管理,电子商务物流企业应根据自己的企业情况,建立适合企业自身的质量管理体系。

电子商务物流进行全面质量管理是一项极为复杂的过程,它要求不仅企业的领导者,而且全体员工也必须在领导合理的组织下开展质量管理活动。

1. 统一认识和落实组织

1）高层管理者统一认识和决策

10-5 全国电子商务质量管理标准化技术委员会

贯彻执行全面质量管理是一个物流企业积极参与市场竞争,提高本企业经济效益、社会效益和企业信誉的重要手段。电子商务物流企业的高层管理者,特别是第一把手,应认识到全面质量管理体系的重要性,并依此做出相应的决策。最高管理层正确的认识和决策是贯彻全面质量管理的基本条件。

2）组织精干的领导班子

必须建立并落实一个精干的领导班子,负责发动、组织、协调、控制和管理本组织的贯彻标准和质量体系工作。这个班子的人员需要有一定的理论修养和实践经验,有较强的综合分析解决问题和组织协调的能力,同时又有较强的语言和文字表达能力。

3）教育培训

质量管理"始于教育,终于教育"。电子商务物流在贯彻标准和全面质量管理过程中,应强调教育培训的重要性,提高全体员工对全面质量管理的认识,了解它的目标和要求,掌握步骤和方法。教育培训是一个长期的过程,伴随着企业发展的始终。

4）制订工作计划

这是电子商务物流执行 PDCA 工作循环中 P 的阶段,必须认真做好,为贯彻标准和全面质量管理工作打下良好基础。电子商务物流制订工作计划时应注意以下几点。

（1）电子商务物流制订工作计划的目标一定要明确,将总目标分解成多个小目标。在工作计划中应明确各层次、各部门的具体目标和承担的任务,以及完成的形式、时间进度和费用开支等。

（2）电子商务物流贯彻标准和全面质量管理时,对工作计划的执行应进行全过程的控制以及必要的审核和监督,以保证计划的完成和达到预期的目标。

（3）在制订工作计划前应对电子商务物流的内外环境做综合的调查研究,找出薄弱环节,工作计划应反映电子商务物流的特点,突出应解决的薄弱环节,抓住重点。

（4）在工作计划中应按 PDPC 法原理,考虑执行工作计划中可能发生的问题,并预先制订出应急和修改计划的途径。在工作计划执行过程中,对计划执行情况进行检查,并根据情况对计划进行必要的调整。

5）制定质量方针和目标

由企业最高管理者亲自策划和指导,按照组织确定的质量方针和目标分析产品寿命周期的质量性能,以便确定质量职责和权限,做到质量工作人人有责,同时利用各种形式广泛宣传本组织的质量方针和目标。

2. 选择要素和开展活动

1）深入进行现状调查

在贯彻标准和全面质量管理建设中,一个非常重要的阶段就是质量体系要素的选择和活动的确定,而其基础又在于对本组织现状的调查。只有对质量体系现状有了充分的认识,才能产生一个完善的、适合本企业需要的、有效的质量体系。

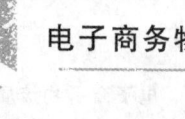

2）对照标准确定选择性要素

选择质量体系要素时，必须结合电子商务物流现状调查的结果，对照 ISO9000 列出的要素，分析差异，找出差距和不足，组织企业有关部门和人员集思广益，根据实际需要来确定要素。进行适当修改、删减和补充，从而更好地结合本企业的实际来实施标准。同时要正确处理风险、成本和利益之间的关系。要素的数目和每个要素采用程度的选择是与顾客、本组织所承担的风险、成本和费用密切相关的，应进行统筹考虑。对顾客来讲，包括所接受产品的性能、安全性、适用性、时间性和费用等因素；对电子商务物流企业来讲，包括市场占有、财务因素、产品责任、损失和索赔等。

3）要素应展开为若干活动

为了满足质量体系中要素所要求的内容，必须由若干个支撑要素的活动来保证。质量管理活动就是保证各种业务活动达到质量要求所必需的活动。这里所确定的"活动"的内涵一定要明确，即通过活动达到的目的，怎样通过这个活动来保证支持的要素等。质量管理活动是非常具体的，它与其组织和实施者密切相关。因此，应充分发动有关人员共同进行要素展开活动的工作，这样更能切合实际，并便于得到理解和支持，减少执行中的困难。

3. 分解职责和配置资源

1）健全本组织的组织结构

组织机构的设计应考虑本组织的实际情况，如现有组织机构及其运作情况、工作习惯、部门和人员之间的关系等，力求在满足质量体系运作需要的情况下，按照本组织特点来进行重新设计或进行必要调整。与此同时，组织机构应尽量精简层次和人员，并注意各部门之间的接口关系，做到协调通畅。

2）明确并正确地分解职责和权限

当一个组织根据质量体系运作需要并结合本组织实际情况将组织结构确定后，就可以把开展的各项活动的职责分解到组织机构中去，即分解给各个部门。质量职责的分解应遵循职、责、权、利统一的原则，做到职、责、权、利清楚，使各个部门和有关人员在执行质量职责时保持清醒的头脑。质量职责的分解应考虑本组织发展的需要，从长远规划着眼，有利于本组织向更高的管理水平迈进。质量职责的分解是关系到各个部门和有关人员切身利益的事，因此分解和确定质量职责时应让承担者参与，使职责分解更加切合实际并有利于执行。

3）确保资源和合理配置资源

质量职责的分解与资源的合理配置是紧密联系在一起的。任何质量活动的实施都要建立在一定的人力和物力资源的基础上，并消耗一定的人力和物力资源。因此，组织在满足活动需要的基础上应避免浪费，真正做到人尽其才、物尽其用。

4. 编制质量体系文件

1）全面和重点地编制质量手册

质量体系文件包括质量手册、质量计划、程序和质量记录，其中质量手册是质量体系文件中的统帅性文件、纲领性文件和总体性文件。质量手册的全面性体现在对质量方针和目标、要素和活动的基本要求和方法、组织结构和职责分配等有概括而准确的描述，通过质量手册可对一个组织的质量管理状况有比较清楚和全面的了解；但质量手册的内容又要重点突出、思路清晰、简明扼要、控制篇幅、避免烦琐。编制质量手册时，可用要素说明方式或程序汇编方式。前者是对选择确定的每一个要素所包含的主要活动的基本程序的内容概括、重点描述,以期对这个要素能有全面的了解;后者是把选择的每一个要素的基本程序直接汇编入质量手册。

2)细微和协调地编制程序文件

程序的编制是一项涉及面广、量大的工作,因而应有统筹的计划。在编制程序时需要做大量的调查研究工作,把每个程序所对应的活动进行仔细、深入的审慎剖析,并应与相关的活动相衔接,协调活动之间的关系,做到既细微又协调。

3)合理而慎重地确定质量记录的项目和内容

质量记录为满足质量要求程度提供客观证据,也为质量体系要素运行的有效性提供客观证据。质量记录的目的,一是为了实现产品的可追溯性,二是为采取预防和纠正措施提供信息。因此,质量记录是质量体系文件的重要组成部分,是质量信息及其管理的基础。

4)根据需要制订质量计划

依据顾客和社会的需要,或一个组织对提供某项产品的需要,对于某个特定的产品或项目,可以编制质量计划。质量计划应与一个组织的质量体系相协调,其内容仅限于一个组织的质量体系中,是对某个特定产品或项目的具体要求。

(二)质量管理体系的实施

电子商务物流在质量管理体系建立后,应重视和关注质量管理体系的实施过程,具体包括:

(1)加强统一领导,建立全面质量管理网络,严格贯彻质量责任制;

(2)运用 PDCA 工作循环推动整个质量工作系统运转;

(3)推行质量管理业务标准化、管理流程程序化,加快物流标准化体系的建设;

(4)真正树立整体质量管理思想,做好物流服务全过程的质量管理;

(5)建立质量信息反馈系统,不断完善质量管理的基础工作;

(6)鼓励员工重视质量措施,提高自检效果。

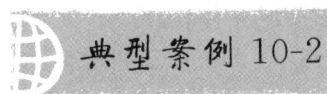

典型案例 10-2

易果生鲜的标准化建设与思考

由标准化建设不完善而导致的发展困境,自生鲜电商诞生之日起,就像一座不易跨越的大山,一直困扰着生鲜电商运营者。生鲜产品品类多样,外观不同,口感各异,具有天然的"非标"属性,反映到电商交易场景中,形成的最直接后果就是,消费者和卖家对产品品质认知出现偏差。因此,生鲜电商的标准化建设意义重大。作为最早涉足生鲜品类的电商平台之一,易果生鲜很早就意识到标准化的重要性,并在标准化方面进行了积极探索和实践。随着业务规模的扩大,旗下冷链物流品牌安鲜达从母公司剥离独立,发力生鲜冷链物流服务。其中,标准化建设是安鲜达重点打造的能力。

1. 原料及商品质量技术标准、流程及操作指导

如何让消费者接受生鲜"非标品",是易果生鲜成立之初面临的首要问题。易果生鲜在

此方面做了很多努力,并得到了较好实践效果。在产品质量标准方面,共制订了68个SKU的水果标准、6大类水果标准、5大类冻品原料标准、43个食品品类的常温预包装标准等。其中水果类产品主要按照产品外观、成熟度等因素而量化指标,冻品类产品更多依据其资质文件进行标准区分。负责此业务的质检部门按照此标准,严格把控产品入、出库,不符合标准的产品拒绝入、出库。

在流程及操作指导方面,安鲜达编制基础作业指导书及流程优化指导程序共计20个。此外,还制作了水果分装等级操作册和视频等。比如在生鲜宅配作业方面,安鲜达制订了《生鲜宅配作业规范》,规定了从订单响应到产品集发、站点收货、码放、分拣、配送各个环节的作业和服务规范。安鲜达通过以上措施打造了易果生鲜的质量标准体系,较好地实现了生鲜产品品质分级,有效促进了消费者对易果生鲜产品品质的认可。

2. 硬件配置的标准化

生鲜产品品质保障需要依托冷链物流体系实现,在此方面,安鲜达根据不同的经营品种,设置了不同的温控环境标准,并保证产品流通过程中的"不断链",较好地保障了生鲜产品的品质和安全。

在仓储环节,安鲜达按照生鲜产品的适合存储温度,设置多温区存储标准,如0～4 ℃、5～8 ℃、10～13 ℃、－18～－23 ℃、苹果专库、奇异果专库、常温库、恒温库等。另外,分装、组配区也处于温控环境,根据不同品种,设置10～15 ℃、0～5 ℃两种温控标准;在配送环节,根据不同温层的订单,安鲜达通过泡沫箱加不同配比的冷媒来实现不同产品的温控环境,以此保障产品质量;此外,在加工设备方面,安鲜达对操作台、分拣工具等加工设备进行了标准规范,如使用色卡、规定漏斗直径等。

值得关注的是,易果生鲜在托盘标准化方面实施效果显著,遵循国标标准,统一全部使用1 m×1.2 m塑料托盘,以此提高运转效率,并降低产品损耗。

3. 服务标准化

易果生鲜除了为客户提供可靠产品之外,还在不断完善服务标准,以此提升客户体验,增强客户黏性。个人定制服务流程标准化、自有业务配送服务标准化、售后服务运作标准化是安鲜达提供的主要服务内容。

10-6 电子商务物流质量管理的常用指标

最后一公里配送是生鲜电商最接近消费者的环节,为保证服务质量,安鲜达拥有一支属于自己的配送队伍,以确保服务标准的有效贯彻。每个配送员都发有配送服务标准手册,统一规范流程及操作话术。每个配送员均经过标准化培训,考试上岗。同时,安鲜达设有专业稽核团队,定期对服务质量进行视察、考核、评级,稽核结果直接与被稽核人和所在团队的当月绩效挂钩,确保整个配送团队的服务品质稳定可控,并不断提高。

10-7 综合案例

标准细化是未来趋势。随着消费升级,我国消费者的消费层次将呈现金字塔模式,高端生鲜产品的消费需求将不断释放。消费者将更加重视产品品质和服务体验,生鲜电商将围绕这两个方面不断增强供应链建设,提升服务能力,在此情况下,标准化建设也将越来越完善。未来易果生鲜将积极探索、试水新业态,不断优化产业模式。同时,易果生鲜也将不断完善、提高自身的标准体系,并积极参与生鲜电商的行业标准化制订,助力生鲜产业的发展。

(资料来源:中国物流与采购联合会,有改动)

【思考与分析】

1. 标准化建设不完善会带来哪些电商物流质量问题？

2. 易果生鲜为提升商品质量管理进行了哪些标准化建设？

3. 标准细化是未来趋势，谈谈未来生鲜电商标准化的优化方向。

本章思考题

一、选择题

1. 物流质量的特性不包括以下哪项？（　　）

A. 功能性　　　　　B. 经济性　　　　　C. 创新性　　　　　D. 安全性

2. 电子商务物流质量管理的常用工具中，用于分析质量特性与可能影响质量特性的因素的一种工具是（　　）。

A. 控制图法　　　　B. 分层法　　　　　C. 因果分析图法　　D. 调查表法

3. PDCA 工作循环又称"戴明环"，其循环开始的第一个阶段是（　　）。

A. 计划阶段　　　　B. 检查阶段　　　　C. 执行阶段　　　　D. 处理阶段

4. "领导者不仅要确定本组织统一的宗旨和方向，还要创造并保持使员工能充分参与实现组织目标的内部环境"，这体现了八项质量管理原则中的（　　）。

A. 全员参与　　　　B. 领导作用　　　　C. 持续改进　　　　D. 过程方法

5. "在证书有效期内，体系认证机构每年对物流企业至少进行一次监督检查，查证电子商务物流有关质量管理体系的保持情况。一旦发现物流企业有违反有关规定的事实证据，即对该企业采取措施，暂停或撤销组织的体系认证"，这是质量管理体系认证中的哪一步骤？（　　）

A. 申请认证　　　　　　　　　　B. 体系审核

C. 审批与注册发证　　　　　　　D. 监督

二、判断题

1. 电子商务物流质量管理的核心是"质量至上"。（　　）

2. 电子商务物流质量管理常用的统计方法有排列图法、因果分析图法、分层法、调查表法等。它们都是以概率论为基础的图表和方法，可以相互结合，灵活运用。（　　）

3. PDCA 循环是指计划、执行、检查、处理四个阶段，是企业质量保证体系运转的基本方式。（　　）

4. 理解 6S 管理的内容与要义，是开展 6S 管理的基础。（　　）

5. 质量管理体系认证能够在全世界推行，从企业角度看的原因是可以帮助用户和消费者鉴别组织的质量保证能力，确保购买到优质满意的产品。（　　）

三、思考题

1. 试述物流质量的内涵及特性。

2. 电子商务物流质量管理常用的工具有哪些？

3. 简述 6S 管理的 6 项活动之间彼此的关联关系。

4. 简述电子商务物流质量管理体系认证的程序。

四、计算题

1. 某产品的不合格统计资料，如表 10-8 所示。要求：①请根据表中的数据，计算不合格项目的累计数，各不合格项目所占的百分比以及累计百分比，并填入表中；②画出该产品的不合格项目排列图，并指出哪一项缺陷是产生不合格的主要原因。

表 10-8 某产品的不合格统计资料

项 目	频 数	频数累计	不合格项目所占百分比（%）	不合格项目所占累计百分比（%）
操作	115			
工具	64			
设备	41			
工艺	32			
材料	8			
其他	25			
合计				

2. 某配送中心为客户加工某种零件，该零件外径尺寸测定的 50 个数据，如表 10-9 所示，其技术要求为 10.00±0.20 mm。要求：①作频数分布表；②画直方图；③计算样本均值与样本标准差。（计算结果保留两位小数）

表 10-9 零件外径尺寸数据 （单位：毫米）

10.08	10.07	10.13	10.13	10.24
10.12	9.91	10.08	10.05	9.99
10.01	10.05	10.02	10.28	10.01
10.13	10.00	10.20	10.07	9.85
10.06	10.13	10.18	10.00	10.03
10.15	10.08	10.19	10.17	9.98
10.03	9.93	10.05	10.10	10.02
10.16	9.98	10.04	10.14	10.09
10.12	9.96	10.13	10.04	10.14
10.15	10.10	9.97	10.05	10.08

参考文献

[1] 陈修齐.电子商务物流管理[M].4版.北京:电子工业出版社,2018.

[2] 顾明.电子商务物流[M].北京:机械工业出版社,2017.

[3] 郭海佳.21世纪电子商务物流管理与新技术研究[M].北京:中国水利水电出版社,2017.

[4] 国家邮政局.快递业务操作与管理[M].北京:人民交通出版社,2011.

[5] 姜宏锋.采购4.0-采购系统升级、降本、增效实用指南[M].北京:机械工业出版社,2019.

[6] 蒋长兵,白丽君,吴承健.仓储管理战略、规划与运营[M].北京:中国物资出版社,2010.

[7] 蒋长兵,代应.库存控制模型、技术与仿真[M].北京:中国物资出版社,2010.

[8] 李育蔚.快递人员岗位培训手册[M].北京:人民邮电出版社,2012.

[9] 刘常宝.电子商务物流[M].北京:机械工业出版社,2018.

[10] 刘丹.物流企业管理[M].3版.北京:科学出版社,2018.

[11] 刘胜春,李严锋.电子商务物流管理[M].2版.北京:科学出版社,2016.

[12] 陆瑞.跨境电子商务物流[M].北京:人民邮电出版社,2019.

[13] 马宁.电子商务物流管理[M].2版.北京:人民邮电出版社,2017.

[14] 马士华,林勇.供应链管理[M].5版.北京:机械工业出版社,2016.

[15] 屈冠银.电子商务物流管理[M].4版.北京:机械工业出版社,2018.

[16] 邵贵平.电子商务物流管理[M].3版.北京:人民邮电出版社,2018.

[17] 速卖通大学.跨境电商物流阿里巴巴速卖通宝典[M].北京:电子工业出版社,2016.

[18] 孙韬.跨境电商与国际物流机遇、模式与运作[M].北京:电子工业出版社,2017.

[19] 王波,张坤琳,岳良运.从零开始学采购-供应商管理与采购过程控制[M].北京:人民邮电出版社,2018.

[20] 王友丽.电子商务物流[M].上海:复旦大学出版社,2016.

[21] 吴健.电子商务物流管理[M].2版.北京:清华大学出版社,2013.

[22] 谢明,陈瑶.电子商务物流[M].北京理工大学出版社,2013.

[23] 杨路明.电子商务物流管理[M].北京:机械工业出版社,2010.

[24] 杨萌柯,周晓光.电子商务与快递物流[M].北京大学出版社,2018.

[25] 于宝琴.电子商务与快递物流服务[M].北京:中国财富出版社,2015.

[26] 张波.O2O 移动互联网时代的商业革命[M].北京:机械工业出版社,2013.

[27] 张军玲.电子商务物流管理[M].北京:电子工业出版社,2017.

[28] 朱新民,林敏晖.物流采购管理[M].北京:机械工业出版社,2004.

[29] 周云.采购成本控制与供应商管理[M].2 版.北京:机械工业出版社,2019.

[30] 孙韬,胡丕辉.跨境物流及海外仓——市场、运营与科技[M].北京:电子工业出版社,2020.

[31] 刘运昌,王绍仁,万校基.跨境电子商务环境下海外仓发展新思路——第四方物流参与[J].哈尔滨商业大学学报(社会科学版),2016(6).

[32] 邢书纶.当前跨境电商海外仓的利弊分析与完善对策[J].中国商论,2017,000(030):60-61.

[33] 张开旺.跨境电商海外仓储运行模式及其优化探析[J].北京市经济管理干部学院学报,2017,32(001):35-38.

[34] 潘意志.海外仓建设与跨境电商物流新模式探索[J].物流技术与应用,2015,20(009):130-133.

[35] 鲁旭.基于跨境供应链整合的第三方物流海外仓建设[J].中国流通经济,2016(3):32-38.

[36] 张开旺.跨境电商第三方海外仓问题及对策[J].价值工程,2018,37(34):114-115.

[37] 羊英,陈建,吴翠红.跨境电商物流实用教程[M].北京:中国海关出版社有限公司,2019.

[38] 李肖钢,王琦峰.基于公共海外仓的跨境电商物流产业链共生耦合模式与机制[J].中国流通经济,2018(9):41-48.

[39] 陈堰.我国跨境进口零售电商的现状分析[J].商,2015(05):100-101.

[40] 易珏.外贸电商化潜行[J].中国经济信息,2014,000(012):28-29.

[41] 汤裕璐,郑建辉.我国跨境电商物流模式研究[J].财讯,2019,000(006):26.

[42] 魏征夐,吴越人,等.海关稽查在跨境贸易电子商务中发挥作用的策略研究[J].经济与管理战略研究,2014,04:36-46.

[43] 周丽萍.O2O 模式下制造商与实体店的合作策略研究[D].重庆:重庆大学,2019.

[44] 惠云云.基于价值链的 O2O 电子商务商业模式评价研究[D].南京:南京邮电大学,2016.

[45] 李瑜生.O2O 模式下传统零售业物流配送模式选择[D].广州:华南理工大学,2015.

[46] 蔡红玲.基于 O2O"双线"整合的家电连锁企业物流配送模式选择研究[D].南昌:南昌大学,2015.

[47] 荼玲玲.O2O 运行体系的产业融合效应与服务业商业模式构建[D].南京:南京财经大学,2017.

[48] 赵笙贵.物流 O2O 平台双边市场动态定价研究[D].广州:广东工业大学,2018.

[49] 刘康.电子商务模式创新中的物流规划与设计[D].南京:南京工业大学,2015.

版权声明

为了方便学校课堂教学，促进知识传播，便于读者学习优秀作品，本书选用一些网站、报刊、公司企业的相关内容，这些内容涉及论文、文章、视频等。为了尊重这些内容所有者的权利，特此声明，凡在本书中涉及的版权、著作权等权益，均属于原作品版权人、著作权人等。

为了维护原作品相关权益人的权益，现对本书中选用的部分作品和出处给予说明（排名不分先后）。

序号	论文、视频、文章	版权归属
1	聚焦2020"双十一"天猫"双十一"总成交额再创新增长	央视网
2	现代物流技术解析	智库百科
3	2020电商物流齐发力 助力经济提质升级	央视网
4	PPG公司介绍	百度百科
5	百世宣传片	百世官网
6	ECR解析	亿邦动力网
7	第三方物流、自营物流、物流联盟模式比较	屈冠银.电子商务物流管理（第四版）
8	第四方物流之虚拟物流中心	供应链智云
9	中国企业采购电商市场规模	中文互联网数据咨询网
10	中国电信电商采购平台强力驱动供应链数字化转型	人民邮电报
11	采购黑洞解析	马晓峰.避开采购黑洞
12	一站式电商采购平台易派客宣传片	爱奇艺

由于篇幅所限，以上列表中未能全部列出本书所选用的作品。在此，本书创作团队衷心感谢所有原作品的相关版权权益人及所属公司对教育的大力支持。

与本书配套的二维码资源使用说明

  本书部分课程及与纸质教材配套数字资源以二维码链接的形式呈现。利用手机微信扫码成功后提示微信登录,授权后进入注册页面,填写注册信息。按照提示输入手机号码,点击获取手机验证码,稍等片刻收到 4 位数的验证码短信,在提示位置输入验证码成功,再设置密码,选择相应专业,点击"立即注册",注册成功。(若手机已经注册,则在"注册"页面底部选择"已有账号? 立即注册",进入"账号绑定"页面,直接输入手机号和密码登录。)接着提示输入学习码,需刮开教材封面防伪涂层,输入 13 位学习码(正版图书拥有的一次性使用学习码),输入正确后提示绑定成功,即可查看二维码数字资源。手机第一次登录查看资源成功以后,再次使用二维码资源时,只需在微信端扫码即可登录进入查看。